MANUEL

DES

MARINS.

TOME II.

MANUEL

DES MARINS,

OU

EXPLICATION

DES TERMES DE MARINE,

Par Monsieur BOURDÉ *, Officier des Vaisseaux de la Compagnie des Indes.*

TOME II.

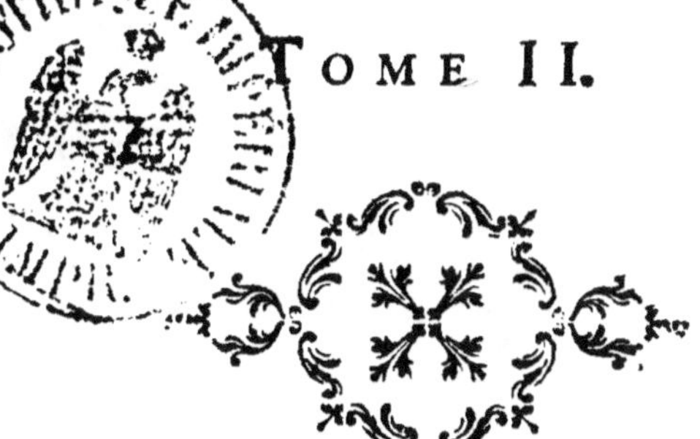

A L'ORIENT,

Chez Julien LE JEUNE Fils, Libraire, Rue de Bretagne.

M. DCC. LXXIII.

Avec Approbation & Privilege du Roi,

MANUEL
DES MARINS,
OU
EXPLICATION
DES
TERMES DE MARINE.

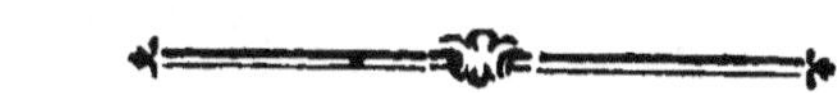

GABARE. C'eſt une eſpèce de Barque à fond plat, qui eſt pontée à Paneaux ; elle va avec une baſſe Voile, & un Hunier hiſſés ſur un ſeul Mât, ſon Tirant d'eau ſous charge eſt de ſept à huit pieds ; l'uſage de la Gabare eſt d'être employée à charger & décharger les Vaiſſeaux qui ſont trop grands pour monter & deſcendre les Rivieres avec leurs Cargaiſons. Les Gabares ſont particuliérement en uſage ſur la Loire, pour monter & deſcendre de Nantes à Painbœuf.

GABARER. C'eſt une maniere de faire aller un petit Canot avec un ſeul Aviron ſur la Poupe ; on le fait aller & venir à force de bras ; de forte qu'il fait l'effet de la queue du Poiſſon, & pouſſe le Bateau avec autant de vîteſſe ſur une eau tranquille, que s'il étoit ramé avec deux Avirons ſur le côté.

GABARIER. C'eſt le Patron d'une Gabare, c'eſt celui qui la conduit, qui loue les gens de l'Equipage de ſa Gabare, il les tient à ſa ſolde, & cela lui donne autorité ſur eux, à-peu-près de la maniere qu'un Maître l'a ſur ſon valet, qu'il congédie quand il n'en eſt pas content ; les uns & les autres ſont claſſés, & font partie de l'état des Claſſes de la Marine de France, mais l'on ne s'en ſert que dans les cas urgents.

GABARIÉ. On dit qu'*un Vaiſſeau eſt gabarié*, lorſque ſes Membres ſont faits ſur Gabarits ; ainſi un Membre gabarié eſt celui qui a été formé ſur un Gabarit tracé & fait ſur le plan de projection en grand.

GABARIT. Le Gabarit eſt la forme du Navire, il en détermine la figure. Ainſi l'on dit : *Ce Vaiſſeau eſt d'un bon Gabarit, il a une bonne forme, ſon Gabarit eſt avantageux, il aura toujours de bonnes qualités, auſſi-tôt qu'il ſera conſtruit ſur ce Gabarit.*

GABARIT. Ce terme pris en général ſignifie modele ou Patron : ainſi le Gabarit une fois fait, il n'y a plus qu'à exécuter ; lorſqu'on veut faire un Gouvernail, on fait un Gabarit que l'on conſerve pour en faire un autre, ſi le premier vient à manquer, afin de pouvoir placer les ferrures de la même maniere qu'auparavant ; pour former le Taille-mer on fait auſſi un Gabarit ; on en fait pour toutes les choſes qu'on ne veut pas riſquer de mal faire.

GABARITS. Les Gabarits d'un Vaiſſeau en ſont les Patrons en grand ; ils ont la forme des Membres du Vaiſſeau que l'on veut conſtruire ; on fait les Gabarits ſur le Périmetre des Membres du plan de projection du Vaiſſeau qui doit être conſtruit apres qu'il a été réduit & tracé du petit au grand, ſur un Plancher bien uni & bien ſolide : ces Gabarits ſont formés de Planches de Sapin, d'un quart de pouce ou d'un demi-pouce d'épais, & liés enſemble de demi-à-demi par des équarts bien ſolidement cloués, pour que le Gabarit une fois formé & fixé ſur le Membre tracé, & à la forme duquel il doit donner la figure extérieure en travaillant la Charpente, ne puiſſe ſe déformer dans le tranſport : c'eſt auſſi par cette raiſon que ſouvent on fait le Gabarit d'un Membre de trois ou quatre pièces, afin de faciliter aux Charpentiers de travailler pluſieurs morceaux à la fois, & lorſqu'il s'agit d'unir les différentes parties du Membre ainſi travaillé, on les aſſemble en plaçant de ſuite les différentes pièces du même Gabarit pour rectifier, & corriger les défauts s'il s'en trouve dans le bois charpenté, avant de cheviller à demeure les différents morceaux du Membre gabarié.

GABARITS *de grandes Capacités.* Ce terme s'explique par lui-même ; c'eſt-à-dire, que cette forme de Gabarit fera un Vaiſfeau qui contiendra beaucoup, & qui aura un très-grand déplacement d'eau.

GABIERS. Ce font les meilleurs Matelots de l'Equipage d'un Vaiſſeau : on met quatre Gabiers dans chaque Hune ſur les grands Vaiſſeaux, & deux ſur les petits. Les Gabiers prennent ſoin du Mât qui leur eſt confié ; ils viſitent tous les jours matin & ſoir le Gréement en général, & rendent compte après la viſite de l'état des manœuvres à l'Officier de Quart, & enſuite au Maître d'Equipage ; lorſqu'on manœuvre pour gréer ou dégréer, prendre des Ris, raccommoder le Gréement, enverguer & déverguer des Voiles, ce ſont les Gabiers qui exécutent l'ouvrage & le conduiſent ſous les ordres des Officiers du Vaiſſeau & du Maître d'Equipage ; le Gabier commande aux autres Matelots en haut, & n'eſt cependant point Officier Marinier ; mais s'il y a un Matelot à placer pour être Quartier-maître, Patron de Chaloupe, de Canot ou Boſſeman, c'eſt ordinairement un Gabier de préférence à tout autre. Les Gabiers de la Hune de Miſaine ſont ceux qui ſont affectés aux ſoins du Mât de Miſaine ; ceux de ſa grande Hune ont ſoin du grand Mât & de tout ce qui en dépend, & ainſi de ceux de la Hune d'Artimon. Les Gabiers prennent leur nom du mot *Gabie*, qui, ſur la Méditerranée & en Portugal, ſignifie *Hune*.

GABORDS. On appelle *Gabords*, les Bordages qui ſe placent ſur les Varrangues de fond à joindre la Quille en s'emboîtant dans ſa Rablure : ils forment le premier rang de Bordage, de long-en-long de la Quille.

GABURON. On met un Gaburon à chaque bas Mât ; c'eſt une petite Jumelle de chêne, qui ſe place par-deſſus les Cercles, ſur l'Avant de chaque bas Mât, depuis le Capelage juſqu'à ſix ou ſept pieds des Gaillards. L'uſage du Gaburon eſt de faciliter de hiſſer & d'amener les baſſes Vergues, en empêchant que le Mât ne ſe gâte au frottement, lorſque le Vaiſſeau en roulant donne un mouvement continuel aux Vergues.

GAFFE. C'eſt une eſpèce de Croc à deux branches, une droite & l'autre courbe, partant toutes deux d'une Douille qui s'emboîte ſur une longue Perche : on ſe ſert de la Gaffe pour pouſſer les Batteaux au large du Vaiſſeau ou du Quai, & c'eſt alors le fer droit qui travaille en s'appuyant contre le bord & pouſſant de force : c'eſt auſſi le même fer qui ſert à défendre l'Abordage du Bateau lorſqu'il a trop de vîteſſe, & la Gaffe le préſerve du choc. Le fer courbé en crochet ſert à tenir le Bateau à Bord, en s'accrochant quelque part, & ſi l'on tire bien fort ſur le manche, on fait aller le Bateau de l'Avant ; & de cette maniere, en s'accrochant plus loin à longueur de Gaffe, & halant toujours, on fait changer de poſte au Bateau ſans ſecours étrangers.

GAFFER. C'eſt s'accrocher avec la Gaffe.

GAGES. On nomme ainſi la paie des Matelots & Officiers Mariniers ; ils ont tant par mois de gage.

A 4

GAGNER *au vent, le vent, le deſſus du vent.* C'eſt manœuvrer de maniere qu'en louvoyant, & profitant des meilleures Bordées, on puiſſe ſe trouver plus près de la ſource du vent que le Vaiſſeau, ou l'objet qu'il s'agit de doubler au vent, en le laiſſant ou le gardant enſuite dans la direction du lit du vent du côté des Ecoutes, & l'avoir par conſéquent gagné au vent, puiſqu'on doit être plus près de ſon origine, ou du point d'où il ſouffle, de tout ce qu'on a gagné au vent.

GAGNER *un Vaiſſeau.* C'eſt en général marcher mieux qu'un autre, & dériver moins quand on eſt au plus près. *L'ennemi étoit devant nous, & en forçant de Voiles nous le gagnâmes, quoiqu'il eût pris chaſſe... Nous étions chaſſés par deux Vaiſſeaux de guerre, & auſſi-tôt que nous eûmes allegé les hauts de la Frégate on s'apperçût que nous commencions à les gagner.*

GAGNER *le Port.* C'eſt y arriver. *Nous portions toutes nos Voiles hautes au plus près pour tâcher de gagner le Port avant que l'ennemi pût nous couper ; & ce fut tout ce que nous pûmes faire que d'y arriver, & de gagner l'ouvert à bout de Bordée.*

GAILLARDS. Ce ſont deux eſpeces de demis-Ponts élevés de plein-pied au plat-Bord ou Vibord, ſur leſquels on met du Canon d'un moindre calibre que celui qui eſt monté ſur la Batterie du ſecond Pont. Le Gaillard d'Arriere ſe prolonge depuis les Eſtains juſqu'au grand Mât, & au-deſſus de ſon Pont on voit un autre demi-Pont plus léger, que l'on appelle *Dunette ;* ſous lequel ſont les Chambres des Officiers, & la Chambre du Conſeil, de plein-pied à la Galerie qui ſaille en dehors de toute ſa largeur ou de la moitié : entre les Chambres & ſur l'Avant de celle du Conſeil, ſur le Pont du Gaillard, tout auprès du Mât d'Artimon ſur l'Arriere, on voit l'Habitacle & la Roue du Gouvernail : le Gaillard d'Arriere communique par les Paſſe-Avants à celui d'Avant, ſur lequel eſt placé le petit Cabeſtan, en Arriere du Mât de Miſaine, & au-deſſus de ſon Fronteau la principale Cloche, vis-à-vis de celle qui eſt ſur celui du Fronteau de l'Arriere. Les Gaillards étant de plein-pied aux Paſſe-Avants, augmentent la force des liaiſons des hauts du Vaiſſeau, & mettent la ſeconde Batterie à couvert, en procurant plus de logements aux Equipages, & facilitant l'attaque & la défenſe de l'Abordage ; ils donnent auſſi un plus grand nombre de Canons d'une Artillerie légere & aiſée à ſervir, qui peut ſuppléer à une forte Mouſqueterie.

GAINE *de Voile.* C'eſt une bande de toile qui ſe place tout autour des Voiles, pour les fortifier le long des Ralingues : des deux côtés de chaque Voile on fait les Gaînes d'une ou deux toiles dans toute leur largeur, au lieu que les Gaines du fond & des têtieres ne ſont que d'une ſeule toile.

GAINE C'eſt en général une bande de toile double, qui borde les Têtieres des Pavillons & Flammes ; les Gaînes des Flammes font une eſpèce de fourreau dans lequel on paſſe la Vergue de la Flamme, celle des Pavillons eſt garnie d'Œillets pour l'attaeher ou amarrer avec des Rabans paſſés dedans ſur les Bagues de bois que l'on a eu la précaution de paſſer ſur le Mât de Pavillon.

GAINER: C'eſt coudre les Gaînes ſur les Voiles; on ne fait faire cet ouvrage qu'à des Voiliers inſtruits, & dans l'uſage d'exécuter cet ouvrage, qui eſt un des plus difficiles de toute la couture de la Voilerie.

GAL-HAUBANS. *Voyez* CAL-HAUBANS.

GALEASSE. C'eſt un grand Bâtiment Vénitien, qui va à Rames & à Voiles; il eſt plus de montre & de parade que de force; il n'y a point de Vaiſſeau de ſoixante-quatre Canons qui n'y ſoit ſupérieur. La Galeaſſe a trois Mâts, eſt forte élevée par la Poupe, & baſſe du devant; elle ne ſeroit pas de réſiſtance pour eſſuyer les coups de vent de l'Océan, ni le choc des Lames; auſſi n'en voit-on point hors la Méditerranée.

GALERE. C'eſt une Embarquation à Rames, qui va à la Voile, & qui eſt d'une très-grande vîteſſe de belle mer; on s'en ſert rarement ſur l'Océan, parce qu'elles ne ſont pas propres à réſiſter à l'impétuoſité de la Tempête, & que d'ailleurs une Galere coûte beaucoup, & ne peut rendre d'auſſi bons ſervices qu'une Frégate de force, qui peut aller & venir par-tout ſans riſque, & combattre avec un avantage décidé; auſſi les Galeres ne ſont-elles regardées aujourd'hui que comme des Bâtiments inutiles pour la guerre & la Navigation.

GALERE *de Charpentier.* C'eſt un gros Rabot ou Riflard, qui ſert aux Charpentiers & Menuiſiers, à dégroſſir leurs pièces; le ciſeau en eſt plus large qu'aux autres inſtruments de cette eſpèce, & le fût eſt auſſi plus fort & plus long; il eſt traverſé aux trois quarts de ſa longueur à chaque bout par deux Chevilles rondes, qui ſervent de poignée à deux hommes, qui font aller & venir la Galere, lorſqu'ils dolent le bois pour le dreſſer. Le ciſeau de la Galere, comme celui des autres Rabots & Verlopes, eſt placé obliquement dans le milieu du fût, qu'il traverſe ſur une Couliſſe oblique du haut en bas, & eſt aſſujetti par un Coin évidé de maniere que toutes les pièces de bois qu'on enleve en forme de rubans, filent entre le fût & le Coin, pour ſortir de bas en haut par le deſſus du fût de la Galere.

GALERIE *de Poupe.* C'eſt un Balcon placé en ſaillie, ſur la Poupe duquel, le Tillac eſt le prolongement de celui du Gaillard, de ſorte qu'il communique à la Chambre du Conſeil par une ou deux Portes, & quatre fenêtres placées entre les Montants ou Quenouilles de Voûte & contre-Voûte, qui montent depuis la Barre d'Hardy juſqu'à la hauteur du Couronnement, & prennent une direction perpendiculaire, après avoir formé la contre-Voûte juſqu'à la hauteur d'appui des fenêtres de la grand-Chambre; enſuite on place un appui de bois ſculpté, monté ſur des Quenouillettes placées dans des mortaiſes à Tenon ſur une Solle clouée ſur le bord & tout autour du Tillac de la Galerie; le tout eſt fortifié par les Bras qui font l'ance de panier des deux bords du Couronnement, en ſupportant , fortifiant , & ornant toute la Galerie par ſes extrémités : enſuite on voit le fond de toutes les Galeries , ſoutenu & appuié par des Courbes placées en deſſous ſur les Montants ou Quenouillettes de grand'Chambre, leſquelles ſont ornées de Sculpture. On donne aux Galeries trois ou quatre pieds de largeur , en les faiſant tourner ſur les deux côtés des Bouteilles ; & quelquefois au lieu de pouſſer les Montants de Voûte juſqu'au Couronnement , on les arrête ſur la Barre de Pont du Gaillard , & on place les Quenouilletes de la Chambre de Conſeil ſur un Bau placé en Avant de la Barre de Pont , & on les fait monter perpendiculairement à hauteur du Couronnement ; de cette ſorte , la Galerie ſe trouve moitié en dedans & moitié en dehors , & charge moins ſur l'extrémité , mais les unes & les autres ſont couvertes par un platfond ſolide établi ſur les Montants ou Quenouillettes , & ſoutenu par des Courbes placées ſur le Couronnement ; le tout eſt peint & doit être enjolivé de bon goût , ſans peſanteur ni confuſion. Les Vaiſſeaux à trois Ponts ont deux Galeries , & quelquefois trois , pour orner leurs Poupes.

GALERIE *de Cale.* C'eſt une eſpèce de couroir ou paſſage que l'on pratique ſur le faux-Pont tout-au-tour des Vaiſſeaux de guerre , pour faciliter aux Charpentiers & Calfats de remédier par-dedans aux coups de Canon qui percent à jour à fleur d'eau , ou ſous la ligne de flottaiſon , on fait ces Galeries de trois pieds de large environ.

GALERIE *fauſſe , ou fauſſe Galerie.* C'eſt une Galerie imitée en Sculpture plaquée , pour orner la Poupe des grands Vaiſſeaux de tranſports à qui on ne juge pas à-propos de donner une Galerie.

GALETS. Eſpèce de cailloux rond , qui ſe trouvent dans pluſieurs endrois au bord de la mer , & qui eſt très-propre à leſter les Vaiſſeaux , parce qu'il eſt plus net & plus peſant que la pierre ordinaire.

GALETTE. On appelle ainſi le *Biſcuit* qui s'embarque ſur les Vaiſſeaux pour les voyages de long-cours ; ces Galettes de Biſcuit ſont cuites & recuites , afin qu'étant fort dures & bien ſéches , elles ſoient de meilleure garde.

GALGALE. C'eſt une pâte faite de Chaux de Coquillage nouvellement éteinte & bien ſéche , paîtrie avec de l'huile de bois ou de Moutarde , ou de Noix , ou d'autres graines , & un filet de Goudron ; il faut que cette pâte ſoit bien liante , bien battue , & qu'elle faſſe une eſpèce de maſtic , que l'on applique (aux Indes) ſur le Fanc-bord des Vaiſſeaux ; on double ſur la couche de Gal-gale , qui eſt miſe bien également , de l'épaiſſeur d'un quart de pouce environ ſur toute la Carène du Vaiſſeau , par-deſſus le Sarangouſti qui ſert de Brai aux coûtures calfatées , de ſorte que les vers ne pénétrent jamais au-delà du Doublage , parce que cet eſpèce d'Enduit ſe durcit extraordinairement , & & préſerve le bois des inſectes. Cette compoſition ſe fait dans des

Auges de bois de quinze à dix-huit pouces d'ouverture par le haut,
& qui n'ont de baſe que ſept à huit pouces, ſur une profondeur de quatorze à vingt pouces ; la Chaux eſt bien tamiſée, &
l'on en met aſſez pour s'humecter & faire une pâte avec cinq
pots d'huile, enſuite on la pile avec des Pilons de bois d'un
moindre diamètre que le fond de l'Auge, juſqu'à ce qu'elle ſoit
bien collante, & qu'elle prenne bien ſur le Pilon & ſur un morceau de Planche ſur lequel on l'éprouve ; alors on y ajoute ſur
le tout une pinte, ou une pinte & demie de Goudron, & on la
repile juſqu'à ce que la Galgale ſoit parfaite & bien collante : il
faut qu'elle ſoit appliquée dans la journée, & faite à meſure
qu'on en a beſoin, car elle ſécheroit, & il faudroit la refaire
dans les Auges.

GALION. C'eſt le nom général des Vaiſſeaux que les Eſ-
pagnols envoient à la *Vera-Crux* & au Perou, à la Riviere de
la Platte, & autres lieux de l'Amérique d'où ils tirent l'argent :
ainſi lorſqu'on parle d'un Vaiſſeau riche, on s'exprime aſſez ſouvent de cette maniere ; *il eſt riche comme un Galion.*

GALIOTTE. C'eſt un Vaiſſeau de fabrique Hollandoiſe,
de moyenne grandeur & à deux Ponts ; il a ordinairement le
quart de ſa longueur abſolue pour Bau, & le demi-Bau pour
creux ; la Galiotte ſe mâte & grée en Heu ; elle eſt d'un bon uſage
pour le Commerce, parce qu'elle ſe manœuvre avec peu de monde, mais elle n'a pas une grande vîteſſe, parce qu'on n'a pas
ſçu lui donner juſqu'à préſent une forme de Proue avantageuſe.

GALIOTTE *d'Ecoutille. Voyez* TRAVERSIN D'ÉCOU-
TILLE.

GALIOTTE *à Bombes.* C'eſt un petit Bâtiment a Varangues plates, de peu de Tirant d'eau, à un Pont ouvert de
toute la grandeur des Plates-formes ſur leſquelles on poſe les
deux Mortiers qu'elle doit porter en Avant & en Arriere de
ſon Mât, que l'on dégrée lorſqu'on veut faire jouer les Mortiers pour bombarder quelques Places. Il y a différentes maniè-
res de faire les Plates-formes ſur leſquelles on établit les Mortiers d'une Galiotte, & je crois qu'un maſſif de Cordage bien
maintenu dans toute la largeur du Vaiſſeau, & de longueur néceſſaire, eſt ce qu'il y a de mieux pour établir la Plate-forme,
& lui ſervir d'appui, parce que dans la preſſion que produit le
Mortier à chaque coup qu'il tire, il ſe conſerve une certaine
élaſticité qui empêche que la ſecouſſe ne ſoit trop violente ſur
le fond du Bâtiment qui en ſupporte tout l'effort.

GALOCHE. C'eſt une Poulie plus longue que les autres,
parce qu'elle a un talon ; elle eſt garnie en fer, & eſt ouverte
par le côté pour recevoir le Cordage qui doit paſſer ſur ſon
Rouet, & cette ouverture eſt couverte par une Penture de fer
à Charniere & à Cheville ſur l'Eſtrope, afin que la manœuvre
ne ſe déplace pas, & que la Caiſſe ne ſoit pas affoiblie de cette
ouverture, qui la rend propre à faire par-tout le ſervice de Poulie de Retour.

GALVETTE. C'eſt une petite Palle, qui ne porte point de Canon en Batterie, mais qui a toujours un ou deux Cour-ſiers de ſix à huit livres de Boulet; il n'y a que les Pirates d'Angri qui s'en ſervent à la Côte Malabar, ſoutenus de quel-ques Palles pour faire la guerre, & s'emparer des Vaiſſeaux de toutes les Nations, ſur leſquels ils croiſent dans la belle ſaiſon, ſans diſtinction de Pavillon.

GAMBES *de Hune.* Ce ſont des Cordages doubles, plus ou moins gros ſelon la grandeur des Vaiſſeaux, qui ſervent d'Eſtropes, chacune a une Coſſe de fer qui ſe croche ſur une Latte de Hune, pour ſervir de Dormant à un Cap-Mouton de Hauban de Mât de Hune, en faiſant un Tour-mort ſur les Que-nouilletes du Trelingage des bas-Haubans, ſur leſquels les Gam-bes doivent être fixées en s'allongeant chacune ſur un de ces Hau-bans, contre leſquels on les aſſujettit par de bons Amarrages de Lignes, pareils à ceux qui ſervent à les ſouquer ſur leurs Cof-ſes; de ſorte que les Gambes de Hune, en ſervant de points fixes par en-bas aux Haubans de Hune, en retenant les Caps-Moutons montés ſur Lattes, elles ſervent auſſi d'Echelles pour monter dans les Hunes, parce qu'on y fait des Enflechures com-me aux Haubans.

GAMELLE. C'eſt un Vaſe ouvert par le haut plus que par le bas, fait à-peu-près comme un Seillot à Boſſe qui n'auroit point d'ances; la Gamelle eſt liée par deux Cercles de fer, & ſert aux Matelots de Plat à ſoupe; elle eſt aſſez grande pour que ſept hommes puiſſent y tremper leur dîner. L'on dit de tous les gens qui ſont à Bord d'un Vaiſſeau, ſans avoir la table de l'État-Major, qu'*ils ſont à la Gamelle.*

GARANT ou *Garan.* On nomme ainſi tout Cordage qui ſert à faire un Palan, en paſſant dans toutes les Poulies & ſur les Rouets qui les compoſent; la partie ſur laquelle on peut ap-pliquer la puiſſance qui met le Palan en jeu, eſt le courant du Garant; de ſorte qu'il y a différents Garants, ſelon les Palans qu'ils forment; les Garants de Cayornes, de Capon, de Candelettes, de Berdindin, de Palans d'Etais, de Palans de Bou-lines, & de tous autres Palans.

GARCETTE. C'eſt une treſſe faite de ſept, cinq, trois, & quelquefois neuf fils de Caret ou Bitord : les Garcettes de Ris ſont celles qui étant plus groſſes par le milieu, vont en diminuant par les deux bouts, que l'on arrête par une Sous-lieure qui ſe trempe enſuite dans du Brai bouillant, afin qu'el-les ne s'effilent pas en paſſant dans les Œillets des Bandes de Ris, ni aux battements de la Voile dans laquelle elles ſont paſ-ſées pendant tout le temps qu'elles reſtent en ſervice. Les Gar-cettes de Tourne-vire ſont les plus groſſes, & ne vont point en diminuant, elles ſervent à ſaiſir le Tourne-vire ſur le Cable, & ſouvent à garnir & faire les Fourures au lieu de Badernes.

GARDE-CORPS ou *Garde Foux.* Ce ſont des Liſſes de bois de trois à quatre pouces d'épais, montées ſur des Chandeliers de fer le long des Passe-Avants, & sur des bouts d'Allonges au-tour des Gaillards à la hauteur de trois à quatre pieds ; on les garnit d'un filet de Tresse cloué sur le plat-Bord, pour empêcher de passer par-dessous le Garde-corps & de tomber à la mer ; quelquefois cette espèce de Balustrade a un filet de Moulure, & le plus souvent elle est toute unie, mais on la peint toujours de couleur analogue à celle du Vaisseau. C'est en dehors des Gardes-corps qu'on place les filets de Bastingage, & celui qui y est attaché sert de filet en dedans.

GARDES-COTES. Ce sont des Vaisseaux de guerre bons Voiliers, depuis soixante-quatorze à cinquante-six Canons, accompagnés de Frégates, qui croisent à peu de distance de la Côte, pour en chasser & prendre tous les Corsaires, Frégates & Vaisseaux ennemis qui y croiseroient sur le Commerce : les Vaisseaux Gardes-Côtes doivent être toujours deux ou trois ensemble, y compris les Frégates, & croiser à une ou deux lieues les uns des autres pendant le jour, pour découvrir plus d'espace, & se signaler aussi-tôt qu'ils apperçoivent quelques Voiles ; ils font le meilleur métier pour former de grands Marins, parce qu'ils doivent être toujours en mer, essuyer du mauvais temps, & souvent aux prises avec l'ennemi ; c'est la vraie Ecole du Manœuvrier.

GARDES-Feux. Ce sont des Cilindres de bois creux, bien sec, de grosseur & de hauteur suffisante pour contenir une Gargousse pleine de poudre, du Calibre des Pièces auxquelles ils doivent servir ; ils ont un couvercle bien juste, afin que le feu ne puisse y pénétrer pendant le Combat, en faisant porter les Gargousses par-tout où il est nécessaire. Les Garges-feux sont peints & numérotés du Calibre de leurs Canons, 4, s'ils sont faits pour recevoir des Gargousses de 4, 6, 8, 12, 18, 24, 36 & 48, selon les différents Calibres ; de sorte que sur les Vaisseaux de soixante-quatorze Canons, on est muni de Gardes-feux de 36, 18 & 8, en nombres suffisants pour qu'il n'y ait point de retard dans le service, ni d'intervalles entre les coups de chaque Pièce.

GARDES-MARINE. C'est un nombre de jeunes Gentils-hommes choisis pour composer dans les Ports du Roi, les Compagnies connues sous le nom de Gardes-Marine, instituée par le Roi Louis XIV ; leurs services sur les Vaisseaux, & leurs rangs dans les Ports, est réglé par les Ordonnances de la Marine ; ils doivent être instruits par des Maîtres de choix entretenus pour cet effet ; de sorte que qui que ce soit n'a plus de moyens pour s'instruire dans l'Art Nautique, & personne n'est plus à lieu de devenir grand Marin, qu'un Garde-Marine.

GARDER un Vaisseau. C'est le conserver à vue, pour le protéger & le défendre. Si c'est un Navire étranger que l'on ne connoit pas, c'est le conserver pour le combattre, s'il est ennemi. *Ayant eu connoissance d'une Flotte sous le vent à nous, nous la gardâmes à vue avec soin, & nous donnâmes dedans au jour.*

GARDIEN *de la Foſſe au Lion.* C'eſt un Matelot que le Maître commet pour garder & fournir toutes les choſes de conſommation journaliere pendant le voyage, ſoit en menu Cordage, Bitords, Ligues d'Amarrages, Luzin, Merlin, Suif, Graiſſe, Chandelle, Huile de Lampe, Cuir & Baſane, Fourrure, Lignerolle & Fil à Voile, &c.

GARDIENS. On donne ce titre aux Matelots qui gardent les Vaiſſeaux déſarmés dans les Ports, & qui veillent à leur entretien, c'eſt-à-dire, à leur propreté; car toutes les autres choſes ſe font par des ouvriers; auſſi ne met-on pour Gardiens que de vieux Officiers-Mariniers & Matelots, à qui le Gardienage ſert de retraite en les faiſant vivre.

GARES. Ce ſont des eſpèces de Baſſins pratiqués dans le Terrain le long du bord des Rivieres, pour ſervir de retraite aux Bateaux qui doivent s'y arrêter, afin de laiſſer toujours le paſſage libre à ceux qui paſſent outre.

GARGOUSSE. C'eſt un ſac cilindrique, de Parchemin ou de Toile, dans lequel on met la Poudre néceſſaire pour charger le Canon; de ſorte que lorſque la Gargouſſe eſt pleine, elle doit être du diamètre du Boulet de la Pièce, afin qu'elle puiſſe entrer avec facilité juſqu'au fond de l'âme : il y a des Gargouſſes pour tous les Calibres, & on leur donne le nom du Calibre pour lequel on les fait; l'on 'dit, *Gargouſſ·s de* 4, *de* 6, 8, 12, 18, 24, 36 & 48, ſelon qu'elles ſont deſtinées pour l'un ou l'autre de ces Calibres, dont elles doivent contenir le tiers de la peſanteur du Boulet, en Poudre, & avoir aſſez de longueur en ſus, pour pouvoir être liées au-deſſus de leur charge.

GARITES. On donne ce nom aux pièces de bois placées à plat circulairement tout au-tour des Hunes : c'eſt dans la Garitte qu'on perce les trous ou entailles rectangulaires dans leſquels on paſſe les Lattes des Hunes, qui ſervent d'Eſtropes à Croc en fer aux Caps-moutons de Hunes; de ſorte que la Garite fait ici l'office de Porte-Haubans.

GARNIR *le Cabeſtan.* C'eſt faire faire au Tourne-vire, deux, trois ou quatre tours ſur le Cabeſtan, & le garnir de toutes ſes Barres, en plaçant les gens pour tenir deſſous & pour virer; alors le Cabeſtan eſt garni.

GARNIR *un Vaiſſeau.* C'eſt le gréer de tout. *Voyez* **Gréer.**

GARNIR *de Plomb. Voyez* **PLOMBER.**

GARNIR *les Manœuvres.* C'eſt les fourrer en les couvrant d'une toile goudronnée, par-deſſus laquelle on tourne bien ſerré une treſſe de fil de Caret, ou du Bitord, Luzin, Merlin, ou Ligne d'Amarrage, en ſe ſervant de la Mailloche à fourrer, pour que cela ſoit travaillé également & bien ſouqué : cette garniture ne ſe met que pour conſerver le Cordage, & ne s'applique ſur les Amures, Ecoutes, Haubans, Etais, & à toutes celles qui ſont dans le cas de travailler long-temps ſur le bois ou les unes ſur les autres.

GARNITURE. C'eſt le nom général de tout ce qui garnit ; mais on dit ordinairement *Garniture de telle ou telle choſe, Garniture d'un Mât, &c.*

GARNITURE *d'un Vaiſſeau.* Ce ſont tous les Cordages, Poulies, Rouets, Palans, Margouillets, Coſſes, &c. qui ſont néceſſaires pour le gréer depuis le Pont aux Girouettes ; c'eſt une Garniture complette, y compris les Ancres, Bouées, Orins, Cables & Grêlins.

GARNITURE *de rechange.* C'eſt tout le Cordage, Poulies & autres choſes néceſſaires pour regarnir le Vaiſſeau en cas de dégrément.

GARNITURE *d'Artillerie.* C'eſt tout ce qui ſregarde les Canons, Affûts, Bragues, Palans, Platines, Pinces, Enſpects, Crics, Valets, Poudre, Boulets & Mitrailles, &c.

GAT. On nomme *Gat,* un grand Eſcalier, qui deſcend du Quai à la mer, & qui ſert à deſcendre pour s'embarquer dans les Bateaux, pour aller & venir à Bord des Vaiſſeaux que l'on amarre devant le Gat, lorſqu'il n'y a pas de Pontons, ni de Ponts roulants pour y aller de plein-pied.

GATTE. C'eſt un retranchement que l'on fait en dedans des Vaiſſeaux dont les Ecubiers ſont Entre-ponts, pour empêcher l'eau de couler ſur le premier Pont, lorſqu'elle entre au Tangage par les Ecubiers, qui ſont un peu plus élevés que le haut de la Gatte, dans le fond de laquelle il y a à Tribord & Babord un Dallot pour égouter l'eau en dehors.

GAUCHE. Une pièce de bois eſt gauche, quand elle eſt mal dreſſée, & qu'elle n'entre pas juſte en place dans la Charpente dont elle fait partie.

GAULE *de Pompe. Voyez* BATON.

GAVAUCHE, *ſans arrangement.* Un Vaiſſeau eſt Gavauche ſans-deſſus-deſſous, lorſqu'il n'y a rien d'arrangé, que les manœuvres ſont ſans être cueillies, ni rouées, que les Cales ſont ſans être arimées, que ce qui doit être dans un endroit eſt dans un autre, *Tout eſt en Gavauche ; on n'y connoît plus rien, il n'y a point d'ordre ni d'arrangement.*

GAULE *d'Enſeigne.* C'eſt le Mât de Pavillon qui ſe place ſur le bout du Beaupré, lorſqu'on veut mettre le petit Pavillon dans les Rades ; parce que les Focs empêchent de placer cette Gaule d'Enſeigne quand on eſt ſous Voiles. On donne auſſi quelquefois le nom de Gaule d'Enſeigne au Mât de Pavillon de Poupe.

GAYAC ou *Gaïac.* C'eſt un bois de l'Amérique, peſant & fort dur, dont on fait tous les Rouets de Poulies, parce qu'il eſt moins caſſant que tout autre bois, qu'il dure plus long-temps ſans ſe pourrir ni s'uſer, en tournant ſur l'Aiſſieu.

GÉNÉRAL. C'eſt le titre que l'onne à un Chef d'Eſcadre, Lieutenant-Général, ou Vice-Amiral, qui commande une Eſcadre ou Armée navale.

GENOPE. C'eſt un Amarrage de Bitord, Luzin, Merlin,

ou Ligne d'Amarrage, que l'on fait fur deux Courants de manœuvres qui travaillent, pour les faifir enfemble l'un contre l'autre, & les empêcher de fe larguer en augmentant le frottement. On genope toujours les Rides des Haubans dans trois ou quatre endroits; & l'on dit *Genope*, en commandant au Matelot de faire fon Amarrage, qui fe fait de différentes manieres, felon le befoin.

GENOPÉ. On dit qu'un Cordage eft genopé, lorfqu'il eft croifé fur un autre avec force, & qu'il ne peut plus courir facilement; le Garan eft genopé entre le Rouet & la Caiffe.

GENOPER. C'eft appliquer la Genope, & faire l'Amarrage.

GENOU *de Rame*. C'eft la partie de l'Aviron comprife entre la poignée & le point d'appui.

GENOUX *de fond*. Ce font des Courbes ouvertes, qui lient les premieres Allonges aux Varangues, en s'empattant contre les unes & les autres, formant enfemble la rondeur des Membres, & au-deffus defquels abutent les fecondes Allonges, abutant eux-mêmes aux Varangues qui doublent la Membrure, lorfqu'elles ne font pas affez longues pour former une Varangue entiere des deux Bords : les Genoux font goujonnés ou chevillés en fer quarré fur les Varangues & allonges, dont ils ont l'échantillon.

GENOUX *d'Allonges*, *Genoux de Revers*. Ce font proprement dit des Allonges qui ne prennent le nom de Genoux, que parce qu'elles font le rang des Genoux de fond dans la formation des Membres, qui font toujours doubles, & chevillés ou goujonnés en fer quarré, Genoux fur Allonges de deux pieds en deux pieds; les Genoux de Revers reffortent en dehors, ainfi que les Allonges de Revers, fur-tout vers l'Avant aux Boffoirs.

GENOUX *de Porques*. Ce font les Genoux qui uniffent les Allonges avec les Varangues de Porques, & qui forment enfemble les Porques de la même maniere que les autres Membres.

GENS *de mer*. Ce font tous ceux qui font employés dans la Marine; l'Ordonnance fe fert de ce terme, & l'on dit auffi *Gens de l'Equipage*, *nos Gens*.

GERSÉ. On dit que le bois eft gerfé, lorfqu'il a le cœur fendu dans le fens de fa longueur, ce qui va fouvent jufqu'à la fuperficie : ce défaut eft occafionné par l'humidité qui amolit fes parties, & facilite la défunion, lorfqu'il vient à fécher. On appelle *Gerfes* & *Gerfures*, les fentes du bois gerfé.

GERSURES. C'eft dans le fer comme dans le bois, un défaut; avec cette différence que les Gerfures du fer prennent en travers, & font un principe de rupture.

GIRATOIRE. Le mouvement Giratoire eft celui que prend un corps en tournant fur un point fixe, pris dans l'axe du corps : ce point a dans les Vaiffeaux toujours un mouvement relatif à la viteffe & à la Dérive; on le nomme *Centre de Rotation*,

& eſt toujours de l'autre côté du Centre de Gravité du corps qui tourne , par rapport au point de percuſſion des différentes forces compoſantes , celle , qui produit le mouvement Giratoire ou de tournoiement.

GIROUETTES. Ce ſont des bandes de Toile ou d'Etamine , montées ſur des Fûts , que l'on place à la tête de chaque Mât ; on leur donne le double de la longueur du Fût pour battant , & de ſix pouces à un pied de largeur ; elles ſont de couleur blanche , bleue ou rouge , ſelon qu'il convient ; elles ſervent à marquer la direction apparente du vent en tournant par ſon impulſion autour d'une verge de fer rond , plantée dans la tête de chaque Mât de Perroquet ; les Girouettes ont de plus l'avantage d'orner les Vaiſſeaux , en ſervant encore par leurs variétés de couleur à les connoître dans les Eſcadres par diviſions, & par le rang qu'ils tiennent dans la ligne de leur diviſion.

GISSEMENT. On entend par ce terme , la ſituation par rapport aux différents Points de la Bouſſole ; ainſi le Giſſement d'une Côte eſt Nord & Sud , ſi elle ſe prolonge ſelon ces deux Points oppoſés. Le Giſſement de deux Iſles eſt N. O. & S. E. ſi elles ſont l'une à l'égard de l'autre ſur la direction S. E. & N. O.

GIST & *Giſſent*. On ſe ſert de ces deux termes pour déſigner le Giſſement des Iſles , Côtes , Pointes , Rochers , Bancs, &c. Deux Iſles giſſent Nord & Sud , ſi elles ſont au Nord & au Sud l'une de l'autre ; la Côte giſt S. E. & N. O. ſi elle ſe prolonge dans cette direction.

GLACE. C'eſt une eau durcie par le grand froid , qui chaſſe une partie du feu élémentaire qu'elle contient dans ſon état de fluidité ; de ſorte que cette abſence de chaleur néceſſaire pour entretenir la diviſion & la mobilité des parties de l'eau , leur permet de s'unir & de former un ſolide clair & tranſparent , qui acquiert la dureté des Corps les plus fermes ; & lorſque le froid eſt de longue durée , les couches d'eau glacée augmentent les unes ſur les autres , à meſure que les glaces , en ſe roulant dans les eaux , expoſent leurs ſurfaces dans leurs différents mouvements à l'air qui les condenſe , en leur ôtant par ſon action le principe qui les maintenoit dans leur état primitif de fluidité ; ainſi ſe forment ces glaces prodigieuſes que l'on rencontre aux approches de l'Iſle de Terre-Neuve , des Mers du Nord , & des Terres Auſtrales , quand on approche des quarante-cinq à cinquante dégrés de Latitude , avant la moitié ou la fin du Printemps : ces énormes maſſes , en flottant les unes auprès des autres ſans aucune direction , s'approchent , s'uniſſent ſouvent enſemble , & forment comme une Côte élevée à pluſieurs lieues de terre , & ſont de très-dangéreux Ecueils pour les Vaiſſeaux , parce qu'ils ont la dureté des Rochers , & des mouvements qu'il eſt ſouvent impoſſible de connoître ; elles peuvent être ſujettes à des Courants très-profonds , & recevoir par leur élévation l'impulſion d'un vent différent de celui qu'un Navire éprouve ;

B

car leur hauteur au-deſſus de la ſurface des mers eſt quelquefois de plus de ſix cent Toiſes, & ce qu'elles ont de caché ſous les eaux eſt environ une autre fois auſſi bas qu'elles ſont élevées.

GLAÇONS. Ce ſont de petites glaces détachées des grandes, ou des glaces qui ſe forment, & qui commencent par être glaçons.

GLENE. On nomme ainſi une partie de Cordage ou d'une manœuvre cueillie en rond : c'eſt dans ce ſens qu'on dit : *Glene*, pour faire cueillir les Manœuvres ou Cordages que l'on veut lancer à la main pour jetter à un Bateau qui aborde, afin qu'il s'amarre deſſus. On dit encore : *Glene en Avant & de ſuite*, pour que chaque homme de ceux qui ſont ſur les Canons, lorſque l'on veut ſonder, faſſe une Glene de la Ligne de Sonde qu'il tient dans la main, & qu'il file à meſure que le plomb demande.

GLENÉE. Les manœuvres ſon glenées, lorſqu'elles ſont cueillies & rouées à leurs poſtes, prêtes à manœuvrer.

GLENER. C'eſt faire une Glene de Cordage, pour que chaque manœuvre ſoit cueillie & parée dans ſon poſte, ſans confuſion, & ſéparées les unes des autres, afin qu'elles ſoient plus facilement allongées & filées ſelon l'évenement.

GOEMON, ou *Gouémon*, *Varech*. C'eſt une plante marine, dont la racine tient ordinairement ſur le fond aux Rochers. Le Goëmon eſt fort commun le long des Côtes de l'Europe ; on le coupe, & on l'arrache ; enſuite on le ramaſſe ſur les bords de la mer après qu'elle s'eſt retirée, dans le temps des grandes marées : on en fait des tas qu'on laiſſe pourrir ainſi amoncelés pendant quelques temps, ce qui exhale une très-mauvaiſe odeur ; on le tranſporte ſur les terres pour les fertiliſer. L'Ordonnance de la Marine regle le temps de la coupe du Goëmon. *Voyez* GOUESMON.

GOLFE. C'eſt un grand enfoncement entre les Terres dans lequel la mer eſt enfermée comme dans une Baie ouverte ; tel eſt par exemple, le Golfe de Gaſcogne compris entre le Cap Finiſtere, l'Iſle d'Oueſſant & le Cap-Lezart ; celui de Bengal beaucoup plus grand que ce premier, compris entre la Pointe du Nord de Sumatra & celle du Sud de Ceilon, & tant d'autres qu'il eſt inutile de nommer.

GOND. C'eſt une pièce de Forgeron qui ſert à ſupporter & faire tourner une machine ſur ſa Ferrure comme ſur un Pivot ; ainſi cette eſpèce de ſupport eſt compoſée au moins de deux pièces forgées en bon fer ; le Gond & la Roſette. Le Gond eſt un Pivot qui entre dans la Roſette, qui n'eſt qu'une boucle de fer aſſez forte pour ſupporter le poids de la machine, & l'une & l'autre ont chacune deux branches de fer plat, qui peuvent ſe clouer ſur des Montants, & s'y établir ſolidement, afin que l'un entrant dans l'autre, le mouvement puiſſe être aiſé, ſans être gêné ni trop libre : on place ordinairement la Roſette ſur la pièce ſolide, pour qu'elle ſerve de point d'appui, & le Gond l'eſt preſque toujours ſur celle qui doit tourner ;

du moins c'eft ce qui fe pratique affez fouvent dans la Marine, par rapport au Gouvernail, fur lequel on applique toujours les Gonds, parce qu'il eft mobile, & qu'il tourne fur l'Etambord, contre lequel on établit les Rofettes. On multiplie les Gonds fur le Gouvernail autant qu'il eft néceffaire, pour qu'il n'y ait rien à craindre des efforts qu'il peut faire de groffe mer, & fous une viteffe rapide du Vaiffeau auquel il eft appliqué fur les Rofettes de l'Etambord, qui s'y trouvent toujours en même nombre que les Gonds du Gouvernail, & le tout enfemble forme ce que l'on appelle *Ferrure de Gouvernail*.

GONDOLE. C'eft une efpèce de Bateau plat, qui va d'une grande viteffe à l'Aviron ou Rame, duquel la largeur n'eft que le huitieme de la longueur; ce qui lui procure fans contredit des lignes d'eau fort avantageufes pour divifer le fluide.

GONDOLÉ. Un Vaiffeau eft gondolé, lorfqu'il a les extrémités élevées plus que le milieu, & que fes Préceintes avec fes Liffes d'Acaftillage fuivent le contour de l'élevation des deux bouts. Ce goût qui eft moins fuivi en France aujourd'hui, que chez les Nations Maritimes de l'Europe, donne de la grace aux Vaiffeaux, lorfque la Courbure n'eft pas extraordinaire; car il vaut beaucoup mieux manquer en peu qu'en trop, pour ne pas forcer les Préceintes en élevant leurs extrémités, qui étant gênées par une trop forte Courbure en haut, tendent continuellement à fe détendre, & forcent les extrémités du Vaiffeau à baiffer, en agiffant avec la pefanteur de ces parties qui font toujours peu foutenues par l'eau, & qui font conféquemment arquer les Navires.

GONDOLER. C'eft donner la Courbure aux Vaiffeaux, en plaçant une Liffe pour conduire le coup-d'œil des Ouvriers, & leur donner la Courbure qu'ils doivent fuivre, en plaçant les Préceintes & Liffes d'Acaftillage, defquelles dépend la grace du Gondolement.

GORET. C'eft une efpèce de Ballai fort roide, qui fert à goreter le deffous des Vaiffeaux dans la partie qui fe trouve encore fous l'eau; ainfi le Goret a un manche long de plufieurs pieds, afin de pouvoir atteindre les parties les plus baffes de la Carène. On fait les Gorets en forme de Broffe, en plaçant du Rotin, ou autres bois menus, roide & flexible entre deux Planches longues de deux pieds environ, & large d'un; de maniere que ce qui forme le Goret, dépaffe les Planches de trois à quatre pouces, & le tout étant bien faifi & fortement lié enfemble, on puiffe l'emmancher par le milieu & s'en fervir en frottant le deffous des Vaiffeaux avec force, pour enlever & faire tomber toutes les efpèces de faletés avec les Coquillages qui s'attachent au doublage des Vaiffeaux.

GORETER. C'eft fe fervir du Goret pour nettoyer le deffous des Vaiffeaux, & tout ce qui eft fous l'eau : cette méthode eft peu ufitée, parce qu'on arrache fouvent l'Etoupe des

Coutures en faifant tomber les faletés, & il ne convient de s'en fervir que pour les Vaiffeaux dont la Carène eſt revêtue d'un bon Doublage.

GORGÈRE, ou *Coupe-gorge*. Ce font les pièces de Charpente qui forment la partie la plus faillante de l'Eperon en couvrant le Digon, & terminant l'Avant du Vaiffeau, fervant de fupport à la Figure, par un contour gracieux & de goût, depuis la flottaiſon juſque fous le Beaupré. On pratique deux trous dans la Gorgere pour placer les Moques des Sous-barbes qui fervent à affujettir le Mât de Beaupré : la Gorgere s'abute aux environs de la flottaiſon avec le Taille-mer, par un bon Ecart; de forte que ces deux pièces font une continuité juſqu'au niveau du deſſous de la Quille.

GOUDRON. C'eſt un liquide gluant, qui dégoute des Pins & Sapins, naturellement ou par inciſion; il devient noir lorſqu'on le cuit : le Goudron fe tire du Nord, Dantzic en fournit beaucoup, l'on en tire auffi de Bayonne : pour que ce Goudron foit bon, il faut qu'il foit bien liquide & filant, d'un grain fin, fans être brûlé ni mêlé d'eau. La propriété du Goudron eſt de conferver le bois & de le nourrir, en le préfervant de l'ardeur du Soleil, & l'empêchant d'être pénétré par l'eau qui tombe deſſus; on s'en fert auffi dans la façon des Cordages : le Goudron le plus fin vient de Mofcovie & de Suéde, on le connoît à la couleur, le plus clair en tirant fur jaune eſt préférable à tout autre. On tire encore le Goudron, en prenant de vieux Pins que l'on met en morceaux comme pour faire du Charbon; enfuite on fait une aire un peu élevée & voûtée en rond, bien cimentée & pavée en Plâtre, afin que la Liqueur qui doit fortir du Sapin, puiſſe couler dans un Canal qui environne l'Aire; on fait un bucher des morceaux de Sapin, on le couvre des branches du même arbre, & on enduit le tout de mottes & gazons, afin qu'il n'en puiſſe fortir ni flamme ni fumée : après cela on y met le feu de la même maniere qu'aux Fourneaux de Charbon; la flamme qui ne peut s'échapper, rend une chaleur plus vive, qui fait fondre & couler le Goudron. Pour bien goudronner un Vaiffeau, il faut mêler dans le Goudron une certaine quantité de Gros-rouge en poudre, bien fine & tamifée, afin de lui donner du corps, cela fait qu'il féche plus vîte fur le côté du Navire, qu'il s'y forme une forte de Vernis, qui donne un coup-d'œil avantageux au Vaiffeau, qui en paroît plus mâle.

GOUDRONNE. Un Matelot goudronne, lorſqu'il applique le Goudron.

GOUDRONNÉ, *goudronnée*. Un Vaiffeau eſt goudronné, lorſqu'il eſt enduit de Goudron; & les manœuvres font goudronnées, quand on les a frottées de Goudron.

GOUDRONNER. C'eſt enduire quelque choſe que ce foit de Goudron, foit en trempant dans le Goudron, ou en frottant avec un Vaton, Pinceau ou Bouchon d'Etoupe trempé dans le

Goudron la chofe qu'il faut goudronner. Ainfi l'on dit : *Goudronner le Vaiffeau* , lorfqu'on *l'enduit de Goudron* ; *& goudronner les manœuvres* , lorfqu'on *les charge de Goudron.*

GOUELETTE, ou *Goualette.* C'eft une Embarquation à deux Mâts, voilé avec deux Bômes , une au Mât de Mifaine , qui fe hiffe jufqu'au fecond Capelage , & fe borde fur le côté du Navire, l'autre fe hiffe fur le grand Mât, & fe borde fur un Guis, comme la grande Voile d'un Bot; elle porte de plus deux ou trois Focs fur fon Beaupré, & une Trinquette entre fes deux Mâts; ainfi cette Voilure eft très-avantageufe au plus près du vent , & d'un vent de travers ; lorfque le vent largue davantage, on hiffe des Voiles de Fortunes & des Huniers volants avec des Bonnettes , & l'on amene & ferre les Voiles Latines , de forte qu'on eft toujours paffablement voilé.

GOUESMON, *Sart* ou *Varech.* Il y en a de plufieurs efpèces, mais les unes & les autres font plantes marines, qui croiffent au fond de la mer fur les rochers, & qui ont plus ou moins de grandeur & de force, felon l'efpèce; elles différent les unes des autres par la couleur, la forme des feuilles & de la tige, ainfi que par les fortes de Bulles qu'elles portent tantôt en grape, tantôt deux à deux, plus ou moins, & fouvent féparée fur chacune leur pied. Ces Bulles dans tous les temps, font pleines d'air, & crevent avec plus ou moins d'éclat, quand on les preffe avec force, & elles font plus ou moins de réfiftance, felon le dégré de maturité & de dureté de la pellicule ou coque qui les forme. On nomme cette Plante en général *Gouefmon* fur les Côtes de Bretagne, *Varech* fur celles de Normandie, & *Sart* fur celles de Xaintonge, Poitou & pays d'Aunis. On coupe le Gouefmon dans certains temps de l'anné , lorfque la mer eft baffe, ou on le ramaffe fur le bord du plein dans le temps que la mer l'a arraché & porté avec le flot fur la Rive; on l'amoncele fur les Dunes, au-delà du port de la mer dans les plus fortes marées , afin qu'elle ne puiffe pas le remporter, & on le laiffe pourrir en tas, pour en fumer enfuite les terres à grain, & que le Gouefmon dans cet état fertilife , en les échauffant , & augmentant le fel nourricier du Sol; on en couvre le pied des arbres pour les échauffer pendant les fortes gelées de l'hiver, &c.

GOUFFRE, ou *Vire-vire.* C'eft l'endroit d'un Courant en mer & dans les Fleuves, où l'eau a tant de vîteffe qu'elle tourne & forme des efpèces d'Entonnoirs, qui, en tournant fur euxmêmes , entraînent tout ce qui approche de leur tourbillon, & les précipite au fond, en les faifant tourner avec rapidité autour de leur axe, fuivant en même temps le cours général de l'eau.

GOUGE. C'eft un inftrument de Charpentier, fait & emmanché comme un Cifeau, dont le tranchant eft demi rond , de différents diamètres, & formé par une Canelure qui s'étend jufqu'aux deux tiers dans la longueur du fer, de forte que cet outil fert à creufer en rond un Canal ou toute autre ouverture que l'on veut faire de cette maniere dans une pièce de bois, ou pour évider les côtés du Canal d'une Caiffe de Poulie.

GOUJON, C'eft une Cheville de fer rond ou quarré, que l'on place dans des trous de Terriere, d'un diamètre plus petit que le Goujon, dont la tête n'eft guères plus groffe que le corps, & la pointe feulement un peu plus menue, pour faciliter l'entrée en le rappant à coups de maffe. On cheville les Genoux & les Varangues, ainfi que les Allonges, avec des Goujons.

GOUJURE. C'eft une Entaille ou Canelure faite avec la Gouge. La Goujure d'une Poulie fe fait fur la Caiffe, & l'Eftrope fe place dans la Goujure ; celle d'un Cap-mouton fe fait autour & reçoit la chaîne de Hauban, qui l'enveloppe ; les Goujures des Chouquets fe font fur les bouts de l'Arriere à l'Avant, pour paffer les grandes Itaques & Itaques de Mifaine, lorfqu'au lieu de Driffes ou de Caïornes on fe fert d'Itaques : cette maniere de faire des Goujures fur les Chouquets, eft en général affez inutile, parce qu'on ne fe fert pas d'Itaques, & qu'il eft plus fimple & plus fûr de hiffer les baffes-Vergues avec des Caïornes, ou des Driffes fur Vergues, que l'on dépaffe enfuite quand les Vergues font hautes, parce qu'il refte moins de poids & de Fardage fur la tête des Mâts : ainfi il eft inutile de pratiquer des Goujures fur les Chouquets ; on a affez de quoi s'exercer par ailleurs, fans en faire inutilement & mal àpropos.

GOULET. C'eft un paffage étroit & long, qui conduit à une Rade ou Port, dont il forme l'entrée & la fortie par l'élévation des terres qui le refferrent Tribord & Babord : tel eft, par exemple, le Goulet de la Rade de Breft, & celui du Port de Ferol.

GOUPILLE. C'eft une efpèce de fer plat, plus ou moins longue, haute & épaiffe, felon la force qu'elle doit faire ; elle eft formée en Languette, & on la place dans les ouvertures qui font pratiquées pour la recevoir aux extrémités des Chevilles de fer, après y avoir paffé une ou plufieurs Clavettes fur lefquelles on plie la Goupille en S, afin qu'elle ne forte d'aucun côté.

GOURNABLE. Ce font des Chevilles de bois fec, bien arrondies avec le Couteau à deux manches ; on les fait plus longues que moins ; leur ufage eft d'épargner les clous, & attacher le Bordage aux Membres. Pour faire les trous de Gournable, on perce les Membres de dedans-en-dehors, & on frappe la Gournable de dehors-en-dedans, de maniere qu'elle force toujours dans fon trou.

GOURNABLÉ. Un Vaiffeau eft gournablé, lorfque toutes fes Gournables font placées & frappées.

GOURNABLER. C'eſt placer & frapper les Gournables.

GOUTTIERES, ou *Goutieres*. Ce ſont les deux Bordages les plus près du Bord ſur les Ponts, qui regnent à plat tout-au-tour du Vaiſſeau, en ſe joignant à la Fourrure de Goutiere ; de ſorte qu'il y a toujours deux rangs de Goutieres de chaque Bord, & de bout-en-bout du Navire ſur chacun des Ponts, ainſi que ſur les Gaillards. On obſerve de donner aux Goutieres plus d'épaiſſeur qu'aux Bordages du Pont, de toute la quantité qu'on juge néceſſaire de les entailler ſur les Baux ; car il eſt néceſſaire d'entailler ces pièces pour empêcher le jeu de la Charpente, & rendre les liaiſons plus ſolides : on cheville les Goutieres de part-en-part ſur les Membres & Préceintes avec des Chevilles de fer à Clavettes, ſur leſquelles on les rive.

GOUVERNAIL. C'eſt une pièce de Charpente ordinairement compoſée de trois morceaux : le premier eſt la méche qui fait la baſe du tout, ſur laquelle on place une eſpèce de Coin de Sap renverſé la pointe en haut, qui ſert de rempliſſage entre la derniere pièce extérieure, nommée le Saffran & la méche ; cela bien ajuſté, on cheville ces trois pièces enſemble par de bonnes Chevilles de fer à tête, & rivées ſur Clavettes par l'autre bout ; enſuite on met deux Tringles de deux ou trois pouces d'épais ſur la partie de l'Arriere du Saffran, laiſſant entr'elles un eſpace de quatre à cinq pouces, pour former un Canal dans toute la longueur du Gouvernail, & après cela on place les Ferrures qui achevent de rendre la Machine ſolide, en s'étendant des deux côtés pour la lier. Ainſi le Gouvernail eſt très-ſolide par lui-même. Le Gouvernail ſe place verticalement à l'Arriere de l'Etambord, par lequel il eſt porté ſur des Roſettes qui y ſont fortement attachées, & dans leſquelles entrent les Gonds ſur leſquels il tourne par le moyen d'une barre qui traverſe la tête, en entrant horizontalement pardeſſus l'Etambord & la Barre d'Arcaſſe dans le Vaiſſeau ; ſi on fait manœuvrer cette Barre d'un côté ou de l'autre, le Gouvernail qui ſuit le mouvement de ſon Timon, ſe préſente au cours de l'eau, ſi le Vaiſſeau a de la vîteſſe ; & le choc du fluide, agiſſant avec force ſur ſa ſurface, pouſſe l'Arriere du Vaiſſeau dans le ſens contraire, en le faiſant tourner du même Bord qu'on a mis la Barre ; l'Avant en ſuivant ce mouvement circulaire ſe porte de l'autre côté, & le Navire fait une eſpèce de converſion, en tournant ſur un point qui eſt toujours de l'autre côté du Centre de gravité par rapport à l'effort du Gouvernail : ainſi il eſt aiſé de concevoir que l'uſage du Gouvernail eſt de faire évoluer le Navire, qu'il eſt le principal Agent de tous les mouvements de Rotation, qu'il le tient ſujet ſur ſa Route ; que par ſon moyen on l'y ramene, quand quelques cauſes l'en écartent, &c. Les dimenſions du Gouvernail par rapport à ſa largeur n'ont aucun principe fixe ; on lui donne ordinairement autant de pouces de large par en-bas , que le Vaiſſeau a de pieds de Bau, & à la hauteur de la flottaiſon les trois quarts de cette premiere dimenſion , en laiſſant à la mèche toute la force dont elle eſt capable ; mais pour lui procurer plus de puiſſance, on y ajoute les deux Tringles dont nous avons parlé, pour former le Canal de l'Arriere, en augmentant la largeur du Saffran, & recevant dans l'intérieur le choc de l'eau qui retombe ſur elle-même, à meſure que le Vaiſſeau s'échappe par ſa vîteſſe : l'expérience journaliere a prouvé que ces proportions ont toujours ſuffi aux différents Gouvernails des Vaiſſeaux pour produire les effets néceſſaires.

GOUVERNANT. Le Vaiſſeau eſt gouvernant, auſſi-tôt qu'il a aſſez de vîteſſe pour être ſenſible à ſon Gouvernail, & obéir par ſon moyen à tous les mouvements qu'on veut lui donner.

GOUVERNE. Le Vaiſſeau gouverne, lorſqu'il obéit facilement à ſon Gouvernail. Ainſi l'on dit d'un Vaiſſeau qui a aſſez de vîteſſe pour donner de la puiſſance au Gouvernail, qu'*il gouverne*, & lorſqu'il n'a pas aſſez de rapidité dans ſon ſillage, pour être ſenſible au Gouvernail; on dit, qu'*il ne gouverne pas... Il gouverne comme un poiſſon*, pour dire que le Vaiſſeau gouverne parfaitement bien ; c'eſt une des bonnes qualités qu'on puiſſe ſouhaiter aux meilleurs Vaiſſeaux.

GOUVERNE. C'eſt un commandement que l'on fait au Timonnier pour qu'il tienne le Cap du Vaiſſeau ſur le point de la Bouſſole qu'on lui indique, en ſe ſervant du Gouvernail. Ainſi l'on dit : *Gouverne au Nord*, ou *au N.O. &c.*

GOUVERNER. C'eſt ſe ſervir du Gouvernail pour tenir le Vaiſſeau à Route, pour l'en faire changer, & pour le faire évoluer dans tous les cas poſſibles, lorſqu'il eſt gouvernant.

GOUVERNER *ſur ſon Ancre*. C'eſt ſe ſervir du Gouvernail pour tenir le Cap du Vaiſſeau dans la direction du Cable de l'Ancre que l'on a devant ſoi, ſoit qu'il y ait un Courant rapide qui faſſe embarder, ſoit qu'on vire ſur le Cable pour lever l'Ancre, afin de ne pas faire travailler avec trop de force au Cabeſtan, ou pour ménager l'Amarre qui pourroit rompre par l'effort que lui feroit eſſuyer le Vaiſſeau, en ſe préſentant obliquement au cours de l'eau.

GRAIN *d'Orge*. C'eſt une pièce de bois de rempliſſage, que l'on place ſouvent dans les Angles pour les remplir; ainſi un Grain d'Orge eſt triangulaire dans toute ſa longueur. On place des Grains d'Orge entre toutes les Jumelles qui forment un bas Mât de grand Navire, afin qu'il n'y ait point d'intervalle dans ſa rondeur.

GRAIN *de vent*. C'eſt une eſpèce de coup de vent qui dure peu; il ſe manifeſte ordinairement par un nuage à l'horizon ou au-deſſus, qui monte plus ou moins vîte ſelon la force du vent qui le pouſſe : un Grain doit être toujours prévenu, parce que

très-souvent il augmente la force du vent , & oblige de ferrer
& d'amener les Voiles hautes & les Huniers ; il change prefque
toujours la direction du vent , & quelquefois il apporte le commencement d'un coup de vent fort , de plufieurs heures, d'autres fois il eft accompagné de pluies d'orage , & au lieu de donner du vent , il produit du calme & des variétés dans le temps :
enfin il y a des Grains de toutes efpèces , des grains fecs & de
calme , parce que ce ne font que des nuages orageux , qui paffent
fans pluie ni vent , des Grains de vent qui font fouffler avec
force , & qui font fouvent dangéreux, faute de s'être précautionné
contre eux ; des Grains mouillés , en calme ou vent , felon qu'ils
font augmenter ou diminuer le vent , & qu'il pleut plus ou moins
abondamment. Le Grain en général dénote un changement de
temps, & eft très-commun dans tous les Parages où les vents
changent de direction , comme entre les vents généraux & les
vents alizés, entre ceux-ci & les vents de Mouffon , & dans
tous les temps où les Mouffons changent , &c.

GRAIN *pefant*. On dit qu'un Grain eft pefant, lorfqu'il
vente avec force pendant fa durée ; & s'il eft accompagné de
pluie , il eft pefant & pluvieux. On reconnoît un Grain pefant
à la vîteffe avec laquelle il monte fur l'horizon & s'approche ;
à l'impreffion qu'il fait fur la furface des eaux en les faifant blanchir , & quelquefois aux tourbillons d'eau qu'il emporte , en faifant voler la cime des Lames en petite pluie fine comme une
afperfion.

GRAIN *d'Orage* ou *orageux*. C'eft celui qui eft accompagné d'Eclairs & de Tonneres.

GRAISSE. C'eft le vieux Oing que l'on retire des viandes, & dont ont fe fert pour graiffer les Mâts & Manœuvres.

GRAND-MAT. C'eft le Mât le plus élevé des trois que
porte un Vaiffeau ; il eft placé vers le milieu, de la longueur
abfolue du Navire, & fert à porter & orienter la grande Vergue avec fa Voile , le grand Mât de Hune qui eft au-deffus,
ainfi que celui de Perroquet avec leurs Voiles. MM. les Conftructeurs n'ont jamais rendu raifon de la pofition du grand Mât,
ni des autres, ils les ont toujours placés fuivant l'ufage , fans
examiner fi on pouvoit mieux faire.

GRAND *Mât de Hune*. C'eft celui qui eft arboré, ou
guindé fur le grand Mât , il fert à hiffer & orienter la Vergue & la Voile du grand Hunier.

GRAND *Hunier*. C'eft la Voile qui appartient au grand
Mât de Hune , qui s'envergue fur la Vergue du grand Hunier,
& fe hiffe avec elle en fe bordant, ou après être bordée fur la
grande Vergue.

GRAND *Chouquet*. C'eft celui qui fert au grand Mât.

GRAND *Mât de Perroquet*. C'eft celui qui eft guindé fur le
grand Mât de Hune ; il fert à hiffer & orienter la Vergue &
la Voile de grand Perroquet.

GRAND *temps*. On donne ce nom à un vent fait & fort' qui mene grand Largue en droite Route pendant plufieurs jours' *En paffant le Cap, nous fûmes pris d'un grand temps de S. O' qui nous fit faire plus de quatre-vingt lieues pendant quinze jours chaque vingt-quatre heures.*

GRAND *Frais*. C'eft un vent frais, mais égal, qui permet de faire de la Voile, fans fe compromettre.

GRAND *Bra*. *Voyez* BRA.

GRAND *Perroquet*. C'eft la Voile qui fe hiffe fur le grand Mât de Perroquet & qui s'y oriente, comme le Hunier fur la grande Vergue.

GRANDE *Voile*. C'eft la baffe Voile du grand Mât ; elle s'amure fur le bord du Vaiffeau, & fe borde vers l'Arriere ; fon ufage eft de faire ranger & foutenir le Navire au vent.

GRANDE *Vergue*. C'eft la plus longue & la plus groffe de toutes celles qui fervent à un Vaiffeau ; elle fe hiffe fur le grand Mât, & porte la grande Voile qui eft la plus large de toutes.

GRANDE *Amure*. C'eft l'Amure de la grande Voile. *Voyez* AMURE.

GRANDE *Marée*. C'eft le temps des eaux-vives aux nouvelles & pleines Lunes ; mais les jours de la grande marée, ou de la grande mer, font au premier & au fecond jour de la Lune ; au jour de la pleine Lune & à celui qui fuit ; ainfi le premier & le 2, le 15 & le 16, grande marée.

GRANDES *Boulines*. *Voyez* BOULINES.

GRAPIN. C'eft en général une efpèce d'Ancre à cinq Pattes, mais qui n'a pas de Jas, parce qu'on eft toujours fûr qu'il tombera fur deux de fes Pattes. On ne fe fert de Grapins que pour mouiller les Chaloupes & Canots ; cependant je crois que les Grapins feroient au moins auffi fûrs que les Ancres, & qu'on pourroit les employer fur les grands Vaiffeaux. On nomme Grapins de Chaloupe, Grapins de Canot, ceux qui fervent à ces différentes efpèces de Bateaux.

GRAPIN *d'Abordage*. C'eft un Grapin plus léger que ceux dont on vient de parler dans l'article précédent ; il a cinq branches pointues fans Pattes, & eft entalingué fur une chaîne de fer proportionnée, & affez longue pour qu'elle puiffe aller du Bord au bout des baffes-Vergues, où on les tient fufpendus fur un Cartahu, qui va le long de la Vergue dans les Hunes Tribord & Babord ; car un Vaiffeau qui fe prépare au Combat, hiffe ordinairement quatre Grapins d'Abordages, & lorfqu'il aborde, il doit approcher fon ennemi d'affez près pour pouvoir laiffer tomber à fon Bord, en larguant les Cartahus, les deux Grapins du côté qu'il préfente au Vaiffeau abordé ; & comme en tombant ainfi, ils s'accrochent aux Paffe-Avants, ou dans le Vibord, à quelques manœuvres & aux Haubans ; on abraque bien vîte l'Auffiere qui eft entalinguée fur la chaîne, & la chaîne elle-même, afin d'accofter les Vaiffeaux, & de donner un affaut Corps-à-Corps. On met des chaînes aux Grapins d'Abordages pour empêcher que les ennemis ne coupent avant d'être joints ; de forte que lorfque les Grapins font bien jettés & bien pris, il eſt preſque impoſſible que le Vaiſſeau accroché ſe dégage.

GRAPIN *à main*. C'eſt un Grapin d'Abordage plus léger que tous les autres; il ſe jette avec la main à Bord du Vaiſſeau ennemi que l'on veut accrocher; cela ſe croche par-tout, & ſert à lier les Vaiſſeaux enſemble, & empêcher qu'ils ne ſe ſéparent, lorſqu'ils ſont une fois accrochés.

GRAS. Le temps eſt gras ſelon les Marins, lorſqu'il eſt humides, ſans pluie & couvert, lorſqu'il fait de petite Brume qui mouille & épaiſſit l'air.

GRAS, *en gras*. Une pièce de Charpente eſt en gras, lorſqu'elle eſt plus évidée d'un côté que de l'autre; ainſi les Membres d'un Vaiſſeau qui doivent être taillés du milieu en Avant & en Arriere, pour conſerver la forme générale qu'on leur donne, ſont dits être en gras par le dehors, dans leurs parties qui regardent vers le milieu, & en maigre du côté des extrémités, parce que c'eſt de ce côté-là que l'échappement ſe fait; au lieu que par le dedans du Vaiſſeau ils ſont en gras dans leurs parties qui regardent les deux bouts du Navire, & en maigre dans toutes celles qui ſont tournées vers le milieu; de ſorte qu'en obſervant cette regle, ils ont une épaiſſeur toujours égale, en prenant cependant une figure oblique.

GRATTE. C'eſt un inſtrument tranchant, emmanché comme une Herminette, dont la Lame eſt platte & forte; ſon manche n'a pas plus de dix-huit à vingt pouces de long: on ſe ſert de la Gratte pour enlever toutes les ſaletés qui s'attachent trop fortement ſur les Bords & les Ponts des Vaiſſeaux. Il y a des Grattes doubles, parce qu'elles ont deux Lames dos-à-dos ſur le même manche & la même Douille; il y a d'autres Grattes en triangle, parce que leur Lame eſt équilatérale, & qu'elle peut gratter des trois côtés également, le manche étant placé au milieu.

GRATTER. C'eſt purger le bois du vieux Goudron, de la Braie, & des ſaletés qui y ſont attachées, afin de les enlever & nettoyer par-tout, pour tenir le Vaiſſeau propre & net. On fait gratter les Vaiſſeaux en dehors, tous les deux, trois ou quatre mois, pour découvrir le bois, & le mettre en état de s'imbiber du Goudron qu'on lui donne auſſi-tôt après que tout un côté eſt gratté, on choiſit pour faire cette opération un beau jour bien ſec, & le temps d'un beau Soleil.

GRAVE. C'eſt un terme des Fabriquants de Morue ſéche dans l'Iſle de Terre-Neuve; il ſignifie un eſpace de Cailloutage au bord de la mer, ſur lequel on étend des branches pour faire ſécher le Poiſſon après qu'il eſt ſalé. La Grave doit être bien expoſée au Soleil & à portée du Chafaud.

GRAVIER. C'eſt un ſable gros comme des pois à-peu-près, qui eſt fort liſſé, & qui ſe trouve ſur les Greves par lits, ſémés ci & là. Le Gravier eſt fort uni, parce que la mer le roule l'un ſur l'autre, & abat toutes les inégalités par le frottement. On s'en ſert quelquefois pour leſter les Vaiſſeaux.

GRÉÉ. Un Vaiſſeau eſt gréé, lorſqu'il eſt muni de toutes

ſes Manœuvres, Poulies & Voiles ; enfin lorſqu'il eſt prêt à mettre ſous Voiles.

GRÉEMENT. On entend par *Gréement*, tout ce qui eſt néceſſaire à gréer un Vaiſſeau. On dit auſſi, *le Gréement de la Chaloupe, du Canot, d'une Pompe, &c.*

GRÉER. C'eſt l'action de placer les Manœuvres dormantes en les capelant, & de paſſer les Courants, en leur faiſant faire tous les tours & retours qu'elles doivent faire, les frappant d'ailleurs par-tout où il eſt néceſſaire.

GRÉES. Les Grées comprennent tout ce qui concerne le le Gréement du Vaiſſeau. Ainſi, lorſqu'on roidit ou tient les Haubans, Cal-haubans & Etais. On dit : *Nous avons tenu nos Grées.*

GRELE. C'eſt une choſe qui eſt menue & trop foible en groſſeur ; ainſi l'on dit d'une Mâture & des Vergues trop menues, *qu'elles ſont Grêles... Ce Vaiſſeau a une Mâture bien Grêle.*

GRÉLIN, ou *Greſlin*. C'eſt un Cordage fait comme les Cables, qui n'en différe que par la groſſeur ; il ſert comme eux à amarrer les Vaiſſeaux dans les endroits où il n'y a ni vent ni groſſe mer. On donne à chaque Vaiſſeau bien armé quatre Grélins, pour lui ſervir à touer, quand il en eſt beſoin, en entalinguant le Grêlin à une Ancre à Jet, & faiſant Ajuſt avec les deux ou trois autres, ſi cela eſt néceſſaire.

GRENADE. C'eſt un petit Boulet creux, de deux pouces & demi ou trois pouces de diametre. On charge la Grenade en la rempliſſant de poudre à Canon par le trou de la Fuſée, qui n'eſt qu'un tuyau de bois de Frêne chargé d'Artifice, pour porter le feu à la Poudre que contient la Grenade ; on ne place la Fuſée qu'après avoir mis la quantité néceſſaire de Poudre pour faire crever la Grenade, lorſque ſa charge s'enflamme. L'uſage des Grenades eſt excellent dans un Abordage, pour faire plier & chaſſer ceux qui le défendent ; leurs éclats tuent, bleſſent, eſtropient, & mettent le déſordre par-tout ; auſſi doit-on multiplier ce feu le plus qu'il poſſible, en diſciplinant & diſpoſant tout ce qu'on peut d'hommes pour l'exécuter toutes les fois qu'on abordera.

GRENADIER. C'eſt le Matelot prépoſé & diſcipliné pour jetter les Grenades ; il doit être bien exercé à ce métier, avec des Grenades de carton, afin qu'il ſçache les jetter à propos & comme il faut, pour faire le plus de mal à l'ennemi, & éviter les accidents que pourroient occaſionner à votre préjudice les mal-adroits.

GRÉNADIERES. Ce ſont des Gibernes de cuir, qui peuvent contenir trois ou quatre Grenades.

GRENASSES. Ce ſont de petits grains de pluie, ou de vent par nuage, qui ſe levent & paſſent vîte en ſe ſuccédant les uns aux autres d'aſſez près. C'eſt auſſi ce qu'on appelle aſſez ſouvent, *nourriture de temps.*

GRENIER. On nomme *Grenier* un Lit de Leſt, au-deſfus duquel on met une couche de bois de Billette, ou autre chofe de cette nature, pour achever le Grenier, dont l'ufage eft de tenir un intervalle entre les Marchandifes, & l'eau qui peut entrer dans le Vaiffeau par accident. Le Grenier de tout Vaiffeau qui charge, doit être affez élevé pour qu'il n'y ait aucun inconvénient à craindre de la part de l'eau que peut faire le Navire dans le cours ordinaire de la Navigation ; de forte qu'il eft plus ou moins élevé felon la qualité des Marchandifes, qui font plus ou moins fufceptibles d'être gâtées par l'humidité.

GRENIER. Un Vaiffeau charge en Grenier, lorfqu'il fe charge, & remplit fa Cale de fel ou de grain, que l'on y verfe fans autres formes qu'un Grenier & une Chemife ; alors on a la précaution de faire une Cloifon bien forte de bout-en-bout dans toute la longueur de la Cale, fur les Fpontilles du milieu, pour empêcher que la Charge d'un des côtés ne tombe fous le vent, lorfque le Navire incline.

GREVE. C'eft un terrein plat & fabloneux fur le bord de la mer & des Rivieres ; la mer fe déploie & bat fur les Greves, qui forment les enfoncements des Baies.

GRIGNON ou *Machemoure*. *Voyez* MACHEMOURE.

GRILLAGE. C'eft la partie d'une Cale de Conftruction, fur laquelle on place les Chantiers pour allonger la Quille d'un Vaiffeau que l'on veut conftruire. *Voyez* CALE DE CONSTRUCTION.

GROS *de Vaiffeau*. On entend par ce terme, la partie la plus groffe du Navire ; c'eft fon Corps de Carène.

GROS *Vaiffeau*. Un gros Vaiffeau eft un grand Navire, très-renflé par-tout, d'une grande capacité, & pouvant porter beaucoup. Tous les Vaiffeaux de guerre à trois Batteries complettes, avec des Gaillards ou fans Gaillards, font de gros Vaiffeaux, dont la marche n'eft jamais bien rapide en général, quoiqu'il s'en foit trouvé quelqu'uns qu'on a pu excepter de la regle.

GROS *temps*. C'eft un temps rude, un vent violent, & une mer fort élevée. Un coup de vent eft un gros temps ; un temps inconftant, un vent fort par bourafques & par grains, avec une mer dure, eft un gros temps, c'eft un temps rude, c'eft du mauvais temps.

GROSSE *mer*. C'eft une mer dont les Lames font élevées : ainfi dans prefque tous les coups de vents, la mer eft groffe. *Nous avions une groffe mer très-élevée de la partie du Sud-Oueft.*

GROSSE *Avanture*. C'eft de l'argent prêté, ou des effets donnés fur le Corps du Vaiffeau, ou fimplement fur la Cargaifon, à tant pour cent de Prime, ou Groffe : bien entendu que les rifques, fortunes, & périls de la mer, font pour le compte du Donneur, qui n'entre pour rien dans les bénéfices, ou pertes que l'on peut faire fur ce qu'il donne à la Groffe Avanture. On peut voir à cet égard les Ordonnances du Roi fur la Marine.

G R U A U. C'eſt une machine à Virevau ou Treuil, dont on ſe ſert dans les Ports & par-tout, pour élever les gros fardeaux, & faciliter les Bâtiſſes & Conſtructions qui ont beaucoup de hauteur, parce que par le moyen du Gruau on met les matériaux à la portée des Ouvriers qui travaillent ſur le haut des Edifices. Nous ne donnerons pas la deſcription des différents Gruaux, parce qu'on la trouvera dans les ouvrages ſur l'Architecture & le Génie.

G R U E. C'eſt une machine propre à élever les gros fardeaux ; on la met en jeu par le moyen d'une grande roue au centre de laquelle eſt placé un Treuil qui tourne avec la roue miſe en mouvement par le poids des hommes qui marchent dedans. Nous ne ferons point la deſcription entiere de cette machine connue dans tous les Ports où on la voit en uſage.

G R U M E. *Voyez* FLACHE.

G U I B R E. C'eſt l'Eperon, mais particuliérement la Charpente qui couvre l'Etrave au-deſſus du Taille-mer ; la Guibre eſt compoſée du Digon, de la Gorgere & de la Courbe, qui lient le tout à l'Etrave. *Voyez* EPERON.

G U I D O N. C'eſt une eſpèce de Bandrole, plus court que la Flamme, & plus large ; il y a un Bâton ou Vergue, qui eſt plombé par un bout ; de ſorte qu'il ſe préſente toujours parallellement au Mát ſur lequel il eſt hiſſé. Le Guidon ſe porte par le Capitaine commandant une Eſcadre, lorſque les autres Vaiſſeaux ont la Flamme.

G U I L L A U M E. Eſpèce de Rabot ou Verlope, dont les Charpentiers ſe ſervent pour dreſſer le bois, & le mettre en œuvre.

G U I N D A G E ou *Virage*. C'eſt la diſtance qu'il y a entre la Poulie frappée ſur le fardeau & celle qui eſt au haut de l'Appareil ; ainſi ſi cet eſpace eſt trop petit, on dit qu'*il n'y a pas aſſez de Guindage, il faut élever l'Appareil* ; il y a aſſez de Guindage, auſſi-tôt qu'on peut aſſez élever le fardeau, pour le faire paſſer au-deſſus du Bord, ou d'autres choſes.

G U I N D A G E. Les frais de Guindage ſont la paie que l'on donne aux Matelots pour charger & décharger le Vaiſſeau. L'action de Guindage eſt un différent à juger entre Matelots qui chargent & déchargent un Vaiſſeau : s'il arrive dommage aux Marchandiſes par la faute des Poulies & Cordages employés au Guindage, ce ſont Avaries ſimples, qui retombent ſur le Capitaine, le Navire & le Fret.

G U I N D A N T ou *chúte de Voile*. *Voyez* CHUTE. C'eſt la hauteur de la Voile.

G U I N D A N T *de Pavillon*. C'eſt la largeur du Pavillon, ou ſa hauteur ; le Guindant des Pavillons ſe meſure à la Gaine.

G U I N D É. Un Mát eſt guindé, quand il eſt haut ; ainſi les Mâts de Hunes & de Perroquets ſont guindés, quand ils ſont virés en Clefs ; & les baſſes-Vergues ſont guindées, ſi elles ſont hautes.

GUINDER. C'eſt élever, ou hiſſer quelque choſe ; ce qui fait nommer *Guindage* l'action de guinder. Ainſi l'on dit : *Guinder les Mâts de Hunes*, pour les mettre en Clef ; *guinder les baſſes-Vergues*, *guinder* ou *hiſſer les Huniers*, &c.

GUINDERESSE. C'eſt le Franc-filin, ou Cordage qui ſert à guinder les Mâts de Hunes & autres Mâts. Ainſi l'on dit : *Guinderesse du grand Mât de Hune*, & *Guinderesse du petit Mât*, &c.

GUIRLANDES. Ce ſont de fortes pièces de Charpente gabariées, & formées ſuivant le contour de la Proue ; de ſorte qu'elles forment des Courbes ouvertes, dont les branches s'étendent Tribord & Babord en dedans, des deux côtés de l'Etrave, pour lier les Apôtres avec le Coltis & l'Etrave, ſur leſquels elles poſent quarrément. On met une Guirlande ſous chaque Pont pour recevoir le bout des Bordages du Pont, & au-deſſous de celles-ci, on en place ordinairement une autre pour achever de lier l'Avant ; ainſi il y a deux Guirlandes ſous le premier Pont, deux Entre-Ponts, & deux autres plus foibles ſous le Gaillard d'Avant, leſquelles ſont chevillées en fer ſur Viroles, de dehors en dedans, ſur l'Etrave & ſur les Préceintes & Bordages. On fait auſſi paſſer, quand on le peut, les Chevilles du Taille-mer juſques ſur les Guirlandes. Je crois qu'on pourroit faire des Guirlandes en fer, & qu'elles ſeroient d'un bon uſage.

GUIS. C'eſt le nom d'une Vergue à Piton & à Croc, qui ſert à border la Bôme des Bateaux & Brigantins ; le Guis ſe croche ſur une Roſette placée ſur un Cercle au pied du Mât, & ſe manœuvre avec un Palan qui le retient, & l'empêche d'aller & venir au Roulis, & dans les changements de vents ; il a de plus une Balancine.

GUIS *de Palan*. On appelle ainſi un Palan ſimple ou double, ou une petite Caïorne, que l'on place quelque part, pour écarter un autre Palan du Mât ſur lequel il eſt frappé, pour le faire répondre au-deſſus de l'endroit où il doit travailler. Ainſi le Guis du Palan d'Etai & celui du Berdindin, ſont frappés l'un & l'autre ſur la tête du Mât de Miſaine, & crochés ſur les Poulies du haut de ces Palans pour les faire répondre au-deſſus du grand Panneau, ou plus de l'Avant, ſelon le beſoin ; car leurs Pentoires doivent être aſſez longues pour qu'on puiſſe les porter juſques ſur l'Ecoutille d'Avant, par le moyen de leurs Guis, &c.

GUISPON. C'eſt une eſpèce de Pinceau dont les Calfats ſe ſervent pour brayer les Coutures calfatées, pour brayer à Bancs, pour eſpalmer ou donner le Corois, ou pour ſuiffer le deſſous des Vaiſſeaux après la Carène : les Guiſpons ſont formés d'une touffe de Pennes de laine, ou de pluſieurs morceaux de Toile cloués les uns ſur les autres, au bout d'un manche de bois, & le tout fait un Guiſpon.

HABITACLE. C'eſt une eſpèce d'Armoire ordinaire-ment à trois compartiments de front, celui du milieu ré-pond ſur la Quille, & contient une Lampe de cuivre pour éclairer les deux autres, qu. n'en ſont ſéparées que par un Chaſ-ſis garni d'un verre; ils doivent contenir chacun un Compas de Route, répondant toujours vis-à-vis du Timonnier, ſur l'Avant de la Roue du Gouvernail. L'Habitacle doit être fait ſans fer ni acier, & on prend tous les ſoins poſſibles pour qu'il n'en approche jamais, à cauſe de ſa ſimpatie avec l'Aimant; on le place quarrément ſur le Tillac, de maniere que les Caps des deux Compas ſoient exactement dirigés ſur des paralleles à la Quille. Cette eſpèce d'Habitacle eſt défectueuſe, en ce que les deux Compas ne ſont jamais aſſez éloignés les uns des au-tres pour ne pas s'entre-ſentir, & s'attirer mutuellement; il fau-droit qu'il y eût ſept pieds d'intervalle, ou qu'il n'y eût qu'un Compas qui pût paſſer d'un Bord à l'autre avec facilité, & ſans ſe remuer; il conviendroit encore qu'il y eût ſur le milieu du Gaillard, en avant du Banc de Quart, un Habitacle ſimple avec un Compas pour l'Officier & les Pilotes de gardes.

HACHE. C'eſt le premier outil tranchant du Charpentier de Navire, le fer en eſt large & plat, aceré, aigu, & bien cou-pant, plus fort par la tête où ſe paſſe le manche que par-tout ailleurs; il y a des Haches plus grandes les unes que les au-tres, ſoit en largeur ou hauteur, mais les unes & les autres ont un manche de bois proportionné, de deux pieds & demi à trois pieds & demi de long. On ſe ſert de la Hache pour équarrir & dégroſſir les bois, pour couper les Cordages & ſé-parer, fendre & hacher tout ce qui a aſſez de groſſeur, pour ne pouvoir être coupé par d'autres outils plus foibles que la Ha-che.

HACHE d'Arme. C'eſt une petite Hache légere, qui a à l'oppoſé du tranchant une pointe forte, & longue de trois pou-ees environ; elle eſt emmanchée ſur un bois tourné, de deux pieds de long à-peu-près; on s'en ſert pour aller à l'Abordage; on frappe avec comme ſi c'étoit un Sabre, & on ouvre les Coffres à feu, s'il s'en trouve, pour les détruire, & éventer les Artifices, en frappant deſſus à coups de Haches d'Armes, qui ſervent auſſi à faire ouvertures aux Tillacs, & aux rétran-chements, pour y jetter enſuite des Grenades, & les faire aban-donner à ceux qui s'y ſont retirés.

HACHER. C'eſt couper avec la Hache.

HACHEREAU.

HACHEREAU ou *Hachot*. C'est une petite hache à poing, dont on se sert pour dégrossir de petites pièces de bois que l'on tient d'une main, tandis qu'on les dresse de l'autre à coups de Hachereau.

HAIE *de Pierres*, ou *Haie de Roches*. C'est un Banc de pierres & d'écueils fort allongé le long d'une Côte, à fleur d'eau ou sous l'eau, ou en pleine mer. *La Côte est bordée d'une haie de pierres sur laquelle la mer brise.*

HAIE *de Soldats*. C'est une rangée de Soldats sur une file simple : on ne fait border la haie sur les Vaisseaux, aux Soldats qui y font le service, que pour les Officiers à qui l'Ordonnance permet de rendre cet honneur.

HAIN ou *Ameçon*. C'est un petit crochet d'Acier, à barbet, dont on se sert pour prendre le Poisson ; il y a des Hains de différentes grosseurs, & ce terme est plus employé à la Pêche de la Morue que dans toute autre.

HALAGE. C'est le travail que l'on fait au bord de l'eau, pour haler à terre les effets qui y sont, & les mettre à sec, soit Bateaux, Navires, Embarquations, ou Bois de Construction. Ainsi l'on dit : *Halage des Bois, Halage du Vaisseau, &c.*

HALLEBARDE. C'est une espèce d'Esponton, dont le fer est plat, de neuf à dix pouces de long, canelé au milieu, & monté sur une longue Douille à oreilles, qui s'emmanche sur une Hampe ou Gaule de Frêne, pour défendre l'Abordage.

HALE. C'est-à-dire, *Tire* ; c'est un commandement pour faire haler sur une corde.

HALE *les Boulines*. C'est un commandement pour faire haler les Boulines.

HALE *à Bord*. C'est un commandement pour faire haler à Bord un Bateau qui est sur une Amarre qui tient au Vaisseau.

HALE *Avant*. C'est une petite manœuvre courante, qui passe dans une Cosse sur l'Avant des Tentes, & qui sert à les tendre lorsqu'on les met ; elle fait Dormant sur un des coins de la Tente en Avant, & il y en a une sur chaque coin.

HALE *Arriere*. C'est la manœuvre de la Tente, qui fait l'effet contraire du Hale-avant.

HALE *à Bord*. Un hale à Bord, est une corde amarrée sur quelque chose que ce soit, & dont l'autre bout tient au Vaisseau, pour y haler quand on veut ce qui y tient. *Nous établimes un Hale à Bord sur le Canot, & aussi-tôt que ceux qui étoient dedans avoient débarqué, nous le halions à Bord, & par ce moyen tout le monde se sauva.*

HALE-BAS. C'est une manœuvre placée sur les têtieres des Voiles d'Etais & des Focs, quelquefois sur les Vergues des Huniers, pour les faire amener plus facilement. *Voyez* CALEBAS.

HALEBREU. C'est une manœuvre courante, que l'on fait passer dans une petite Poulie, ou dans une Cosse capelée sur le petit bout de la Vergue d'Artimon ; elle coule simple le long de la Vergue, en paſſant dans deux Coſſes eſtropées ſur le double des deux Cargues d'Artimon, les plus en dehors en venant, enſuite faire Dormant ſur la Coſſe de la Cargue-fond auprès du Mât ; de ſorte qu'en larguant les Cargues qui paſſent Tribord & Babord de la Vergue, dans une Poulie de retour à trois Rouets, placée tout près du Racage, venant des quatre Poulies qui ſont frappées à diſtance convenable des deux côtés ſur la Vergue, vis-à-vis les unes des autres, & halant ſur le Halebreu, elles montent juſqu'au bout de la Vergue d'Artimon, & tout s'affale aiſément : lorſqu'on cargue la Voile, on laiſſe le Halebreu libre, on peſe ſur les deux Cargues-fonds Tribord & Babord : le tout ſe raffale, & la Voile ſe trouve comme ſerrée ; il n'y a plus qu'à abraquer les deux Cargues de dehors, & il ne paroît preſque pas de toile. Ainſi le Halebreu eſt la meilleure maniere de placer les Cargues des Voiles à cornes.

HALÉE. Une manœuvre eſt halée, lorſqu'elle eſt roidie & bien tendue : ainſi les Boulines ſont halées, lorſqu'elles ſont roidies à force de bras ſur des Palans, & qu'on n'en peut plus avoir.

HALER. C'eſt tirer de force ſur quelque choſe, c'eſt roidir un Cordage ; on hale ſur les Ecoutes pour border les Voiles, & ſur les Amures pour les amurer ; on doit haler les Boulines pour bien orienter les Voiles au plus près ; ainſi *haler*, c'eſt faire forcer la choſe ſur laquelle on hale ; c'eſt tirer horizontalement ou obliquement avec force.

HALER *le Canon dedans.* C'eſt l'ôter du Sabord pour le tenir dedans.

HALER *les Boulines.* C'eſt les roidir de force, pour mieux tendre les Voiles, afin qu'elles ſe préſentent davantage au vent.

HALER *à la Cordelle.* C'eſt tirer avec des Cordages, & à force de bras les Vaiſſeaux & Embarquations, le long des Rivieres ; les gens qui tiennent les Cordelles ſont rangés deſſus par files, & halent enſemble en marchant.

HALEUR. C'eſt l'homme qui hale ſur la Cordelle, ou ſur toute autre Cordage propre à faire marcher les Navires, Barques, Bateaux ou Chalans. Les Haleurs de Chalans pour les Paſſages des Rivieres, ont des Sangles en bandoullieres, ſur leſquelles ſont frappés des bouts de Carantenier qui s'entortillent ſur le Vat-&-vient, d'où les deux bouts ſont amarrés à terre des deux bords du Rivage ; & en faiſant faire un tour à leur Cordage ſur le Cableau, il ſe trouve retenu deſſus par un petit morceau de bois cube, qui empêche de riper cette eſpèce de Fouet, de ſorte que le Haleur peut faire toute la force néceſſaire.

HALICATIQUE. C'eſt l'Art de la Pêcherie.

HAMAC ou *Branle.* C'eſt un Lit de toile, avec un croiſſant de bois à chaque bout pour le tenir ouvert, lorſqu'il eſt ſuſpendu par ſes Rabans, qui ſont Dormant ſur la Coſſe, qui réunit toutes les branches de l'Araignée, qui ſont frappées fur les extrémités du Hamac, & qui paffent par les trous du Croiffant : il y a d'autres Hamacs qui n'ont qu'une Gaine à chaque bout, dans laquelle paffe un Raban fimple de Carantenier ; on l'attache à deux Taquets à la tête, & autant aux pieds, de forte qu'il prend moins d'efpace, & qu'on le permet plus volontiers aux Equipages dans les Vaiffeaux de guerre.

HAMPE. C'eft le nom que l'on donne à la Gaule de Frêne, fur laquelle on emmanche les Efpontons & Hallebardes.

HANCHE. C'eft la partie de l'Arriere d'un Vaiffeau comprife depuis les grands Porte-Haubans jufqu'à la Poupe. *Le Vaiffeau ennemi vint pour fe placer dans notre Hanche de Tribord, ce qui nous fit prendre le parti de contre-braffer nos Voiles d'Avant fur le Mât pour arriver fubitement, & paffer fous fon Beaupré ; cette manœuvre fut vive, & exécutée avant que fon Beaupré fut le Travers de notre Poupe ; ce qui le mit dans le cas de recevoir notre Bordée en enfilade.*

HANGARDS. Ce font des Appentis élevés fur des Piliers de bois ou de maçonne, fous lefquels on met, dans les Ports & Arcenaux, les Mâts, Affûts & Bois de Conftruction, pour les empêcher de s'ébarouir au Soleil, & de pourrir par l'humidité : ainfi les Hangards font toujours bien couverts par-deffus, & bien airés, parce qu'on ne ferme pas les côtés, afin de laiffer l'air circuler librement.

HARANG. C'eft un petit poiffon dont le dos eft bleu & le ventre blanc ; il va par troupes fort nombreufes ; la Pêche s'en fait pendant l'Été & l'Automne, avec des Bateaux qui entretiennent & forment un grand nombre d'hommes de mer, parce que ce poiffon étant falé ou fumé, il fe vend par toute l'Europe, & fait une branche du Commerce Maritime.

HARPON. C'eft une efpèce de Javelot, fait de fer battu, auquel on met une hampe ou manche de bois, long de fix à fept pieds, auquel on amarre une corde près de la Douille pour pouvoir le retirer lorfqu'on l'a lancé fur le poiffon, & afin que ce qui eft pris par le Harpon puiffe fortir hors de l'eau le premier, on plombe l'autre extrémité du manche ; de forte que la Corde faifant le point d'appui, le poids emporte le poiffon hors l'eau, auffi-tôt que l'on fait force fur le Cordage. La pointe du Harpon eft mobile, tranchante, acérée, plate & triangulaire, avec une arrête au milieu en forme de fleche ; & comme les deux bouts de cette pointe font égaux, & qu'ils tournent par le milieu fur une Traverfe fixée entre les deux branches du fer du Harpon, on en tient une dirigée en haut, le long du fer par une petite boucle coulante fur le manche, & l'autre fe trouve par conféquent en-bas faifant la pointe ; de maniere que le Harpon étant lancé avec force par un bon bras, elle entre, & pénetre dans le corps du poiffon, qui oppofant une réfiftance à l'Anneau, le fait remonter, en dégageant la pointe qu'il retenoit dans la direction du manche, & pour peu qu'elle trouve de réfiftance , elle fe traverfe avec la premiere , & cette double feuille de Laurier forme une arrête qui empêche l'inftrument de fortir. Le Harpon ainfi fait , fert à prendre les gros poiffons, comme Baleines , Souffleurs & Marfouins ; mais on a foin de les proportionner à l'ufage qu'on en veut faire.

HARPONNER. C'eft lancer le Harpon avec la main.

HARPONNEUR. C'eft celui qui lance le Harpon.

HAUBANS. Ce font les Cordages qui foutiennent les Mâts Tribord & Babord contre les mouvements du Roulis ; ils font capelés fur la tête des Mâts , deux à deux , & fixés par les Rides fur les Caps-Moutons , que l'on eftrope fur chaque, & fur ceux qui font placés fur les Porte-haubans : les Haubans font traverfés par les Enfléchures , & unis enfemble par un bon Trelingage placé à-peu-pres à la hauteur des baffes-Vergues , enforte que ceux de Tribord font liés avec ceux de Babord. On fait les Haubans d'Auffieres pour l'ordinaire , mais il eft à propos d'obferver que ceux qui font cordés en Grelin allongent moins que les autres , & font au moins auffi forts , pourvu qu'ils aient le dégré de torfion convenable. Tous les Mâts fans exception, ont leurs Haubans particuliers , qui prennent le nom du Mât fur lequel ils font capelés : ainfi les grands appartiennent au grand Mât , ceux de Mifaine au Mât de ce nom ; Haubans d'Artimon , de Perroquet de Fougue , de grand Hunier , de petit Mât de Hune , de petit & grand Perroquet ; les uns & les autres font proportionnés aux efforts qu'ils doivent fupporter , & leurs groffeurs font déterminées par l'expérience plutôt que par aucun principe ; on a affez de Tarifs exacts , dont on fe fert journellement pour gréer les Vaiffeaux. On place fouvent fur les Bouts-dehors de Bonnettes des Cordages que l'on appelle Haubans ou Etais , parce qu'ils les foutiennent contre l'effort du vent fur leurs Voiles.

HAUBANS *de Chaloupe.* Ce font les Cordages que l'on caple fur les Mât d'une Chaloupe pour les foutenir ; ces Haubans n'ont point d'Enflechures , & font fouvent faits d'un Palan à Pentoire , qui fert de Hauban.

HAUBANS *de Beaupré.* Ce font deux forts Cordages que l'on place fur le bout du Mât de Beaupré , & qui fe roidiffent à Palan fur deux Pitons placés fur les premieres Préceintes au-deffous des Boffoirs , Tribord & Babord.

HAVRE. C'eft un Port fermé , dans lequel les Vaiffeaux font en fûreté de tous temps , & qui eft plus enfoncé dans les terres que fa Rade. *Voyez* PORT.

HAUSSER ou *Elever.* C'eft approcher un Navire ou une Terre fur laquelle on gouverne ; de forte que l'objet paroît plus haut à mefure qu'on en approche davantage. *Nous eûmes connoiffance d'un Vaiffeau à l'horizon ; nous ne voyons que fes Perroquets d'en-bas ; nous lui donnâmes chaffe , & en moins d'une heure , nous le vimes hauffer de toute fa Mâture ; peu après il hauffa de tout fon Bois , & nous le combattîmes.*

HAUT, *mettre les Mâts des Hunes haut.* C'est les guinder. *Ce Vaisseau a ses Mâts de Hunes haut, & ses basses Vergues hissées.*

HAUT Bord. *Voyez* VAISSEAU.

HAUT *de Bord, enhuché.* C'est un Vaisseau qui paroît élevé sur l'eau. *Voyez* ENHUCHÉ.

HAUT *pendu.* C'est un nuage noir & détaché, qui passe vîte, soit en pluie ou vent, & qui donne quelquefois les deux ensemble : c'est un Grain de peu de durée, qui ne laisse après lui aucune queue. *Nous avions un temps à haut-pendu qui nous obligeoit d'être toujours les Drisses à la main, parce qu'ils augmentoient la force du vent, comme par Raffales.*

HAUTE *mer.* C'est le large ; être en pleine mer hors de vue de terre, c'est être en haute mer.

HAUTE *marée.* La marée est haute, lorsque la mer est au plein de l'Eau, & qu'elle ne monte plus ; c'est le coup de pleine mer à la fin du flot.

HAUTS-FONDS. On nomme ainsi les endroits de la mer où le fond se trouve près de la superficie ; ainsi tout endroit où il se trouve peu d'eau, lorsqu'on croit qu'il doit y en avoir beaucoup, est un haut fond. *Nous sondions au large sur un fond égal, & tout d'un coup nous tombâmes sur un haut-fond, qui nous fit prendre le parti de nous rapprocher de la Côte, pour ratrapper le Canal qui est entre la terre & les hauts-fonds.*

HAUTS *d'un Vaisseau.* On entend par *hauts d'un Vaisseau,* tout ce qui est au-dessus du premier Pont ; c'est toujours la partie la plus élevée des Œuvres-mortes.

HAUTES *terres.* Ce sont celles qui sont élevées au-dessus de la Plaine ou du Rivage qui est à vue. *Nous vîmes les hautes terres de l'Isle à huit heures, & il en étoit dix quand on vit les basses terres.*

HAUTES *Voiles. Voyez* VOILES HAUTES.

HAUTEUR. C'est tout ce qui est élevé. Ainsi l'on dit : *Hauteur des Mâts, hauteur des terres, hauteur des Voiles, &c.*

HAUTEUR *du Soleil sur l'horizon.* C'est celle que l'on observe ordinairement lorsqu'il passe au Méridien, pour en conclure la Latitude ou la distance à l'Equateur, en comparant sa distance au Zenith avec sa déclinaison ; c'est aussi la hauteur du Soleil à différentes élevations, & à différentes heures du jour, pour faire plusieurs autres observations.

HAUTEUR *du Pole.* C'est son élevation au-dessus de l'horizon, qui est toujours égale à la Latitude du lieu où l'on est : ainsi quand on dit que l'on est par telle ou telle hauteur, c'est-à-dire, telle ou telle Latitude. *Nous établîmes notre Croisiere par la hauteur de 47 dégrés... Nous fûmes huit jours sans prendre hauteur, parce que le Soleil fut toujours caché, & au bout de ce temps nous eûmes bonne hauteur, parce que le Ciel étoit serein, &c.*

HAUTEUR *du Seuillet de Sabord. Voyez* SEUILLETS.

HAUTEUR *d'Etrave & d'Etambord.* C'eſt leur hauteur perpendiculaire depuis le deſſus de la Quille juſqu'à leur tête.

HAUTEUR *d'Entre-Pont.* Elle ſe prend du deſſus des Baux du premier Pont, au-deſſus de ceux du ſecond Pont; ainſi pour avoir la hauteur d'Entre-Pont ſous Baux, il faut ôter de la premiere, l'épaiſſeur du Bordage du premier Pont, & la hauteur des Baux du ſecond, pour avoir au reſte la hauteur ſous Baux, qui doit être de cinq pieds deux pouces à cinq pieds ſix pouces au plus dans les grands Vaiſſeaux.

HAUTURIER. C'eſt-à-dire, qui ſe guide par la hauteur des Aſtres; c'eſt un Marin qui ſçait aſſez de Pilotage & d'Aſtronomie pour ſe conduire en pleine mer.

HAUT *& Bas.* C'eſt une maniere de commander aux gens qui font aller la Bringuebale d'une Pompe, pour les encourager à pomper vivement & à grands coups.

HELE. Un Vaiſſeau en hêle un autre au moment qu'il lui parle; on hêle un Vaiſſeau, en lui parlant.

HELER. C'eſt parler à un Vaiſſeau par le Porte-voix. *Nous allons hêler; on vient de nous hêler, nous ſommes aſſez près pour hêler; nous ſommes hêlés, il a hêlé.*

HEMISPHERE. C'eſt la moitié d'un Globe; ainſi la terre étant diviſée en deux parties égales par l'Equateur, on donne le nom d'Hemiſphere Septentrionnal à la partie qui eſt du côté du Nord, & de Meridional à celle qui eſt au Sud de l'Equateur : ſi on prend le Globe diviſé par le Méridien, on aura un Hemiſphere Oriental & Occidental.

HERMINETTE. *Voyez* ERMINETTE.

HERPES. *Voyez* ECHARPES.

HERPES *Marines* ou *Eſpaves.* On appelle *Eſpaves,* choſes mobiliaires égarées, dont on ne connoit point le maître ni le propriétaire; telles ſont encore toutes les choſes qui ſe trouvent ſur le bord de la mer, comme l'Ambre gris & jaune, les Corails rouges & blanc, & rouges & noir.

HEU. C'eſt une Embarquation Hollandoiſe, à platte Varangues & à un Mât, qui pouſſe une Corne au-deſſus du Capelage vers l'Arriere, ſur laquelle on envergue une grande Voile faite en Artimon, & ſur l'Avant on hiſſe deux Focs & une Trinquette à Draille ſur l'Etai; par-deſſus le tout on grée un Hunier volant & une Voile de fortune pour le grand Largue, ou le vent Arriere.

HEURE. C'eſt la vingt-quatrieme partie du jour, pris d'un midi à l'autre aſtronomiquement, ou d'un minuit à l'autre civilement; de ſorte qu'il eſt toujours cenſé qu'il y a vingt-quatre heures au jour, ſoixante minutes à l'heure, & ſoixante ſecondes à la minute, au-delà duquel on ne porte plus la diviſion phyſiquement.

HEUSE. C'eſt un Cilindre concave, d'un diamètre exact au calibre du corps de la Pompe, au-deſſus duquel eſt une Soupape ou Clapet, dont le jeu eſt libre entre deux Montans, qui ſervent à tenir la Heuſe contre le Bâton ou gaule, qui compoſent enſemble le Piſton de la Pompe. La Heuſe eſt garnie de cuir fort bien ſuiffé, pour qu'elle puiſſe boucher hermétiquement le corps de Pompe, & empêcher qu'aucun air n'y entre; de ſorte qu'en l'élevant au-deſſus de ſon repos, il ſe fait un vuide entr'elle & la Chopine, dans lequel l'eau monte par la preſſion extérieure de l'air ſur ſa ſurface; & en faiſant retomber la Heuſe par des poids, ou à force d'hommes, la réſiſtance de l'eau fait lever ſon Clapet, qui laiſſe un paſſage libre au fluide, qui paſſe au-deſſus à meſure qu'elle baiſſe, juſqu'à ce qu'elle ne ſoit rendue à ſon repos; alors ſi on la fait remonter par le moyen de la Bringuebale appliquée au Bâton de la Heuſe, le Clapet ſe referme par la peſanteur de l'eau qui eſt au-deſſus de lui, & la fait monter de toute la levée du Bâton ou de la Heuſe, & cette action ſe répétant continuellement & vivement, on fait monter & dégorger l'eau à telle hauteur qu'on veut, pourvu toutefois, que le battement de la Heuſe ne ſoit pas au-deſſus de trente-deux pieds, parce qu'il eſt démontré par l'expérience que l'eau ne monte jamais au-delà de cette hauteur dans le vuide.

HIEMENT ou *Craquement*. C'eſt le bruit que fait un aſſemblage de Charpente, lorſqu'il eſt preſſé par quelques puiſſantes forces; tel eſt, par exemple, le bruit que font toutes les parties d'un Vaiſſeau en mouvement ſous l'effort du vent & de la mer; c'eſt un craquement continuel.

HILOIRES. Ce ſont des pièces de bois droit, qui font liaiſon ſur les Ponts des Vaiſſeaux; on les place en les entaillant ſur les Baux de long-en-long du Navire parallellement au grand Axe, en faiſant regner deux cours d'Hiloires des deux côtés de la grande Ecoutille, & deux rangs entre ces premieres & les Goutieres; ces pièces ſont eſſentielles pour la liaiſon des Vaiſſeaux, & doivent être traitées avec autant de ſoin que les Goutieres, & de la même maniere.

HISSA, *ho, ha, hiſſa, O, hiſſe*. Cri ou chant d'un Matelot qui donne la voix, pour faire réunir les forces des autres Matelots dans le même inſtant, afin que tous les efforts réunis faſſent un plus grand effet.

HISSE. Commandement pour faire hiſſer. Ainſi l'on dit *Hiſſe les Huniers, les Perroquets, &c.*

HISSÉ. Un Hunier eſt hiſſé, lorſqu'il eſt haut. *Nous avons hiſſé nos Huniers à tête de Mât, parce que le Vaiſſeau que nous chaſſions portoit les ſiens tout haut; il les avoit hiſſés dès le commencement de la chaſſe, malgré la force du vent.*

HISSER. C'eſt élever quelque choſe par le moyen des Poulies & des Cordages; ainſi les Driſſes des Huniers, baſſes-Vergues & des Perroquets, ſervent à hiſſer ces Vergues & Voiles; les Cayornes ſervent à hiſſer la Chaloupe, & tous les peſants fardeaux, lorſqu'on veut les embarquer & débarquer; les Paans fervent également à hiffer toutes fortes de chofes ; les Cargues des Voiles font toujours frappées deffus, de maniere à ferrer ou hiffer la Toile & les Ralingues contre les Vergues.

HISSER *en douceur*. C'eft hiffer lentement & également.

HISSER *à grands coups, hiffer de force*. C'eft hiffer par fecouffe & par reprife, tout le monde enfemble.

HISSER *main-fur-main*, ou *main-avant*. C'eft hiffer vivement & uniformement, en faifant fuccéder l'effort d'une main à celui de l'autre, les faifant paffer l'une en avant de l'autre pour les appliquer fur la manœuvre, (à mefure qu'elle paffe) à des diftances égales, afin de faire continuellement une force égale, & de hiffer fans fecouffes ; c'eft la meilleure maniere de hiffer les Huniers.

HIVERNAGE. C'eft le temps que l'on paffe en relâche pendant l'hiver. *Nous partîmes de la Côte Coromandel pour hiverner à Achin ou à Mergui, & notre hivernage retablit l'Equipage de fes fatigues.*

HIVERNER. C'eft paffer l'hiver quelque part. Ainfi l'on dit : *Nous avons été obligés d'hiverner à la Côte, à la mer*, ou *dans un Port*.

HOLA. C'eft le cri dont on fe fert dans le Porte-voix pour hêler un Vaiffeau, à qui on parle fans le connoître ; quelquefois on ne crie que *Hô*, & l'on répond *Hôla*. Enfuite on fait les queftions que l'on juge devoir faire. Lorfqu'on connoît le Vaiffeau à qui l'on parle, on hêle, en difant, *hô, de l'Intrépide*, & il répond, *hôla*, d'autres fois on crie, *hôla, ho, du Glorieux*, qui répond toujours *hôla*. Cette derniere façon de hêler ne convient que du fupérieur à l'inférieur, elle a le ton du commandement, & femble preffer la réponfe.

HOMME *de mer*. C'eft celui qui va à la mer par état, foit Officier ou Matelot ; mais l'on ne fe fert guères de cette expreffion, que pour dire, *c'eft un bon homme de mer, c'eft un grand Marin*, & on fous-entend toujours felon l'état de la perfonne dont on parle.

HOPITAL. Le Vaiffeau Hôpital eft celui qui fuit une Efcadre, & qui eft deftiné & difpofé pour recevoir les malades des Vaiffeaux de guerre ; il y a des Médecins & Chirurgiens à Bord de l'Hôpital : ce Vaiffeau doit avoir un Entre-pont élevé avec des Hublots de bout-en-bout, pour donner un paffage libre à l'air ; on lui perce auffi quelques Sabords, que l'on tient ouverts quand le temps le permet pour faciliter la propreté. On donne fouvent plufieurs Vaiffeaux Hôpitaux à une Efcadre qui va en long - cours.

HORIZON. C'eft un des fix grands Cercles de la Sphere, il paffe dans le plan du centre de la terre, & s'étend jufqu'aux Cieux, qu'il divife en deux Hemifpheres égaux, ainfi que notre Globe, l'un fupérieur & l'autre inférieur. Ce Cercle ainfi conçu fe nomme Horizon Rationnel, & eft parallele à l'Horizon fenfible, qui eft déterminé par l'étendue de notre vue, lorfque nous fommes fur la mer où rien ne la borne ; ainfi l'Horizon fenfible eft élevé au-deffus du rationnel du demi-diamètre de la terre.

HORIZON *fin*. C'eft-à-dire, que le Cercle qui femble borner notre vue eft net & clair, fans nuage ni Brume.

HORIZON *gras*. C'eft celui qui ne fe diftingue pas facilement, parce que le Ciel a la couleur de la mer, & qu'on n'en voit pas nettement la féparation; c'eft un Horizon embrumé & gras.

HORIZONTAL. C'eft-à-dire, dont le plan eft parallele à l'horizon, c'eft un niveau.

HORLOGE. *Voyez* EMPOULETTES. On divife le temps à la mer par Horloge de demi-heure en demi-heure, ainfi les vingt-quatre heures font divifées en quarante-huit demi-heures, & le fervice eft réglé par demi-heures, que l'on fonne exactement, en piquant un coup de Battant de Cloche à chaque fois que l'Horloge eft paffée ; ainfi trois heures font marquées par fix coups ; & alors il paffe fept, c'eft-à-dire, trois heures & demie, &c.

HORLOGE *dormante*. C'eft celle dans laquelle le fable s'arrête & ne paffe pas ; il faut la changer ou la nettoyer, afin qu'elle ne dorme pas. On dit que l'Horloge dort, lorfque celui qui la veille ne la tourne pas auffi-tôt qu'elle eft paffée ; elle a dormi lorfqu'elle retarde.

HOUACHE ou *Ouache*. C'eft la trace que le Vaiffeau laiffe derriere lui, & qui eft bien marquée par le tourbillonnement de l'eau dans la direction de la Route : plus le Navire a de vîteffe, plus la Ouache eft diftincte & a d'étendue, à moins que la mer ne foit élevée, ou que le vent foit bien fort.

HOUARI. C'eft une Embarquation du Nord, à Voiles Latines, Hunier & Voile de fortune ; fa grande Voile eft triangulaire, fe hiffe à Bague fur le Mât, & fe tend par fa pointe avec une forte Livarde à Palan ; il a un ou deux Mâts felon fa grandeur, qui font gréés & voilés de la même maniere, avec Foc & Trinquette à celui de Mifaine, & Trinquette feulement au grand Mât.

HOUCRE ou *Hourque*. C'eft un petit Navire Hollandois à fond plat, arrondi devant & derriere, portant un grand Mât, & un très-petit Mât d'Artimon, avec chacun une Voile quarrée, à-peu-près comme les Chaffe-marées. La Houcre tire peu d'eau, & paffe pour louvoyer facilement, il y en a depuis foixante jufqu'à trois cent Tonneaux de port.

HOULES, *Houls* ou *Lames*. Ce font les vagues d'une mer agitée, que l'impétuofité du vent pouffe les unes fur les autres, dans le même fens, ou dans des directions différentes fans les faire déferler. *Le Houl de la mer étoit fi gros du travers, que nous ne faifions que rouler Panne fur Panne ; heureureufement qu'il ne brifoit pas, & que toutes les Lames venoient de la même partie.*

HOULEUSE. La mer eft houleufe, lorfqu'elle eft élevée & agitée par de groffes Lames longues, fans Brifants.

HOUPÉE. C'eſt l'effet de deux Lames qui ſe choquent & ſe font monter réciproquement l'une contre l'autre, en s'épanouiſſant comme une Houpe, par le ſommet qui bouillonne, aſpergeant de tous côtés, & retombant enſuite ſur elles-mêmes.

HOURAGAN, *Ouragan*. C'eſt une Tempête orageuſe, pluvieuſe & terrible par la force & la variété du vent, qui change à tous moments de direction, ce qui rend la mer extrêmement élevée & dangéreuſe pour les Vaiſſeaux. On eſſuie de ces eſpèces de coups de vents, plus violents que ceux de l'Europe, dans toutes les mers des Pays chauds, entre les Tropiques, & peu au-delà; ils ſe déclarent ordinairement aux réverſements des Mouſſons, & plus particuliérement aux approches des Equinoxes, qui ſont toujours des temps à craindre pour les Vaiſſeaux qui ne ſont pas au large des terres; car ſi on eſſuie un Houragan à l'Ancre, il y a mille à parier contre un, qu'on n'y réſiſtera pas; les plus gros Vaiſſeaux périſſent ſur leurs Ancres, ſi les Cables ne rompent pas, ou ſi les Ancres ne chaſſent point, ce qui eſt à-peu-près égal pour les Equipages, car il n'y a guères de ſalut pour eux au Rivage: ſi les Vaiſſeaux vont au plein, la mer y briſe avec tant de violence, qu'elle engloutit tout. Nous avons vu de ces Houragants qui ont fait périr les plus gros Vaiſſeaux; en 1748, il y en eût un à la Côte Coromandel qui fit périr devant le Fort Saint-David, & le long de la Côte, plus de vingt Vaiſſeaux Anglois, dont trois Vaiſſeaux de Ligne, le *Namur*, le *Pimbroc*, & un autre, ſans qu'il ſe ſauva un homme; devant Pondichery, trois Vaiſſeaux de la Compagnie périrent auſſi. En 1761, un autre paſſa encore à Pondichery, qui fit périr trois Vaiſſeaux de guerre Anglois, qui faiſoient le blocus de cette Place. Et l'année précédente, en 1760, l'Iſle de France en eſſuya un terrible qui mit douze Vaiſſeaux de guerre au plein dans le Port, qui ravagea toute l'Iſle, & bouleverſa toutes les Plantations; le vent étoit ſi violent, qu'un homme ne pouvoit ſe tenir de bout en plein vent, quelques efforts qu'il fit; il y eut des choſes ſi ſurprenantes de la force du vent, que je n'oſe les rapporter, crainte de paſſer pour un conteur.

HOURCE. C'eſt une Manœuvre courante qui ſert de bras à la Vergue d'Artimon; on lui fait faire Dormant ſur un des grands Haubans le plus de l'Arriere, elle va delà paſſer dans une Poulie qui eſt frappée ſur le bout de la Vergue d'Artimon, & revient paſſer dans une autre qui eſt frappée ſur le Hauban, au-deſſous du Dormant, & le bout tombe ſur le Gaillard. Il y a une Hource de chaque Bord pour manœuvrer l'Artimon d'un côté à l'autre.

HOURDI. *Voyez* LISSE D'HOURDI.

HUBLOT. C'eſt un petit Sabord ouvert entre les Poſtes de Canon des grands Vaiſſeaux, pour donner de l'air à l'Entrepont, lorſqu'on ne peut pas ouvrir de Sabords; auſſi place-t-on les Hublots le plus haut qu'on peut, afin que l'eau n'y monte pas lorſque la Lame frappe contre le bord, & qu'elle déferle deſſus.

Les Hublots des Flûtes font placés de même que ceux des Vaiſſeaux de guerre pour donner l'air à l'Entre-pont ; mais ceux de quelques Frégates font diſpoſés de maniere qu'on peut y placer des Avirons pour nager le Bâtiment en temps de calme ; les uns & les autres ont leurs Mantelets placés ſur des Gonds au côté de l'Avant du Hublot, parce que ſi la mer déferle ſur le côté du Navire lorſqu'il cingle avec vîteſſe, elle ferme le Hublot en pouſſant ſon Mantelet, & il entre peu d'eau dans le Navire.

H U N E. C'eſt une eſpèce de Platte-forme de bois parallélogramme, dont les angles ſont arrondis : leur largeur de Tribord à Babord eſt ordinairement de la moitié de celle du Navire, & leur longueur de l'Avant à l'Arriere eſt un peu moindre ; on met ſur chaque bas-Mât une Hune, qui eſt proportionnée au Mât, & par conſéquent plus petite que la grande Hune ; mais les unes & les autres ſont placées ſur les Barres de Hunes, & chevillées ſur Viroles, afin qu'elles tiennent ſolidement aux Barres ; de forte qu'il reſte un eſpace aſſez grand autour du Mât, ſur lequel on peut marcher, & qu'il y a toujours un grand jour entre le Mât & la Hune, pour faciliter de capeler & décapeler les Haubans, Etais, & les Hunes même, quand on veut les ôter & les remettre, en les faiſant paſſer par-deſſus la tête du Mât. Les meilleures Hunes ſont à Caillebotis, parce qu'elles peſent moins, & prennent moins de vent que les Hunes pleines, lorſque le Vaiſſeau eſt incliné ; elles rendent le même ſervice ; car le principal uſage des Hunes eſt de recevoir dans la Garitte les Chaînes ou Lattes des Caps-Moutons des Haubans de Hunes, crochées ſur les Gambes, & de tenir les Haubans épatés à meſure qu'on les roidit ; ainſi elles ſervent de point d'appuis aux Haubans, & ſoutiennent les Mâts de Hune avec d'autant plus d'efficacité, qu'elles ſont plus larges ; mais il convient d'obſerver, ſans s'arrêter à l'uſage, que des Mâts courts n'ont pas autant beſoin de Hunes larges que des Mâts longs. Les unes ſervent à faciliter la Manœuvre des Haubans, pour enverguer & déverguer des Huniers dans un mauvais temps ; pour recevoir un certain nombre de Fuſiliers pendant le Combat, qui ſont très-avantageuſement placés pour découvrir les Ponts du Vaiſſeau ennemi, y tirer, & y jetter avec facilité des Grenades à main, ſi on s'approche aſſez près, ou ſi on en vient à un Abordage.

H U N I E R. C'eſt une Voile Tropéſoïde ; on l'envergue ſur une Vergue de Hune, c'eſt-à-dire, qui eſt au-deſſus de la Hune ; on la borde ſur la baſſe-Vergue, & elle ſe hiſſe avec ſa Vergue ſur le Mât de Hune. Le grand Hunier s'oriente ſur le grand Mât de Hune, la grande Vergue, & ſur ſa Vergue ; le petit Hunier eſt bordé ſur la Vergue de Miſaine, de la même maniere que le grand ſur la grande Vergue ; il ſe hiſſe avec ſa Vergue ſur le petit Mât de Hune ; de forte que les Huniers prennent le nom de leurs Mâts, petit & grand Hunier ; ce ſont les principales Voiles d'un Vaiſſeau, les meilleures, les mieux placées, celles qui font le plus d'effet, & qui ſont les plus utiles.

HUNIERS *en Bannieres*. Les Huniers font en Bannieres, lorfque leurs Ecoutes font Largues, & qu'ils font hiſſés. *Dès la premiere Bordée que nous tirâmes, les points de ſes Huniers furent coupés, & ils reſterent en Bannieres.*

HUNIERS *amenés*. Ce font ceux qui étant bordés, ne font pas hiſſés ; les Huniers font fur le Ton, quand ils font amenés tout bas ; ils font à mi-Mâts, s'ils ne font qu'à moitié hiſſés ; &c.

HUNIERS *riſés*. Ce font ceux dans lefquels on a pris des Ris pour en diminuer la hauteur. *Voyez* RIS. On entend auſſi par *Huniers riſés*, des Huniers amenés.

HUNIERS *dehors* ; c'eſt-à-dire, qu'ils font appareillés.

HUNIERS *coëffés* ; c'eſt-a-dire, qu'ils ont le vent deſſus, & qu'ils font culer le Vaiſſeau.

HUNIERS *éventés*. C'eſt qu'ils ont le vent dedans , & qu'ils pouſſent le Vaiſſeau de l'Avant.

HUNIERS *en Ralingues*. C'eſt lorſqu'ils battent, & que le vent n'eſt ni deſſus ni dedans ; ils font à faſier.

HYDROGRAPHE. C'eſt un homme inſtruit dans l'Art de la Navigation, qui enſeigne le Pilotage dans toutes ſes parties, aux Marins qui font obligés de connoître l'Hydrographie pour conduire les Vaiſſeaux dans toutes les parties du monde.

HYDROGRAPHIE. C'eſt la connoiſſance des Mers, des Parages, des Côtes, Iſles, Ports, Rades, Rivieres, Fleuves, &c. qui font répandus fur notre Globe, & que l'on a déſignés fur des Cartes Hydrographiques, pour les faire connoître aux Marins, parce que l'Hydrographie enſeigne auſſi la maniere de pointer les Cartes, de diriger les Routes, de faire les obſervations Aſtronomiques, les Calculs qu'elles exigent ; en un mot tout ce qui concerne la ſcience du Marin par rapport au Pilotage.

IACQ ou *Iacht*. Bateau de plaifir : il y en a d'autant d'efpèces qu'il y a de différents goûts : les Iacqs font ordinairement enjolivés , légers de Rames & de Voiles , marchant bien ,
& devant naviguer avec fûreté.

JAMBE *de Chien*. C'eft une pièce de bois contournée , qui
termine les Liffes des Gaillards & des Paffe-avants , en s'appuyant fur les plats-Bords. La Jambe de chien de Liffe d'un
Paffe-avant eft mobile , on l'ôte du côté du vent pour amurer la
grande Voile , & on la place toujours du côté de deffous le vent,
en y ajoutant la continuation de la Liffe pour fervir de Garde-
foux entre la Liffe du Gaillard d'Avant & la Jambe de chien.

JAMBES *de Compas*. Ce font les deux branches qui compofent le Compas , en s'uniffant par le haut fur un Aiffieu qui
fert d'appui & de centre à la charniere.

JANTES. *Voyez* MORTAISES.

JARRES. Ce font de grands vaiffeaux de terre recuite &
verniffée , qui fe fabriquent aux environs de Marfeille , & dans
lefquels on conferve l'eau pour les Officiers , lorfqu'on eft en
mer.

JAS *d'Ancre* ou *Jouail*. C'eft une pièce de bois coupée en
deux , que l'on ajufte par le milieu fur les Tenons de l'Ancre ;
au-deffous de l'Arganeau ; il fert à tourner l'Ancre fur le fond ,
de maniere qu'une de fes Pattes ou Becques foit toujours prife
dans le fable , & y refte perpendiculairement. Le Jas d'une Ancre eft ordinairement de bois de Chêne , & a pour longueur
celle de la Verge de fon Ancre. *Voyez* ANCRE.

JAUGEAGE. C'eft l'Art du Jaugeur , & le droit que
font payer ceux qui font Commis pour jauger les Vaiffeaux ,
& mefurer leurs capacités.

JAUGE. Un Vaiffeau jauge quatre cent Tonneaux , lorfqu'il peut arrimer ce nombre de quelques effets que ce foit à
quarante-huit pieds & demi cubes au Tonneau ; ainfi le Jaugeage
d'un Vaiffeau eft le Cubage de fa Cale.

JAUGER. C'eft l'action du Jaugeage. On peut jauger un
Vaiffeau affez exactement , en prenant l'Aire de plufieurs Plans
verticaux de fa Cale à diftances égales , enfuite les ajoutant
deux à deux , & prenant la moitié de cette fomme pour avoir
une furface moyenne entre deux , on la multipliera par la diftance qu'il y a de l'une à l'autre , & le produit fera un cube ; ce

qui étant répété fucceffivement d'un Plan à l'autre, on fera une fomme de tous les réfultats, qui donnera le Cube total cherché, qu'il ne faudra que divifer par quarante-huit pieds & demi cubes, pour avoir le nombre de Tonneaux d'Arrimage que pourra contenir la Cale mefurée ; parce que quatre Barriques Fûts de Bordeaux prennent cette quantité de pieds cubes. Cette méthode eft plus que fuffifante pour la pratique, mais elle fera bien abrégée, fi on a le Plan du Vaiffeau calculé, parce que toute l'opération fe réduit alors à une fimple règle de proportion Géométrique, dont on a trois termes, la largeur du Vaiffeau hors d'œuvre, celle du dedans, l'une & l'autre prife à la Flottaifon, & le Cube du déplacement d'eau, parce que dans les Corps femblables, les folidités font en raifon des Cubes des dimenfions Homologues; d'où il réfulte que le Cube de la plus grande largeur, eft au Cube du déplacement d'eau en pieds cubes, comme le Cube de la largeur intérieure eft à celui de la Cale qu'il falloit avoir : on fera enfuite les obfervations néceffaires, fi le Tirant d'eau eft au-deffus ou au-deffous du premier Pont, &c.

JAUGEUR. C'eft celui qui jauge les Vaiffeaux dans un Port. Aujourd'hui quelques Conftructeurs inftruits des Principes de leur Art, jaugent exactement leurs Vaiffeaux, & difpenfent d'avoir recours aux Jaugeurs.

JAUMIERE. C'eft le nom de l'ouverture par laquelle la tête du Gouvernail paffe dans la Voûte au-deffus de l'Etambord, pour qu'on puiffe y placer le Timon : il faut que la Jaumiere foit affez ouverte pour que le jeu de la Barre & du Gouvernail foit libre; c'eft autour de cette ouverture qu'on cloue les Brais & Tape-cul, afin que l'eau n'entre jamais parlà dans le Vaiffeau.

JAUTEREAUX *de l'Eperon.* Ce font des Courbes placées en dehors fur les premieres Préceintes, dont une branche s'étend fur l'Eperon, en s'ajuftant exactement dans l'angle formé par l'Etrave & le Corps du Vaiffeau; de forte que les Jautereaux de Babord répondent à ceux de Tribord, & font chevillés les uns fur les autres des deux Bords de l'Eperon au-travers du Digon; & leurs branches qui font appliquées fur le Navire même, fe trouvent liées fur les Préceintes, les Apôtres, & les Guirlandes, ou le Vaigré de l'Avant. On met deux Jautereaux de chaque côté de l'Eperon fur les deux premieres Préceintes, plus haut ou plus bas, felon les Ecubiers, & une pièce de rempliffage entre deux; on garnit le deffus avec une Fourure arrondie, pour empêcher les Cables de fe manger & fe raguer fur le Can des Jautereaux.

JAUTEREAUX *de Mâts.* Ce font des pièces de bois de Chêne ou d'Ormeau, ajuftées fur les bas-Mâts à la hauteur du Capelage, pour fupporter les Longis des Barres de Hunes ; on les entaille fur le Mât de toute leur épaiffeur, en les faifant plus larges par le haut que par le bas, enfuite on les cheville de travers-en-travers l'un fur l'autre, à Goupilles fur Virolles, & on place de plus quelques clous de huit à dix pouces de longueur pour les foutenir & les fortifier; car les Jautereaux ainfi placés portent la Hune & le Mât de Hune. Lorfque les Mâts de Hunes font trop menus par le haut pour y conferver une Noix, on leur met des Jautereaux de Chêne, qui fouvent valent beaucoup mieux que s'il y avoit une Noix du même bois, qui eft toujours trop mol.

JET. C'eft l'action de jetter à la mer les effets qui chargent & embarraffent trop un Vaiffeau pris de mauvais temps, ou qui eft chaffé par des ennemis fupérieurs : lorfqu'on eft contraint de faire le Jet, on doit commencer par les chofes que l'on fçait être placées de maniere à gêner le plus le Vaiffeau, afin de le foulager le plus vivement poffible ; mais il faut obferver que fi le Navire ne porte pas bien la Voile, on doit jetter tout ce qu'il y a de pefant dans fes hauts, afin de faire baiffer le Centre de Gravité, & lui procurer plus de ftabilité ; fi au contraire il roule trop vivement, fon Centre de Gravité eft trop bas, il eft rappellé au parallélifme avec trop de force, il faut l'alléger d'en-bas pour faire monter avec précaution le Centre de Gravité, & diminuer fa diftance au Métacentre avec la force qu'il a de trop, pour fe redreffer quand il incline ; fi le Vaiffeau eft trop fur nez, il fera ardent, & dur dans fes Tangages ; on le foulagera en lui ôtant les poids de l'Avant ; s'il eft trop fur le cul, il fera lâche & acculera ; on le rendra plus gouvernant, & moins rude dans fes acculements, en le débarraffant de ce qu'il a trop de poids fur l'Arriere. Toutes les fois qu'on jettera des effets à la mer, on en dreffera Procès-verbal, & on fe conformera à ce qui eft prefcrit par les Ordonnances de la Marine.

JETTE. Commandement pour faire jetter quelques chofes. Ainfi l'on dit : *Jette le Hunier hors la Hune, pour dire de faire parer la Toile & la Ralingue du bord de la Hune, afin de le border plus facilement.*

JETTE dehors. C'eft jetter au large du Vaiffeau les chofes que l'on ordonne de jetter.

JETTÉE. C'eft une efpèce de Digue qui s'allonge en mer pour détourner le cours de l'eau, ou pour brifer le choc de la Lame, & en détruire la force : on couvre les Ports & Baffins par des Jettées qui les ferment, & entre lefquelles les Vaiffeaux paffent pour entrer & fortir. Les Jettées font faites en maçonnerie, quand on peut les travailler à fec, dans les endroits où il y a grand flux & reflux ; on les fait fur Pilotis, quand le fond eft mou ; ou on fait jetter continuellement une grande quantité de groffes pierres pour former une Jettée, quand on ne peut pas faire autrement ; d'autres fois on bâtit fur Caiffes, & c'eft la meilleure méthode de faire une bonne Jettée, dans les endroits où la mer n'a pas grand mouvement.

JETTER *un Navire au Plein, à la Côte, fur un Banc, ou*

fur des Rochers. C'eſt l'échouer & le perdre par malice, ignorance, ou lâcheté, Les Pilotes Côtiers qui jettent un Vaiſſeau
au Plein, & qui le perdent, ſont ordinairement punis exem-
plairement ; ceux qui le font exprès, ſont pendus ; & ceux des
Capitaines ou Pilotes qui font Côte, étant pourſuivis par un
ennemi ſupérieur, doivent s'y brûler, ſi le Vaiſſeau court riſque
d'être abordé par les Chaloupes ennemies ; mais ſi c'eſt par crainte
devant des ennemis qu'on n'eſt pas dans le cas de redouter, &
dont on pourroit ſe dégager par une ſupériorité de marche, ou en
combattant, les Chefs ſont punis ſévérement, & du dernier ſup-
plice, ſuivant les circonſtances.

JETTER *les Grapins à Bord.* C'eſt lancer les Grapins
d'Abordage, de maniere qu'ils s'accrochent au Vaiſſeau que l'on
veut aborder.

JETTER *la Chaloupe & le Canot à la mer.* C'eſt une
maniere de s'exprimer, pour dire qu'on a mis vivement les Bateaux à la mer. *Nous jettâmes nos Bateaux dehors pour amariner nos priſes.*

JETTER *des Mâts à bas.* C'eſt les rompre en forçant
trop de Voiles, ou par accident. *Nous jettâmes notre petit Mât
de Hune bas, à force de porter de Voiles pour rejoindre notre
Eſcadre... Lorſque nous fûmes à portée de Piſtolet du Vaiſſeau
que nous cherchions, nous donnâmes vent devant dans ſes eaux,
en lui tirant notre Bordée, & nous lui jettâmes ſon grand Mât
à bas avec celui d'Artimon.*

JEU *du Gouvernail.* Le Jeu du Gouvernail eſt ſon mouvement ſur ſes Gonds & dans ſa Jaumiere ; il doit être libre,
ſans être gêné en aucune maniere.

JEU *de Voile.* Ce ſont toutes les Voiles néceſſaires pour
appareiller complétement un Vaiſſeau, & le garnir de ſa Voilure.

IMPULSION. C'eſt la force avec laquelle un fluide peut
pouſſer une ſurface ; elle eſt abſolue, lorſqu'on prend cette force
comme réunie ſur le Centre de Gravité de la ſurface choquée,
& qu'on la conſidére agiſſant toute entiere dans le ſens de la
perpendiculaire à la ſurface : ſi c'eſt la Proue d'un Vaiſſeau
qu'on examine dans le temps du Sillage, on verra que l'Impulſion abſolue ſe décompoſe en Impulſion directe, c'eſt la partie
qui s'oppoſe continuellement à la vîteſſe du Navire ; en Impulſion latérale, ce ſont les deux qui réſultent de l'obliquité des
deux côtés de la Proue, en agiſſant à ſens contraire, & horizontalement ; il y a encore l'Impulſion verticale, qui eſt celle
que produit l'obliquité de la ſaillie de Proue, en montant depuis la Maîtreſſe Varangue juſqu'au fort. On avoit cru juſqu'à
ptéſent que les Impulſions des fluides ſur les ſurfaces étoient entr'elles comme les Quarrés des Sinus d'incidence ; mais les expériences faites au Port de l'Orient par Mr. THEVENARD en
1769 & 1770, prouvent qu'elles ne ſuivent pas cette Loi.

Elles

Elles font aussi comme les Quarrés des vîteffes, felon les mêmes expériences.

INCLINAISON. C'eft l'obliquité d'une Ligne fur une autre ; ainfi l'Inclinaifon d'un Vaiffeau eft mefurée par l'Angle que
fait fa Mâture avec la verticale de fa premiere fituation, qui
eft toujours le complément à quatre-vingt-dix dégrés depuis l'horizon à l'obliquité de la Mâture, lorfque le Vaiffeau plie fous
l'effort du vent.

INCLINÉ. Un Vaiffeau incliné, eft celui qui donne la
Bande en pliant fous l'effort du vent.

INCOMMODE. On dit qu'*un Vaiffeau eft incommode*,
lorfqu'il eft mal diftribué, & qu'on n'y a pas l'aifance néceffaire
pour le fervice qu'on en veut tirer ; il eft incommode pour le
Combat, s'il eft trop étroit, & qu'on n'y puiffe pas fervir l'Ar-
ti lerie avec facilité.

INCOMMODÉ. C'eft un Vaiffeau dégréé par le Canon,
ou défemparé de quelque maniere que ce foit.

INCOMMODITÉ. Un Vaiffeau fait Signal d'incommodité pour demander du fecours, lorfqu'il eft fort maltraité
du Combat ou du mauvais temps. Le Signal d'incommodité eft
ordinairement Pavillon rouge fous les Barres de Perroquet, Pavillon en Berne à Poupe, & des coups de Canon de diftance en
diftance ; dans tous les Pays Européens on s'empreffe de porter
du fecours à celui qui fait ce Signal.

INDICATION. C'eft la direction de l'Aiguille aimantée
vers le Nord, qu'elle marque toujours à-peu-près. *Voyez* BOUS-
SOLE *&* VARIATION.

INDICES. Ce font des marques, des fignes dans les temps,
dans l'air, fur les eaux, qui annoncent le beau ou le mauvais temps, la pluie & l'orage, un coup de vent, &c. Ce font
des obfervations utiles aux Marins dans toutes les circonftances.

INDICES *de terre*. Les indices de terre fe remarquent par
le changement de la couleur de la mer, par les différentes chofes qui flottent fur fa furface, felon les endroits & les Parages où l'on fe trouve ; les poiffons, le brillant des mers pendant la nuit ; les oifeaux, les vents mêmes, les pluies, les
grains, les orages, font des indices certains que l'on approche
de certaines terres ; toutes ces chofes font variables, & demandent beaucoup d'expérience, d'obfervations & d'attention.

INERTIE. L'Inertie eft une force qui réfide dans les Corps
en repos ou en mouvement. C'eft cette force qui les fait réfifter
au mouvement, lorfqu'ils font en repos, & qui les fait réfifter
au repos, lorfqu'ils font en mouvement. On éprouve tous les
jours la premiere, lorfqu'on veut mettre quelque chofe en mouvement ; & s'il s'agit d'arrêter fubitement un Corps en mouvement, la feconde fe manifefte auffi-tôt. Un homme qui eft dans

D

un Bateau que l'on arrête tout court, est porté en Avant par la force d'Inertie qui ne peut se perdre dans l'instant.

INGÉNIEUR-*Constructeur. Voyez* CONSTRUCTEUR, & L'ORDONNANCE DE LA MARINE 1765.

INONDER. C'est noyer un Pays en levant les Ecluses qui retiennent les eaux au-dessus du terrein; telles sont les fameuses Digues & Ecluses de Hollande, qui ont fait d'un Marais le plus beau Pays, qui pourroit être noyé en peu de temps, si on laissoit un passage libre aux eaux.

INSPECTEUR *de Marine*. C'est un Officier préposé pour inspecter les Ports & Arcenaux, tant sur la Construction des Vaisseaux que sur les Bois, Corderie, Gréement, &c. & rendre compte au Ministre de ses Observations, & des réformes à faire.

INSULTER. C'est attaquer; on insulte un Vaisseau en lui tirant du Canon à Boulet; c'est l'attaquer.

INTENDANT. C'est en général un Officier de plume ou d'Administration. L'Intendant de Marine doit connoître tous les détails de l'Armement & Désarmement des Vaisseaux, de la Fourniture des Bois de construction, employés pour tous les Edifices qui peuvent servir au Port; du Fer, des Vivres, Munitions de guerre, de l'Engagement & Loyers des Equipages, & Officiers; il réside dans le Port, & doit être en quelque sorte universel; les Classes lui sont subordonnées, ainsi que tous les Bureaux & Buralistes; il peut, & doit tout inspecter, & prendre connoissance de tout, afin d'en rendre un bon compte au Ministre de la Marine, de qui il reçoit les Ordres. On voit par cette courte définition combien un Intendant doit avoir de connoissances & de probité.

INTENDANT- *Général de la Marine & des Classes*. C'est celui qui auroit la Correspondance & la Supériorité sur tous les Ports du Royaume.

INTENDANT *des Armées-Navales*. C'est un Officier d'Administration, placé sur une Armée-Navale, pour administrer les dépenses, une partie de la Justice, pourvoir aux besoins de l'Armée, l'entretenir & la faire subsister dans les endroits où elle peut aller. Les fonctions des Intendants, sont prescrites par l'ORDONNACE DB LA MARINE DU ROI de 1765.

INTERLOPES. Un Vaisseau est Interlope, quand il va chez une Nation neutre y faire un Commerce qui lui est défendu par la Nation chez qui il va; de sorte que s'il est pris, on le confisque, & on inflige une peine au Capitaine du Vaisseau Interlope. Les Anglois font le Commerce d'Interlopes dans nos Isles de l'Amérique, nous le faisions à la nouvelle Espagne; de sorte que ni les risques, ni les peines diffamatoires que l'on attache à ce métier, qui n'est point honorable, ne peuvent arrêter la cupidité des hommes.

INTERESSÉS. Les Intéressés à un Navire, sont ceux qui se sont mis de société pour armer & charger un Vaisseau. *Il y a sept Intéressés dans l'Armement du Vaisseau qui part pour le Levant.*

INVESTIR un Port. C'est le bloquer par mer avec des Vaisseaux de guerre.

JOINDRE, *être à joindre.* C'est être à toucher ; dans un Arrimage il faut que tout soit à joindre.

JOINDRE *un Vaisseau.* C'est l'approcher jusqu'à pouvoir mettre à Bord. *Nous chassâmes nos Camarades sans pouvoir les joindre ;* ainsi *joindre, c'est atteindre.*

JOINTS ; *border à Joints quarrés.* C'est border de maniere que tous les Bordages se touchent Can-à-Can, sans Entailles ni Feuillures. *Voyez* ASSEMBLAGES. Il y a autant de Joints que d'Assemblages.

JOINTS *perdus & en pointes.* Ce sont des Assemblages qu'on n'apperçoit pas tout d'un coup, qu'il faut regarder de près, parce qu'ils sont travaillés avec soin, & que les pointes des Bordages qui ne peuvent pas conserver toute leur largeur dans l'étendue de leur longueur, se perdent insensiblement dans l'entre-deux.

JONCQUE ou *Somme.* Ce sont les Vaisseaux Chinois, Japonois, de Siam, du Tunquin, du Camboge, & de toute cette partie des Indes Orientales, à l'Est des Détroits de Sonne & de Malaca : leur structure est fort différente de celle des Vaisseaux Européens ; ils naviguent passablement le long des Côtes, pendant les belles saisons & les belles mers, mais le moindre coup de vent en fait périr une grande quantité, parce qu'ils ne sont pas construits de maniere à pouvoir résister à l'effort des vents, ni à l'impétuosité de la mer, & que ces Peuples sont tous très-ignorants dans l'Art de la Marine qu'ils ne connoissent pas. J'ai vu périr deux de ces Joncques Chinoises en 1753, pendant un coup de vent que nous reçûmes sur un Vaisseau de la Compagnie, à trente lieues des Côtes de Chine ; le vent étoit des plus violents, mais la mer étoit belle, parce que l'impétuosité de l'air ne lui permettoit pas de s'élever.

JONCTION. C'est la réunion de plusieurs Vaisseaux à un rendez-vous. *La Jonction se fit en Hiver aux Isles Canaries.*

JOUE. Un Vaisseau qui joue se délie, & fatigue sa Charpente, de maniere qu'il dure peu ; un Vaisseau joue par faute de bonnes liaisons, ou par vétusté.

JOUER. C'est avoir du jeu dans la Charpente. *Nous nous apperçûmes que notre Vaisseau commençoit à jouer de toutes parts.*

JOUES *du Vaisseau.* C'est la partie du Navire qui se trouve comprise entre les Portes-Haubans de Misaine & l'Etrave. *Nous nous trouvions un peu sur l'Avant du Vaisseau que*

nous combattions , nous fîmes une petite arrivée , & nous lui don-
nâmes notre Bordée en joues.

JOUETS. Toute plaque de fer qui garnit le bois traversé par un Aiſſieu, eſt appellée *Jouet* ; ſon uſage eſt d'empêcher que le trou dans lequel tourne l'Aiſſieu ; ne s'accroiſſe
par le frottement. On garnit les Potences des Pompes à Brin-
guebales à main de Jouets, pour empêcher que la Cheville qui
les traverſe, ne mange le bois ; les Seps de Driſſes ſont auſſi garnis de fer , pour empêcher que l'Aiſſieu ne morde ſur le bois.

JOUR. C'eſt la révolution entiere de la terre ſur ſon axe ;
elle dure vingt-quatre heures , & nous montre le Soleil pendant
un certain temps , en nous le cachant le reſte des vingt-quatre
heures : dans le premier cas , où le Soleil eſt ſur l'horizon , nous
avons ce qu'on appelle vulgairement *le jour artificiel*, parce que
nous ſommes éclairés par la lumiere ; dans le ſecond il eſt nuit,
& nous ſommes dans l'ombre , c'eſt-à-dire, à l'oppoſé de la partie du Globe terreſtre qui eſt éclairée dans le cours ordinaire
des choſes ; on compte les jours & les quantièmes des mois
d'un minuit à l'autre, c'eſt le jour civil : en Aſtronomie, &
Maritimement, ou Nautiquement, le jour ſe compte d'un midi
à l'autre , c'eſt-à-dire, de l'inſtant où le centre du Soleil eſt
dans le plan du Méridien , & l'inſtant auquel il y revient après
une révolution entiere de la terre ſur elle-même , & du chemin
qu'elle a parcouru ſur l'Ecliptique, par ſon ſecond mouvement
d'Occident en Orient, qui complette à-peu-près les vingt-
quatre heures que l'on compte pour le jour entier ; mais il faut
obſerver que le jour Aſtronomique, ou temps vrai , eſt quelquefois plus long que le temps moyen de trente ſecondes , &
qu'il eſt quelqu'autrefois plus court de quatorze ſecondes , ce
qui vient de ce que l'Ecliptique forme avec l'Equateur, un angle de vingt-trois dégrés , vingt-huit à vingt-neuf minutes , &
que la terre parcourt ſon orbite d'un mouvement inégal ; tantôt
elle parcourt 1 dégré 2 minutes 6 ſecondes, tantôt 0 dégré 59
minutes 8 ſecondes, & d'autres fois 0 dégré 57 minutes 13 ſecondes , &c. ce qui a fait inventer un mouvement moyen , pour
obvier à cet inconvénient.

. JOUR. En terme de Charpentier ſignifie l'intervalle qu'on
laiſſe entre deux pièces de bois, pour empêcher qu'elles ne
s'échauffent. Il faut laiſſer du jour entre toutes les pièces de
Charpentes qui ſont enfermées, afin que l'air les rafraîchiſſe &
les conſerve.

JOUR. Le jour du Franc-bord , eſt l'intervalle qu'il y a
d'un Bordage à l'autre, que l'on calfate, & qu'il faut avoir ſoin
de tenir le plus ſerré qu'on peut en bordant. Il en eſt de même
de tous les jours que la mal-adreſſe des Ouvriers laiſſent dans
les ouvrages de Charpente.

JOURNAL. C'eſt un état détaillé & circonſtancié, qui
doit être tenu par le Capitaine du Vaiſſeau, & par chaque Officier, chacun en particulier ; on y marque les Routes, les vents,

leurs variétés, le beau & le vilain temps, le chemin, la Latitude obfervée chaque jour, l'eftime en Latitude & en Longitude, les manœuvres, les événements de la Navigation, les rencontres, les dégréements, les chaffes, les combats, les vues de terre, des Ifles, des Bancs, les Sondes, les remarques fur toutes chofes, les tranfports des marées & des courants, la groffeur de la mer & les directions de fes Lames, avec les différences en Longitude lors des Attérages, les relèvements des terres, Pointes, Ifles & Iflots, des Montagnes, Mondrins remarquables, les Mouillages, Fonds, les manieres d'affourcher dans les différents endroits, avec ce qu'il y a à craindre, foit de la part des ennemis ou des coups de vents ; on obferve fi les Tenues y font bonnes, fi les Vaiffeaux font dans le cas d'y chaffer, fi les Cables ne fe raquent pas fur le fond, s'il y a de l'évitage, ou fi on s'y met à quatre Amarres ; on leve des plans de tous les lieux, fi on veut bien faire, & l'on marque le jour, & l'heure de chaque événement, fans rien négliger dans fon Journal, pas même la quantité dont la mer monte & baiffe.

ISLE. C'eft une terre environnée d'eau de tous les côtés, quelque voifine qu'elle foit d'un des Continents, ou d'une autre grande Ifle : les plus grandes Ifles connues dans le monde, font l'Ifle de Madagafcar à l'Eft de l'Afrique, & Borneo dans les Mers de l'Eft des Indes Orientales en Afie ; elle eft fituée fous l'Equateur à l'Eft, & au Nord de Java, qui eft ainfi que Sumatra, une très-grande Ifle ; les unes & les autres font environnées d'une infinité d'Ifles de toutes grandeurs. Ces amas d'Ifles, d'Iflots & d'Iflets, forment des Archipels, à qui l'on donne un nom général qui comprend tout ce qui eft renfermé dans cette troupe du même nom ; tel eft l'Archipel proprement dit dans la Mer Méditerranée ; tel eft l'Archipel des Maldives à l'Oueft de l'Ifle de Céilan, un des nombreux qu'il y ait, tels font ceux des Philippines, des Moluques, des Ifles de l'Amirante, des Ifles Salomon, des Antilles dans l'Amérique, &c.

ISLETS. Ce font de petites Ifles qui font fémées au-tour des Ifles, le long des Côtes, dans les Baies, Rades, & même dans les Ports.

ISLES *du vent*. Ce font celles qui font les plus près de fon origine, & qui reftent au vent du Vaiffeau. Dans l'Amérique, où le vent eft prefque toujours de la partie de l'Eft ; on compte pour Ifles du vent, *Tabago, la Grenade, Bekia, Saint Vincent, la Barboude, Sainte Lucie, la Martinique, la Dominique, Mari-Galante, les Saintes, la Défirade, la Guadeloupe antique, Monfara, la Barbade, la Redonde, Nieve & Saint-Chriftophe.*

ISLES *de deffous le vent*. Ce font celles qui fe trouvent plus éloignées de la fource du vent que le Vaiffeau. On dit que les Ifles de deffous le vent font en Amérique ; *Saint Euftache, Saint-Barthélemi, Saba, Saint-Martin, Languille, Sombrère, Anc-*

gade, *les Vierges*, *Sainte-Croix*, &c. parce qu'elles font à l'Oueſt des Iſles du vent.

I S T H M E. C'eſt une Langue de terre qui tient des deux bouts au Continent, ou à deux Iſles, & qui ſépare deux Mers; l'Iſthme de Suez tient à l'Aſie & à l'Afrique, il ſépare la mer rouge de la Méditerranée; en Amérique, l'Iſthme de Panama ſépare la mer Pacifique, ou mer du Sud, de l'Océan.

I T A G U E. C'eſt en général une Manœuvre qui fait Dormant par un bout ſur la choſe qu'on veut hiſſer, & qui eſt frappée de l'autre bout ſur l'Eſtrope d'une Poulie de Palan, en paſſant auparavant dans une Poulie dormante ſur le Rouet de laquelle elle court, en hiſſant & amenant. Les Itagues des Huniers ſont frappés ſur le milieu de leur Vergue, paſſant à la tête des Mâts de Hunes Tribord & Babord, dans deux Poulies d'Itagues qui y ſont capelées, & reviennent faire Dormant ſur les Poulies de Driſſes; d'autres fois l'Itague de chaque Hunier, au lieu de faire Dormant ſur la Vergue, paſſe dans une Poulie qui y eſt éguilletée, & revient à l'ordinaire rejoindre les Poulies de Driſſe des deux Bords : cette derniere méthode eſt bonne en temps de paix, parce qu'on amene & hiſſe plus aiſément les Huniers; mais en guerre il faut faire Dormant des deux bouts ſur Vergues, parce que ſi un côté eſt coupé en combattant, l'autre tient bon, & il y a plus de reſſource de ce côté-là, & parce qu'il n'eſt pas néceſſaire que le Cordage ſoit auſſi long. Châque Vergue & chaque Voile a ſes Itagues, qui prennent, ainſi que les Driſſes, le nom de la Voile; Itagues de grand & petit Hunier, de grand & petit Perroquet, des Voiles d'Etais, des Focs, & des baſſes-Vergues; celles-ci font Dormant ſur la baſſe-Vergue, paſſant ſur les Chouquets, ou dans des Poulies capelées à cet effet, & viennent ſe réunir ſur une groſſe Poulie à cinq ou ſept Rouets, qui ſert de Poulie de Driſſe avec le Chomar ou Sep, qui conduit le Garant de la Driſſe au Cabeſtan; mais il vaut mieux ſe paſſer de Driſſes & d'Itagues, pour hiſſer les baſſes-Vergues avec des Cayornes, & les mettre ſur des Suſpentes; parce qu'il reſte moins de poids & de fardage à la tête des Mâts, en ôtant les Cayornes.

I T A G U E *fauſſe*, ou *fauſſe Itague.* C'eſt une Itague que l'on frappe de plus ſur chaque Vergue de Hune, lorſqu'on ſe prépare au Combat : elle paſſe dans une Poulie de fauſſe Itague que l'on éguilte pour le moment ſur le Capelage, & elle vient ſe joindre à la fauſſe Driſſe.

I T A G U E *de Palan.* C'eſt le Cordage qui paſſe dans une Poulie de Pentoire, ayant un Croc à une de ſes extrémités, & un Palan ſur l'autre, ou une petite Cayorne; on croche le Palan & l'Itague ſur le fardeau, & on hiſſe le tout avec plus de facilité.

I T A G U E *de Palanquin*, ou *Itague de Ris.*. C'eſt un Cordage ſimple, qui fait Dormant ſur la Patte de Ris, & paſſe dans une Moque ou Poulie, capelée aux bouts des Vergues de Hunes, & qui a une Cosse sur le bout courant, dans laquelle on croche le Palanquin pour mettre la Patte de Ris à joindre, & faciliter au Matelot qui est au bout de la Vergue, le moyen de bien faire sa Pointure, quand on prend des Ris dans les Huniers.

ITAGUES *de Sabords.* Ce sont des Itagues frappées sur les Boucles des coins des Mantelets-Sabords par dehors, & qui entrent dans le Vaisseau par des trous percés dans la Serre au-dessous du Pont sur lesquelles on croche le petit Palan de Sabord, pour ouvrir & fermer le Mantelet quand on le juge à-propos.

JUMELLER. C'est appliquer & ajuster les Jumelles sur ce qu'on veut rendre plus fort par les Jumelles. *Notre grand Mât ayant consenti dans le coup de vent, ou ayant été forcé, nous profitâmes de l'Embellie pour le jumeller, en faisant de bonnes Roustures de distance en distance; quand il fut jumellé nous fimes Route à toutes Voiles.* On jumelle les Vergues comme les Mâts, & tout ce qui est rompu à demi ou éclaté.

JUMELLES. Ce sont de longues pièces de bois de Sapin ou autre, arrondies par-dessus, & concave par l'autre côté; on s'en sert pour fortifier des Mâts ou des Vergues trop foibles, qui plient trop ou qui éclatent. On appelle aussi *Jumelles*, d'autres pièces de bois dont on compose les bas-Mâts des grands Vaisseaux, en les appliquant à Cailles-bottes sur la mèche de chaque Mât; de maniere que deux, trois, quatre ou cinq Jumelles avec leurs Grains d'orges, pour remplir les vuides qu'elles laisseroient entr'elles, forment un Mât de plusieurs pièces; on le cheville, & on le cercle en fer bien solidement.

JUSSANT, *Jusant, Ebe.* C'est le reflux ou le descendant de la marée. *Voyez* EBE.

LABOURE, *labourer.* L'Ancre laboure le fond, lorfqu'elle chaſſe & qu'elle ne tient pas. Le Vaiſſeau laboure le fond, lorſqu'il le touche avec la Quille ou par ſa fleur, & qu'il court encore de l'Avant, parce que le frottement n'eſt pas aſſez conſidérable pour l'arrêter. *Il ſe trouva ſi peu d'eau dans le Canal que nous labourâmes la vaſe pendant plus d'une demi-lieue de chemin.*

LAC. C'eſt une grande étendue d'eau dormante, enfermée entre les terres; la mer Caſpienne eſt un grand Lac, le Lac de Genève eſt connu.

LACER *une Voile.* C'eſt ajouter une Voile ou une partie de Voile à une autre, en la laçant avec un Cordage qui paſſe des Œillets de l'une dans ceux de l'autre : on lace des Bonnettes dans le fond des baſſes-Voiles & des Huniers, pour leur donner plus de chùte, & empêcher le paſſage du vent par-deſſous, lorſqu'il vente peu ; mais ces Voiles ont au lieu d'Œillets, des Pattes épiſſées ſur leurs Ralingues : on lace encore des baſſes-Voiles du haut en-bas, lorſqu'elles ſont coupées exprès par le milieu, & qu'on veut les faire ſervir en entier.

LACERET. C'eſt une petite Tariere.

LAGUIS. C'eſt un nœud coulant fait ſur le bout d'un Cordage, afin qu'il ſerre toujours de plus-en-plus ſur le fardeau, par le ſeul effet de la peſanteur. Il y a pluſieurs ſortes de Laguis, doubles ou ſimples.

LAGON. C'eſt un petit eſpace d'eau de mer, environnée de terre ou de ſable, formé ordinairement par les ſables que la mer apporte ſur la plage dans les coups de vent ou autrement. *On trouve dans le fond de cette Baie un Lagon formé par des ſables, que l'impétuoſité de la mer y a amoncelé ; il eſt ſpacieux, & contient trois à quatre Iſlots.*

LAGUE. *Voyez* HOUACHE.

LAISSER *courir.* C'eſt continuer de faire porter bon Plein, pour faire plus de chemin, & courir avec plus de vîteſſe. *Ce Vaiſſeau laiſſe courir au Nord, tandis qu'il devroit ſerrer le vent au N. O. il s'affalera ſous le vent... Nous avons laiſſé courir deux Pointes ſous le vent de notre Route, pour faire croire aux ennemis que nous donnions à la Côte, mais à la nuit nous avons pris le large, en portant bon plein ſur l'autre Bord, laiſſant courir ſur le S. E. juſqu'à minuit, que nous avons fait porter plus Largue.*

LAISSE *courir plein.* C'eſt une façon de dire au Timonnier qu'il faut continuer à porter un peu Largue. *Laiffe courir bon plein, jufqu'à ce que le Grain foit paffé.*

L A I S S E S ou *Relais.* Ce font des terres ou fables mêlés de vafe que la mer laiffe fur le bord du Rivage, & qui s'affermiffent avec le temps, cela forme comme de petites Digues qui s'oppofent aux petits flots de la mer.

L A M A N A G E, ou *Pilotage des Ports.* C'eft le travail du Pilote Lamaneur ou Côtier, & de fes gens, pour entrer ou fortir un Vaiffeau du Port.

L A M A N E U R ou *Pilote Côtier.* C'eft le titre de celui qui connoît les entrées & forties d'un Port, les dangers, les fonds & les mouillages : il réfide dans le Port, pilote les Vaiffeaux en entrant & fortant ; il doit aller fouvent aux heures des baffes & pleines mer fonder les différents endroits, & placer fes remarques, pour avoir toutes les connoiffances néceffaires, & éviter de toucher les Vaiffeaux qu'il conduit.

L A M E S. *Voyez* HOULES, VACUES ET FLOTS. La Lame vient de l'Avant ou debout, quand elle vient à la rencontre du Vaiffeau ; elle vient de l'Arriere, fi elle le prend par la Poupe en fuivant la même direction que le Vaiffeau ; la Lame prend le Vaiffeau en Hanche ou par le Travers, lorfque fon cours vient d'une de ces parties. *La Lame va contre le vent*, ou *cherche le vent* ; c'eft-à-dire, que fon mouvement eft dans une direction contraire à celle du vent actuel ; cela arrive dans un changement fubit du vent après une Tempête, & c'eft fouvent ce qu'il y a de plus dangéreux à la mer pour les Vaiffeaux qui en font extrêmement tourmentés, fi la Lame eft élevée.

L A M E S *longues.* Ce font des Lames qui viennent de loin, qui fe fuccédent à diftances égales, & qui ne brifent point.

L A M E S *courtes.* Ce font des Lames qui fe fuccédent vivement de près-à-près, qui fe brifent fouvent les unes fur les autres, & font clapoteufes.

L A M P E. C'eft un Vafe de Cuivre, propre à contenir de l'Huile & des Mèches pour brûler & éclairer pendant la nuit le Timonnier qui gouverne fur le Compas de Route ; la Lampe eft fufpendue fur un Pivot à Balanciers, qui la tient toujours parallellement à elle-même. Il y a plufieurs fortes de Lampes.

L A M P I O N. C'eft une petite mèche flottante fur un morceau de Cuivre plat, dans lequel elle paffe, ou dans une Etoile de fer-blanc ; on allume le Lampion, & il brûle tant qu'il y a de l'Huile dans la Lampe.

L A N C E. Un Vaiffeau lance, lorfqu'il préfente le Cap tantôt fur Tribord tantôt fur Babord de fa Route, foit parce que le Timonnier eft mal-adroit, ou que le Vaiffeau gouverne mal & difficilement, ou enfin parce que la Lame le maîtrife.

L A N C E R, ou *embarder fur fon Ancre. Voyez* EMBARDER.

L A N C E R *un Vaiffeau à la mer.* C'eft le mettre à l'eau après qu'il eft conftruit & fini fur fon Chantier. *Voyez* BERT. Il y a plufieurs manieres de lancer les Vaiffeaux ; la meilleure & la plus fûre eft de les lancer fur un Bert ; la feconde méthode s'exécute en dreffant une Couliffe dans le prolongement de la Quille parallellement à fa pente, jufqu'à l'endroit où le Vaiffeau doit courir; enfuite on place des deux côtés, à la hauteur des Empatures des Varangues, deux fortes pièces de Bordages bien dreffés & bien nivelés, de maniere que le Vaiffeau en paffant par-deffus ne touche pas plus dans un temps que dans l'autre, car on a foin de laiffer un quart de pouce de jeu de chaque côté, de forte qu'il fe trouve appuyé, pour peu qu'il tombe plus d'un côté que de l'autre, comme s'il gliffoit dans une Couliffe; toutes ces chofes font bien fuiffées ou graiffées, après qu'elles font foutenues par de forts Etançons, & appuyées par de bons Arboutants dans tous les fens, afin qu'il n'y ait aucun jeu, ni rien à craindre, au cas que le Vaiffeau vint à s'appuyer avec force fur une de fes Coîtes. Quand tout eft difpofé de cette maniere, il faut lever le Vaiffeau de deffus fes Chantiers pour les ôter; on y parvient en mettant deffous la Quille des Traverfes que l'on force avec des Coins à grands coups de Maffe ou de Belier, en les plaçant à peu de diftance les unes des autres, & lorfque les Chantiers font ôtés, le Navire refte fur fes traverfes bien folidement établies, comme il étoit fur fes Chantiers, & appuyé de plus fur une Clef ou Arboutant, placé derriere l'Etambord. On obferve de bien graiffer tout le bois fur lequel le Vaiffeau doit gliffer, & quand tout eft bien difpofé, on leve toutes les Accores, enfuite on fait fauter la Clef de l'Arriere, & il part par l'effet de fon inclinaifon fur le plan qui le porte: s'il ne partoit pas, on l'y oblige par l'effet du Belier contre fon Etrave, & pour peu qu'il entre en mouvement, il acquiert une telle rapidité, qu'il feroit bien difficile de l'arrêter; tout cela peut fe calculer avec la plus grande facilité, en fe fervant des Principes de la Géométrie. On lance encore les Vaiffeaux à la mer, en les faifant courir dans une Couliffe, que l'on prolonge des deux côtés de la Quille jufqu'en Avant de deux bonnes Dragues que l'on place bien folidement des deux Bords fous le gros du Vaiffeau, & fur lefquelles il gliffe en les emportant avec lui.

LANCS ou *Lans*. Les Lancs d'un Vaiffeau, font les finuofités qui l'écartent de la direction de fa Route, en le portant tantôt fur un Bord, tantôt fur l'autre, de forte qu'il ne fille pas fur une Ligne droite: on égalife les Lancs le plus qu'il eft poffible, afin de rendre l'eftime de la direction de la Route la moins défectueufe qu'on peut. On fait jetter les Lancs fur un Bord plus que fur l'autre, lorfqu'on veut que la Route prenne plus de ce côté-là que la Pointe de la Bouffole fur laquelle on gouverne. *Il faut jetter les Lancs vers le vent, & avoir attention de les bien eftimer, afin de nous trouver un peu plus au vent.*

LANGUE *de Voile*, ou *Pointe*. C'eft une Toile à Voile coupée en pointes; tous les Huniers & les Perroquets ont des Langues dans les côtés, le long de leurs Ralingues, parce qu'ils font moins larges d'Envergure que de Bordure. Toutes les Voiles d'Etais, les Focs & les Bonnettes de Hunes & de Perroquets, ont des Langues.

LANGUETTE. C'est en terme de Charpentier de Navire, un petit Coin mince, que l'on place dans différents endroits pour garnir & empêcher le jouement ; on garnit les Mâts de Hunes & de Perroquets de Coins & Languettes dans leurs Chouquets, pour empêcher qu'ils ne se rongent au mouvement du Vaisseau.

LANTERNE *claire & Lanterne sourde. Voyez* FANAL.

LANTERNE *à Mitraille.* C'est une Boîte de fer-blanc cilindrique, à demi soudée, du Calibre du Boulet des pièces à qui elle doit servir ; on la remplit de Mitraille, de Balles de Fusil, &c. & on la soude ensuite ; son usage est d'être mise pardessus un Boulet dans le Canon, pour être tirée sur l'ennemi à la distance de cent à deux cent toises ; cela ne laisse pas que de faire un bon effet.

LARDER. C'est passer des Tourons dans la Toile qu'on veut larder de maniere que les deux bouts soient du même côté ; d'autres fois on les coud dessus, & on les effile ensuite pour les étendre davantage : on fait la même opération sur les Paillets & Sangles lardés.

LARGE. Le Large est l'espace qui est entre vous & la Côte, c'est l'éloignement de la terre. *Nous étions à six lieues au Large, quand on vit l'ennemi le long de la terre ; nous prîmes le Large pour l'écarter de la Côte, & avoir plus d'espace à manœuvrer.* Courir au large, se mettre au large, c'est s'éloigner de la terre. *Nous prîmes le bord du Large pour avoir la Brise de dehors les premiers, & cela nous réussit à souhait, car à dix heures le vent du Large commença à se faire sentir, & nous gagnâmes le vent aux ennemis.* Les Sentinelles qui font Faction sur les Passe-avants au-tour du Vaisseau, crient *au Large*, pour empêcher les Bateaux d'aborder. On pousse au large, en débordant du Vaisseau dans un Canot ou Chaloupe ; & l'on dit pour commandement au Brigadier du Bateau, *Pousse au Large*, pour le faire pousser avec la Gaffe contre le Bord, afin qu'il en écarte le Canot, & qu'on puisse nager avec les Avirons. Lorsqu'on est à terre, on dit : *Le vent vient du Large, la mer est du Large, un Vaisseau va ou vient du Large, &c..*

LARGEUR. C'est la dimension qui marque la distance qu'il y a entre les plus longs côtés d'une surface, ainsi la largeur d'un Vaisseau en fait le Bau. *Voyez* BAU.

LARGUE. C'est un commandement pour faire larguer la Manœuvre que l'on nomme. Ainsi l'on dit : *Largue la grande Amure, largue les Ecoutes, largue les Drisses, largue les Boulines, les Bras, les Retenues. &c. Largue en Bande*, c'est larguer tout d'un coup.

LARGUE. Le vent est Largue, lorsqu'il n'est pas au plus près, & qu'on est obligé de larguer des Ecoutes & des Boulines pour bien orienter les Voiles. *Voyez* VENT LARGUE, & VENT DE QUARTIER.

LARGUER. C'eft porter plein & arriver, pour ne plus tenir le vent ; c'eft changer la Route du plus près en une Route de vent Largue. *Auffi-tôt que nous eûmes doublé les Ifles au vent, nous commençâmes à larguer, où nous portâmes Largue pour ferrer la Côte & la prolonger.*

LARGUER. On dit qu'un Vaiffeau largue de par-tout, lorf-qu'il fe défait, que fes Membres, fes Bordages fe féparent, quand fes Ecarts s'ouvrent, & que fes Baux quittent leurs Serres, &c. On doit travailler les liaifons d'un Vaiffeau, de maniere qu'elles s'entre-fortifient les unes & les autres, & que rien ne puiffe larguer.

LARGUER. C'eft filer les Manœuvres nommées : *Larguer* c'eft démarer ce qui eft amaré, ou lâcher ce qu'on tient à la main. Larguer les Bateaux, c'eft filer leurs Amarres, & les laiffer aller de maniere qu'ils ne foient plus amarrés au Vaif-feau. Ainfi l'on dit aux Matelots qui font dedans : *Largue la Boffe, largue le Cablot, largue les Amarres.*

LASTE. C'eft une mefure Hollondaife, qui n'eft pas d'u-fage en France, elle eft même variable, felon les différents endroits du Nord. Le Lafte revient ordinairement à deux Ton-neaux.

LATINE; *Voiles Latines*, ou *Tiers Points.* Ce font tou-tes Voiles triangulaires, comme Focs & Voiles d'Etais ; il y a auffi une autre efpèce de Voiles Latines qui s'orientent fur des Vergues ; telles font les Entennes des Galeres & des Chebeck à trois Pointes. Les Artimons des Vaiffeaux à la Françoife & à l'Angloife, les Bômes des Bots qui s'orientent fur un Guis & fur une Corne, les grandes Voiles des Heu, Smac, Dogre & le Senault, qui donne fon nom au Bâtiment qui le porte : toutes ces Voiles font dites *Latines*, parce qu'elles prennent apparam-ment leur origine du Levant ; auffi prefque toutes les Embar-quations de la Méditerranée font gréées en Voiles Latines. Cette efpèce de Voilure eft très-avantageufe pour tenir le plus près, elle fe préfente mieux qu'aucune autre au vent, elle eft plus légere de Manœuvré, & plus aifée à orienter que les Voiles quadrangulaires ; elle a fon Centre de Gravité plus bas, & per-met de forcer de Voile avec plus de facilité d'un fort vent ; en un mot les Voiles Latines ont des avantages effentiels, fur-tout dans les Embarquations où il y a peu de monde.

LATTITUDE, ou *Latitude.* C'eft le nombre de dégrés comptés depuis l'Equateur fur le Méridien jufqu'au lieu où l'on eft ; elle eft toujours égale à la hauteur du Pole fur l'horizon. La Latitude eft Nord ou Sud, felon qu'on fe trouve au Nord ou au Sud de l'Equateur ; elle fe compte en dégrés égaux fur l'Axe de la terre qui paffe d'un Pole à l'autre, en répondant exactement dans le plan du premier Mériden, que l'on fuppofe divifé en quatre-vingt-dix parties égales fur fon diamètre ou Axe de la terre : mais qui fe trouvent inégales fur la circonférence

du Méridien terreftre qui termine du Nord au Sud la furface
convexe du Globe; les inégalités des dégrés font d'autant plus
grandes, qu'on approche davantage des Poles, qui ne confervent
pas une furface exactement circulaire, puifqu'il eft reconnu que
la terre eft un Spheroïde applati tant foit peu par fes Poles.

LATTER. C'eft arranger les Planches que l'on met en
piles dans les Ports, de maniere qu'il refte toujours l'épaiffeur
d'une Planche d'intervalle entre chaque, pour que l'air puiffe y
paffer librement, & les empêcher de s'échauffer les unes fur les
autres; fi on ne prenoit pas cette précaution, l'humidité s'y
conferveroit & caniroit bien vîte le bois.

LATTES *de Caillebotis.* Ce font les petites Planches refciées, dont on fe fert pour les Barotins des Caillebotis, & en
former le Treillis, lorfqu'on ne les fait pas avec des Traverfes
égales aux Barotins.

LATTES *de Hunes.* Ce font les Chaînes de fer qui fervent
d'Eftropes aux Caps-moutons des Haubans de Hunes; on les
appelle *Lattes,* parce qu'elles font effectivement plates; on leur
conferve un œil par le bas pour y crocher les Crocs à Coffes
des Gambes de Hune; les Lattes de Hune paffent dans la Garitte.

LAVER & *gratter.* C'eft jetter de l'eau fur les Ponts pour
attendrir & détremper les faletés qui y font attachées, afin de
les enlever plus facilement avec la Gratte : d'ailleurs, *Laver,*
c'eft jetter une grande quantité d'eau fur les Ponts, quand ils
font bien ballayés, afin de les rendre plus propres, & de conferver le Vaiffeau par les fels de l'eau de mer; on doit laver
les Vaiffeaux à la mer tous les jours une fois dehors & dedans,
& deux fois en dehors.

LAVER *une pièce de bois.* C'eft enlever avec la Scie une
croûte pour l'équarrir, au lieu de l'emporter en coupeaux à la
Hache.

LEGE. Un Vaiffeau eft lege, lorfqu'il n'eft pas affez chargé ni calé : un Vaiffeau qui eft fur fon Left, eft lege, quoiqu'il
foit Marin, & en état de fouffrir un coup de vent; c'eft la fituation la plus favorable pour la marche des Vaiffeaux, que de
naviguer lege & fur leur Left.

LÉGE. On dit qu'un Vaiffeau Marchand revient lege fur
fon Left, quand il n'a pu trouver de quoi fe charger. *Il eft
contraint de revenir lege, il n'a point de Cargaifon, il n'a qu'un
quart, ou demi Chargement.*

LEGER *de Rames.* Un Canot eft léger de Rames, lorfqu'il marche bien à l'Aviron & qu'il eft aifé à nager. *Voyez*
BONNE DE NAGE.

LEGER *de Voiles,* c'eft-à-dire, qui va bien à la Voile,
qui marche vîte. *Le Soleil-Royal étoit un Vaiffeau de guerre plus
léger de Voiles que les Frégates, parce qu'il marchoit mieux
qu'elles. Le Comte de Provence de foixante-quatorze Canons étoit*

aussi léger de Voiles que la Frégate la Silphide, qui marchoit supérieurement.

LENT. Un Vaisseau est lent, lorsqu'il n'obéit pas assez vivement à son Gouvernail. *Il est lent à venir au vent, à arriver. &c.*

LEST. C'est le fer, le plomb, ou pierres que l'on met dans le fond des Vaisseaux pour faire équilibre avec les Œuvres-mortes ; c'est aussi par cette raison qu'on prend les matieres les plus pesantes pour former le Lest des Vaisseaux, afin que les plus grands poids se trouvant en-bas, le Centre de Gravité du tout soit aussi le plus bas possible, & à la plus grande distance du Métacentre, pour qu'il y ait la plus grande stabilité possible; car l'effet du Lest est de faire porter la Voile au Navire. Le Chargement fait Lest, & pour peu qu'il n'y ait pas trop d'Œuvres-mortes ni de pesanteur dans les hauts d'un Vaisseau, il portera toujours bien la Voile, s'il est calé à son Tirant-d'eau, & que sa surface de flottaison soit la plus grande possible ; de sorte qu'il n'y a pas de regle vulgaire qui puisse déterminer la quantité de Lest qui convient à tel ou tel Vaisseau, il faut nécessairement avoir recours à la Géometrie. Quant à la qualité du Lest, le meilleur est celui qui pese le plus, parce qu'il est moins embarrassant, & qu'il occupe moins de place ; au défaut de fer, on met des pierres & du cailloutage bien net : le mauvais Lest est celui qui pourroit se fondre, comme le sucre & le sel ; le sable n'est pas bon non plus, il passe au travers des coutures du Vaigrage, & engorge les Pompes.

LESTAGE. C'est le travail du Lest : les gens occupés à lester & délester les Vaisseaux dans les Ports, sont travaillant au Lestage : le Lestage regarde les Maîtres de Quais & les Capitaines de Ports. *Voyez* LES ORDONNANCES DE LA MARINE.

LESTER. C'est mettre du Lest à Bord d'un Vaisseau, c'est le lester pour le charger ensuite; & délester, c'est ôter le Lest.

LESTEURS. *Gabares, Chalans & Bateaux-Lesteurs* ; Ce sont ceux qui servent à porter le Lest dans les Ports ; les Bateaux Lesteurs sont chargés de Lest.

LETH *de Harang.* C'est une maniere de compter le Harang ; le Leth est de dix mille milliers, le milier de dix centaines, & la centaine est de cent vingt.

LETTRES *de Réprésailles.* Ce sont des Lettres qui ne peuvent être accordées aux particuliers que par le Roi, pour faits hors la guerre, & qui les autorise cependant de saisir, prendre par force ou autrement les Biens, Navires, Marchandises & effets des Sujets du Prince, qui a toléré ou passé sous silence le premier tort. *Voyez* L'ORDONNANCE DE LA MARINE 1681, Tit. X.

LETTRES *de mer.* Ce sont des Congés ou Passes-Ports expédiés par l'Amiral, pour constater d'où est le Vaisseau, son nom, celui du Capitaine, la grandeur du Navire, & les noms des Propriétaires & Armateurs.

LEVANT ou *Orient*. C'est le Point de l'Horizon où le Soleil se leve. *Voyez* ORIENT & EST. Le Levant par rapport à l'Ocean, est compris dans toute l'étendue de la mer Méditerranée; ainsi l'on appelle *Levantins*, ceux qui sont des Ports de la Méditerranée; les Levantins sont bons Matelots, légers & alertes de beau temps; mais ils passent pour être mutins, peu propres à résister à la fatigue, & mauvais Canonniers.

LEVE *les Lofs*. Commandement pour faire lever les Lofs & peser sur les Cargues-points des basses-Voiles, afin de les décharger plus vivement dans le virement de Bord vent devant. Si on ne veut lever qu'un Lof, on le nomme. *Leve le grand*, ou *le Lof de Misaine*.

LEVE *Rames*. Commandement aux gens d'un Bateau à Rames de lever les Avirons sans toucher l'eau, & de rester dessus, prêts à renager ou scier.

LEVE *les Bosses*. C'est commander de débosser le Cable pour en filer, ou pour y appliquer le Tourne-vire, afin de lever l'Ancre; c'est débosser le Cable, ou toute autre manœuvre bossée.

LEVE *les Garcettes*. C'est ordonner d'ôter les Garcettes qui sont frappées sur le Cable & le Tourne-vire, afin de les séparer, soit qu'on veuille filer du Cable, ou parce qu'il est bossé en Avant, & qu'on veut choquer au Cabestan.

LEVE *en bois tords*. Un Vaisseau sur le Chantier est dit être levé en bois tords, lorsque tous ses Membres sont levés, plombés & accorés sur sa Quille.

LEVÉE. On appelle *Levée* en Construction, les Membres du Vaisseau. *Ce Vaisseau a cinq Maîtresses levées, c'est-à-dire, qu'il a cinq Membres de même capacité. Voyez* MEMBRES.

LEVÉE. Il y a de la levée, c'est-à-dire, que le Vaisseau tangue par l'effet de la Lame qui est grosse. *La Levée fit déraper notre Ancre du fond avant d'être à Pic; ce qui nous obligea d'appareiller plutôt qu'on ne le vouloit.* Lorsqu'il y a de la Levée, il faut avoir attention de doubler les Garcettes de Tournevire, & de faire bonnes Garcettes, afin qu'elles ne ripent pas sur le Cable, qu'on a soin de bosser en-bas.

LEVER *l'Ancre*. C'est la tirer du fond & la mettre au Bossoir. *Nous levâmes nos Ancres avec le Navire, après avoir embarqué nos Bateaux... Nous fîmes lever notre Ancre d'Affour par la Chaloupe, & nous mîmes à Pic sur l'autre, en attendant le moment de la lever pour appareiller. Aussi-tôt que nous cûmes levé l'Ancre, on la capona, & on la traversa tout de suite.* Quand on leve l'Ancre d'Affour avec le Navire, on vire sur son Cable, & on file de l'autre Amarre jusqu'à être à Pic; si on la leve avec la Chaloupe, on va prendre l'Orin qui est frappé sur la Bouée, on le passe sur le Davier de la Chaloupe, & on fouette dessus une petite Cayorne; ensuite on la fait déplanter en hissant de force sur le Garan, & aussi-tôt que l'Ancre est levée on vire du Bord sur le Cable, & on abraque l'Ancre avec la Chaloupe.

LEVER *les Lofs.* C'eft larguer les Amures & pefer fur les Cargues-points des baffes-Voiles, pour les tenir hautes, & en faciliter la manœuvre, en déchargeant ces Voiles dans les virements de Bord vent devant.

LEVER *l'Ancre par le poil ou par les cheveux.* C'eft la lever avec la Chaloupe, en pomoyant le Cable fur le Davier jufqu'à être à Pic, & la faire déraper en forçant à coups de Palans. Cette maniere eft difficile, & ne s'exécute que lorfque l'Orin eft caffé, & qu'on ne peut pas aller avec le Vaiffeau jufques fur fon Ancre. *Notre Orin ayant rompu, & le Courant ne permettant pas de plonger pour en frapper un autre, quoiqu'il n'y eût que deux braffes & demie d'eau, nous fûmes obligés de lever cette Ancre par le poil.*

LEVER *la Fourure.* C'eft dégarnir le Cable de fa Fourure; fi c'eft d'une autre Fourure qu'on veut parler, on la nomme.

LEVER *un Plan.* C'eft repréfenter la figure des terres, leurs Contours, les Rochers, les Mouillages, les Dangers, &c. en fe fervant du Deffein & de la Trigonométrie, pour mefurer les diftances, & placer tout dans des pofitions exactes & réciproques.

LEVIER. C'eft un inftrument de fer ou de bois, droit ou courbe; on s'en fert pour remuer les gros fardeaux qui ont beaucoup de pefanteur avec peu d'hommes. Si le Levier eft de fer, on le nomme Pince dans la Marine. *Voyez ce Terme;* s'il eft de bois, il s'appelle *Anfpect.* Le Levier eft la premiere machine de la Méchanique, il eft employé par-tout; les Roues, Cabeftans, Poulies, &c. n'agiffent que par la force du Levier; les Mâts, les Vergues, font des Leviers; le Coin pourroît être pris pour une efpéce de Levier. Le Levier a toujours trois points Diftincts, le point d'appui, celui fur lequel porte le fardeau, & celui fur lequel on applique la puiffance; fi le point d'appui eft entre le fardeau & la puiffance, le Levier eft du premier genre; fi au contraire la puiffance eft à un bout, & le point d'appui à l'autre, avec le fardeau entre deux, il eft du fecond genre, & le Levier du troifieme genre eft celui qui a la puiffance entre l'appui & le fardeau: le Levier recourbé ou angulaire fait un angle au point d'appui, & eft toujours du premier genre, parce que le fardeau & la puiffance font toujours appliqués des deux côtés du point d'appui

LIAISONS. C'eft l'enfemble de toute la Charpente d'un Vaiffeau, car il n'y a aucune piéce qui ne doive contribuer à la folidité du tout; mais on diftingue particuliérement fous le titre de liaifons, les pièces qui lient & font l'effet de Tirants de celles qui fupportent. Ainfi les liaifons d'un Vaiffeau font comprifes dans toutes les Goutieres, Serres-Goutieres, Hiloires, Préceintes & Courbes; ce font les principales pièces, auffi les travaille-t-on avec grand foin. Le Vaigrage bien placé forme auffi

une

une très-bonne liaifon, fur-tout fi on le place obliquement, en
l'entaillant à Epaulettes fur les Membres, le faifant arbouter
fur la Serre, au-deffous de la Ceinture, & contre une Serre
d'Empature placée pour cela. Tous les Bordages des Ponts &
de la Carène font auffi liaifon, mais pas auffi effentiellement que
les autres pièces que nous avons nommées.

L I E G E. C'eft un arbre qui eft toujours verd; on fe fert
de fon écorce dans la Marine pour faire des Bouées, des Tapes de
Canon, & des Flottes pour foutenir les Filets de Pêcheurs.

L I E N *de fer.* C'eft une pièce de Forgeron, en fer plat
coudé ou ceintré, qui fert à tenir une pièce de Charpente dans
fon affemblage. *Voyez* ETRIER & CERCLE.

L I E N S. En terme de Charpente, ce font des pièces de
bois qui fervent à en appuyer d'autres, & à les empêcher de
s'écarter, en arbourtant deffus, & s'y fixant par des Tenons &
des Mortaifes.

L I E U E. C'eft un efpace de 2852 Toifes en ligne droite, qui
fert à mefurer les diftances éloignées fur le Globe terreftre; on
compte en France 20 de ces lieues pour faire un dégré du Méridien; c'eft la commune mefure du chemin fur mer.

L I E U R E S. C'eft en général tout ce qui faifit fortement
par plufieurs tours d'un Cordage: par exemple; on fait des
Roufures fur des Mâts & des Vergues, ce font exactement
des Lieures.

L I E U R E S *de Beaupré.* Ce font plufieurs tours d'un gros
Filin allongé, que l'on fait fur le Beaupré, en le paffant dans
les ouvertures qui font pratiquées exprès dans la Gorgere; de
forte qu'à chaque paffe on vire de force au Cabeftan fur le courant du Filin, pour fouquer fortement la Lieure qu'on génope
un tour fur l'autre des deux bords; & quand il y a affez de
paffe, on bride le tout enfemble avec le double du même Filin
par-deffous le Beaupré, entre lui & le Digon; ainfi ce Mât eft
comme immuable fous l'effort de fes lieures.

L I E U T E N A N T. C'eft le premier Officier d'un Vaiffeau
après le Capitaine, il le remplace en cas de mort ou d'abfence:
le Lieutenant prend l'ordre du Capitaine, convient avec lui de
ce qu'il faut faire pour le travail du lendemain, quand il eft dans
le Port, le Lieutenant eft chargé du détail du Vaiffeau en général, fous l'ordre de fon Capitaine, qui eft le feul fupérieur qui
puiffe lui donner des ordres directement; car tous ceux qui peuvent être adreffés au Vaiffeau, doivent l'être au Capitaine de pri-
me-abord. Le Lieutenant reçoit les ordres du Capitaine, les exécute ou les fait exécuter aux Officiers Subalternes; il arrange le Service de l'Equipage, & marque le lieu & le temps du Service, fait
placer les Hamacs des uns & des autres; il fait les réprésentations
des Equipages, lorfqu'il y a lieu: enfin le Lieutenant eft une autorité placée entre le Capitaine à qui il eft abfolument fubordonné, & l'Equipage, pour recevoir les remontrances des uns

& les ordres de l'autre ; il doit avoir connoiſſance de tout ce qui ſe paſſe dans le Navire.

LIEUTENANT *Général.* C'eſt un Officier Général qui a rang immédiatement après le Vice-Amiral ; il porte un Pavillon blanc au Mât de Perruche, & commande le Chef d'Eſcadre. *Voyez* L'ORDONNANCE DE LA MARINE 1765.

LIGNE *Equinoxiale. Voyez* EQUATEUR & EQUINOXIAL.

LIGNE. C'eſt en général un petit Cordage a trois Tourons, qui a une ligne, ou une ligne & demie de diamètre ; on lui donne différents noms, ſelon l'uſage auquel il eſt employé. Les Lignes d'Amarrages ſont goudronnées, & ſervent à différents uſages, les Lignes de Loch ſont blanches, & ſervent à meſurer la vîteſſe du Vaiſſeau ; les Lignes de Pêche ne ſont pas goudronnées, elles ſont de différentes groſſeurs, & cordées de différentes manieres ; elles ſervent à prendre le poiſſon, & prenent encore ſouvent leur nom du poiſſon à la Pêche duquel elles ſont deſtinées.

LIGNE *de Sonde.* C'eſt un Cordage de cent-vingt braſſes, d'un pouce de circonférence, & ſouvent de moins ; il eſt blanc, & jamais goudronné ; il ſert à ſonder, & eſt aſſez fort pour porter ſûrement un plomb de vingt, trente, quarante, cinquante, ſoixante, ſoixante-dix, quatre-vingt, quatre-vingt-dix, ou cent livres, ſelon le fond : on le proportionne au poids qu'il doit porter, & à la profondeur de la mer : s'il y a beaucoup d'eau, on épiſſe deux ou trois Lignes bout-à-bout, & on a le fond à deux cent ou trois cent braſſes d'eau avec la Ligne. On pourroit ſonder ſans inconvénient avec une petite Ligne de Loch ordinaire, & un plomb de cinq à vingt livres ; on auroit le fond tout comme avec une plus groſſe Ligne, & on auroit moins de peine à la retirer.

LIGNE *de Combat.* C'eſt l'arrangement d'une Eſcadre ou Armée Navale, ſur une des Lignes du plus près, c'eſt-à-dire, ſur la Route du plus près du vent qui ſouffle ; de ſorte que tous les Vaiſſeaux ſe trouvent dans la même direction, les Amures du même Bord, au plus près du vent dans les eaux les uns des autres ; ainſi une Eſcadre eſt en Ligne Tribord, lorſqu'elle tient toute enſemble les Amures à Tribord au plus près du vent, & que ſes Vaiſſeaux ſont dans les eaux les uns des autres ; & ſi cet arrangement a lieu, lorſque les Vaiſſeaux ont les Amures à Babord, on dit qu'*ils ſont en Ligne Babord*, ou *en ordre de Combat Tribord ou Babord*, ſelon l'Amure.

LIGNE *du plus près.* C'eſt la Ligne de Direction d'une des Routes du plus près, par rapport au vent actuel ; ſi le vent eſt à l'Eſt, la Ligne du plus près Tribord ſera N. N. E. & S.S.O. parce que les Vaiſſeaux qui la ſuivront, en gouvernant au N.N.E. auront les Amures à Tribord, & tiendront le vent ; s'ils gouvernent ſur le S.S.E. au plus près du vent, ils ſeront ſur la Ligne du plus près Babord, parce que leurs Amures ſeront à Babord, & qu'ils ſuivront une direction S. S. E. & N. N. O.

LIGNE *de la force mouvante.* C'eſt celle qu'on éleve perpendiculairement dans le Centre de Gravité d'une ſurface choquée, pour marquer la direction du mouvement qu'elle prend par l'effort du choc : cette Ligne ſert ordinairement de Diagonale à un Rectangle que l'on forme deſſus pour décompoſer le mouvement.

LIGNE *du Fort,* ou *Liſſe du Fort* C'eſt la Ligne qui marque de l'Avant à l'Arriere le point de la plus grande largeur de chaque coupe verticale du Vaiſſeau ; cette Ligne eſt à la flottaiſon vers le milieu dans la plupart des Navires, & monte de deux pieds, plus ou moins, vers l'Avant & l'Arriere en Ligne courbe ; de ſorte que dans l'incliniaſon du Vaiſſeau, le fort du milieu travaille contre l'effort des Voiles, tandis que celui des extrémités ne fait aucune réſiſtance ; & lorſqu'il vient à être dans le cas de travailler par une plus grande inclinaiſon, celui du milieu eſt noyé & n'a plus de force, au lieu que ſi on diſpoſoit la forme des Vaiſſeaux de maniere que le fort ſe trouvât en même temps à l'eau, il y auroit une réſiſtance abſolue dans le même inſtant de la premiere inclinaiſon, & le Vaiſſeau réſiſteroit davantage à l'effort du vent ſur ſa Voilure, ſur-tout ſi on conduiſoit le Fort deux, trois, quatre ou cinq pieds en montant de bout-en-bout parallellement à la Ligne de flottaiſon.

LIGNER, ou *Alligner.* Les Charpentiers ſe ſervent du terme *Ligner,* lorſqu'ils tracent avec une Ligne blanche, noire ou rouge, ce qu'il faut ôter du bois pour lui donner la figure convenable. Pour ligner le bois, on frotte une petite Ligne de craie blanche, ou de ſanguine, ou de pierre noire, enſuite on la tend bien ferme ſur deux points, dans la direction deſquels il faut couper le bois, on la pince par le milieu pour la bander & la laiſſer tomber ſur le bois, où elle laiſſe une ligne de couleur ; alors la pièce eſt lignée.

LIGNEROLLE. C'eſt une petite ficelle faite à la main avec du vieux fil de Caret défait : on ſe ſert de la Lignerolle pour ſurlier le bout des Manœuvres, & pour faire des Seunes, quand on manque de fil à Voile.

LIGNES *d'eau.* Ce ſont les coupes horizontales de la partie ſubmergée du Vaiſſeau parallellement à la ſurface de flottaiſon, qui eſt elle-même la plus haute des Lignes d'eau. Sur les Plans des Vaiſſeaux, les Conſtructeurs tracent au-deſſous de celui d'élévation les Lignes d'eau, pour calculer la réſiſtance du fluide ſur la Proue, & ſon rapport avec celle qu'éprouveroit la force du premier Gabarit, s'il étoit choqué perpendiculairement par le fluide, & en conclure la vîteſſe que pourra avoir le Vaiſſeau ; on calcule auſſi par le moyen des Lignes d'eau le Cube du volume d'eau déplacé par le Navire, d'où l'on conclud aiſément l'élévation de la Batterie & les Capacités ; d'ailleurs les Lignes d'eau aſſurent encore par d'autres calculs la ſtabilité ; & plus la Ligne d'eau de flottaiſon renferme de pieds quarrés de furface, plus la ftabilité eft grande, dans le rapport du Cube de la largeur moyenne prife par terme de comparaifon avec une largeur femblable, prife dans une furface de même longueur.

LIME. C'eft un outil qui fert aux Forgerons, Serruriers, Armuriers, & à tous les ouvriers qui travaillent fur les Métaux; il fert à dégroffir & polir; on perfectionne tous les ouvrages en fer à la Lime; il y a plufieurs fortes de Limes, de quarées, de rondes, de demi-rondes, de groffes & de douces, les unes & les autres font de bon Acier trempé & incifé de différentes manieres.

LIMITES. Ce font les Bornes de l'étendue : il y a des Limites qui font le point de perfection des Machines, parce que fi on les paffe, ou fi on refte en de-çà, la Machine eft imparfaite.

LINGUET. C'eft une pièce de bois droite, placée horizontalement fur le Pont devant le Cabeftan, & quelquefois fur l'Arriere; il y en a un de chaque Bord, qui tourne fur une Cheville de fer placée dans la tête du Linguet; ils abutent l'un & l'autre contre un Taquet ou Traverfin, fortement cloué & entaillé fur le Tillac; l'ufage du Linguet eft de fe placer en Arboutant dans les dents d'en-bas du Cabeftan pour l'arrêter & l'empêcher de devirer quand on a fini de virer, & qu'on laiffe le fardeau fur le Cabeftan. On place depuis peu un reffort horizontalement fur le Pont, qui, en appuyant contre le Linguet, le place fans ceffe dans les Adents du Cabeftan, & empêche par ce moyen les accidents qui arrivent en levant les Amarres, lorfqu'il y a de la Levée, parce que fouvent les hommes qui font placés fur les Barres n'ont pas toujours la force de réfifter à la fecouffe d'un Tangage vif & fort, qui fait devirer le Cabeftan, & renverfe tous ceux qui travaillent, tue, bleffe, & eftropie beaucoup de gens, fur-tout fi on n'a pas la précaution de mettre un Filin fur le bout des Barres, & de les lacer les unes aux autres. Ainfi le Linguet à reffort eft la meilleure invention qu'on ait pu trouver à cet égard.

LION. C'eft la Figure d'ornement la plus commune fur le Devant des Vaiffeaux pour terminer l'Eperon, on doit la faire la plus légere poffible.

LISSAGE. C'eft tout ce qui fert à liffer le Vaiffeau. Un Navire a tout fon Liffage placé, lorfque fes Liffes de Gabarit font placées fur fa Membrure; fon Liffage eft bien conduit, lorfque fes Liffes d'Accaftillage font d'une Courbure avantageufe à l'œil.

LISSES de Gabarit. Ce font des pièces de bois étroites, que l'on place fur les Membres des Vaiffeaux en Conftruction, pour marquer les contours que le Bordage prendra en le plaçant; ainfi les Liffes étant placées de diftance en diftance, & multipliées autant qu'il eft néceffaire, elles marquent tous les Equerrages, & font voir à l'œil la forme qu'aura le Navire, quand

il fera fini ; elles font courbes à doubles Courbures, horizontalement & verticalement en même temps, parce que leurs extrémités montent en s'approchant auffi de l'axe.

L I S S E S *d'Accaftillage.* Ce font toutes les Liffes fculptées
& peintes qui fervent d'ornement aux Vaiffeaux. La premiere
Liffe d'Accaftillage eft celle de plat Bord, qui regne tout autour
du Vaiffeau, enfuite on place une feconde Liffe d'Accaftillage,
qui va chercher l'appui de la Galerie ; une autre fe place au-
deffus, & termine la hauteur des Gaillards au-deffus des Sabords, & va fe terminer aux Bouteilles, où elle rencontre une
Moulure qui la termine ; fi le Vaiffeau a une Dunette, on place
d'autres Liffes d'Accaftillage, mais les unes & les autres demandent d'êtres conduites avec beaucoup de goût, afin que le Navire ait de la grace ; il faut éviter fur-tout de leur donner trop
d'Arc, & de les faire monter trop vîte vers les extrémités ; il
faut que leur Courbure commence à monter dès le milieu, &
finiffe infenfiblement.

L I S S E S *d'Hourdi. Voyez* BARRE D'HOURDI.

L I S S E S *de Porte-Haubans.* Ce font des efpéces de Tringles, que l'on fait placer le long des Portes-Haubans, & qui fervent à tenir en place les Chaînes de Haubans ; elles font mou-
lées en dehors, & doivent fuivre la Liffe de plat Bord.

L I S S E S *d'appuis.* C'eft une Liffe à jour, qui fert de Garde-Foux le long des Paffe-Avants, & des deux côtés de la Dunette, où elle fe termine aux ornements du Couronnement. La
Liffe d'appui des Paffe-Avants fe monte fur des Chandeliers de
fer, & eft mobile.

L I T *de marée.* Un Lit de marée eft un Courant marqué en
pleine mer, qui clapote & écume fouvent avec un certain bruit ;
on les trouve ordinairement aux approches des côtes, au Large
des Embouchures des grandes Rivieres, & dans tous les
endroits où la mer eft refferrée par des terres, quoiqu'on ne puiffe
pas les voir par l'éloignement où l'on en eft. On voit beaucoup de Lits de marée dans la Zone Torride ; la Direction de
ces Lits marque toujours celle du tranfport de la mer fur le S. E.
& le N. O. s'ils ont ce Giffement, car ils vont toujours d'un
des côtés de leur étendue en longueur, leur largeur étant fouvent fort étroite.

L I T *de Riviere.* C'eft le Canal entre deux Rives, dans
lequel le cours de l'eau eft renfermé : fi la Riviere déborde,
on dit qu'*elle fort de fon Lit. Voyez* DÉBORDEMENT.

L I T. *du vent.* C'eft la Direction exacte du vent ; fi le vent
eft au Nord, & qu'un Vaiffeau vous refte à ce point de la Bouffole, on dit qu'*il eft dans le Lit du vent,* ou *au vent,* car il
peut être dans le Lit du vent vers le Sud, par fous le vent ;
alors vous feriez dans l'Epi du vent, par rapport à lui. *Nous
chaffions un Vaiffeau dans le Lit du vent.*

L I V A R D E. C'eft une Vergue de Voile de Canot ; on
paffe le bout dans l'œil de l'Angle du haut de la Voile, & on

eve la Livarde à force de bras, pour tendre le plus qu'on peut la Voile, en pesant sur un Raban frappé sur le gros bout, & passé dans une Poulie placée sur le Mât, pour l'assujettir stable, lorsque la Voile est livardée ; ainsi une Livarde n'est qu'une Perche ou Espars simple, qui sert à orienter les Voiles des Bateaux.

LIVARDER. C'est mettre les Voiles en état de servir dans un Bateau, par le moyen des Livardes. *Voilà notre Canot qui est à livarder ses Voiles pour louvoyer.*

LOCH ou *Lok.* C'est le meilleur Sillometre ou Instrument connu pour mesurer la vitesse du Vaisseau, ou du cours de l'eau ; il est composé d'une espêce de Devidoir, appellé *Tour de Loch*, léger, & bien tournant, sur lequel on cueillit une Ligne divisée par nœuds, à quarante-sept pieds & demi de distance, & par demi-nœuds à vingt-trois pieds trois quarts l'un de l'autre ; le premier nœud est marqué par une petite ficelle avec un nœud seul, le second par une autre avec deux nœuds, & ainsi de suite jusqu'à huit ou neuf nœuds ; on ajoute au commencement du premier nœud, une Ligne nommée *Houache* du *Loch*, qui doit avoir au moins la longueur du Vaisseau, parce qu'on suppose qu'elle est avec cette proportion aussi longue que la Houache ou trace, que le Vaisseau laisse derriere lui : cette Houache est marquée à son Epissure avec son premier nœud, par un morceau de Toile ou d'Etamine, & à l'autre bout, on y ajoute un Bateau de bois triangulaire ou d'une autre forme, qui y tient par un Martinet a trois branches ; celle qui est placée sur le sommet est fixe, & les deux autres qui sont aux angles de la Basse, sont mobiles, par le moyen d'une Cheville qu'elles ont au point d'union des deux bouts, & que l'on fait entrer dans un petit Tuyau de bois conique, placé sur la branche fixée, à l'extrémité de la Houache ; le Bateau doit être plombé par sa Basse, de maniere qu'il puisse se tenir droit, & entrer dans l'eau jusqu'aux deux tiers de sa hauteur : tout cet appareil bien observé dans son exécution, on mesure la vitesse du Vaisseau avec la plus grande facilité, s'il n'y a point de Courant, s'il n'y a pas de forte impulsion de la part de la Lame, & si le vent n'est pas trop fort pour emporter la ligne à mesure qu'elle file à l'eau ; ce sont les accidents inévitables de cette Machine, auxquels il faut faire attention, & que l'habitude fait corriger avec assez d'exactitude, car il n'y a pas eu jusqu'à présent de meilleur moyen de mesurer la quantité de pieds de vitesse que parcourt un Vaisseau par minutes & par heures. Pour se servir du Loch, il faut trois personnes, la premiere tient l'Aissieu sur lequel tourne avec la plus grande facilité le Dividoir, sur lequel est la Ligne ; la seconde cueillit une certaine quantité de la Houache sur sa main, & la jette avec le Bateau à la mer ; ce Bateau étant plombé, se présente verticalement & de face au cours de l'eau, il est maintenu dans cette situation par son Martinet, & tire par la résistance qu'il trouve à diviser le fluide, la Ligne avec force , en faifant devider le Tour ; lorfque la marque de la Hanche paffe à la main de cette feconde perfonne , elle crie *vire* , à la troifieme qui tourne avec la plus grande vivacité , un petit fable de minute ou de demi-minute , & fi le Vaiffeau a une grande rapidité , il n'eft que d'un quart de minute , de forte qu'auffi-tôt que ce Sable eft fini , il crie à fon tour , *Stop* , & la feconde perfonne qui eft l'Obfervateur principal , arrête vivement la Ligne , qu'on retire tout de fuite en faifant déban-der par une facade la Cheville du Bateau de Loch qui s'échape de fon Etuit ; on compte le nombre de nœuds , & partie de nœud qui ont filé pendant le temps de l'expérience , & l'on en conclud la vîteffe du Vaiffeau , parce que s'il a paffé trois nœuds entiers pendant une demi-minute , cela revient à une lieue exactement par heure , parce qu'il y a eu 142 pieds & demi de vîteffe pour 30 fecondes , 285 pour uneminute , 17200 ═══ 2850 Toifes pour l'heure ; fi on avoit jetté le Loch avec le quart de minute , on auroit trouvé que le Vaiffeau filoit un nœud & demi , ou 71 pieds un quart , ce qui revient au même. On ne néglige pas de remarquer le nombre de pieds qui fe trouvent au-deffus ou au-deffous du demi-nœud , pour y avoir égard dans l'Eftime de la vîteffe exacte du Vaiffeau , & l'on marque fur la Table du Loch les demi-nœuds & quarts de nœuds. Les An-glois divifent leurs nœuds en huit parties égales , & les Fran-çois en quatre feulement.

LOCMAN. *Voyez* LAMANEUR.

LOF. Commandement au Timonnier pour faire venir le Vaif-feau au vent par le moyen du Gouvernail , & lorfqu'on veut qu'il y vienne beaucoup & vivement , l'on dit , *Lof tout* , c'eft-à-dire , de mettre la Barre du Gouvernail prefque tous le vent a Bord , ou même tout-à-fait à Bord ; mais alors il faut avoir l'at-tention de faire rencontrer de bonne heure pour arrêter la viva-cité du mouvement du Navire , qui le porteroit au vent jufqu'à le coëffer & le faire virer vent devant.

LOF. Le côté du Lof eft la moitié du Vaiffeau qui eft vers le vent , & du côté que les Voiles font amurées.

LOF *pour Lof*. C'eft virer vent Arrriere en changeant d'A-mures. *Voyez* VIRER LOF POUR LOF.

LOF ou *Amure*. C'eft le Cordage qui fert à amurer les baffes Voiles. *Voyez* AMURES. On comprend auffi par *Lofs* , les points des baffes Voiles avec les Amures. *Voyez* LEVER LES LOFS.

LOFFER. C'eft venir au vent. *Notre Matelot de l'Avant commence à loffer , nous en ferons autant auffi-tôt que nous ferons dans fes eaux pour le fuivre... Après deux heures de Combat les ennemis lofferent , nous en étant apperçus , le Commandant fit fi-gnal de loffer & de ferrer le vent , pour les ferrer de près.*

LOGEMENTS & *Aménagements. Voyez* AMENAGEMENTS. C'eft la diftribution intérieure d'un Vaiffeau.

LOYER *des Gens de mer.* C'eft la Solde ou Appointements

qu'on donne aux Officiers-Mariniers & Matelots pour faire un voyage ; ces Appointements fe payent au mois ou au voyage.

LONG. Un Vaiffeau long, eft celui qui étant peu élevé fur l'eau, paroît long ou allongé.

LONGITUDE. La Longitude fe compte en dégrés, depuis le premier Méridien en allant vers l'Eft ou vers l'Oueft ; & comme le premier Méridien des François eft fuppofé paffer par l'Obfervatoire de Paris, il va en paffant par les Poles aux Antipodes de cet endroit, divifer le Globe en deux parties éga-les, par un Plan qui paffe dans l'Axe de la terre ; ainfi en par-tant du premier Méridien, & faifant Route directement à l'Eft ou à l'Oueft, on augmente en Longitude jufqu'à ce qu'on ne ra-trape le premier Méridien aux Antipodes, & l'on compte alors 180 dégrés, pour diminuer enfuite de Longitude jufqu'à revenir à oo dég. oo min. au premier Méridien d'où l'on eft parti : fi au lieu de faire le tour du Globe par une Route directe à l'Eft ou à l'Oueft, on couroit fur une Route oblique entre l'un de ces Points & le Nord, on décriroit une Courbe Loxodromique fur la furface de la terre, dont on feroit le tour par un chemin plus long, en revenant toujours au premier Méridien, ou à la même Longitude ; mais par une Latitude plus ou moins forte, felon que l'on auroit pris du Nord ou du Sud, par rapport au Point du Départ. La plupart des Nations de l'Europe placent leur premier Méridien à des lieux différents ; autrefois les Fran-çois le plaçoient fur le milieu de l'Ifle de Fer ; actuellement toutes nos Cartes le font paffer par l'Obfervatoire de Paris, en tra-çant une parallele qui paffe par Londres, une autre par l'Ifle Tenerif ; enfin on fait compter la Longitude de tous les endroits que l'on juge à-propos en fuppofant que le premier Méridien y paffe. Le défaut d'une méthode pour connoître exactement les Longitudes en mer, laiffe encore l'Art de la Navigation imparfait ; ce n'eft que par l'eftime du chemin qu'on peut eftimer le nombre de dé-grés & minutes qu'on avance vers l'Eft ou vers l'Oueft, & comme il y a une infinité d'accidents qui empêchent que cette eftime foit jufte pendant le cours d'une longue Navigation, on eft fujet à commetre des erreurs confidérables en Longitude ; mais on a l'attention de s'en défier aux Atterrages, & d'aller avec pré-caution prendre connoiffance des terres, fur-tout lorfqu'il faut cingler fur des Routes qui approchent beaucoup de l'Eft & du Oueft, parce que pour celles qui font près du Nord & du Sud, on a les obfervations de Latitude qui redreffent à peu de chofe près. Il y a apparence, malgré l'aptitude des Aftronomes, & la perfection qu'on a mis dans l'Aftronomie depuis un demi-fiécle, que nous ferons encore long-temps dans l'ignorance d'un moyen de rectifier la Longitude en naviguant.

LONGIS. Ce font les principales, & les plus fortes pièces des Barres de Hunes, on les place Tribord & Babord des bas Máts fur les Jauteraux, & on les cheville de travers-en-travers du Mât ; ils doivent être affez forts pour porter le Mát de Hune fur fa Clef, qui traverfe fur les Longis qui en font le fupport ; leur longueur eft de quelques pouces de moins que leur Hune n'a de longueur de l'Avant à l'Arriere.

LONGUE *Vue. Voyez* LUNETTE.

LONGUEUR *de Cable*. C'eft une étendue de cent-vingt braffes, ou ce qui revient au même de cent Toifes ; c'eft la diftance qu'on doit mettre entre les Vaiffeaux qui naviguent de conferve ou en ordre de Bataille, afin qu'ils aient tout l'efpace néceffaire pour évoluer, & qu'ils foient affez près les uns des autres pour fe foutenir.

LONGUEUR *abfolue*. C'eft la plus grande longueur du Vaiffeau prife du dehors de l'Etrave au dehors de l'Etambord ; elle eft prife hors d'œuvre.

LONGUEUR *de l'Etrave à l'Etambord*. C'eft celle qui eft prife à la hauteur du fort de dedans-en-dedans, c'eft celle qui décide de la grandeur du Vaiffeau.

LONGUEUR *de Rablure-en-Rablure*. C'eft celle qu'on prend de la Rablure de l'Etrave à celle de l'Etambord.

LONGUEUR *de la Quille*. Elle fe prend depuis l'Angle du Brion en deffous, jufqu'à l'extrémité du Talon ; c'eft ce qu'on appelle *Quille coupée*, ou *portant fur G-rève*.

LOSSE *de Tonnelier*. C'eft un outil de fer aceré & tranchant, fait comme un demi Cône, coupé du haut en bas dans l'axe, & concave en dedans, étant emmanché comme une Vrille, il fert à percer les Bondes des Barriques.

LOUVES. C'eft une Barrique défoncée, mife fur chaque Ecoutille, par laquelle on jette les Morues pour les faire tomber dans la Calle, lorfqu'elles font habillées, afin de les faler & les y arrimer dans le fel, pour en faire de la Morue verte.

LOUVOYER ou *Leauvoyer*. C'eft courir au plus près du vent, orientant les Voiles le plus obliquement poffible, par rapport à la Quille, ou au grand Axe du Vaiffeau, fur les différentes Bordées que l'on eft obligé de prendre en louvoyant, car *louvoyer* veut dire, *courir Bord fur Bord*, en faifant fes Bordées plus ou moins longues, felon l'efpace, ou que l'une eft plus avantageufe que l'autre. *Nous fûmes obligés de louvoyer toute la nuit Bord fur Bord, ne faifant nos Bordées que d'un quart d'heure, pour ne pas approcher de trop près des Brifants qui nous environnoient... Ayant vu un Vaiffeau dans l'Epi du vent, nous lui donnâmes chaffe en louvoyant, virant de Bord toutes les fois que nous le relevions dans la perpendiculaire de notre Route ; mais lorfqu'on l'eût approché, nous louvoyâmes à plus grande Bordée.*

LOUVOYER *à petits Bords*. C'eft virer de Bord fouvent, en courant toujours au plus près, & ne faifant pas beaucoup de chemin fur chaque Bordée.

LOUVOYER *fur onze Pointes*. C'eft tenir le vent à cinq Pointes & demie fur chaque Bord, de maniere qu'il n'y ait qu'onze Pointes entre les deux Routes du plus près ; cette maniere de tenir le vent avec une certaine vîteffe n'eft pas commune dans

les Vaiſſeaux, ils ne vont la plupart qu'à ſix Pointes, & ne louvoyent par conſéquent que ſur douze Pointes entre leurs deux
Bordées ; au lieu que les Bots louvoyent aſſez bien à cinq Pointes, par rapport à la diſpoſition de leur Voilure, & à la fineſſe
de leur Carène.

LOXODROMIE. C'eſt l'Art de naviguer par les Routes
obliques, compriſes entre les quatre Points Cardinaux. Si en partant d'un lieu quelconque, on fait Route ſur une Direction entre le Nord & l'Eſt, par exemple, on décrira un Ligne courbe
ſur la ſurface du Globe ; & ſi l'on continue cette Route, on par-
viendra à la fin au Pole par pluſieurs circonvolutions, qui priſes
dans le même Plan, formeront une Spirale, & conſidérées ſur la
ſurface terreſtre, montreront la même Courbure allongée ſur l'axe
qu'elle joindra au Pole. Ainſi *Loxodromie* ſignifie, *Courbe oblique*,
& la Courbe prend le nom de *Courbe Loxodromique* ; on peut voir
à cet égard le Traité de Navigation de Mr. BOUGUER, & celui
que Mr. l'Abbé DE LA CAILLE a rédigé.

LUMIERE *de Pompe*. On donne ce nom à l'ouverture par
laquelle l'eau ſe dégorge dans la Manche pour couler au Dalot : les lumieres des Pompes ſont ordinairement percées à ſix
pouces au-deſſus du Pont, ſur lequel l'eau doit couler.

LUMIERE ou *Anguilliere*. *Voyez* ANGUILLIERE.

LUMIERE *de Canon*. C'eſt un trou de deux lignes de diamètre environ, percé auprès de la culaſſe des Canons, pour
porter le feu à la Charge. *Voyez* CANON.

LUMIERE. C'eſt un Corps exiſtant dans toute la Nature,
il frappe nos yeux, & nous fait diſtinguer les objets pendant le
jour ; dans l'obſcurité, il n'attend que l'action du feu pour ſe manifeſter & nous éclairer. Le Soleil eſt le pere de la Lumiere,
parce qu'il la met en action pendant le jour, & que pendant la
nuit il nous la procure encore, en la renvoyant par réflexion
de la Lune à nos yeux, pour nous éclairer dans les ténebres
avec un éclat moins vif & moins diſtinct que celui qu'elle portoit, lorſque le Soleil étoit ſur l'horizon, & qu'il nous la dar-
doit directement ſans intermiſſion ; on peut conſulter ſur la Lumiere le Traité qu'en a donné Mr. BOUGUER.

LUNE. La Lune eſt une Planette qui eſt le Satellite de la
terre, autour de laquelle elle tourne ; ſon Corps eſt de forme
ſphérique, denſe & opaque ; elle nous renvoie la lumiere
par réflexion, lorſqu'elle eſt pleine, c'eſt-à-dire, lorſqu'elle eſt
en oppoſition avec le Soleil qui l'éclaire ; & lorſqu'elle ſe trouve
en conjonction, elle nous laiſſe dans l'obſcurité, parce qu'elle ne
nous montre que le côté oppoſé au Soleil, qui reſte ainſi que
nous dans les ténebres, étant privé de l'aſpect du Soleil, qui ne
met la lumiere en mouvement que pour la partie qu'il peut
échauffer. Lorſqu'on commence à appercevoir la Lune ou le Croiſſant après ſa Conjonction, on dit, qu'*il eſt nouvelle Lune* ; quand
elle eſt en oppoſition, il eſt *pleine Lune*, parce que effectivement elle paroît toute ronde, & entiérement éclairée ; dans l'in-

tervalle de ces deux Phénomenes on la divise par phases ou quartier, c'est-à-dire, par quarts du temps qu'elle doit paroître ; ainsi l'on dit le premier & le second Quartier, le troisieme & le dernier Quartier. On sçait quelles sont les influences de la Lune sur les flux & reflux ; on peut voir à cet égard les Livres qui en parlent, & particuliérement pour la Marine le Traité de Navigation de Mr. l'Abbé DE LA CAILLE.

LUNETTE ou *Longue-vue.* Espèce de Télescope, dont on se sert en mer pour reconnoître les Vaisseaux de loin, & distinguer les objets éloignés. Il faut consulter les Ouvrages d'Optique à ce sujet, & voir la Physique expérimentale de Mr. l'Abbé NOLLET, où l'on trouvera que Mr. EULER a inventé un nouvel Objectif qui a été exécuté par P. DOLLOND, Opticien de Londres ; quelques Amateurs ont exécuté des Longues-vues sur le même principe, & l'ont emporté sur l'Ouvrier Anglois, qui l'emporte jusqu'à présent sur tous nos meilleurs Opticiens en général.

LUSIN ou *Luzin.* C'est un petit Cordage goudronné, à trois Tourons, & plus gros que le Merlin ; on s'en sert pour faire des Amarrages, & autres menus ouvrages.

MACHEMOURE. C'eſt la pouſſiere du Biſcuit, ou le Biſcuit même réduit en pouſſiere. Tout morceau de Biſcuit gros comme une noiſette ne peut être réputé Machemoure.

MACHÉ. Le bois eſt maché, lorſqu'il a frotté & battu long-temps contre quelque choſe de dur. *Nous échouâmes ſur un fond dur, qui macha toute notre Quille ſans la rompre tout-à-fait, elle étoit briſée en petites pailles.*

MACHINE *à mâter.* C'eſt une Mâture *Voyez ce terme.*

MACRÉE ou *Maquerée* C'eſt un flux violent de la mer, dans les Rivieres où elle monte avec grande impétuoſité, en faiſant refluer le Courant de la Riviere vers ſa ſource ; c'eſt la premiere pointe du flot qui ſe leve au-deſſus de l'eau douce, en paſſant par deſſus l'eau qui deſcend ; elle forme une Lame d'eau élevée quelquefois de cinq, ſix pieds, qui roule avec bruit, en ſe briſant ſur tous les endroits où il y a peu d'eau, & le long des bords de la Riviere où elle fracaſſe tous les Bateaux qui s'y trouvent, ſi on n'y prend garde, en ſe mettant à l'abri des Pointes qui la détournent. Les Rivieres de Seine, Loire & la Garonne, ſont ſujettes aux Macrées ; mais celles que l'on voit dans le Fleuve du Gange ; qui coule au Bengal, ſont les plus conſidérables, ſur-tout lorſque les eaux du Fleuve ſont baſſes ; il arrive qu'elles font chaſſer les Ancres des Vaiſſeaux, & qu'elles rompent quelquefois les Cables.

MADRIERS. Ce ſont de groſſes pièces de bois, épaiſ-ſes de cinq, ſix ou ſept pouces, plus larges qu'épaiſſes, & longues de ſix à vingt & trente pieds.

MAGASIN *Général.* C'eſt le Magaſin où l'on diſtribue journellement les choſes néceſſaires pour les Armements & Fournitures des Vaiſſeaux dans tous les Ports du Roi ; il y a un Magaſin général où les Armuriers, Charpentiers, Calfats, Maîtres &c. prenent les différentes choſes néceſſaires pour leurs parties.

MAGASIN *particulier.* C'eſt celui qui eſt deſtiné à renfermer une ſeule ſorte d'effets ; tel eſt le Magaſin au Vin, celui aux Salaiſons, au vieux Cordage, à la Tonnellerie, &c.

MAGASINS. C'eſt en général tout Bâtiment propre à renfermer quelques effets que ce ſoit. Il y a des Magaſins dans tous les Ports, pour ſerrer les effets de Marine.

MAHONE. C'eſt une ſorte de Galeaſſe Turque. *Voyez* GALEASSE.

MAI. C'eſt une eſpèce de grand Coffre, dont le fond eſt à

Grillage à jour , dans lequel on met le Cordage à égouter lorfqu'il eft nouvellement goudronné dans la Corderie.

MAIGRE. C'eft un terme de Charpentier, qui s'applique
au bois travaillé; ainfi on laiffe en gras d'un côté, ce que l'on
tire en maigre de l'autre, afin de conferver la même
épaiffeur au bois, & le laiffer dans toute fa force : les Membres des Vaiffeaux font en maigre en allant vers les extrémités
par dehors , & fe laiffent en gras par dedans du même côté. Une
pièce eft trop maigre, fi on en a trop ôté. *Voyez* GRAS.

MAIGRIR *une pièce de bois*. C'eft en ôter tout ce qu'il
faut pour la former, & lui donner la figure qu'elle doit avoir.
Il faut avoir bien de l'exactitude pour maigrir les Membres conformément à l'équerrage.

MAILLE. C'eft la diftance qu'il y a entre les Membres
d'un Vaiffeau. Dans les Vaiffeaux de guerre, il faut que les
Mailles foient de fix à douze pouces, & qu'on les rempliffe toutes par des Eftacades, depuis huit pieds au-deffous la Ligne de
flottaifon jufqu'au fecond Pont. Les Frégates de guerre pourroient être dans le même cas ; mais les Corvettes & les Flûtes
peuvent avoir plus d'ouvertures de Mailles, comme de huit à
feize pouces, parce qu'elles ne font faites pour combattre qu'accidentellement , & qu'il y a toujours affez de Clouage pour le
Franc-Bord.

MAILLES *des têtes de Voile*. Ce font les Œillets qui font
faits dans les têtieres pour y paffer les Rabans de Faix , quand
on veut enverguer les Voiles. *Voyez* ŒILLETS.

MAILLET. C'eft un outil de Calfat; il eft emmanché
court, fa maffe eft longue & droite, plus groffe au milieu
qu'aux extrémités, qui font cerclées d'un petit cercle de fer , afin
qu'il ne fe fende pas en frappant fur les Clavets, ou Fers à Calfats ; on fait une mortaife à jour fur la Maffe des deux côtés
de l'Emmanchure.

MAILLETAGE. Ce font les cloux mis près-à-près dans
dans tout le Doublage d'un Vaiffeau, pour le conferver & l'empêcher d'être mangé des vers.

MAILLETÉ. On dit qu'un Vaiffeau eft mailleté, lorfque fon Doublage eft couvert de cloux, & que les vers n'y
peuvent entrer, par la quantité de fer qui s'y oppofe.

MAILLETER. C'eft mettre des cloux de Mailletage dans
le Doublage d'un Vaiffeau pour le mailleter, & l'empêcher
d'être mangé des vers dans les Voyages de long-cours qui fe
font aux pays chauds, où cet infecte eft abondant.

MAILLOCHE. C'eft une efpèce de Marteau de bois ,
gros & court, dont les Charpentiers fe fervent pour frapper fur
leurs Cifeaux, lorfqu'ils veulent faire des Mortaifes, des Tenons, ou Ouvrages de cette efpèce : le manche de la Mailloche eft court.

MAILLOCHE *à fourer* ou *à garnir*. C'eft une Mailloche demi-ronde, concave d'un côté, & emmanchée court, en

s'en fert pour gärnir les groffes manœuvres de Bitord, Ligne ou Fil de Caret, &c. en faifant deux ou trois tours la de corde qui doit fervir de garniture fur la Mailloche, & un demi-tour fur le manche, après qu'un de fes bouts a été amarré fur ce qu'on veut garnir ; de forte qu'en faifant tourner la partie concave de la Mailloche à garnir fur le Cordage qui doit être garni, le Bitord s'envelope à chaque tour, & forme une garniture bien ferrée : on a foin de bien graiffer ou fuiffer la Mailloche, afin que le petit Cordage puiffe gliffer plus facilement fur le bois.

MAIN-AVANT, ou *main-fur-main*. C'eft un commandement aux Matelots pour les faire hiffer fans fecouffe & uniment un fardeau ; de forte qu'il n'y ait point d'intervalle dans ce travail. On fait hiffer les Huniers main-fur-main fans courir. *Nous avons caponné nos deux Ancres Main-avant dans un inftant. Voyez* HISSER.

MAIN *de Fer*. C'eft une groffe Crampe à queue, que l'on cloue fur les Membres dans la Conftruction des Vaiffeaux, pour faciliter de frapper & crocher des Palans deffus, pour les lever plus facilement, ou pour établir des points d'appuis, pour hiffer d'autres pièces de Charpente. *Voyez* CRAMPE DE CARÈNE.

MAJOR. C'eft l'Officier chargé du détail de l'Efcadre ou Armée-navale, & des Signaux, fous l'ordre du Général ; il donne les ordres, & en tient Régiftre ; il faut voir fes fonctions & fon rang dans les Ordonnances fur la Marine de l'année 1765.

MAITRE *de Port* ou *de Quai*. C'eft un Officier nommé par l'Amirauté, avec Commiffion, ou Lettre de l'Amiral, qui tient l'ordre & la dicipline dans les Ports Marchands, qui fait amarrer & ranger les Vaiffeaux comme il faut ; il veille à la propreté & à l'entretien du Port, au Leftage & Déleftage, &c. *Voyez* L'ORDONNANCE DE 1689.

MAITRE *de Port au Service du Roi*. C'eft le premier Officier Mariner du Port, fous les ordres du Capitaine de Port ; il conduit tous les Appareils de force que l'on fait dans les différentes opérations de la Marine. *Voyez* L'ORDONNANCE DU ROI 1765.

MAITRE *d'Equipage*. C'eft le premier Officier Marinier d'un Vaiffeau, & celui qui a le plus d'autorité à Bord, après les Officiers de l'Etat-major ; il doit fçavoir faire tous les Appareils de Marine poffibles, bien connoître l'Art du Gréement & du Matelotage ; il lui faut une voix forte, nette & diftincte, afin qu'on puiffe l'entendre commander d'un bout du Vaiffeau à l'autre, fous les ordres de fes Officiers, dont il eft le porte-voix ; il faut en outre qu'il fçache bien manier le Sifflet, & que tous les coups qu'il en donne foient bien marqués & connus ; car c'eft un des avantages pour le commandement chez les François, qui font beaucoup de manœuvres au Sifflet. *Voyez* SIFFLET. Le Maître d'Equipage eft chargé de tout le rechange du Vaiffeau, en Cordage, Goudron, Suif, Graiffe, Ancres, Cables, &c.

MAITRE *Charpentier. Voyez* CHARPENTIER.

MAITRE *Calfat. Voyez* CALFAT.

MAITRE *Voilier. Voyez* VOILIER.

MAITRE *Valet.* C'eſt le diſtributeur des Vivres à Bord d'un Vaiſſeau ; on le nomme ſur les Vaiſſeaux du Roi, Commis du Munitionnaire, il faut voir à cet égard l'Ordonnance de la Marine de 1765. Sur les Vaiſſeaux Marchands, le Tonnelier fait les fonctions de Maître Valet ; & dans tous Navires en général, les Tonneliers & Aides-Tonneliers aident le Maître-Valet dans ſa Cambuſe, pour arranger, faire les portions, & diſtribuer les Rations aux heures des repas.

MAITRE *Mâteur.* C'eſt celui qui exécute & conduit l'ouvrage de la façon des Mâts & Vergues, ſuivant les proportions données par le Conſtructeur des Vaiſſeaux, ſous les ordres duquel il travaille : le Maître-Mâteur d'un Port eſt ſubordonné au Capitaine de Port, pour le ſoin de tous les Bois de Mâture, de leur entretien, & de leur diſpoſition dans le Port ; il doit être préſent à la viſite des Bois & à leur réception.

MAITRE-*Canonnier. Voyez* CANONNIER.

MAITRE *Gabarit.* C'eſt la forme de la plus grande Coupe verticale d'un Vaiſſeau, priſe ſur les Membres de dehors en-dehors. Lorſqu'on fait le plan de projection d'un Vaiſſeau quelconque, on commence par tracer le Maître Gabarit en dedans duquel on repréſente la figure de toutes les autres Coupes, priſes à diſtances égales ſur la longueur du Navire, de ſorte qu'il ne faut qu'un coup-d'œil pour voir la forme du Vaiſſeau projeté ſur ſon Maître Gabarit.

MAITRESSE *Levée.* C'eſt la plus grande Coupe verticale d'un Vaiſſeau, priſe ſur le plus grand Membre, à qui l'on donne le nom de Maîtreſſe-levée, parce que c'eſt la plus grande de toutes celles qui compoſent le Navire. On donne aux différentes eſpèces de Vaiſſeaux plus ou moins de Maîtreſſe-levée ; il y a des Vaiſſeaux de guerre qui n'en ont qu'une, d'autres en ont trois, & quelqu'autres, à qui l'on veut donner de grandes capacités, en ont cinq ou ſept ; c'eſt une choſe qui n'eſt jamais décidée entre les Conſtructeurs, qui en agiſſent à cet égard, comme en bien d'autres, en tâtonnant ſans principes ; ils ne placent pas non plus la Maîtreſſe-levée ſur le même point de la longueur de leurs Vaiſſeaux, les uns la mettant plus ou moins en avant que les autres, & cela toujours ſans raiſon démontrée, au caprice.

MAITRESSE *Varangue.* C'eſt la partie inférieure du Maître Gabarit, ou Maîtreſſe-levée ; elle forme le fond du Vaiſſeau dans le corps de Carène. *Voyez* MAITRESSE-LEVÉE.

MAL *de mer.* Le mal de mer eſt occaſionné par le mouvement du Vaiſſeau, qui dérange l'équilibre des Humeurs ; on eſt tout étourdi, le cœur fait mal, & l'on vomit de maniere qu'on reſte dans un accablement ſingulier, qui ne vous laiſſe pas le courage de vous ſoulager. Preſque toutes les perſonnes qui mettrent le pied fur la mer pour la premiere fois, ont le mal de mer pendant deux ou trois jours, quelquefois quinze jours & un mois, mais cela eft rare, & point dangéreux.

MAL *de terre.* C'eft le Scorbut qui fe gagne lorfqu'on eft long-temps en mer, il n'y a point de Voyage de long-cours fans qu'il n'y ait quelqu'un d'attaqué de ce mal, qui fe manifefte fouvent très-différemment; c'eft à quoi les Chirurgiens doivent bien prendre garde. Un homme attaqué du Scorbut doit fe donner le plus de mouvement qu'il pourra, fans négliger les remedes, dont le meilleur eft le féjour à terre.

MALES. Ce font des Gonds. *Voyez* CE TERME, *& celui de* FEMELLES.

MALINES. Ce font les grandes marées qui arrivent toujours aux nouvelles & pleines Lunes. Les grandes Malines font au temps des Equinoxes.

MAL-SAIN & *Mal-faine.* Un Atterrage eft mal-fain, lorfqu'il y a beaucoup d'Ecueils le long de la terre, & qu'il eft dangéreux de s'en approcher; une Côte eft mal-faine par la même raifon, fi elle eft bordée de Rochers, Bancs & Hauts-fonds. La Côte d'Angleterre & celle d'Efpagne font faines; celles de Bretagne font de difficile accès, & mal-faines, il faut y atterrer avec précaution.

MALLE. La mer eft malle, lorfqu'elle eft élevée de plufieurs côtés. *Voyez* MER MALLE ET CLAPOTEUSE.

MANCHE *à Eau.* C'eft un long Boyau de Cuir paffé à l'Huile, dont on fe fert dans les Vaiffeaux pour faire couler l'eau dans les Fûtailles, lorfqu'elles font arrimées dans les Calles; une des extrémités de la Manche eft adaptée à la Lumiere de la Pompe refoulante qui preffe l'eau dans le Boyau, & l'autre va fe perdre dans la bonde des Fûtailles pour y conduire l'eau; lorfque la Pièce dans laquelle l'eau coule eft pleine, on ne fait que porter le bout de la Manche dans une autre, & ainfi de fuite; ces Manches de Cuir ne fervent ordinairement que dans les Chalans ou Puits qui portent l'Eau-douce à Bord des Vaiffeaux. Il y a d'autres Manches à eau faites de Toile à Voile goudronnée, on les évafe par le haut en forme d'Entonnoir, & le petit bout n'eft pas plus gros que le bras, afin qu'il puiffe entrer dans les bondes des Barriques & autres Fûts; on verfe l'eau dans la Manche, & lorfqu'elle eft imbibée, il s'en perd très-peu.

MANCHE *de Pompe.* C'eft un conduit de Toile goudronnée, que l'on cloue au-tour de la Lumiere d'une Pompe de Vaiffeau, pour recevoir l'eau qu'elle jette, & la conduire au Dalot.

MANCHE *à vent.* C'eft une Manche de Toile faite en Cône, dont on fe fert pour faire paffer le vent dans les Calles & Entre-Ponts des Vaiffeaux, c'eft une efpèce de Ventilateur. On place la Manche dans une des Ecoutilles après l'avoir enverguée & hiffée au-deffus des Œuvres-mortes du Vaiffeau, en lui tournant l'ouverture du côté du vent, afin qu'il s'y engage & fe précipite vers le bas, en rafraîchiffant tout l'intérieur du Vaiffeau; lorfqu'il vente bon frais, il paffe avec rapidité, & eft fi froid à l'ouverture d'en-bas de la Manche , qu'il ne fait pas bon y refter long-temps ; c'est encore le meilleur de tous les Ventilateurs propofés.

MANCHE *d'Ecouvillon.* C'eft le bois rond & long , qui fert à manier le Bouton de l'Ecouvillon & du Refouloir ; on le fait ordinairement de bois de Sapin ou de Frêne. *Voyez* ECOUVILLON.

MANCHE *de Hache & d'Herminette.* C'eft le bois qui fert de Poignée à ces Inftruments ; il doit être liffé & bien fait , pour qu'il ne fatigue pas l'Ouvrier. En un mot , tout ce qui fert de Poignée a quelque inftrument que ce foit , prend affez ordinairement le nom de *Manche.* Ainfi l'on dit : *Le Manche d'un Marteau , celui d'un Guifpon , d'un Vaton ou Pinceau à Goudron , &c.*

MANCHE ou *Canal.* C'eft un efpace de mer renfermé entre deux terres ; comme le grand Canal compris entre les Côtes de France & d'Angleterre , que l'on connoît ordinairement fous le nom de *Manche* ; la Manche de Briftol qui fe trouve renfermée entre l'Angleterre & l'Irlande , &c.

MANGÉ *des vers. Voyez* RONGÉ.

MANGÉ *par le Frottement.* C'eft être ufé par le frottement des manœuvres ; cela arrrive fouvent aux Tournages & Allonges , fur lefquelles les manœuvres courent.

MANGÉ *de la mer.* On dit qu'un Vaiffeau eft mangé de la mer , lorfqu'il eft battu d'une , ou de plufieurs Lames , qu'il en eft tourmenté , & que l'eau paffe fouvent par deffus. *En tenant les Amures à tribord , nous étions mangés par la mer , de forte qu'il n'étoit plus poffible d'y tenir ; ce qui nous fit prendre le parti de fuir vent Arriere , fous la Mifaine , pour nous fouftraire à l'impulfion de la Lame.*

MANGÉ *par la terre.* Un Vaiffeau eft mangé par la terre , lorfqu'il en eft fi près qu'on ne le voit pas du large , quoiqu'on foit à portée de l'appercevoir. *La terre nous mangeoit l'Efcadre ennemie , qui étoit à l'Ancre fort prés de la Côte.*

MANGER *du Sable.* C'eft une tricherie des Timonniers & Pilotins , qui tournent le Sable ou Horloge quelques minutes avant qu'elles foient paffées , afin de gagner du temps , & d'être moins long-temps à la Barre , pour s'aller coucher plutôt , & faire faire un plus long fervice aux autres. Pour obvier à cet inconvénient ordinaire , il eft bon que les Officiers qui commandent les Quarts aient des Montres bien réglées , afin de vérifier à chaque inftant la durée du Quart , & l'eftime du chemin pendant un efpace de temps égal & réglé.

MANGERA. On dit affez ordinairement parmi le vulgaire des Marins , que la Lune mangera le temps , c'eft-a-dire , lorfqu'il fait mauvais , que le temps eft couvert , chargé & à grains , que le lever de la Lune diffipera ce qu'il y a de mauvais , & que le temps fe mettra au beau ; on fent affez le cas qu'on doit

F

faire de ce preſſentiment d'uſage ; mais on ne fait que peu d'attention aux révolutions que le lever ou le coucher du Soleil
peut occaſionner en échauffant, au-deſſus ou au-deſſous de l'horizon, l'Atmoſphere, ou en laiſſant l'air ſe refroidir par ſon abſence.

MANIABLE. Le temps eſt maniable, lorſqu'il vente
aſſez pour faire faire au Navire toutes les évolutions dont il eſt
capable, quand la mer n'eſt pas trop élevée. Un temps maniable eſt le plus propre à combattre, parce qu'on peut tirer tout
le parti poſſible de ſon Navire, pour les poſitions ; s'il vente
trop, le temps eſt forcé & n'eſt plus maniable ; s'il ne vente pas
aſſez, le temps eſt mol, & n'eſt point aſſez fort pour être maniable ; pour que le temps ſoit maniable, il faut une belle mer,
& que le vent ſoit aſſez fort pour que le Vaiſſeau puiſſe virer
de Bord vent devant ſous les deux Huniers, le Perroquet de Fougue
& le petit Foc, par le ſeul effet du Gouvernail ; ainſi le temps eſt maniable pour un Vaiſſeau bon Voilier, lorſqu'il ne l'eſt pas encore pour un Vaiſſeau ordinaire, cela eſt relatif aux Navires de
différentes qualités, & de différentes eſpèces.

MANIÉ. Un Vaiſſeau eſt bien manié, lorſqu'il eſt bien
manœuvré, & qu'un habile Manœuvrier lui donne le mouvement. *Ce Vaiſſeau eſt bien manié ; Mr. un tel manie bien ſon Navire.*

MANIVELLE. C'eſt une Machine ou double Levier de
fer ou de bois, plié à angle-droit, qui emboîte le bout d'un
Aiſſieu pour faire tourner une autre Machine ; telle eſt la Manivelle d'une Meule de Charpentier, ſur laquelle on applique
la puiſſance, pour la faire tourner quand on veut aiguiſer les
outils.

MANNE. C'eſt une eſpèce de Corbeille, ou petit Panier
d'Oſier, qui ſert dans les Vaiſſeaux à porter & jeter les
ſaletés dehors, ou à d'autres uſages.

MANŒUVRE *fine & délicate.* C'eſt une Evolution faite
à-propos, & dans un temps où il n'y avoit rien de mieux à faire ;
ſoit qu'on évite un Abordage preſque évident, qu'on paſſe entre des Vaiſſeaux dans un inſtant critique, & qu'on s'en tire ſans
accident par des mouvements faits à-propos & prémedités, où
le haſard n'a aucune part.

MANŒUVRE *hardie.* C'eſt une Evolution entrepriſe
hardiment, & exécutée de même dans un cas dangéreux ; lorſqu'il a fallu faire une manœuvre qui pouvoit avoir des ſuites
fâcheuſes, quoiqu'elle fût indiſpenſable dans l'inſtant critique où
on a été forcé de la faire.

MANŒUVRES. Ce terme exprime deux choſes qu'il faut
diſtinguer dans la Marine ; Manœuvres de Gréement & Manœuvres d'Evolutions.

MANŒUVRES *de Gréement.* Ce ſont tous les Cordages qui ſervent à gréer un Vaiſſeau, & à le manœuvrer ; les
unes ſont dormantes, parce qu'elles ſont fixes, comme Haubans, Cal-haubans, Etais, & faux Etais, &c. les autres ſont

courantes, parce qu'elles paſſent dans des Poulies, & qu'elles vont & viennnent ſuivant les circonſtances; tels ſont les Cordages en général, Balancines, Ecoutes, Amures, Driſſes & Itagues, &c.

MANŒUVRES *hautes.* Ce ſont celles qui ſont au-deſſus des Hunes, & qui ne tombent point en-bas.

MANŒUVRES *Baſſes.* Ce ſont celles qui ſervent à manœuvrer les baſſes-Voiles, & en général, toutes celles ſur leſquelles on peut travailler de deſſus les Ponts.

MANŒUVRES *en queues de Rat.* Ce ſont celles qui ſont plus groſſes par un bout que par l'autre; il n'y a gueres que les grandes Amures dans ce cas, encore les fait-on ſouvent d'un Filin ordinaire, & cela vaut mieux.

MANŒUVRES *Majeures.* Ce ſont tous les gros Cordages du Vaiſſeau; comme Cables, Grêlins, Auſſieres, Etais, & bas-Haubans.

MANŒUVRES *menues,* ou *menues Manœuvres.* Ce ſont tous les Cordages qui gréent le Navire dans ſes Hauts, & en Manœuvres courantes.

MANŒUVRES *fauſſes,* ou *fauſſes Manœuvres.* Ce ſont celles que l'on paſſe pour doubler celles qui y ſont déja, lorſqu'on ſe prépare au Combat, afin que les unes ſuppléent aux autres, lorſqu'elles ſont coupées par le Canon de l'ennemi. C'eſt auſſi ce qu'on appelle *doubler les Manœuvres.*

MANŒUVRES *de Revers,* ou *à Contre.* Ce ſont celles qui ſont paſſées de l'Arriere du Vaiſſeau vers l'Avant, comme les Bras & Boulines de Perroquet de Fougue, les faux Bras de grand Hunier & de grande Vergue, lorſqu'on double les manœuvres pour le Combat, &c.

MANŒUVRES *d'Evolution.* C'eſt l'Art de ſoumettre les mouvements du Vaiſſeau à certaines Loix, pour le diriger le plus avantageuſement dans ſes Evolutions & dans ſa Route : c'eſt la partie brillante de l'Homme de mer, & la plus néceſſaire à l'Officier; c'eſt auſſi la plus active, & celle qui mérite le plus d'attention.

MANŒUVRER. C'eſt faire faire des Evolutions au Navire, ou à une Armée navale. On dit auſſi *Manœuvrer,* quand, ſans changer de Route, on oriente certaines Voiles, qu'on en ſerre quelqu'une, ou qu'on fait quelque changement dans la diſpoſition actuelle de la Voilure.

MANŒUVRIER. L'Officier Manœuvrier eſt celui qui commande & dirige les mouvements du Vaiſſeau, avec une connoiſſance étendue de la Théorie des fluides ſur les ſurfaces, & une expérience conſommée dans l'exercice de la manœuvre & des mouvements du Navire, dans tous les cas poſſibles à la mer. Le plus grand Manœuvrier connu a été le célébre DU GUAI TROUIN, qui ne l'étoit cependant que d'expérience; mais combien peu peuvent atteindre à ce but ſans un travail opiniâtre.

MANŒUVRIERS. Ce font les gens deftinés à faire le Gréement & la Garniture du Vaiffeau ; on donne auffi le même nom aux Matelots deftinés à exécuter les différentes manœuvres ordonnées à Bord du Navire, en orientant les Voiles, & les difpofant felon le commandement de l'Officier-Manœuvrier.

MANQUER *à virer.* C'eft ne pouvoir pas achever l'Evolution du virement du Bord vent devant, lorfqu'on l'a commencée, foit qu'on s'y foit mal pris, ou que la Lame s'y foit oppofée, ou que le vent ait changé dans le temps de la manœuvre. Ainfi l'on dit d'un Vaiffeau qui eft venu au vent à certain point, & qui a arrivé enfuite, qu'*il a manqué à virer.*

MANQUER *à appareiller.* C'eft tenter de mettre fous Voiles, lorfqu'on eft à l'Ancre & ne pas réuffir ; de forte qu'après avoir levé fes Ancres on eft obligé de remouiller : on manque fouvent d'appareiller par la force du vent, ou par la groffeur de la mer, & quelquefois faute de fe bien difpofer à cette manœuvre, qui ne laiffe pas d'être délicate dans certaines circonftances.

MANQUER *un Abordage.* C'eft chercher à aborder un Vaiffeau ennemi, & ne pas réuffir, parce qu'on s'y prend mal, ou parce qu'il manœuvre affez bien pour éviter d'être abordé. *Nous tentâmes jufqu'à trois fois d'aborder le Vaiffeau contre lequel nous combattions fans pouvoir en venir à bout ; il manœuvra toujours affez bien pour nous faire manquer l'Abordage, & éviter d'être accroché.*

MANTELETS. Ce font des efpèces de Portes qui ferment les Sabords des Batteries baffes des Vaiffeaux de guerre ; il y a quelques Vaiffeaux, fur-tout des Anglois, qui mettent des Mantelets à leur feconde Batterie ; les Mantelets font fufpendus fur le Sommier des Sabords par des Pentures paffées dans des efpèces de Crampes clouées dans le Bord à demeure, ce qui leur fert de Gonds ; de forte que lorfqu'on veut ouvrir la Batterie, on leve les Mantelets par le moyen de deux Rabans frappés fur deux boucles de fer, placées à cet effet auprès des deux Angles inférieurs de chaque Mantelet ; ces Rabans paffent en dedans du Vaiffeau, par deux trous percés dans le côté du Navire, & fe réuniffent fur le milieu du Sabord, où l'on croche deffus un Palan, qui étant croché par l'autre bout fur un Arganeau placé vis-à-vis, fert à le lever toutes les fois qu'on le juge à-propos : lorfqu'on veut fermer le Sabord, on largue le Palan, & le Mantelet tombe, on le retient par deux Rabans frappés fur deux boucles de fer placées en dedans, comme les autres le font en dehors, en faifant faire plufieurs tours à ces Rabans, fur une Traverfe de bois qui paffe d'un côté à l'autre du Sabord ; de forte que fi les Mantelets & les Sabords font bien frifés, il ne peut y entrer d'eau. Les Mantelets font faits de Bordages de la même épaiffeur que ceux qui bordent le Vaiffeau fur le côté, & font doublés en dedans, par d'autres Planches clouées à contre-fens.

MAPEMONDE. C'eſt une Carte Hidrographique & Géographique, qui repréſente le Globe terreſtre en entier, diviſé par l'Equateur, & réduit à une figure Planiſphérique.

MARAIS *Salans.* Ce ſont des eſpèces de Réſervoirs vaſeux, ſur le bord de la mer, dans leſquels on fait entrer l'eau ſalée, qui, mêlée avec peu d'eau douce, en facilite la décompoſition, & forme du ſel marin, à meſure que le Soleil déſſeche & évapore l'humide, qui laiſſe ſur la vaſe une criſtalliſation cubique, connue de tout le monde, par le grand uſage qu'on en fait par toute la terre.

MARBRE *de la Roue de Gouvernail.* C'eſt un Cilindre de bois, ſur lequel s'envelope la drouſſe du Timon, aux deux bouts duquel on place deux Roues à poignées, afin que le Timonnier puiſſe la faire tourner ſur ſes Montants, pour gouverner le Vaiſſeau, & faire aller la Barre du Gouvernail d'un Bord à l'autre. *Voyez* ROUE DE GOUVERNAIL.

MARBRE *du Cabeſtan. Voyez* CABESTAN.

MARANDER. Terme de la Côte de Normandie & de la Manche, peu uſité & inutile. *Voyez* COMPORTER.

MARECAGEUX. Tout le terrain qui borne les Rivieres eſt ordinairement marécageux, parce qu'il eſt humide & bas, que les eaux le couvre dans les débordements : on voit toujours à l'Embouchure des Rivieres, des terrains marécageux, parce que le flux des grandes marées couvre ordinairement quelques portions de terre, & y laiſſe de l'humidité.

MARCHEPIED. C'eſt un Cordage capelé ſur les deux bouts d'une Vergue, & ſoutenu par des Eſtropes à Coſſes de diſtance en diſtance ; il ſert d'appui aux pieds des Matelots, lorſqu'ils travaillent pour ſerrer les Voiles, ou pour prendre des Ris, & fait Dormant au milieu de la Vergue, afin qu'il ſoit plus ſtable, & moins ſujet à s'allonger.

MARCHER *en Colomne.* C'eſt être pluſieurs Vaiſſeaux ſur une même Ligne dans les eaux les uns des autres, & faire Route enſemble. *Notre Eſcadre faiſoit ſa Route en marchant ſur trois Colonnes, pour être plus reſſerrée, que ſi elle eût marché ſur une, ou deux Colonnes ſeulement.*

MARCHEUR. Un Vaiſſeau marcheur eſt celui qui a une grande vîteſſe, d'un temps où d'autres Vaiſſeaux n'en ont qu'une médiocre. *C'eſt un bon Voilier... Le Vaiſſeau du Roi, le Soleil Royal étoit un grand marcheur.*

MARÉE. Le temps d'une marée eſt celui du flux & reflux. *Voyez ces termes.* Les grandes marées ſont aux environs des nouvelles & pleines Lunes, parce que le flux & reflux ſont plus conſidérables que dans tout autre temps ; les marées mortes arrivent dans le temps des quadratures, vers le huitieme & le vingt-unieme jour de la Lune, parce que le flot & le Juſant ſont foibles, la mer monte & baiſſe peu, au contraire de ce qu'elle fait dans les commencement & milieu de chaque Lune. On donne auſſi le nom de *Marée* au flux ſeulement, ou au Juſant. *Nous montâmes la Riviere pendant une marée qui fut d'onze heures, parce que nous ſuivions le flot.*

MARÉE *morte*, ou *Mortes-eaux. Voyez* EAU MORTE.

MARÉE *vive*, ou *Eaux vives. Voyez* EAU VIVE ET GRANDE MARÉE.

MARÉE *qui porte au vent.* C'eſt-à-dire, que le Courant de la mer porte contre la direction du vent.

MARÉE *qui porte ſous le vent*, ou *avec le vent.* C'eſt-à-dire, que le Courant de la mer a la même direction que le vent; ſi on fait vent Arriere, on a le vent & la marée pour ſoi. *Nous ſortions avec vent & marée.*

MARÉE *qui ſoutient la Dérive.* C'eſt-à-dire, que le Courant de la mer porte au vent, & qu'il ſoutient le Vaiſſeau plus qu'il ne dérive, ou au moins autant.

MARÉE *montante.* C'eſt le temps du flot; on ne doit ſortir de la plupart des Ports qu'à la marée montante.

MARÉE *deſcendante.* C'eſt le temps du Juſant.

MARÉE *de ſix heures.* C'eſt-à-dire, que dans le Port dont on parle, le plein de l'eau eſt à ſix heures les jours de la pleine & nouvelle Lune, & à neuf heures, s'il y a pleine mer à cette heure dans les mêmes jours de la Lune. Ainſi les marées ſont de différentes heures, ſelon qu'elles arrivent plutôt ou plus tard, dans les différents Ports, aux jours des pleines Lunes.

MARÉE & *contre-marée.* Ce ſont des Courants contraires qui ſe rencontrent quelquefois le long des Côtes, qui, par leurs giſſemenrs différents détournent le cours des eaux, & leur donnent des directions contraires, de ſorte qu'en allant avec la marée juſqu'à un certain point, on la trouve contraire après.

MARÉE *Etalle.* C'eſt l'inſtant où il n'y a ni flot ni Juſant, c'eſt le court moment qui ſe trouve entre ces deux mouvements de la mer.

MARGOUILLET. C'eſt une Coſſe de bois, que l'on frappe ſur les Ralingues de fond & de chûte des Huniers, pour paſſer les Cargues-Fonds & Cargues-Boulines, afin de mieux carguer les Voiles, & leur laiſſer moins de Toile déployée ſur leurs Cargues : on met auſſi des Margouillets ſur les fonds des baſſes-Voiles & des Perroquets pour le même effet.

MARGUERITTE. C'eſt un Appareil fait avec un Franc-filin paſſé dans une Poulie frappée ſur un Cable, pour lever une Ancre qui fait beaucoup de réſiſtance; la Marguerittc eſt ſimple, s'il n'y a qu'une Poulie, & qu'un bout de Franc-filin faſſe Dormant quelque part, tandis que l'autre ſe garnit au Cabeſtan; elle eſt double, ſi on place une Poulie ſur le Cable, & une autre quelque part pour faire un retour, en faiſant Dormant ſur le Cable, & renvoyant l'autre bout au Cabeſtan, en venant de la Poulie du Cable. On peut faire une Margueritte triple ou quatruple, selon le besoin & les circonstances, en multipliant les Poulies & les Passes du Franc-filin ; mais s'il falloit trop d'Appareil, il conviendroit de mettre une forte Cayorne sur le Cable au lieu d'une Margueritte.

MARIAGE. C'est un entrelacement de plusieurs tours d'un Cordage, que l'on passe dans les Œillets d'un Tourne-vire, pour les joindre quand on veut s'en servir pour virer une Ancre au Cabestan. On fait aussi des Mariages sur d'autres Cordages que que l'on veut joindre les uns avec les autres ; ils se font aussi de différentes manieres.

MARIN. C'est un homme employé sur les Vaisseaux, & qui fait une longue Navigation, qui va & vient en mer pour faire le Commerce ou la guerre, qui conduit les Vaisseaux dans toutes les parties du monde, qui sçait la Navigation, le Matelotage, la manœuvre & tout ce qui concerne la Marine. Nos plus célébres Marins ont été formés par une Navigation continuelle dans le Commerce & sur les Corsaires ; tels ont été le Maréchal DE TOURVILLE, le célébre DU GUAI TROUIN, le grand DU QUESNE, le fameux JEAN BART, un CASSART, le Chevalier PAUL, un PORÉE qui a resté dans l'oubli, &c. Pour être bon Marin, il faut posséder la Théorie & la pratique du métier, il faut être studieux & actif.

MARIN, *avoir le pied marin.* C'est être ferme dans les plus grands mouvements du Vaisseau, & pouvoir monter en tous temps sur les Vergues pour y faire la manœuvre sans risquer de tomber ; pour être Marin, il faut avoir cette qualité, qui vient de l'habitude.

MARINE. C'est tout ce qui appartient à la mer ; mais l'on entend particuliérement tout ce qui compose un Commerce Maritime fort étendu, & des forces navales considérables, bien dirigées & bien entretenues. En France, on connoît deux Marines, celle du Roi & celle du Commerce, ou Marine Marchande ; la premiere est commandée par des Officiers brevetés de Sa Majesté, pour monter ses Vaisseaux de guerre, soutenir nos Colonies, & protéger le Commerce ; la seconde fait le Commerce sur les Vaisseaux des particuliers, qui sont expédiés de tous les Ports du Royaume, pour toutes les parties du monde ; ces Navires sont montés par des Officiers Marchands, toujours expérimentés, & qui ont des Lettres de l'Amiral pour autorité de Commandement. La Marine Marchande forme & fournit des Matelots & Officiers ; pour la Militaire, son activité continuelle pendant la Paix, exerce le Marin sans relâche ; & en temps de guerre, elle sera toujours en état de fournir d'excellents Hommes de mer en tous genres à la Marine Royale, dont elle devoit être la pepiniere.

MARINIER. C'est un Matelot, ou Officier-Marinier ; c'est un homme de main, qui travaille dans les Bateaux, à Bord des Vaisseaux, au Gréement, au Chargement, &c.

MARITIMES. Ce qui est maritime, appartient à la mer. Ainsi l'on dit : *Les Places & Ports Maritimes*, parce qu'ils sont situés sur les bords de la mer. Les forces Maritimes d'un État sont composées du nombre des Marins, & de celui des Vaisseaux qu'il posséde ; elles font la force & la gloire des États, sur-tout aujourd'hui que toutes les vues des Nations Maritimes se font tournées vers le Commerce de la mer & des Colonies, qui seul peut les entretenir, & les rendre redoutables.

MAROQUIN. C'est un gros Cordage de cinq, six, sept, ou huit pouces de circonférence, que l'on caple à la tête du Mât de Misaine & du grand Mât, pour servir de support à la Cayorne, ou autre Appareil que l'on destine à embarquer ou débarquer les gros fardeaux extraordinaires : on double, triple ou quadruple le Maroquin selon le besoin ; & dans les cas où il doit porter des poids considérables ; on a l'attention de bien tenir l'Etai de Misaine, & de mettre une Cayorne sur l'Arriere du grand Mât, pour contretenir vis-à-vis de l'effort que fera le Maroquin, quand il sera chargé. On place l'Appareil sur le Maroquin, de maniere qu'il puisse répondre exactement sur l'endroit d'où l'on veut tirer le fardeau, s'il est dans le Navire, ou qu'il vienne exactement sur celui où on doit l'amener, si on l'embarque.

MARQUES. C'est tout ce qu'il y a de remarquables à terres pour pouvoir diriger les Vaisseaux, lorsqu'ils entrent & sortent des Ports : une Montagne, un Arbre, un Moulin, une Tour, un Clocher, un Blanc placé pour Signal, des Balines, Bouées, &c. font des Marques que l'on trouve dans les entrées de tous les Ports ; on y joint les Rochers découverts, les Sondes & les Observations sur les différentes qualités du fond. Un Vaisseau est dans les Marques, lorsqu'il gouverne dessus pour entrer dans un Port ou Rade, & que toutes celles qu'on peut prendre pour se guider, répondent exactement aux points de reconnoissance du Chenal & des Mouillages, suivant où l'on se trouve. *Le Pilote Côtier nous mit dans les Marques, & nous manœuvrâmes en conséquence.*

MARSILIANE. C'est un Bâtiment Vénitien, à Poupe quarrée, & gros Devant, du port de soixante-dix à quatre-vingt Tonneaux ; il sert dans le Golfe de Venise, & porte quelquefois quatre Mâts.

MARSOIN. C'est une piéce de Charpente qui s'entaille Devant & Derriere sur les Fourcats, en se liant par de bons Ecarts avec les Carlingues, dont il fait la continuité dans les façons des Navires, en se chevillant de la même maniere que les Carlingues ; de sorte qu'il y a un Marsoin Devant & un Derriere.

MARTEAU. C'est un instrument de fer, emmanché de bois, utile à presque tous les Ouvriers ; il sert dans la Marine à chasser les Clous dans le bois, & les Chevilles de fer qui ne font pas trop fortes, car si elles le sont, on se sert

d'une maſſe au lieu d'un marteau. Il y a pluſieurs ſortes de Mar-
teaux ; le Marteau à dents eſt fourchu par le côté oppoſé à la
tête, & ſert à arracher les clous ; ſi c'eſt un gros Marteau, on
lui donne un manche de fer : le Marteau à Pompe eſt petit,
quoiqu'emmanché de fer, & il a une Fourche au bout du manche, & à un des bouts de ſa maſſe, pour arracher les petits clous, c'eſt auſſi un Marteau à Ecouvillon.

MARTICLES. Ce ſont les branches de toutes les Araignées. *Voyez ce terme.*

MARTINET. C'eſt la Balancine d'Artimon, dont le courant eſt ſimple en paſſant à la tête du Mât de Perroquet de Fougue dans une Poulie pour faire ſon retour en-bas ; on eſtrope
ſur le bout qui ſe joint au Martinet, une Poulie dans laquelle
paſſe un Cordage qui fait Dormant ſur la Vergue d'Artimon par
un de ſes bouts, ayant ſur l'autre une autre Poulie, dans laquelle paſſe un autre Cordage plus court, dont les deux bouts
font Dormant ſur la Vergue, & ces trois branches forment le
Martinet : il eſt évident qu'un bon Cordage ſimple vaudroit beaucoup mieux que tout cet Appareil inutile ; il ne faudroit que le
placer ſur le bout de la Vergue, comme on place le faux Martinet au milieu.

MASSE. C'eſt une eſpèce de Maillet de fer, à manche de
fer ou de bois, & preſque toujours emmanché de fer, il peſe
de huit à quinze livres ; ſon uſage eſt de chaſſer les Chevilles
de fer dans le Corps du Vaiſſeau, lorſqu'on le conſtruit ; la
Maſſe ſert à frapper tout ce qui peut oppoſer une grande réſiſtance.

MASSE *pointue* ou *Moine.* C'eſt une Maſſe un peu courbée, emmanchée comme les autres, dont la tête eſt groſſe d'un
côté & menue de l'autre ; ſon uſage eſt d'enfoncer les Chevilles
de fer au-deſſous de la ſuperficie du bois dans lequel on les
chaſſe.

MAT. Un poids Mat eſt une choſe intrinſéquement peſante,
tel que le Plomb, le Fer, le Cuivre, la Pierre, &c. Le Plomb
eſt plus Mat que le Fer, parce qu'à volume égal, il a plus de
peſanteur, ainſi des autres matieres. On dit qu'*un Vaiſſeau eſt
Mat,* lorſqu'il eſt chargé de choſes peſantes, & que l'on n'a pris
aucune meſure pour que ces poids ne ſoient pas trop au-deſſous
du Centre de Gravité commun du Navire, ce qui le rend dur,
& vif dans ſes mouvements du Roulis, qui fatiguent conſidérablement le Corps & la Mâture, parce que le Centre de Gravité du tout eſt trop bas par rapport au Métacentre & à la ſtabilité qui eſt trop grande dans cette circonſtance.

MAT *forcé.* C'eſt un Mât qui a ſouffert un effort, par porter trop de Voile, ou par quelques mouvements vifs de Tangage ou de Roulis, & qui ſe trouve dans le cas de rompre dans
l'endroit de l'effort.

MAT *jumellé.* C'eſt celui à qui l'on a mis des Jumelles.
Voyez JUMELLER.

MAT *de Pavillon.* C'eſt la Gaule d'Enſeigne qui s'arbore ſur le haut de la Poupe, au milieu du Couronnement, pour y porter le Pavillon.

MAT *de-pluſieurs pièces.* C'eſt celui qui eſt fait d'une mèche garnie de pluſieurs Jumelles à Caillebottes, pour lui donner toute la groſſeur & la force néceſſaire. Tous les bas Mâts des Vaiſſeaux de guerre ſont faits de pluſieurs pièces.

MAT *d'un Brin.* C'eſt un Mât fait d'un ſeul arbre, & auquel on n'a rien ajouté pour lui donner la groſſeur & la force néceſſaire. Les Mâts de Hune & tous les autres Mâts plus petits, ſont toujours d'un Brin, quelques grands que ſoient les Vaiſſeaux.

MAT *de Miſaine.* C'eſt celui qui eſt placé le plus en Avant, & qu'on place ordinairement ſur le bout de la Quille; on lui donne pour l'ordinaire le Tenon de moins qu'au grand Mât; il porte la Vergue & Voile de Miſaine, avec les Mâts de petit Hunier & de petit Perroquet, & leurs Voiles.

MAT *d'Artimon.* C'eſt le plus petit des Mâts Verticaux; on le place en Arriere du grand Mât; il porte la Vergue & Voile d'Artimon, avec le Mât de Perroquet de Fougue, celui de Perruche & leurs Voiles.

MATS. Les Mâts ſont de longs & forts Leviers de bois de Sapin pour l'ordinaire, ou d'autres bois les plus légers & les plus liants qu'il ſoit poſſible de trouver; on les place dans le milieu de la largeur des Vaiſſeaux, verticalement à la Ligne d'eau de flottaiſon; quelques Conſtructeurs les font pencher plus ou moins ſur l'Arriere, ſelon les vues & le génie de l'Auteur: l'uſage donne pour la groſſeur des Mâts autant de pouces de diamètre, qu'ils ont de pieds dans les deux tiers de leur longueur, & les trois quarts de ce premier diamètre pour leur plus petit, qui eſt au Tenon; cette groſſeur a ſuffi en général pour réſiſter aux effort du vent, & aux ſecouſſes du Tangage & du Roulis, dans la plupart des Vaiſſeaux. Les bas Mâts ſont au nombre de trois dans les Vaiſſeaux ordinaires; le Mât de Miſaine, le grand Mât, le Mât d'Artimon; le Mât de Beaupré peut être pris pour un quatrieme Mât, quoiqu'il ſoit oblique, on peut voir ſon article. Au-deſſus des bas Mâts, on voit les Mâts de Hune, & au-deſſus de ceux-ci les Mâts de Perroquets; les uns & les autres ſont portés par les Mâts inférieurs, ſur de fortes Clefs de fer à quatre pans, qui les traverſent par le pied en paſſant ſur les Longis des Barres de Hune & de Perroquet vers l'Avant, & ſont de plus aſſujettis par les Chouquets, qui ſont placés à cet effet ſur la tête de chaque Mât. Les Mâts ſervent à porter les Vergues & les Voiles, c'eſt ſur eux que s'établit tout le Gréement, qu'on diſpoſe la Voilure & les manœuvres. Si les Conſtructeurs ont, à force de tatonnement, trouvé le moyen de bien placer les Mâts, à quelque choſe près, & de leur donner la force qu'ils doivent avoir; il s'en faut beaucoup qu'ils aient approché du même dégré de perfection, par rapport à leur hauteur, qu'ils ont toujours outré en général, faute de connoître les vrais principes de cette partie, qu'ils auroient pu trouver dans l'excellent Traité du Navire de Mr. BOUGUER, & dans son Traité de la Mâture, que nous nous proposons de mettre au clair, & à portée de tout le monde, dans un ouvrage complet sur l'Architecture Nautique & la manœuvre.

MATS *de Hunes.* Ce sont ceux qui sont arborés au-dessus des bas Mâts, & sur lesquels on oriente les Huniers; le petit Mât de Hune est placé sur le Mât de Misaine, le grand Mât de Hune sur le grand Mât, & le Mât de Hune d'Artimon ou de Perroquet de Fougue sur le Mât d'Artimon; les uns & les autres sont gréés de la même maniere, à l'exception du Cordage qui est plus fort, selon la grandeur des Voiles de ces Mâts. Les proportions de ces Mâts sont fondées dans la Marine sur des raisonnements arbitraires, qui nous empêchent d'entrer dans le détail de leurs dimensions; on peut consulter à cet égard le Traité du Navire, & l'Art Nautique que nous donnerons incessamment.

MATS *de Perroquets.* Ce sont ceux qui sont portés par les Mâts de Hune, comme ceux-ci le sont par les bas Mâts; on leur laisse quelquefois des Fleches plus ou moins longues, selon la grandeur des Vaisseaux, pour y gréer des Perroquets volants, à qui l'on a donné le nom de *Cacatoys,* au-dessus des Perroquets. Le Mât de Perruche est porté par le Mât de Perroquet de Fougue, & n'a point de Fleche, on y laisse seulement un Bâton de commandement.

MATS *de Rechange.* Ce sont des Mâts de Hune que l'on embarque pour suppléer à ceux qui sont hauts, en cas qu'ils viennent à casser pendant le voyage; on prend ordinairement un petit & un grand Mât de Hune pour rechange.

MATS *de Hune hauts.* C'est-à-dire, qu'ils sont guindés en Clefs (*Voyez ce terme*), que leurs Haubans & Etais sont tenus, & qu'on peut leur faire porter de la Voile.

MATS *de Chaloupe & de Canot.* Ce sont les Mâts qui servent à ces espèces de Bateaux; les uns portent des Voiles à Entennes, d'autres sont voilés en Bot, en Goulette ou à Livardes, &c.

MATE. Un Vaisseau Mâte, lorsqu'il place ses bas Mâts. *Il mâte son grand Mât, & après il mâtera son Mât de Misaine & son Beaupré;* c'est l'action de mâter, & de mettre les Mâts à leurs places.

MATÉ. Un Vaisseau est mâté, lorsqu'il a ses Mâts en place, & qu'on peut le gréer.

MATELAT. Tout le monde sçait ce que c'est; on en embarque sur les Vaisseaux qui vont en long cours, pour coucher les malades au poste du Chirurgien: on les fait ordinairement de tout ce qu'il y a de plus gros. On embarque aussi quelquefois des Matelats faits de grosses Etoupes, pour bastinguer sur les Passe-Avants, & aux Fronteaux des Gaillards & Dunettes;

mais les Baftingages de Cordages ou de Liege valent beaucoup mieux que ceux de Matelats.

M A T E L O T. C'eft un homme de Marine, fait & formé à la mer, qui fçait tout ce qui regarde le Matelotage, comme garnir les manœuvres, faire toutes les Epiffures, les différents nœuds, eftroper & frapper les Poulies, capeler les Haubans & Etais, paffer toutes les manœuvres en général, enverguer & déverguer les Voiles, prendre les Ris, faire les Pointures de beau comme de mauvais temps, mâter & démâter un Vaiffeau de toute maniere, & dans toutes les circonftances, mouiller, lever les Ancres, les traverfer & les mettre à pofte, faire l'Arrimage d'une Cale fuivant le plan qu'on lui prefcrit, &c. Le Matelot eft un homme de main en général, propre à tout ce qu'on veut, qui a l'ufage d'une méchanique ufuelle qu'il fçait employer à-propos ; il eft bon Soldat, alerte, agile, hardi, robufte, fait à la fatigue, & capable d'affronter tous les dangers, & les intempéries de l'air ; C'eft l'homme du monde le plus fubordonné en France, & le plus accoûtumé à une difcipline exacte, rarement manque-t-il à fes fupérieurs ; tout groffier qu'il paroît, il fçait parfaitement bien diftinguer l'Officier capable de le conduire, de celui qui n'a que le titre de la fupériorité ; le Matelot en un mot, eft un homme à qui il ne faut faire ni tort ni grace, qu'il faut bien nourrir, & bien faire travailler, avoir foin de lui quand il eft malade, & lui donner des foins, & exciter fon émulation & fa bravoure par des diftinctions, des préférences quand il les mérite, le louer tout haut pour fes bonnes actions, le blâmer de même, tenir les Ordonnances en vigueur pour tous, fans égards particuliers ; avec ces attentions on meneroit le Matelot dans le feu ; il eft de fait & d'expérience de tous les temps, que quand il a été bien conduit, il a toujours fait des chofes étonnantes ; & s'il a quelquefois manqué, c'eft que fes Officiers ont été les premiers à manquer, & qu'il n'a vu aucune reffource dans fes Chefs. En un mot, je regarde le Matelot comme l'homme le plus fufceptible d'honneur, & d'un grand courage : mais il faut qu'il foit formé jeune ; fes premieres Campagnes doivent être faites avant l'âge de vingt ans ; ceux qui fe forment après cet âge, ne font ordinairement jamais auffi bons Matelots que les autres, ils font moins actifs & moins alertes.

M A T E L O T S *du Commandant.* Ce font dans chaque Efcadre, ou Divifion d'une Armée les deux Vaiffeaux entre lefquels le Vaiffeau Pavillon, ou Chef de Divifion, doit combattre dans l'ordre de Bataille : ainfi chaque Commandant a deux Vaiffeaux Matelots du fien, un de l'Avant & l'autre de l'Arriere. *Nous étions Matelots de l'Arriere du Commandant de l'Avant-Garde, lorfque le feu prit à fon Bord après une heure de Combat ; ce qui nous fit prendre le parti d'amurer nos baffes-Voiles pour paffer au vent à lui, & le couvrir de notre feu, afin qu'il pût travailler à éteindre fon embrafement.* Les Vaiffeaux Matelots doivent fou-

tenir abfolument le Vaiffeau Pavillon avec lequel ils font ama-
telotés ; & tous les Vaiffeaux d'une Ligne doivent fe regarder
Matelots les uns des autres, & fe donner fecours mutuellement.

MATELOTAGE. C'eft la fcience du Matelot, qui regarde tout ce qui concerne le Gréement en général, & l'exécution de la manœuvre ; car pour être bon Matelot; il faut fçavoir fe placer à-propos, & bien exécuter ce qui eft ordonné par
l'Officier,

MATER. C'eft placer les Mâts dans leurs Etembrais &
Carlingues. Dans les Ports on fe fert de la Machine à mâter,
que l'on connoît fous le nom de Mâture ; s'il n'y a point de Mâture élevée dans le Port, on leve des Bigues en Fourches, fur
lefquelles on place un Appareil pour mâter.

MATER. C'eft en général mettre de bout ; ainfi il s'applique non-feulement aux Mâts, mais encore à tout ce que l'on
peut planter ; comme Barriques & pièces ; il faut mâter les
Fûtailles pour les rebattre.

MATRAU ou *Mâtereau*. C'eft une pièce de bois propre
à faire un petit Mât, comme un Mât de Perroquet de Fougue,
ou de Perroquet, ou un Bout-de-hors de Beaupré, ou une Vergue de Hune, &c.

MATEUR. *Voyez* MAITRE MATEUR.

MATTEGAU ou *Martegau*. C'eft une Jumelle en forme
de Taquet, que l'on place fur le milieu des baffes-Vergues,
vers l'Arriere, pour donner plus d'aifance au Brafféïage. *Voyez*
TAQUET DE VERGUE.

MATURE. C'eft en général tous les bas-Mâts, Mâts de
Hune, Mâts de Perroquets, baffes-Vergues, Vergues de Hune, de perroquet, Mât de Beaupré, Vergues féches de Civadiere, fauffe Civadiere, Perroquet de Fougues, Perruches,
Bouts-dehors de Beaupré & de Bonnettes, avec le Mât de Pavillon ; en un mot, tout ce qui eft compris en Mâts & Vergues généralement pour garnir un Vaiffeau complettement

MATURE, ou *Machine à mâter*. C'eft une Machine élevée fur le Bord du Quai d'un Port : on lui donne toute la hauteur néceffaire pour que les plus grands Vaiffeaux puiffent accofter deffous, & qu'il refte encore affez de Virage pour que le Mât
qu'il faut mâter trouve l'efpace qu'il faut, pour paffer avec facilité au-deffus du Bord du Navire, afin de fe placer avec aifance dans fes Etembrais. On éleve une Platte-forme fur le bord
du Quai, à la hauteur convenable, & d'une largeur & longueur
néceffaires pour pouvoir y placer, outre la Mâture & fon Gréement, quatre forts Cabeftans garnis de leurs Barres, avec tout
l'efpace qu'il faut au Virage & à la Manœuvre de ces Machines, fur lefquels on garnit les francs-Filins des Appareils qui
fervent à enlever les Mâts des Vaiffeaux qu'il faut mâter &
démâter : on fent affez qu'il doit toujours y avoir affez d'eau
au pied des Mâtures, pour que les Vaiffeaux y puiffent flotter
à l'aife de baffe mer. Ces Machines font différentes dans prefque

tous les Ports, plus ou moins fimples, & difpendieufes, mais toutes ont des Bigues appuyées en faillie fur le bord du Quai, avec une Pente fuffifante pour que la perpendiculaire à l'aplomb des Appareils puiffe répondre fur le milieu de largeur des plus grands Vaiffeaux que l'on doit y mâter & démâter. Ces Bigues, avec le Mât qui les foutient, font liées enfemble, & les unes avec les autres par divers affemblages de Charpente, par des Chaînes, des Haubans, des Etais, & des Balancines; de forte que le tout eft très-folide, & capable de porter les plus grands fardeaux.

M A U G E ou *Maugere*. Ce font de petites manches de cuir ou de toile goudronnée, que l'on cloue en dehors fur les Dalots pour empêcher la mer d'entrer dedans au Roulis.

M A U V A I S *temps*. C'eft un temps forcé en vent & pluie, avec une groffe mer; & fi le vent eft contraire, il eft tout-à-fait mauvais. *Nous avons effuyé quinze jours de mauvais temps & vent de bout.*

M A U V A I S *vent*. C'eft un vent contraire à la Route que l'on doit faire.

M A U V A I S E *Tenue*. C'eft un fond fur lequel les Ancres n'ont pas de prife. *Cette Rade n'eft pas fûre, elle eft de mauvaife Tenue; dans toute l'étendue de la Baie, le fond eft de mauvaife Tenue.*

M A U V A I S E *Manœuvre*. Un Vaiffeau fait une mauvaife manœuvre, lorfqu'il manœuvre mal-à-propos, ou qu'il exécute mal fon évolution. *Cette Efcadre a fait une bien mauvaife manœuvre en louvoyant par la contre-marche, il convenoit mieux de faire fes Virements tous enfemble; elle auroit perdu bien moins de temps, & auroit gagné plus au vent fur chacune de fes Bordées.*

M E C H E *à Canon*. C'eft un Cordage fait d'Etoupe, ou de vieux Cordage battu, que l'on a mis à bouillir avec du Soufre & du Salpêtre pulverifé; de forte qu'il conferve le feu une fois qu'il eft allumé; on s'en fert pour donner le feu au Canon dans le Combat, quoique des Platines de Fufils bien ajuftées foient incomparablement meilleures.

M E C H E *de Mât*. C'eft la principale pièce d'un Mât, fait de plufieurs morceaux; la mèche eft la bafe de tout le Mât fur laquelle on applique les Jumelles & les grains d'Orges, on cheville les Jumelles fur la mèche, & on cercle le tout en fer, forçant les Cercles à coups de Billards: lorfqu'un Mât brut n'eft pas affez long pour faire une mèche en entier, on le joint avec un autre par un Ecart fort long, bien fait par-tout; & alors on dit que c'eft un Mât à mèche de deux pièces.

M E C H E *de Vilbrequin*. C'eft le fer acéré de l'outil qui peut s'ôter & fe placer à volonté dans le Fût du Vilbrequin, il fert à percer le bois, & eft d'ufage pour les Menuifiers.

M E C H E *de Tariere*. C'eft le bout tranchant du fer d'une Tariere.

MECHE *d'un Cordage.* C'eft l'âme d'un Cordage à quatre Tourons, lefquels fe tordent fur la mèche, fans laquelle cette efpèce de Filin fe détordroit fort facilement, & feroit d'un bien plus mauvais ufage qu'il n'eft : tout Cordage à mèche n'eft jamais auffi bon qu'un Cordage en Grêlin, parce que la mèche ayant moins de torfion que les Tourons, ne s'allonge pas autant qu'eux, & fe rompt ordinairement dès les premiers efforts, & permet aux Tourons de s'allonger plus dans l'endroit de la rupture que dans tout le refte du Cordage, de forte qu'il rompt bien-tôt dans l'endroit où la mèche a manqué ; ou s'il réfifte à un effort médiocre, il fe déforme & n'eft plus capable de réfifter à un fecond effort ; fi la mèche eft faite d'un Cordage à trois Tourons, elle ne peut encore s'allonger autant que les Tourons qui s'entourent, de forte qu'elle rompt encore plutôt que les Tourons mêmes.

MECHE *de Gouvernail.* C'eft la principale pièce du Gouvernail, fur laquelle fe place la Fourrure & la pièce de Safran; elle eft la plus proche de l'Etambord, on place les Gonds deffus, & la Barre ou Timon dans la mortaife qui eft pratiquée à cet effet dans le haut de la mèche, qui doit être d'un bon bois, & d'un échantillon fuffifant pour réfifter à tous les efforts de la mer, & aux fecouffes que le Gouvernail effuie dans les mauvais temps par le choc des Lames.

MEMBRES. Les Membres font compofés des Varangues, des Genoux, des premieres & fecondes Allonges, & Allonges de revers, goujonnées en fer les unes fur les autres, & lorfque le tout eft affemblé, cela forme une Levée ou Membre, de la forme que le Conftructeur aura voulu lui donner conformément aux Gabaris. Les Membres de plus grandes capacités & de capacités égales, prennent le nom de Maîtreffes Levées ; les autres qui vont en diminuant vers les extrémités, font des Coupes ou Levées, ou Membres des Façons.

MENER *au Cableau,* ou *trainer.* C'eft tenir un Vaiffeau avec un Cableau ou Grêlin, amarré derriere pour le tirer avec foi, & lui faire faire fon chemin ; on mene ainfi des Vaiffeaux dégréés après un Combat, afin de tenir moins long-temps la mer.

MER. C'eft cette vafte étendue d'eau qui fépare les terres les unes des autres, & qui forme avec elles le Globe terreftre. La mer eft une eau plus denfe que l'eau douce d'un trente cinquieme, à volume égal, à caufe des fels qu'elle contient. La mer prend différents noms, quoiqu'elle ne foit qu'une, felon les différents lieux ; les eaux qui font comprifes entre l'Amérique, l'Europe & l'Afrique prennent le nom de mer *Océane* ou *d'Océan,* qui a flux & reflux dans la plupart des Côtes qui la bornent ; de l'Equateur au Pole Nord, on lui donne le nom de mer du Nord, ou Atlantique ; mer du Sud, de la Ligne au Pole Sud ; cependant on ne lui donne ce dernier nom dans la plupart des Voyageurs, qu'à l'Oueft du Côntinent de l'Amérique, entre ce Continent & les Côtes de l'Eſt de l'Aſie, les Iſles du Japon, Philippines, Moluques & la nouvelle Guinée, & Hollande, qui renferment entr'elles la mer Pacifique. Sous le Pole Sud, elle prend le nom de *mer Auſtrale*; ſous le Pole Nord, on l'appelle *mer Glaciale* ou *mer blanche*, à cauſe des Glaces énormes qui la rempliſſent : aux environs de la Suede & du Dannemarck, après avoir paſſé le Détroit du Sond, elle prend le nom de mer Baltique, en venant du Sond vers l'Angleterre, c'eſt la mer d'Allemagne, & entre l'Angleterre & la Côte de Bretagne, on lui donne le nom de mer Britannique : après cela on trouve la mer Méditerranée au-delà du Détroit de Gibraltar, entre l'Europe, une partie de l'Aſie & les Côtes d'Afrique ; celle-ci contient les Mers de Toſcane, Adriatique dans le Golfe de Veniſe, Ionique, & Aggée vers la Grece ; Marmora entre Leleſpont & le Boſphore, Au-delà c'eſt la mer Noire ou Majeure, autrefois le Pont-Euxin. Il y a d'autres amas d'eau renfermés entre les terres, & qui n'ont aucune iſſue avec l'Océan, à qui l'on donne le nom de mer ; tel eſt le Lac Aſphaltile & la mer Caſpienne, qui n'eſt qu'un Lac. Dans la mer des Indes compriſe entre l'Afrique & ſes Iſles du côté de l'Eſt, & les Côtes & Iſles de l'Aſie, on trouve la mer Rouge, qui entre dans les terres, & va juſqu'à Suez, à vingt-cinq lieues environ du fond de la mer Méditerranée ; de l'entré de la mer Rouge à celle du Golfe de Perſe, & au-delà vers le Nord, eſt compriſe dans cet eſpace la mer Arabique, &c. Et ainſi la mer ſe trouve diviſée comme la terre, en pluſieurs parties, qui ſervent à ſoulager la mémoire de ceux qui ſont obligés de la parcourir, parce qu'on a fait des obſervations ſuivies & ſoutenues qui ont appris les vents, les courants, les temps & les variétés, que les changements de ſaiſons apportent dans les différents Climats, & ſur les Mers de toutes les parties du Globe.

☞ MER *haute*. C'eſt-à-dire, que le flux eſt à ſon période, que la mer eſt Etalle, & qu'il y aura bientôt Juſant. La mer eſt haute, lorſqu'il y a plein de l'eau, qu'elle ne monte plus, & que le flot ceſſe.

MER *Baſſe*. La mer eſt baſſe à la fin du Juſant ou Ebe, lorſqu'elle eſt Etalle & prête à remonter.

MER *montante*. C'eſt le temps du flot, lorſqu'elle monte ſur les Côtes. *Nous appareillâmes de mer montante.*

MER *baiſſante* ; c'eſt-à-dire, qui deſcend pendant le temps du Juſant. La mer baiſſe ou deſcend après la fin du flot juſqu'au bas de l'eau.

MER *pleine*. *Voyez* MER HAUTE.

MER *courte*. C'eſt une mer agitée par des Lames qui ſe ſuccedent coup-ſur-coup ſans diſtinction, de ſorte que le Vaiſſeau fatigue beaucoup, & tracaſſe continuellement par des mouvements vifs ; la mer eſt ordinairement courte ſur les Accores des Bancs.

MER longue.

M E R *longue.* C'est une mer élevée par des Lames qui viennent de loin, & qui se suivent à grande distance, de maniere que le Vaisseau est doux dans ses mouvements qu'il a le temps de finir avant d'être repris par la Lame suivante, lorsqu'il a été agité par une premiere. Les Mers & les Lames sont longues dans l'Océan, lorsqu'on est éloigné des terres, qu'elles viennent de loin sans rencontrer des Hauts-fonds, ni des Isles dans leur chemin.

M E R *Etalle.* C'est le moment où la mer ne monte ni ne baisse entre le flot & le Jusant. La mer est Etalle, lorsqu'il n'y a aucun Courant dans les endroits de marée. *Nous appareillâmes sur la mer Etalle pour traverser l'ouvert de la Riviere.*

M E R *rapporte, qui est en rapport.* C'est-à-dire, qu'après les mortes-eaux, elle commence à augmenter de flot & de Jusant, en montant plus haut & descendant plus bas, jusqu'au temps des grandes marées. *La mer est en rapport.*

M E R *battue.* C'est une mer élevée de plusieurs Lames occasionnées par les différents vents, qui ont soufflé avec force pendant un coup de vent; la mer dans cette circonstance est fort agitée & clapoteuse, ce qui tourmente beaucoup les Vaisseaux par des mouvements vifs.

M E R *creuse.* C'est une mer dont les Lames sont médiocrement élevées, & qui en se déferlant, montrent au commencement de leur Brisant une cavité sous le sommet de la Lame; de sorte qu'elle ne brise qu'en tombant, & qu'elle peut engloutir tout ce qui se trouve sous sa chûte; aussi les Embarquations sont-elles toujours en dangers, quand les Lames sont creuses & élevées.

M E R *brisante, & mer qui brise.* C'est une mer dont les Lames fort élevées se déferlent en brisant avec impétuosité & grand bruit, lorsqu'elle est poussée par la violence des vents dans une Tempête.

M E R *qui perd.* C'est-à-dire, qui commence à baisser après le coup de la pleine mer. *La mer a déja perdu de moitié, parce qu'il y a mi-Jusant.*

M E R *de Calme.* C'est une mer lisse & glace, parce qu'il n'y a point de vent pour l'agiter, ni rider sa surface, elle est semée de Tapions; cela arrive souvent, lors même qu'elle est agitée par de grosses Lames longues.

M E R *grosse & élevée.* C'est une mer dont les Lames sont grosses & fort hautes, dont les Lames ne sont pas courtes.

M E R *Malle.* C'est une grosse mer, qui s'éleve & tracasse le Vaisseau. *A mesure que le vent augmentoit, la mer étoit Malle de plus en plus;* c'est-à-dire, *mauvaise.*

M E R *de bout.* C'est une mer dont la Lame prend le Vaisseau par l'Avant.

M E R *de l'Arriere.* C'est-à-dire, que la Lame prend le Vaisseau par la Poupe.

G

MER *qui tombe.* C'eſt-à-dire, que la Lame commence à diminuer, & que la mer devient plus belle ; cela ſe dit d'une mer Malle qui commence à s'applanir.

MER *roulante.* C'eſt une mer dont les Lames ſe briſent en roulant & écumant avec bruit ; c'eſt ce qui ſe voit tous les jours le long des Côtes , où la mer ſe déploie ſur le ſable ; on le voit auſſi en pleine mer , lorſque le vent commence à pouſſer les Lames avec une certaine force qui les fait ſe deployer toujours ſous la même direction , ſur la ſurface des eaux en moutonnant.

MER *qui moutonne.* Cela ſe dit , lorſque les Lames ſe déferlent dans la même direction que le cours du vent , en blanchiſſant ſur la ſurface des eaux par-ci-par-là , en écumant avec un bruit ordinaire ; c'eſt le temps de la plus belle Navigation , parce que le vent eſt de bon frais , & que la mer n'eſt pas trop agitée.

MER *ſans fond.* C'eſt un Parage où l'on ne trouve pas le fond en ſondant à cent braſſes , ou cent-cinquante braſſes de Ligne , quoiqu'on puiſſe le trouver à une plus grande profondeur. S'il s'agit de mouiller , on dit qu'*il n'y a pas de fond,* parce qu'on ne laiſſe guères tomber l'Ancre par une profondeur plus grande que ſoixante braſſes.

MER *changée.* Lorſqu'on entre ſur un Banc , ou ſur la Sonde d'une Côte , on voit la mer d'une autre couleur que quand on eſt au large , quoiqu'il y ait quelquefois deux cent braſſes d'eau de profondeur ; alors on dit que *la mer eſt changée,* qu'*elle a une couleur de fond.*

MER *ridée.* La mer eſt ridée , lorſqu'après un calme profond il s'éleve un petit vent qui la fait ſillonner , en élevant de petites Lames ſur la ſurface unie.

MÉRIDIEN. Le premier Méridien Céleſte eſt un grand Cercle que les Aſtronomes ont imaginé paſſer par le Zénith d'un certain lieu de la terre , & par les deux Poles du monde , ſe croiſant à Angle droit avec l'Equateur ; de ſorte qu'en partant du plan de ce dernier Cercle , & allant droit au Nord ou au Sud , on compte les dégrés de Latitude juſqu'au Pole ſur la circonférence du Méridien terreſtre , qui répond exactement ſur le Globe au Méridien Céleſte , dans le plan duquel il ſe trouve avec l'Axe de la terre ſur lequel on compte les dégrés de Latitude à des diſtances égales , mais qui répondent à des diſtances inégales ſur le premier Méridien , qui n'a pas une forme exactement circulaire aux Poles , puiſque le Globe eſt un Spheroïde applati aux extrémités de l'Axe. Si on part du premier Méridien ſur l'Equateur , & que l'on faſſe route droit à l'Eſt ou à l'Oueſt , on compte les dégrés de Longitude en augmentant juſqu'à 180 dégrés , où l'on arrive aux Antipodes dans le plan du même premier Méridien que les François font paſſer exactement par l'Obſervatoire de Paris , après l'avoir long-temps pris ſur l'Iſle de Fer. Les Anglois le font paſſer par Londres , ou par le Cap Lézart. Les Hollandois le fuppofent à l'Ifle du Pic de Ténérif ; mais tout le monde peut le prendre à quel point du Globe on jugera à-propos, parce que de tous les points de l'Equateur il part des Méridiens qui vont paffant par les Poles ; de forte qu'à tous les pas qu'on fait de l'Eft à l'Oueft, ou du Oueft à l'Eft, on change de Méridien en changeant le Longitude. Le Méridien du lieu où l'on fe trouve, détermine la plus haute élévation des Aftres fur l'horizon ; ainfi quand on obferve la hauteur du Soleil, & qu'on le trouve au moment où il femble arrèté à fa plus grande hauteur, parce qu'il y a dans tous les points du Cercle que parcourt le Soleil, un certain efpace fenfiblement droit, & horizontal à la plus grande élévation, qui fe trouve toujours fur le Méridien, il eft midi, parce qu'auffi-tôt il commence à baiffer, en tombant vers l'Oueft ; de forte que fi on obferve par l'ombre que donne le Soleil, la déclinaifon de la Bouffole, on a la variation exacte fans aucun calcul à l'heure où le Soleil fe trouve au Méridien ; point qu'il faut bien faifir en obfervant fans ceffe, & avec la plus grande attention l'ombre fur le Compas, à l'inftant ou l'Aftre paroît arrèté, afin de ne pas fe tromper ; toutes les fois que le Soleil n'eft pas proche du Zénith, l'obfervation eft affez facile, mais quand il n'en eft qu'à fept ou huit dégrés, il faut une attention fcrupuleufe à l'obfervation de la hauteur, & à celle de la variation

MERLIN. C'eft un petit Cordage ou Ligne goudronnée, à deux fils, dont on fe fert pour fourlier les bouts des manœuvres, & pour coudre les Ralingues aux Voiles. Il y a du Merlin à trois fils. *Voyez* LUZIN.

MERLINER. C'eft coudre les Voiles à leur Ralingue avec du Merlin ; on ne merline que certaines parties de la Voile qui ont plus d'effort à faire que les autres, tels font les Points & les Pattes de Boulines.

MESURE *à Poudre.* C'eft un Cilindre de fer-blanc, qui contient une charge de Poudre propre a l'Artillerie du Vaiffeau ; s'il y a plufieurs fortes de Canons fur le même Vaiffeau, on a autant de différentes mefures à Poudre ; elles font fort commodes pour faire les Gargouffes, parce qu'on n'eft pas obligé de pefer les charges ; quand les mefures font bien faites, on ne fait que les remplir & verfer dans les Gargouiles.

MESURE. C'eft l'étendue fixée à des grandeurs connues. La Ligne eft déterminée à-peu-près par la longueur d'un grain d'Orge bien nourri, à-peu-pres, & eft la génératrice du pouce qui contient douze Lignes ; le pouce eft le générateur du pied de Roi, qui eft compofé de douze pouces ; le pied eft générateur de la toife, qui eft compofée de fix pieds en longueur ; la toife eft génératrice de la lieue, qui contient 2653 toifes, & le dégré du Méridien terreftre contient chez les François vingt lieues.

METACENTRE. C'eſt un Point qui doit être au-deſſus du Centre de Gravité du Navire, & qui eſt déterminé par la rencontre de deux Lignes; l'une part du Centre de Gravité de la partie ſubmergée du Vaiſſeau lorſqu'il eſt incliné, & s'éleve verticalement dans la direction de la pouſſée verticale de l'eau ſur la Carène, réunie dans le Centre de Gravité de cette Carène inclinée; l'autre Ligne part du Centre de Gravité même du Vaiſſeau en s'élevant perpendiculairement aux deux Axes du Navire, juſqu'à la rencontre de la premiere qui part du Centre de Gravité de la partie ſubmergée, lorſque le Navire a de l'inclinaiſon ſur un côté, car s'il n'étoit pas incliné, le Métacentre ne ſe manifeſteroit point, puiſque la Pouſſée verticale ſeroit dans le même plan & ſur la même Ligne que le Centre de Gravité du Vaiſſeau. Le Point d'interſection des deux Lignes que nous venons de définir, détermine le Métacentre, & ce Point eſt la plus grande hauteur à laquelle il ſoit permis de porter le Centre de Gravité du Vaiſſeau, pour qu'il ſe tienne droit dans le Port & ſur une eau tranquille; mais s'il s'agit de le faire naviguer, & de l'expoſer à une force ſupérieure, telle que l'impuiſion du vent ſur les Voiles, il faut abſolument que le Centre de Gravité ſoit au-deſſous du Métacentre, ſans quoi il n'y auroit pas de ſûreté, & le Vaiſſeau ne ſeroit pas ſtable. Lorſque le Centre de Gravité eſt dans le Métacentre, le Vaiſſeau n'a pas plus de diſpoſition à s'incliner qu'à reſter droit, il eſt indifférent pour toutes les ſituations; s'il eſt droit, il y reſte; ſi on l'incline, & que la force qui le fait incliner ceſſe, il reſte incliné, ainſi il n'eſt pas propre à porter la Voile, parce que l'action d'un vent égal, ou plus ou moins fort, agiſſant toujours ſur les Voiles, porteroit l'inclinaiſon juſqu'à faire faire capot au Vaiſſeau qui ſeroit dans ce cas. Si le Centre de Gravité eſt au-deſſous du Métacentre, il y a deux forces qui agiſſent enſemble pour redreſſer le Navire lorſqu'il eſt incliné; la premiere de ces forces eſt la pouſſée verticale de l'eau, qui en partant du Centre de Gravité de la partie ſubmergée, agit dans le Métacentre ſur un Levier déterminé par la diſtance horizontale qui ſe trouve entre le Centre de Gravité du Vaiſſeau & ſon Métacentre qu'elle pouſſe en haut verticalement; en même temps que la peſanteur ſpécifique du Navire dans l'état actuel agit ſur l'autre bout du Levier du haut en bas pour le rappeller au parallélifme; & l'expreſſion de la force avec laquelle chacune de ces deux puiſſances agit, eſt connue par le produit des parties du Levier (ſur lequel les deux puiſſances agiſſent, diviſées en raiſon réciproque ſelon le principe), & de la force de chaque puiſſance ajoutée enſemble; de ſorte que la ſomme de ces deux produits eſt toujours égale à l'effort du vent ſur les Voiles, dans la partie qui tend à faire incliner le Vaiſſeau, & que plus il y a de diſtance entre le Centre de Gravité commun du Navire & le Métacentre, plus il y a de ſtabilité, parce que le Levier ſur lequel agiſſent les deux puiſſances qui la conſtatent, augmente. Il ſuit de cette définition du Métacentre, qu'il faut donner une figure à la flottaiſon de tous les Vaiſſeaux qui puiſſe faire monter le Métacentre de plus en plus, à meſure qu'ils inclinent ſous l'effort du vent, afin d'augmenter la diſtance de ce point au Centre de Gravité, & aſſurer la Navigation par ce moyen qui a échapé à tous les Conſtructeurs, qui font commencer la rentrée de leurs Navires trop bas, ſous le prétexte de leur donner de la grace ; au dépend de la qualité d'avoir toujours plus de force pour porter la Voile ; car les Vaiſſeaux rentrés perdent cet avantage auſſi-tôt qu'ils ont paſſé leur fort.

MÉTAL ou *Métail*. Ce ſont des Corps durs, ductiles, fuſibles & mixtes ; le fer eſt un métal qui ſert à lier le bois avec le bois dans la Conſtruction des Vaiſſeaux, tels ſont les Clous de fer, les Chevilles & Goujons faits de ce métal, &c. Le fer eſt un métal qui s'emploie à tout & par-tout ; on en fait les outils de toutes eſpèces, pour tous les métiers, en le mariant avec l'Acier qui eſt un fer épuré ; les autres métaux, comme le Cuivre, le Plomb, l'Or & l'Argent, &c. ſont travaillés par le Fer, appliqué de différentes manieres, à la forme qu'on veut leur donner. Le Cuivre ſert à faire les Cloches, les Canons, les Rouets de Poulie, &c. Le Plomb ſert à garnir partout où il y a du frottement à défendre, comme dans les Ecubiers, & ſur les Coutures que l'on veut défendre du choc de l'eau pour y conſerver l'Etoupe.

MÉTTRE *le Linguet*. C'eſt placer le Linguet dans les Taquets du Cabeſtan pour l'empêcher de dévirer ; il ſe place en arboutant contre les dents du bas du Cabeſtan, & ſupporte tout l'effort ; lorſqu'on veut mettre le Linguet, on crie : *Mets le Linguet*, & un homme le pouſſe à place, alors on peut faire ſortir le monde du Cabeſtan, pour les faire travailler ailleurs.

MÉTTRE *les Ancres à poſte*. C'eſt les placer & les ſaiſir ſur le Bord du Vaiſſeau, de maniere qu'elles ne puiſſent s'en ſéparer dans les plus grands mouvements du Roulis & du Tangage.

MÉTTRE *un Vaiſſeau à l'eau*. C'eſt le Lancer à la mer. *Voyez* LANCER.

MÉTTRE *ſur le Fer*. C'eſt tenir à l'Ancre, c'eſt mouiller une Ancre ou pluſieurs.

MÉTTRE *dehors*. C'eſt ſortir du Port & de la Rade pour prendre la haute mer. *Nous mîmes dehors ſur deux tiers de Juſant.*

MÉTTRE *en Rade*. Un Vaiſſeau met en Rade, lorſqu'il ſort du Port, & qu'il ancre dans la Rade pour achever de prendre ce qui lui eſt néceſſaire, & s'aleſtir avant de mettre dehors.

MÉTTRE *à la Voile*. C'eſt appareiller les Voiles, & lever l'Ancre pour faire Route.

METTRE *un Vaisseau de l'Avant.* C'est manœuvrer de maniere à rester derriere lui. *Nous virâmes de Bord pour le couper dans ses eaux, & le mettre de l'Avant à nous.*

METTRE *un Vaisseau de l'Arriere.* C'est marcher mieux qu'un autre Vaisseau, & le gagner de l'Avant, de maniere qu'il reste de l'Arriere. *Nous prîmes chasse avec tant d'avantage, qu'en moins de deux heures nous mîmes les ennemis de l'Arriere à plus de trois lieues.*

METTRE *au plus près du vent.* C'est prendre le plus près lorsqu'on est Largue, pour fuir ou pour donner chasse, ou pour s'élever au vent d'une terre ou d'un danger que l'on voit inopinément devant soi.

METTRE *à Sec,* ou *à Mâts & à Cordes.* C'est serrer toutes les Voiles pour soulager le Vaisseau contre l'impétuosité du vent qui est trop violent, & le laisser avec ses seuls Mâts sans Voiles; cela arrive dans les grandes Tempêtes. On met quelquefois à sec pour paroître moins à la vue, & se dérober pendant quelques temps aux Vaisseaux que l'on attend pour les prendre; on fait cette ruse de beau temps, lorsqu'on est en Croisiere.

METTRE *la grande Voile.* C'est l'appareiller. *Nous mîmes notre grande Voile pour mieux tenir le vent, & nous élever plus vite.*

METTRE *à culer.* C'est coëffer toutes les Voiles, en leur faisant prendre le vent dessus, pour faire culer le Vaisseau: si on ne met qu'une ou deux Voiles à culer, on les nomme, en disant; *Il a mis son grand Hunier à culer, &c.*

METTRE *à courir.* C'est orienter les Voiles de maniere qu'en prenant le vent dedans, elles puissent faire tailler le Vaisseau de l'Avant, & le faire courir.

METTRE *les Canons à la Serre.* C'est les tenir halés dedans la Culasse dans l'Affût, leurs Cabrions placés, & la volée appuyée contre la Serre au-dessous du Pont supérieur, & rabannés avec le Raban de volée.

METTRE *en Ralingue.* C'est disposer la Voile de maniere que le vent ne frappe ni dessus ni dedans. *Nous mîmes toutes nos Voiles d'Avant en Ralingues.* Voyez BARBAYER & FASIER.

METTRE *les Voiles sur les Cargues.* C'est les déferler sans les border, & les tenir prêtes à appareiller; c'est aussi les carguer sans les serrer.

METTRE *à terre.* C'est y descendre avec un Bateau. *Nous ne pûmes mettre qu'une fois à terre dans la Baie, tant la mer y étoit grosse.*

METTRE *un Vaisseau à flot.* C'est le faire flotter après qu'il a été échoué; c'est le déchouer. *Nous restâmes échoués jusqu'à ce que la mer n'eût assez monté pour nous faire rouler & talonner; alors on vira de force sur les Ancres que nous avions dehors, & nous mîmes le Vaisseau à flot.*

M E T T R E *à Bord*. C'est accoster le Bord de maniere à
pouvoir y monter; on met à Bord avec un Canot pour aller
dans un Vaisseau : on met à Bord d'un Vaisseau ennemi en
l'abordant pour l'enlever l'Épée à la main. *Ce ne fût que la
troisieme fois que nous pûmes mettre à Bord du Vaisseau contre
lequel nous combattions.*

M E T T R E *en mer*. C'est quitter la Rade & la Côte pour
prendre la pleine mer.

M E T T R E *en Panne*. C'est coëffer un Hunier, & garder
le vent dans l'autre au plus près du vent, pour arrêter le Navire; c'est mettre en Travers, vent dessus, vent dedans.

M E T T R E *à la Cape*. C'est tenir le vent avec une seule
Voile, soit que l'on puisse gouverner, ou que l'on tienne la
Barre dessous. *Voyez* CAPE.

M E T T R E *à Route*. C'est faire servir & gouverner à Route
quand on a été en Panne, ou qu'on a changé de Route pour
quelque cause que ce soit.

M E T T R E *à la Bande*. C'est faire incliner le Navire par
des poids placés sur un des côtés plus que sur l'autre, pour
découvrir du côté opposé une partie de la Carène pour la visiter. *Après deux heures de Combat, le Vaisseau que nous combattions fit signal d'incommodité, & mit à la Bande en se couvrant
de son Matelot de l'Avant, pour reprendre ses voies d'eau, & boucher les coups de Canons qu'il avoit reçus sous sa flottaison.*

M E U L E. C'est une pierre de Grès réguliérement platte &
ronde, montée sur un Aissieu de fer qu'on fait tourner par une
Manivelle, pour aiguiser & donner le fil aux outils tranchants
des Charpentiers, en les appuyant dessus à mesure qu'elle tourne,
pour les user par le frottement, & les rendre bien coupants.

M E U R T R I E R. On dit qu'*un Combat a été meurtrier*,
lorsqu'il y a eu beaucoup de monde de tué & de blessé de part
& d'autre.

M E U R T R I E R E S. Ce sont des trous pratiqués dans les
Retranchements que quelques Vaisseaux ont sous leurs Gaillards & Dunettes, pour se défendre encore après qu'ils sont forcés à l'Abordage; les gens de courage qui sont poussés dans
le premier choc, se jettent dans ces Retranchements, & font
le coup de Fusil sur les Ponts par les Meurtrieres, en tirant
sur tout ce qui se présente : cette Retraite ne s'est jamais guères pratiquée que par les Anglois qui y ont toujours été forcés,
parce qu'on tire du Vaisseau abordeur à coups de Canon sur les
Retranchements, & on y jette des Grenades par toutes les
ouvertures qui se présentent, & par celles qu'on a bientôt faites
à coups de Haches.

M I D I. C'est l'instant où le Soleil se trouve au Méridien
à chaque jour à sa plus grande hauteur sur l'horizon. Le côté
du midi est toujours le côté du Soleil à l'heure de midi; ainsi
ceux qui sont dans la partie du Nord du Tropique du Cancer,
ont le Sud pour midi; au contraire de ceux qui sont au Sud

du Tropique du Capricorne, qui ont le Nord pour midi : les Peuples qui habitent la Zone Torride, ont le Sud ou le Nord pour midi, selon que le Soleil est au Sud ou au Nord d'eux.

MI-MAT, *Voiles à mi-Mât. Voyez* HUNIERS AMENÈS & PERROQUETS.

MINAHOUET, ou *Minaouet.* C'est une machine composée d'un Cordage à deux branches, au point de l'union desquelles se trouve un Fouet, & au bout de chaque branche une bouc'e faite par une Epissure du même Cordage sur lui-même, dans lesquelles on passe un bois rond coché aux deux bouts. Cette machine sert à tenir les Haubans de Hune, & particuliérement ceux de Perroquet. On frappe le Minaouet sur le Hauban qu'il faut roidir en le fouettant dessus, ensuite on tourne la Ride du Hauban sur la Traverse, & on la fixe avec un autre bois qui sert de Levier, pour faire tourner la Traverse sur laquelle s'enveloppe la Ride comme le Cordage sur le Virevau, & roidit le Hauban avec la plus grande facilité, & autant qu'on le veut.

MINUTE. C'est la soixantieme partie d'une heure, qui est subdivisée en soixante parties égales, appellées *secondes.*

MINUTE *de Dégrés.* C'est la soixantieme partie d'un dégré; elle est égale à un tiers de lieue, parce qu'il faut trois minutes de dégrés pour une lieue, à raison de vingt lieues au dégré : cette Minute est aussi divisée en soixante parties égales nommées *secondes,* & les secondes en soixante autres parties nommées *tierces.*

MIRE. C'est un Guidon élevé sur la bouche des Armes à feu, pour servir au Pointeur à ajuster son coup & à le diriger juste au but.

MIRE *de Compas. Voyez* PINULLES.

MIREMENT. La terre est en Mirement, lorsque l'air a une certaine densité occasionnée par une petite Brume du matin, qui fait courber les rayons visuels & paroître les objets beaucoup plus élevés qu'ils ne le sont réellement. C'est un effet de la Réfraction qui fait souvent découvrir la flottaison d'un Vaisseau éloigné, dont on ne verroit que le haut du bois : *Les Vaisseaux sont en Mirement.*

MIRER. C'est pointer ou ajuster une Pièce d'Artillerie, ou un Fusil. *Voyez* POINTER.

MISENE ou *Misaine.* C'est la basse-Voile la plus de l'Avant, qui est portée par le Mât de Misaine, elle s'oriente en s'amurant sur les bouts-Lofs, & se bordant sur le côté du Vaisseau; la Misaine est la Voile qui est la plus souvent appareillée, & qui essuie le plus de mauvais temps; son usage est de faire arriver le Vaisseau & de le tirer de l'Avant.

MITRAILLE. Ce sont des paquets de vieilles ferrailles que l'on fait de la grosseur du Calibre des Pièces de Canon que l'on a à Bord, pour les charger avec ces paquets & les tirer de près sur les Vaisseaux ennemis, afin de couper leur manœuvres & les dégréer : la meilleure sorte de Mitraille est faite de Grapes de raisin & de Boîtes de fer-blanc demi-soudées, remplies de Balles de Mousquet.

MODÉLES ou *Patrons*. *Voyez* GABARIT.

MOIS. C'est la mesure du temps qui divise l'année en douze parties de trente & trente-un jours, à l'exception de Février qui n'a que 28 ou 29 jours selon les années bissextiles.

MOIS *de Gages*. C'est ce qui est dû d'Appointements aux Gens d'un Equipage, payés à tant par mois : ainsi si on doit cinq, six mois, plus ou moins d'Appointements, ce sont autant de mois de Gage.

MOISE. *Voyez* ENTRE-TOISE.

MOLE ou *Moule*. C'est un espace fermé par des Jettés, qui rompent le choc des Lames de mer, & mettent les Vaisseaux en sûreté. c'est un port fait de main d'homme.

MOLIR. C'est larguer un peu d'un Cordage tendu pour le soulager, afin qu'il ne rompe pas.

MOLIR *en douceur*. C'est filer tout doucement une manœuvre tendue.

MOLIT. Le vent molit, lorsqu'il diminue de force.

MOLLE *mer*. Le coup de la molle mer, est l'instant où il n'y a ni flux ni reflux. *Nous appareillâmes sur le coup de la molle mer, pour profiter de la marée entiere.*

MOMENT. C'est en méchanique le produit de la masse d'un Corps quelconque, par la distance de son Centre de Gravité à un point pris à volonté pour terme. Le moment d'un Corps qui tombe est le produit de sa masse par la vîtesse acquise à l'instant du choc. Le moment d'une force qui agit sur un bras de Levier, est le produit de la force par sa distance ou Point d'appui.

' MONTANT *de la mer*. Le montant de la mer est le temps du flot. *Voyez* FLOT.

MONTANTS. Ce sont des pièces de Charpente sur lesquelles on monte un Edifice quel qu'il soit. Les pièces de bois qui sont placées verticalement des deux côtés des Fenêtres, font des Montants, sur lesquels sont montés les Chassis : les Montants des Cloisons sont des espèces de supports sur lesquels les Cloisons sont appuyées & soutenues : les Montants des machines sont forts, & placés verticalement ou obliquement, selon le besoin, & soutenus par des Arboutants & Entre-toises. On appelle *Montants* à Bord des Vaisseaux, tout ce qui sert de base pour monter & établir des Cloisons, pour Soutes ou autre Compartiments.

MONTANTS *de Bittes*. *Voyez* PILIERS.

MONTANTS *de Voûte* ou *d'Arcasse*. Ce sont des pièces de bois courbes en Arc, placées à gorge sur la Barre-d'Hourdy, & appuyées sur la Barre de Pont, placée au-dessus de l'Etambord & de la Barre d'Arcasse sur l'Arriere, leur saillie forme la Voûte dans laquelle sont percés les Sabords de

Retraite de la Batterie-baſſe des Vaiſſeaux de guerre, dont les Montants de Voûte forment les côtés.

MONTAGNES. Ce ſont les élévations & inégalités qui ſe trouvent répandues par-tout ſur la ſurface de la terre , entre leſquelles ſe trouvent les Plaines. Le Pic de Ténérif eſt une des plus hautes Montagnes du monde ; les Cordilieres dans l'Amérique Occidentale ſont les plus hautes connues ; il y a une infinité d'autres Montagnes de grande élévation dans tous les pays du monde.

MONTÉ. Un Vaiſſeau eſt dit monté, lorſque tous ſes Membres ſont faits & liés ſur ſa Quille, & qu'il eſt fini en bois tort.

MONTÉ *de tant d'Hommes d'Equipage, & de tant de Canons.* Un Vaiſſeau eſt monté de 64 Canons, & de 640 hommes d'Equipage, lorſqu'il a ce nombre de Canons & d'hommes. On monte les Vaiſſeaux d'un Equipage nombreux, quand ils vont en guerre. *Voyez* ARMÉ.

MONTER *le Gouvernail.* C'eſt le placer contre l'Etambord ſur ſes Gonds & Roſettes, pour le mettre en état de ſervir. Pour monter le Gouvernail, on paſſe un franc-filin de ſept à huit pouces, ſelon le poids de la machine, dans le trou pratiqué à cet effet au-travers de la mèche, & l'on envoie ce Filin au Cabeſtan pour virer le Gouvernail, & préſenter ſa tête dans la Jaumiere ou trou par où elle doit entrer dans la Voûte d'Arcaſſe ; on maintient le Gouvernail droit à meſure qu'il monte, & on le place de maniere que ſes Gonds puiſſent tous entrer enſemble dans leurs Roſettes ; & lorſqu'il eſt bien préſenté au-deſſus, on fait dévirer & amener en douceur, enſuite on depaſſe le franc-Filin, & on monte la Barre ou Timon, après quoi on place la Braie & le Tape-cul.

MONTRE, *faire Montre.* C'eſt payer d'effronterie, & attendre un Vaiſſeau plus fort que ſoi pour lui en impoſer par l'apparence de la force. *Voyez* FAIRE BELLE CONTENANCE.

MONTURE *de Scie.* C'eſt le bois & la corde qui ſervent à monter & détendre la Feuille de la Scie. Les montures de Scie de long ſont autrement faites que celles des Scies à main.

MONTER *les Canons.* C'eſt les mettre ſur leurs Affûts, les Tourillons dans les Encaſtrements, recouverts par les Plattes-Bandes goupillées. On monte les Canons dans les Vaiſſeaux à meſure qu'on les embarque ; de ſorte qu'en les amenant avec la Cayorne qui les a pris dans le Chalan, on ne fait que préſenter l'Affût deſſous la Pièce, & auſſi-tôt qu'elle eſt deſſus, on les place à leurs Sabords, où on les garnit de leurs Bragues, Palans, Platines & Tapes.

MOQUE. C'eſt une eſpèce de Caiſſe comme celle des Poulies, ou de gros Margouillets, mais qui eſt pleine & ſans Rouet ; elle eſt percée dans le milieu, d'un trou oblong ou rond, ſelon l'uſage qu'on en veut faire. Les Moques des Etais font oblongues & percées de même, avec une Canelure tout autour, dans laquelle on place le bout de l'Etai en l'eftropant deffus, on en eftrope enfuite une autre fur le Collier, & on paffe la Ride bien graiffée dans les deux Moques, en lui faifant faire tous les tours néceffaires pour tenir l'Etai à force de Palans. Les Moques des Pattes de Boulines font différentes, en ce qu'elles font beaucoup plus petites, & qu'elles ne font percées que d'un trou rond, dans lequel paffe le Cordage qui fait la Patte. Les Moques de Trelingage font à-peuprès comme celles des Etais, mais plus petites ; elles fervent à faire un Trelingage volant, ou tout au plus un Trelingage fur les Haubans d'Artimon, encore vaut-il mieux un Trelingage complet & à l'ordinaire. Les Moques des Araignées font longues, & percées de plufieurs trous de travers-en-travers dans leur épaiffeur de bout-en-bout ; on fait paffer dans chacun de ces trous une Ligne, dont les deux bouts vont tous fe réunir à des diftances égales fur le bord des Hunes, pour empêcher les Huniers de fe crocher deffous dans les temps de calme.

MORDRE. Lorfque l'Ancre tombe à fond, & qu'elle s'y enfonce, on dit qu'*elle mord, qu'elle a mordu ou pris fur le fond, qu'elle vient de mordre, qu'elle tient, &c.*

MORDU. Le Garant d'un Palan à deux Rouets l'un fur l'autre, eft fujet à fe mordre entre la Caiffe & le Garant inférieur, lorfque le Cordage eft trop menu ; & alors on dit que *le Garant eft mordu.*

MORNE. C'eft une Montagne ronde, élevée fur une pointe de terre en forme de Cap, ou le long d'une Côte.

MORTAISE ou *Mortoife.* C'eft une Entaille rectangulaire faite dans une pièce de Charpente, pour recevoir le Tenon d'une autre avec laquelle elle doit être affemblée : on fait ces mortaifes plus ou moins profondes, ou à jour tout-à-fait.

MORTAISE *du Gouvernail.* C'eft le trou quarré qu'on fait horizontalement dans la tête du Gouvernail, pour y placer le Timon ; ainfi la mortaife du Gouvernail eft une mortaife à jour.

MORTAISE *de Mât de Hune.* C'eft le trou quarré qui fe fait dans le pied des Mâts de Hune & de Perroquet, pour y paffer les Clefs, au-deffus des Longis lorfqu'on les guinde, & les faire porter fur les Longis.

MORTAISE *de Caiffe de Poulie.* C'eft le vuide dans lequel on place le Rouet de la Poulie. Lorfqu'on fait des Poulies à plufieurs Rouets, on fait autant de mortaifes qu'on placera de Rouets, les unes à côté des autres, ou les unes fur les autres, felon les différentes efpèces de Palans.

MORTE-EAU. C'eft le temps où les marées font foibles ; c'eft-à-dire, où il y a peu de flux & reflux pendant les Quadratures, entre les nouvelles & pleines Lunes.

MORTIER. C'eft une Pièce d'Artillerie propre à jetter les Bombes ; il y a des Mortiers de différents Calibres, & de différentes Chambres ; les plus en ufage font propres à jetter des Bombes de douze pouces de diamètre, & cependant il y a des Mortiers qui jettent des Bombes de 15 à 16 pouces, de 13 à 14, & 12 à 13 pouces, au-deffous font ceux qui jettent de petites Bombes depuis 6 pouces de diamètre à 12 pouces ; les uns & les autres ont des Chambres de formes différentes, fphériques, Poires ou Eliptiques, Coniques & Cilindriques, qui contiennent plus ou moins de Poudre. Les Mortiers qui jettent ou chaffent les Bombes le plus loin, font les Mortiers Sphériques, mais il n'eft pas poffible de tirer jufte, parce qu'ils tourmentent trop leurs Affûts, & qu'ils détournent leurs Bombes à droit ou à gauche ; ceux qui ont le plus de chaffe apres ces premiers, fous la même Charge, font les Mortiers Poires, qui font plus juftes que les précédents, parce qu'ils fe tourmentent moins ; les Mortiers Coniques font les plus juftes de tous, quoiqu'ils ne portent pas auffi loin que les deux dont nous venons de parler ; après ceux-ci viennent les Mortiers Cilindriques, qui ont le plus de défauts, en ce qu'il eft plus difficile de placer l'Axe de la Chambre dans la même direction que celui de la Volée du Mortier, & parce que cette efpèce de Chambre a beaucoup moins de portée que les autres à même Charge. Les Mortiers dont on fert en mer fur les Galiottes, font coulés avec leurs Plates-formes de métal, qui les maintient pointés fous l'Angle de 45 dégrés, qui eft celui du plus grand Jet ; car il eft démontré en Géometrie, *que la projection d'une Parabole décrite par un mobile chaffé fous l'Angle de 45 dégrés, eft la plus grande projection poffible, relativement à la force motrice fuppofée toujours égale : fi l'Angle d'élévation eft plus grand ou plus petit, la projection eft moindre, dans le rapport des Sinus doubles des Arcs d'élévation du Mortier.* Si c'eft la Charge qui varie, les Portées varieront auffi fans regle, parce que fouvent la Poudre ne s'enflamme pas de la même maniere, & qu'elle n'a pas toujours le même dégré de bonté, &c. Les Mortiers font de Fer, ou de Fonte comme les Canons, mais plus ordinairement de Fonte que de Fer, parce qu'ils font moins pefants, & qu'ils réfiftent davantage à un feu fuivi & continuel. Lorfqu'on veut fe fervir des Mortiers fur les Galiottes à Bombes, on doit avant de les embarquer, faire l'épreuve de leur portée à la plus grande Charge poffible, afin que les Galiottes puiffent fe placer à la portée de leurs Mortiers des Places qu'elles doivent bombarder, pour n'avoir pas beaucoup à craindre du Canon ennemi, ni des Bombes qu'on peut leur tirer, parce qu'il n'eft pas aifé d'attraper de loin avec un Mortier, un objet auffi petit qu'une Galiotte qui fe pofte aux environs de 2000 Toifes pour exécuter fes Bombes, qu'elle tire fur toute l'étendue d'une Ville & d'un Port, avec 20 à 30 livres de Poudre dans chaque coup de Mortier.

MORUE ou *Molue.* C'eft un Poiffon qui fe prend le long des Côtes de l'Amérique Septentrionale, dans le Golfe

Saint Laurent, autour de l'Isle de Terre-Neuve, & sur le grand
Banc; il se fait une Pêche considérable de ce Poisson, qui entretient & exerce un grand nombre de Matelots; c'est une
branche considérable du Commerce Maritime, que les Anglois
se sont presque approprié en entier par la prise du Canada
& les Articles du Traité de Versailles.

M O R U E *seche*. C'est celle qui est prise sur les Côtes,
& séchée à terre sur la Greve, après avoir été salée.

M O R U E *verte*. C'est celle qui est prise sur le grand Banc
& jettée dans le sel, après être habillée & apportée en Europe sans être séchée.

M O U C H E T, ou *Mouchette*. C'est une espèce de Rabot
dont le fer & le fût sont caves, pour pousser un demi-rond,
& faire une Moulure sur l'arrête d'une pièce de bois.

M O U F L E, ou *Caisse de Poulie*. C'est le bois travaillé
dans lequel on place la Poulie ou Rouet, en traversant l'un
& l'autre d'un Aissieu. On fait des Moufles en fer & en cuivre,
mais ils ont une autre forme que ceux de bois.

M O U I L L A G E ou *Ancrage*. C'est l'endroit où on peut
jetter l'Ancre & y rester, soit dans une Rade Foraine ou
fermée, ou dans un Port. *On trouve un bon Mouillage dans
la partie de l'Est de l'Isle; & quoique la Rade y soit Foraine,
on peut y rester en sûreté pendant six mois de l'année; mais alors
il faut quitter la Côte, parce que de l'autre côté le Mouillage
est mauvais, sur un fond pierreux & dur, de sorte qu'on n'y tient
point sur les Ancres.*

M O U I L L E. Commandement pour ordonner de laisser tomber l'Ancre : lorsqu'on est parvenu au Mouillage, on manœuvre pour amortir l'Aire du Vaisseau; & lorsqu'il est arrêté,
on crie, *Mouille*, alors le Bosseman détourne la Bosse de bout
de dessus son Taquet, & l'Ancre suspendue au Bossoir tombe à
fond.

M O U I L L É. Un Vaisseau est mouillé, lorsqu'il a laissé
tomber son Ancre quelque part : *Il n'a mouillé que pour rap-
pareiller sur le champ.* Un Vaisseau est bien mouillé, quand il
a jetté l'Ancre sur un bon fond, & dans les relevements du bon
Mouillage, à une distance raisonnable des autres Vaisseaux; il
est mal mouillé, s'il est sur un mauvais fond, hors du bon
Mouillage, s'il est trop près du Rivage ou de quelques dangers,
ou sur les Ancres d'un autre Vaisseau, ou enfin s'il est trop
proche de quelques Navires qu'il pourroit aborder en évitant.

M O U I L L E R. C'est jetter l'Ancre en faisant les manœuvres nécessaires pour ne pas surjaler son Ancre, ni manquer
son Mouillage.

M O U I L L E R *l'Ancre à jet*. C'est la porter avec la Chaloupe, & la mouiller à une certaine distance du Vaisseau pour
allonger une Touée, & y virer le Vaisseau, ou pour allonger
une grosse Ancre dessus le Grêlin pour l'affourcher.

M O U I L L E R *en Pagale*. C'est laisser tomber l'Ancre

comme on fe trouve, fans fe donner le temps de carguer & ferrer fes Voiles. Cette manœuvre ne fe fait que dans un cas preffé & imprevu, où il n'y auroit pas de fûreté de faire autrement.

MOUILLER *en Croupiere*, ou *en s'emboffant*. C'eft entalinguer un Grêlin fur l'Ancre que l'on doit mouiller, après l'avoir fait paffer par un des Sabords le plus de l'Arriere; & lorfqu'on laiffe tomber l'Ancre, on file du Cable & du Grêlin jufqu'à ce qu'elle ait pris fond, & que le Vaiffeau foit en travers, en préfentant le côté à l'endroit qu'on veut attaquer ou défendre.

MOUILLER *entre vent & marée*. C'eft mouiller dans un temps où le vent eft contraire, & auffi fort que le Courant, de forte que le Vaiffeau ne peut éviter, & refte en travers.

MOUILLER *fous Voiles*. C'eft laiffer tomber l'Ancre lorfqu'on a encore fes Voiles dehors.

MOUILLER *avec la Quille*. C'eft toucher & refter touché.

MOUILLER *une Ancre en Créance*. C'eft la porter avec fon Cable dans la Chaloupe, & la laiffer tomber pour rapporter le bout du Cable ou Grêlin à Bord.

MOUILLER *en affourchant*. C'eft laiffer tomber une Ancre fous Voile, & faire Route pour porter l'autre où l'on veut avec le Navire.

MOUILLER *les Voiles*. C'eft les arrofer avec une Pompe refoulante, pour qu'elles fe ferrent en imbibant le fil, de forte que le vent ne puiffe paffer au travers, & que le Vaiffeau en marche plus vîte. On fait cette opération d'un petit temps, lorfqu'on prend, ou que l'on donne chaffe.

MOULE *à Cartouche*. C'eft un petit Cilindre de bois, fur lequel on roule le papier pour faire les Cartouches à Fufils, en repliant un des bouts pour le frapper d'un coup de Maillet, de forte qu'il foit folidement fermé, & que la Poudre ne puiffe en fortir par le fond, dans lequel on met la Balle la premiere.

MOULE *à Balles*. C'eft une efpèce de Tenaille de fer, plus ou moins longue, des deux côtés de laquelle on a pratiqué, avec une Fraife demi-ronde, de petites Cellules placées bien exactement vis-à-vis les unes des autres, & profondes d'un demi-diamêtre des Balles, de forte qu'étant jointes enfemble, la Tenaille fermée, elles ferment autant de Globes creux, que la longueur a pu le permettre : chaque de ces petites Cellules a une ouverture ronde, percée dans un Canal qui eft pratiqué le long de la jonction de la Tenaille; ce petit Canal fert à couler le Plomb fondu dans le Moule, lequel en rempliffant tous les vuides, forme autant de Balles, qu'il y a de Cellules pratiquées.

MOULE *à Gargouſſe*. C'eſt un Cilindre de bois, du Calibre que doit avoir la Gargouſſe que l'on fait ou veut faire.

MOUSQUET. *Voyez* **Fusil**.

MOUSQUETON. C'eſt un Fuſil de Calibre ſuivant l'Ordonnance, mais qui eſt beaucoup plus court que le Fuſil de Munition, & ne porte pas de Bayonnette.

MOUSSES. Ce ſont des Enfans au-deſſus de l'âge de ſept à huit ans, que l'on embarque ſur les Vaiſſeaux pour ſervir la Maiſtrance & s'amariner ; ils deviennent Matelots, & ne ſont claſſés comme homme de mer qu'au retour de leur ſecond Voyage.

MOUSSON. Ce ſont les vents de ſaiſon, qui ſont réglés, & ſoufflent pendant cinq à ſix mois, toujours de la même partie à-peu-près, enſuite ils changent, & ſe tournent d'un autre côté, où ils tiennent le même temps. Il eſt bon d'obſerver qu'entre la Mouſſon du Nord & celle du Sud, il y a une révolution qui dure ſouvent un mois, pendant lequel temps on eſſuie des variétés continuelles de vent, pluies & orages, & qu'à chaque changement de Mouſſon il arrive les mêmes variétés & inconſtances de temps, & ſouvent des coups de vent. Les Mouſſons n'ont lieu exactement que dans la Zone Torride.

MOUSTACHES. Ce ſont deux petits Cap-moutons placés Tribord & Babord des Vergues de Civadiere & Barrée, dans leſquels on paſſe un Cordage pour leur ſervir de Suſpente Tribord & Babord du Beaupré & de la Hune d'Artimon, parce que ces Vergues ſont ſans Racages. Lorſqu'on ne met pas de Mouſtache à la Vergue-barrée, on lui met deux Suſpentes, comme aux baſſes-Vergues ; mais la Civadiere a toujours deux Mouſtaches, pour obvier à l'accident de la perdre, ſi la Civiere venoit à ſe rompre.

MOUTONNER. C'eſt l'écume blanche que font les Lames de la mer en ſe briſant, lorſqu'elles ſont pouſſées par un vent frais, & qu'elles briſent en ſe déferlant. *Le vent fraîchit de la partie du N. E. & commença à faire moutonner la mer de tous côtés.*

MOUVEMENT. C'eſt l'action & la mobilité des Corps. Le Mouvement eſt ſimple ou compoſé ; le Mouvement ſimple eſt celui qui réſulte d'une ſeule puiſſance ; le Mouvement compoſé réſulte de pluſieurs puiſſances qui font agir un Corps ſelon une direction moyenne entre toutes celles qu'il pourroit prendre, s'il obéiſſoit à l'impulſion ſeule & particuliere de chaque force ; ainſi le mouvement compoſé peut réſulter d'une infinité de mouvements particuliers qui ſe combinent enſemble, pour n'en former qu'un moyen entre tous ſelon une direction générale.

MOUX. Il y a du Moux dans les Cables, lorſqu'on eſt affourché, & que les deux Cables ne ſont pas aſſez roidis, ce qui laiſſe le Vaiſſeau libre de rôder. *Notre Vaiſſeau rôde, parce qu'il y a trop de Moux dans ſes Cables.*

MOYEN *Parallele*. C'eſt le Cerc'e moyen pris entre deux Cercles paralleles à l'Equateur. Si l'on prend le Cercle terreſtre parallele à l'Equateur qui environne notre Globe à 45 dégrés de Latitude, & celui qui lui eſt parallele ſous la Latitude de 40 dégrés, le moyen parallele entre ces deux ſe trouvera à 42 dég. 30 min. de Latitude; ainſi ſi on a fait un certain nombre de lieues de l'Eſt vers l'Oueſt entre ces deux premieres Latitudes, il faudra les réduire en dégrés & lieues du Cercle de 42 dégrés 30 min. qui eſt le moyen parallele : les dégrés de Longitude ſont plus petits, à meſure qu'on s'écarte davantage de l'Equateur, parce que les Méridiens ſe reſſerrent les uns ſur les autres pour ſe réunir ſur le Point Polaire, qui eſt le Point de ſection commun.

MUGIT. La mer mugit, lorſque ſes Lames ſe briſent avec bruit les unes ſur les autres, ou contre les Rochers, où elle fait quelquefois un bruit effrayant aux oreilles qui n'y ſont pas accoûtumées.

MUNITIONS *de Bouche*. C'eſt tout ce qui s'embarque pour la vie des Equipages.

MUNITIONS *de Guerre*. C'eſt tout ce qui regarde les Armes du Vaiſſeau pour faire la guerre, ſe défendre ou attaquer.

MUNITIONNAIRE. C'eſt un Traitant qui entreprend de fournir au Roi toutes les choſes néceſſaires pour l'Avitaillement de ſes Vaiſſeaux, lorſqu'il fait un Armement d'un ou de pluſieurs Vaiſſeaux, ſoit qu'ils aillent ſeul à ſeul, en Eſcadre, ou en Corps d'Armée. Les Vivres que le Munitionnaire fournit, ſe font par Rations & demi-Rations, conformément aux Ordonnances du Roi, & au Traité que le Roi paſſe avec le Munitionnaire, ſelon la quantité & qualité des hommes qui compoſent l'Equipage de chaque Vaiſſeau. Le Munitionnaire embarque un ou deux Commis, avec des Aides, pour la diſtribution des Vivres, pendant le cours du Voyage. *Voyez* COMMIS.

MURAILLE *du Vaiſſeau*. On ſe ſert quelquefois de ce terme pour dire le côté du Navire depuis la flottaiſon juſqu'en haut.

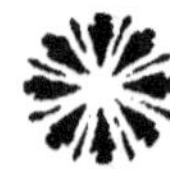

NADIR.

NADIR. C'eſt un point qui répond verticalement au-deſſous d'un lieu, & qui ſe perd dans l'immenſité de l'Univers, comme le Zénith ſe perd en haut dans le prolongement de la même verticale ; de ſorte que le Nadir eſt l'oppoſé du Zénith, que l'un & l'autre ſont placés aux extrémités de la même verticale. Chaque homme, chaque point de la ſurface du globe a ſon Nadir & ſon Zénith particulier.

NAGE. La Nage d'un Bateau eſt proprement ſa Vogue. *Voyez ce Terme.* C eſt auſſi ordonner de nager ou ramer.

NAGE *ſec.* C'eſt un commandement aux gens d'un bateau qui donnent la Vogue, de ne pas faire ſauter l'eau en trempant leurs Avirons pour nager, afin de ne point mouiller ceux qui ſont dans le Bateau.

NAGE *qui eſt paré.* C'eſt ordonner aux gens d'un Bateau de nager auſſi-tôt que leurs Avirons ſont parés.

NAGE *à faire abattre.* C'eſt ordonner aux Bateaux qui ſont devant un Vaiſſeau pour le nager, de gouverner de maniere à diriger leurs efforts vers le côté ſur lequel on veut qu'il abatte.

NAGE *Tribord* ou *Babord.* C'eſt ordonner de nager du côté nommé.

NAGE *à Bord.* C'eſt ordonner de nager pour venir à Bord.

NAGE *au vent.* C'eſt ordonner de nager le bout au vent, & de gouverner de maniere qu'on puiſſe gagner au vent à force de Rames. *Cette Chaloupe nage bien au vent.*

NAGE *de force.* C'eſt un commandement pour faire redoubler de force aux Equipages qui rament dans les Bateaux, afin d'augmenter la vîteſſe. *Nous nageâmes de force, & nous gagnâmes le Bord, avant que le mauvais temps ſe fût déclaré tout-à-fait.*

NAGE *Avant.* C'eſt ordonner de nager de force.

NAGER. C'eſt ramer à force d'Avirons. Pour nager, on plonge la Pale dans l'eau, & on tire avec force ſur le manche, le viſage tourné vers l'Arriere, & les pieds bien appuyés ſur le fond du Bateau. *Le Calme nous ayant pris, nous bordâmes nos Avirons pour nous mettre au Large des Vaiſſeaux ennemis qui nous chaſſoient.* Les Vaiſſeaux de guerre & Frégates, les Corvettes & Corſaires bordent ſouvent des Avirons pour ſe nager pendant le Calme.

NAGER *un Vaiſſeau.* C'eſt mettre les Bateaux du Navire ſur l'Avant, amarrés à Bord pour tirer le Vaiſſeau après eux à force de Rames.

NAGER *debout au vent & à la Lame*. C'eft préfenter le Bout au vent & à la Lame, en nageant de force.

NAGER *debout*. C'eft ramer fans être affis, debout fur fes pieds, pour faire plus de force.

NAGER *plat*. C'eft nager de maniere qu'en faifant fortir l'Aviron de l'eau pour allonger un fecond coup de Rame, il fe trouve fur le plat, parallellement à la furface de l'eau; cela dépend de l'habitude & de l'adreffe du Rameur.

NAGER *de long*. C'eft nager de maniere que chaque coup d'Aviron foit mefuré, à égale diftance, & tiré de force, les Avirons fur le plat.

NAGER *fur le fer*. C'eft nager fur fon Grapin, lorfqu'il chaffe pour foutenir la Derive, & chaffer moins.

NAGEUR. C'eft un homme qui étant dans l'eau, fe tient fur fa fuperficie, & avance en nageant avec fes pieds & fes mains. C'eft un exercice qui convient aux Marins, & qui leur eft fouvent utile.

N'AMENE PAS. On dit qu'un Vaiffeau n'amene pas, lorfqu'il vente bon frais & grand frais; parce qu'il garde fes Huniers haut, fans en rien amener.

N'AMENER *pas le Pavillon*. C'eft le garder toujours hiffé. *Ce Vaiffeau eft bien maltraité, & cependant il n'amene pas.*

N'ARRIVE PAS. Commandement fait au Timonnier pour lui faire défendre l'Arrivée avec le Gouvernail. *N'arrive pas... N'arrivons pas.* C'eft le même commandement.

NATTES. C'eft un entrelacement de Rofeaux, ou d'écorces d'arbres, de la largeur de deux pieds ou deux pieds & demi à trois pieds, fur trois à quatre pieds de longueur. On s'en fert dans les Vaiffeaux pour doubler les Souttes à Pain, que l'on garantit par-là de l'humidité. Dans les Indes, on a de groffes Nattes dont on garnit toute la Cale des Vaiffeaux qui prennent des Marchandifes.

NAUFRAGE. C'eft la perte d'un Vaiffeau en mer. Les Naufrages arrivent par vétufté des Vaiffeaux, ou par des coups de vents & tempêtes qui les font périr, en les fubmergeant en pleine mer, ou en les jettant fur des Rochers & fur des Côtes.

NAUFRAGÉ. Un Vaiffeau eft naufragé, quand il eft péri.

NAVIGABLE. Une Riviere eft navigable, lorfqu'elle peut porter des Bateaux & des Navires chargés. La mer eft navigable par-tout où il y a affez d'eau pour faire flotter les Vaiffeaux. Il y a beaucoup de Ports qui ne font navigables que pour de petits Vaiffeaux & les Embarquations.

NAVIGATEURS. Ce font tous ceux qui naviguent, & qui vont en mer faire des Voyages de Long-Cours.

NAVIGATION. C'eft la fcience du Pilotage, & de la conduite du Navire par rapport à la direction de la Route. Il y a deux fortes de Navigations, la Hauturiere & la Côtiere.

La Navigation Hauturiere fe fait par le moyen des Cartes qui montrent les Routes qu'il faut faire pour aller & venir d'un lieu à un autre ; par l'eftime du chemin que l'on fait dans différents temps, par celle de la Derive & de la Route, qui donnent la longitude arrivée eftimée, & par les Obfervations de la Variation & de la Latitude, au Soleil, qui rectifie toujours le chemin fait au Nord ou au Sud : le tout étant fecondé de l'Art de la Manœuvre qui donne le mouvement au Navire, conftitue la Navigation Hauturiere ; ainfi nommée, parce qu'elle fe fait en haute mer, & par les hauteurs prifes au Soleil. La Navigation Côtiere eft celle qui fe fait terre-à-terre & le long des Côtes que l'on ne perd jamais de vue : elle confifte à bien connoître les Terres à la vue, les Sondes, les Marées & leurs Tranfports, les Mouillages & les différents Fonds ; c'eft la fcience du Pilote Côtier. Une belle Navigation, c'eft celle qui s'eft faite de beau temps & avec des vents favorables : *Notre Navigation a été heureufe, parce qu'elle s'eft faite promptement & fans accident ; elle a été bonne, parce qu'il n'y a point eu d'erreur dans l'eftime de la Longitude. Ce Vaiffeau a bien navigué, il a atterré jufte.*

N A V I G U E R ou *Naviger.* C'eft aller en mer, & faire des Voyages Maritimes : *Ils vont naviguer aux Indes Orientales & Occidentales.* Naviguer un Vaiffeau, c'eft le faire aller & venir, le manœuvrer & lui donner tous les mouvements dont il eft capable. *Ce Vaiffeau navigue bien,* c'eft-à-dire, qu'il fe comporte comme il faut, qu'il gouverne & porte bien la Voile, &c.

N A V I G U E R *fur le plat.* C'eft tracer fa route fur une Carte qui n'eft pas réduite, c'eft-à-dire, fur laquelle il n'y a pas de Longitude marquée, afin de voir à quelle diftance de la terre on fe trouve, & dans quel point de la Bouffole elle nous refte.

N A V I G U E R *fur le Réduit.* C'eft porter fa Latitude & fa Longitude eftimées, fur une Carte où les dégrés de Longitude font marqués, pour voir l'endroit où l'on fe trouve, & diriger fa Route en conféquence.

N A V I G U E R *à terre.* Lorfqu'on a trop eftimé de chemin en Longitude pendant une Traverfée, ou lorfque le tranfport des Courants vous a portés de l'Avant, on fe trouve arrivés à terre avant le Vaiffeau ; c'eft-à-dire, qu'on s'eftime à terre, lorfqu'on en eft encore éloigné ; ce qui fait dire par plaifanterie, qu'*on navigue à terre,* parce qu'on n'a pas navigué jufte.

N A V I G U E R *jufte.* C'eft arriver à terre par une eftime jufte de la Longitude. Lorfque l'erreur de l'eftime à l'arrivée n'eft pas au-deffus de 20 à 30 lieues, on ne la regarde pas comme effentielle, parce qu'on fe tient toujours en garde contre de pareilles erreurs.

N A V I G U E R *la Sonde à la main.* C'eft fe conduire par

la Sonde, en jettant le Plomb fans cefle : nulle part on ne fe
conduit mieux la Sonde à la main, que dans le Gange, où les
Pilotes de cette Riviere ont une adrefle finguliere à jetter le
Plomb.

N A V I R E ou *Vaiffeau*. C'eft un édifice de Charpente, bien
folide & bien lié par la difpofition des bois de toutes efpèces
& du fer qu'on y emploie : fa forme eft compl quée à caufe des
Courbes à doubles courbures qui le compofent dans le fens
vertical & horizontal, elle ne peut être déterminée que par
l'application de la Géométrie & du Calcul : fa figure varie felon
le fervice qu'on en exige. Le Navire eft fait pour marcher fur
les eaux par le moyen de fes Voiles qui font portées fur des
Mâts verticaux, dont le Calcul déterm ne la pofition & l'élévation ; il eft toujours deftiné au Commerce ou à la Guerre, &
a des formes différentes, felon qu'il doit être employé à l'une
ou l'autre de ces deux chofes. Enfin le Navire eft la plus belle
invention de l'homme ; c'eft une machine qui tient de l'automate,
il va comme le poiffon fur les eaux qu'il traverfe quelquefois
avec plus de quatre lieues & demie de vîteffe par heure ; il tient
de l'oifeau par fes Voiles qui, frappées par le vent, lui donnent cette rapidité de mouvement qui étonne toujours ceux qui
ne font pas accoûtumés à un fpectacle auffi grand & auffi beau :
rien n'eft auffi impofant que l'approche d'un Vaiffeau de guerre
prêt à combattre ; cette marche rapide & uniforme dont l'œil
ne voit pas le principe, jointe à l'appareil terrible d'une Artillerie nombreufe bien difpofée & cimétrifée, eft un fpectacle
qui en impofe aux plus réfolus. Le Navire porte avec lui tout
ce qu'il faut pour fon entretien, tout ce qu'il faut pour combattre, & pour faire fubfifter fept, huit cens hommes, quelquefois mille & onze cent ; la fcience qui préfide à fa conftruction, eft compliquée & demande beaucoup d'études, de connoiffances & d'expériences que la plupart des Conftructeurs
n'ont pas. On peut confulter les Auteurs qui ont traité de la
Conftruction des Vaiffeaux ; nous renvoyons particuliérement au
Manœuvrier Complet que nous donnerons immédiatement après
cet Ouvrage.

N A V I R E *du Roi*. Ce font des Vaiffeaux, Frégates, Corvettes & Flûtes appartenant à Sa Majefté pour faire la guerre
aux ennemis de l'Etat, foutenir les Colonies Françoifes, &
protéger le Commerce. Les Navires du Roi font commandés
par des Officiers brévetés réfidants dans les Ports de Breft,
Toulon & Rochefort, où fe font les plus forts Armements des
forces Navales du Royaume. On peut confulter l'Ordonnance
de la Marine de 1765. *Voyez* VAISSEAU.

N A V I R E *à Fret*. C'eft un Vaiffeau loué pour porter :
on paye par Tonneaux ou par Quintaux.

N A V I R E *armé*. C'eft celui à qui il ne manque rien pour
prendre la mer, foit en Marchandifes ou en Guerre ; ainfi l'on
dit : *Navire armé en Marchandifes, & Navire en Guerre &*

Marchandises, s'il est monté d'un bon nombre d'Hommes & de Canons; ou *Navire en Guerre*, s'il est uniquement armé pour attaquer.

NAVIRE *en Course*. C'est celui qui est armé pour croiser sur les Ennemis.

NAVIRE *désarmé*. C'est un Vaisseau dans le Port, sans Mâts ni Gréement, & qui n'a ni Equipage ni Artillerie.

NAVIRE *bien lié*. C'est un Vaisseau dont la Charpente est bien solide, bien liée, bien courbée & bien ferrée, de maniere qu'il n'y ait aucun jeu.

NAVIRE *arqué*. C'est celui dont les extrémités ont tombé, de sorte qu'il a perdu son gondolage, & que sa Quille fait un arc dont la concavité est en-dessous.

NAVIRE *frégaté*. C'est un Vaisseau qui est long & ras, & dont l'apparence est petite; faisant voir plutôt une Frégate qu'un Vaisseau de guerre, trompeur au coup d'œil.

NAVIRE *dur*. C'est celui dont les mouvements du Tangage & du Roulis se font par secousses dures & vives.

NAVIRE *doux*. C'est celui dont les mouvements sont lents, & se terminent sans secousses.

NAVIRE *sale*. C'est celui dont la Carène est pleine de coquillages & d'herbes qui retardent sa vîtesse.

NAVIRE *condamné*. C'est celui qui est trop vieux pour naviguer.

NAVIRE *qui va de l'Avant*. C'est celui qui marche sous Voiles. Le Vaisseau commence à aller de l'Avant, quand il entre en mouvement.

NAVIRE *qui se hale bien au vent*. C'est-à-dire, qu'il tient bien le plus près, qu'il derive peu, & qu'il gagne au vent.

NAVIRE *pris par les glaces*. C'est celui qui est enfermé par les glaces, de maniere qu'il ne peut sortir, jusqu'à ce qu'elles ne soient fondues.

NAVIRE *bien amarré*. C'est celui qui, ayant de bonnes Amarres & de bonnes Ancres, les a bien disposées pour résister à tous les mauvais temps.

NAVIRE *abandonné*. C'est un Vaisseau que l'Equipage a quitté, sans que personne ait resté à Bord.

NAVIRE *qui présente bien au vent*. C'est celui qui peut garder le vent dans ses Voiles, en présentant plus près du vent qu'un autre.

NAVIRE. Crie de l'homme qui est en Vigie, pour annoncer qu'il voit un Vaisseau; & il ajoute le côté où il paroît, soit au vent ou sous le vent, de l'Avant ou de l'Arriere, par le travers ou en haches, ou par les Bossoirs.

NEPTUNE. C'est le nom ou titre des Ouvrages d'Hydrographie, composés de Cartes, Plans, & Instructions relatives à la Navigation. Quand un pareil Ouvrage contient toutes les Cartes & Mers du monde connu, c'est un *Neptune général*, fur-tout s'il eft foutenu d'une Inftruction fur les dangers, les Côtes, les Vents, les Courants, les Bancs, Profondeurs, & qualités des Sondes. Si un Neptune ne comprend qu'une partie du Globe, on lui donne le nom de cette Partie. C'eft ainfi que Mr. DAPRÈS a donné à fon Travail le nom de *Neptune Oriental*; parce que cet Ouvrage unique en fon genre, comprend tout ce qui eft compris à l'Eft du Cap de Bonne - Efpérance jufqu'aux Moluques; c'eft-à-dire, toutes les Indes Orientales : ce Neptune eft de la premiere utilité, & tout ce qui a paru de mieux en ce genre; il feroit à fouhaiter que cet Auteur eût le temps, la volonté, & les moyens de nous donner le *Neptune Atlantique* avec le même fuccès de la premiere Edition de fon *Neptune Oriental*, & celui qu'aura fans aucun doute la feconde Edition qui va paroître.

N E Z ou *Éperon. Voyez* ÉPERON.

N E Z, *être trop fur Nez*. C'eft être trop chargé fur l'Avant: *Le Vaiffeau eft trop fur Nez*; c'eft-à-dire, qu'il eft plus calé fur l'Avant qu'il ne faut.

N I V E A U. C'eft le parallélifme horizontal ; ainfi tout ce qui eft de niveau, eft parallele à l'horizon. Les inftruments faits pour niveler & dreffer les Edifices perpendiculairement à l'horizon, ou parallellement à ce Plan, font nommés *Niveaux*. Il y a plufieurs fortes de Niveaux, felon l'ufage qu'on veut en faire. Les Niveaux dont on fe fert pour la Conftruction des Vaiffeaux font fimples; un Plomb avec un Fil, eft le plus en ufage, & fuffit à prefque toutes les opérations par les diverfes manieres dont on s'en fert.

N I V E L E R *un Vaiffeau*. C'eft conftater l'inclinaifon qu'il a fur l'Avant ou l'Arriere, lorfqu'il eft en Affiette, en fe fervant d'un Niveau qu'on replace au même endroit quand on a rechargé le Navire, afin de le mettre dans la même fituation & la même Affiette, pour lui conferver fes qualités.

N O C H E R. C'eft un vieux terme qui n'eft plus ufité. *Voyez* PILOTE.

N O C T U R L A B I. E. C'eft un inftrument dont on fe fervoit autrefois pour trouver à toutes les heures de la nuit combien l'Etoile du Nord étoit au-deffus ou au-deffous du Pole.

N Œ U D *de la Ligne de Loch. Voyez* LOCH.

N Œ U D. C'eft un entrelacement d'une ou deux cordes, qui peut fe ferrer, de maniere qu'elles reftent fixes l'une avec l'autre, & auffi bien unies, que fi elles n'en faifoient qu'une. Une corde s'amarre par fes deux bouts, ou par le milieu, felon le Nœud dont on fe fert & l'ufage qu'on en veut faire.

N Œ U D *plat*. C'eft le plus en ufage dans la Marine. Il fert à amarrer les Garcettes de Ris fur les Vergues, parce qu'il ne fe lache jamais quand il eft bien fait, il fe ferre toujours. Les deux bouts de la Garcette font paffés de maniere qu'ils reviennent fur le Dormant de chaque côté, en paffant fous la même Paffe. Ce Nœud fe fait dans une infinité de rencontres; fur les Genopes, pour les arrêter, & prefque par-tout.

NŒUD *coulant*. C'eſt un Nœud ſimple fait avec le bout d'un Filin, ſur le Filin même ; de maniere qu'il ſert de boucle, dans laquelle le Filin paſſe librement pour ſe ſerrer ſur le fardeau par le ſeul effet de la peſanteur. *Voyez* LAGUIS.

NŒUD *d'Haubans*. C'eſt celui qui réunit les deux bouts d'un Hauban caſſé par deux Culs-de-Port. *Voyez* CUL-DE-PORT.

NOIR *de fumée*. C'eſt le dépôt que laiſſe la fumée d'huile ou de réſine dans le vaiſſeau où on la fait monter, & dont le haut eſt tapiſſé de peaux de mouton, la laine en dehors, pour fixer le Noir & le recevoir. Ce Noir de fumée ſert à noircir les Mâts & Vergues, les Préceintes, & tous les endroits du Vaiſſeau qu'on veut peindre en noir. On délaye le Noir avec de l'huile de noix, ou avec du Goudron, ſelon l'endroit où on l'applique.

NOIX ou *Tête de Cabeſtan*. C'eſt la tête dans laquelle ſont percées les Amelotes pour placer les Barres.

NOIX *de Mâts*. C'eſt un renfort de bois qu'on laiſſe à la tête des Mâts de Hune & de Perroquet, pour ſervir de ſupport aux Barres de Perroquet & aux Capelages : quand le bois n'eſt pas aſſez fort pour conſerver cette Noix, on met des Jauteraux d'un bois plus dur que le Sapin ; ce qui rend cette partie plus forte & plus ſolide.

NOLIS, *Noliger*, *Noliſſement*. *Voyez* AFFRETE, AFFRÉTER & AFFRÉTEMENT.

NOMBRE *d'Or*. C'eſt une révolution Lunaire qui arrive tous les dix-neuf ans ; de ſorte que de 19 en 19 ans les Nouvelles & Pleines Lunes arrivent au même jour du mois que 19 ans auparavant, & preſque à la même heure. L'uſage du Nombre d'Or (qui n'eſt que le reſte d'une Diviſion du nombre des Années propoſées, augmentée de l'Unité, & diviſée par 19) eſt de trouver les Epactes pour chaque Année, au moyen deſquelles on connoît l'âge de la Lune. *Voyez* le Traité de Navigation de Mr. l'Abbé DE LA CAILLE.

NORD ou *Septentrion*. C'eſt le point de l'horizon qui répond exactement au Pole Arctique ou Boréal. *Voyez* BOUSSOLE.

NORD, *être au Nord*. C'eſt être plus éloigné de l'Equateur que l'objet ou le lieu que l'on compare : Paris eſt au Nord de Cadix, parce qu'il eſt plus près du Pole : un Vaiſſeau eſt au Nord d'un autre par les mêmes raiſons. *Nous eûmes connoiſſance de quatre Vaiſſeaux vers le Nord qui portoient au S. O.*

NORD-OUEST & NORD-EST. Ce ſont les points intermédiaires entre le Nord, le Couchant & le Levant. *Voyez* BOUSSOLE.

NORD-ESTER. C'eſt une maniere de dire que l'Aiguille aimantée décline du Nord vers l'Eſt. *Voyez* VARIATION.

NORD-OUSTER. C'eſt la Déclinaiſon ou Variation de la Bouſſole du Nord vers l'Oueſt. *Voyez* VARIATION.

NOURRITURE *de temps*. C'eſt un horizon chargé, un temps couvert, des nuages en balles de laine, quelques Grains

& Grenailles qui entretiennent le vent de la même partie. *Le temps est nourri.*

NOYÉ. C'est être sous l'eau.

NOYÉ, *Vaisseau noyé.* C'est un Vaisseau trop chargé, dont la Batterie est si près de la superficie de l'eau, qu'il ne peut ouvrir ses Sabords pour faire jouer son Artillerie : alors on dit que *ce Vaisseau a sa Batterie noyée.* Si un Vaisseau est trop chargé sur l'Avant, on dit qu'*il est noyé sur le Nez* : s'il est trop calé sur l'Arriere, *sa Batterie est noyée de l'Arriere.*

NUAGE. C'est un amas des exhalaisons que le Soleil tire de la terre, en l'échauffant & en réduisant en vapeurs les parties humides & les sels de sa superficie qui se trouvent mêlés avec les eaux exposées aux rayons Solaires ; ainsi lorsque le Soleil pompe & enleve toutes ces parties vaporeuses, elles se réunissent & se rassemblent à une certaine hauteur, au-dessus du foïer de réflexion de la chaleur que le Soleil imprime à la surface terrestre : il s'y fait des amas composés de diverses matieres sulfureuses, nitreuses, métalliques & humides, selon les différentes parties du globe échauffé ; & il se forme des nuages qui produisent les Pluies, les Eclairs & Feux Electriques, les Tonnerres & les Orages, quelquefois le tout ensemble, en augmentant la rapidité de l'air qu'ils compriment entr'eux ; ce qui produit les vents violents, & les tempêtes qui s'unissent presque toujours aux Orages ; de sorte que les Nuages sortent ordinairement, par la puissance du Soleil, du sein des mers & de la terre : ce sont ces obscurités ou taches que l'on voit toujours répandues ci-&-là dans l'air, qui nous cachent la voûte des Cieux, & desquels nous voyons sortir tous les phénomenes que nous venons d'expliquer.

NUAISON. On donne ce nom au temps que dure un vent fait, de quelque partie qu'il souffle : par exemple, en Europe, lorsqu'on voit que le vent se range au Nord & au N. E. en Beauture, on dit que *la Nuaison du N. E. commence* ; parce qu'ordinairement on voit le vent souffler de cette partie pendant plusieurs jours de suite ; on l'a vu s'y tenir un mois, deux & trois, mais rarement les Nuaisons font-elles plus de 15 à 20 jours. C'est la même chose pour la Nuaison du S. O. & du Ouest. *Nous sortimes du Port au commencement d'une Nuaison de N. E. qui nous mena jusqu'aux Vents Alizés.*

NUE ou *Nuée. Voyez* NUAGE. Les Nues chassent du Nord, lorsqu'elles courent du Nord au Sud avec le vent dans l'immensité de l'air : si elles ont une autre direction, on la désigne par le nom de la partie contraire où elles se portent. Les nues vont contre le vent, parce que leur cours est contre la direction du vent actuel ; cela arrive lorsqu'il a venté grand frais d'une partie, & que le vent a changé subitement, de sorte que les Nuages n'ont point encore changé de direction ; d'autres fois ils font sujets là-haut, à l'impulsion d'un vent contraire à celui qu'on sent en-bas.

O ! HISSE. *ô ! faille. ô ! hale. ô ! ride.* Maniere courte de donner la voix, pour faire réunir les efforts de chaque homme dans le même inftant, afin de produire un plus grand effet.

OCCASE. C'eft-à-dire, le Soir ; par rappor à l'Obfervation de la Variation. *Voyez* AMPLITUDE.

OCCIDENT. C'eft le point de l'horizon vers le Couchant, qui eft éloigné du Nord & du Sud de 90 dégrés, & que l'on appelle *Oueft. Voyez* BOUSSOLE. On diftingue deux Occidents, celui d'été & celui d'hiver : on peut en ajouter un troifieme qui eft le vrai Oueft, parce qu'il arrive lorfque le Soleil eft à l'Equateur, & qu'il fe couche exactement à la même diftance du Nord que du Sud. L'Occident d'Eté eft marqué par le point de l'horizon du Oueft vers le Nord, où le Soleil fe couche lorfqu'il eft à la première minute de l'Ecreviffe ; parce que c'eft l'inftant du plus grand jour en Europe, comme du plus petit au même dégré de Latitude Sud, que celui où fe fait l'Obfervation au Nord de l'Equateur. L'Occident d'hiver eft marqué par le point de l'horizon du Oueft vers le Sud, où on voit le Soleil fe coucher, quand il entre dans la première minute du Capricorne ; parce que c'eft le moment du plus court jour de l'Année pour la partie du Nord de l'Equateur, comme c'eft celui du plus long pour la partie du Sud. Il faut obferver que l'Occident d'été & d'hiver eft plus ou moins éloigné du vrai Oueft, felon que l'on eft plus ou moins éloigné de l'Equateur : plus on a de dégrés de Latitude, plus le point où fe couche le Soleil eft éloigné de l'Oueft ; & moins la Latitude eft forte, plus il en eft près ; de forte que fous l'Equateur le Soleil fe couche à l'Oueft du monde ; & fous le Pole, & même fous le Cercle Polaire, il ne fe couche point, il eft feulement plus près de l'horizon.

OCÉAN. C'eft ce grand amas d'eau falé qui fépare les deux Continents, & qui entourre toutes les Terres. *Voyez* MER.

OCTANS ou *Quartier de Réduction.* C'eft un inftrument dont la conftruction eft fondée fur l'expérience de Phyfique, qui montre qu'un rayon folaire qui frappe fur une furface plane, comme fur un Miroir, fe réfléchit par un angle de réflexion égal à celui d'incidence ; & que fi le Miroir qui reçoit l'image du Soleil, fait un mouvement pour ouvrir l'angle d'incidence, celui de réflexion fera encore égal, en renvoyant le Difque du Soleil felon un rayon dont le mouvement fera double de celui qu'aura fait le Miroir. Cette feconde obfervation fuffit pour faire connoître qu'un Limbe de 45 dégrés peut fuffire pour marquer 90 Dégrés ; puifque chaque demi-dégré vaudra toujours un dégré entier par le mouvement fimple du grand Miroir placé fur le centre de la Lidade qui doit marquer les dégrés & minutes fur le Limbe qui donne le nom à l'inftrument, parce qu'il n'eft que la huitieme partie du cercle dont la Lidade feroit le rayon : fur le côté oppofé à celui de la Lidade, fur laquelle eft placé le grand Miroir, on voit une autre petite glace étamée à moitié, & placée perpendiculairement au plan de l'inftrument ; & vis-à-vis, fur le côté de la Lidade & à la même hauteur, on place une petite Lorgnette bien centrée au petit Miroir; cette Lorgnette fert de vifiere à l'Obfervateur, & foulage la vue pendant l'obfervation, en montrant l'horizon plus net qu'on ne l'apperçoit à la vue, & en tranchant mieux l'image du Soleil que l'on amene toujours au ras de l'horizon, quand on obferve. L'Octans eft le meilleur & le plus parfait des inftrumens propres à obferver la hauteur des Aftres, fur l'horizon. On peut voir à cet égard ce qu'ont dit Mr. l'Abbé DE LA CAILLE dans fon Traité de Navigation, & l'explication qu'il en donne. On peut auffi confulter fur l'Octans le petit Traité que nous en a donné Mr. DU BORY, Officier des Vaiffeaux du Roi. On verra dans ces Ouvrages la figure qui eft abfolument néceffaire pour l'intelligence de l'explication.

ŒIL ou *Œuil*, *de Roue*. C'eft le trou d'une Roue d'Affût de Canon, dans lequel paffe l'Aiffieu, fur lequel elle tourne.

ŒIL *de Hache & d'Herminette*. C'eft le trou que le Forgeron façonne dans la tête de l'outil, pour y placer le manche.

ŒIL *de Bœuf*. C'eft une ouverture que l'on voit dans les nuages, lorfque le temps eft chargé & couvert : c'eft par-là que le vent fe fait un paffage, de forte qu'il arrive quelquefois que, quand on voit un Œil de Bœuf, on reçoit peu de temps après le vent de la partie où il fe manifefte. L'œil de Bœuf eft toujours marqué des mêmes couleurs que l'Arc-en-ciel, à-caufe des globules d'eau qui en font le principe à l'oppofé du Soleil ou de la Lune; car on ne voit jamais d'Œil de Bœuf du côté du Soleil, mais bien des Pieds de vent. *Voyez* ce Terme.

ŒIL *d'Ancre*. C'eft le trou dans lequel eft placé l'Arganeau.

ŒILLET *d'Etai*. C'eft une grande boucle faite du double du bout de l'Etai redoublé fur lui-même, & garni en ligne d'Amarrage ou de petit Carantenier : on fait paffer dans cet Œil l'Etai, lorfqu'il a fait le tour du Ton du Mât par-deffus le Capelage, & on le fouque jufqu'à ce qu'il ne foit rendu à fa Pomme.

ŒILLETS. C'eft en général une ouverture ronde pratiquée quelque part pour y paffer un cordage.

ŒILLETS *de Tourne-vire*. Ce font les deux boucles que

l'on fait fur les bouts du Tourne-vire, en les redoublant fur le Cordage même, & l'épiffant deffus ; ces Œillets fervent à faire le mariage avec un bon Filin.

ŒILLETS *de Ris*. Ce font tous les trous que l'on pratique dans les bandes de Ris des Huniers & des baffes Voiles, pour y paffer des Garcettes, après qu'on les a garnies de leurs Bagues. On fait auffi deux bandes obliques d'Œillets dans la Civadiere, pour y prendre le Ris du côté du vent, afin qu'elle fe préfente mieux au vent, quand on eft au plus près. On fait encore une bande d'Œillets de Ris dans l'Artimon, pour y prendre un Ris dans les plus mauvais temps.

ŒILS *de Civadiere*. Ce font trois grands trous que l'on fait dans le bas de la Civadiere, ou à chaque coin ou point d'Ecoute, & un dans le milieu, pour que les Coups de mer qu'elle peut recevoir, ne l'emportent pas ; parce qu'alors l'eau paffe au-travers fans la charger.

ŒUVRES *de Marée*, ou *Travail d'une Marée*. C'eft l'ouvrage que l'on fait aux Vaiffeaux échoués pendant le temps que la mer eft retirée de deffous, dans les Ports où il y a flux & reflux.

ŒUVRES *vives*. C'eft toute la partie du Vaiffeau qui eft au-deffous de l'eau, lorfqu'il eft chargé. *Voyez* CARÈNE.

ŒUVRES *mortes*. C'eft tout ce qui eft au-deffus de l'eau, lorfque le Vaiffeau eft chargé : ainfi les Ponts, Gaillards & Dunettes font les Œuvres mortes du Vaiffeau.

OFFICIERS *de Vaiffeau*. Ce font toutes les perfonnes autorifées par le Roi, ou par l'Amiral, pour commander les Vaiffeaux qui font la guerre & le Commerce, & fous le commandement defquels les Matelots font le Service en mer & dans les Ports.

OFFICIERS-GÉNÉRAUX. Ce font les Amiraux, Vice-Amiraux, Lieutenants Généraux, & Chefs d'Efcadres de la Marine du Roi, à qui l'on confie le commandement des Efcadres & Armées Navales que le Roi fait équiper.

OFFICIERS-MAJORS *d'un Vaiffeau*. C'eft le Capitaine, les Lieutenants & Enfeignes qui forment enfemble l'État-Major du Vaiffeau.

OFFICIERS-BLEUS. Ce font ceux qui ne font pas Corps avec la Marine du Roi ; mais qui ont une Commiffion du Roi, & le Commandement d'un de fes Vaiffeaux ou Frégates, pour croifer fur les Ennemis, ou convoyer des Flottes Marchandes : ainfi les Officiers-Bleus font tirés des Vaiffeaux Marchands, & fervent pendant la guerre, & retournent à leur Commerce & à la mer pendant la paix ; auffi font-ils tous fort-expérimentés, & rendent de bons fervices, quand on veut s'en fervir.

OFFICIER *de détail*. L'Officier de détail eft celui qui eft chargé de tout à Bord d'un Vaiffeau, & qui fupervife tout pour en tenir & rendre compte au Capitaine. L'Officier de détail eſt ordinairement le premier Lieutenant : il préſide au Chargement & Déchargement du Vaiſſeau, à tous les ouvrages qui ſe font dans le Port, à l'arrangement & à la propreté.

OFFICIERS *de Port.* Ce ſont ceux que l'on commet dans les Ports pour ordonner, conduire, & régler les travaux du Port, comme amarrer les Vaiſſeaux, les gréer & dégréer, les caréner, mâter & démâter, les entretenir, faire approprier & radouber, s'ils en ont beſoin, leſter & déleſter ; enfin ils ordonnent de tous les Appareils du Port, ſous l'autorité du Commandant. Les Officiers de Port forment un État-Major plus ou moins nombreux, ſelon qu'il y a plus ou moins d'Officiers dans chaque grade, de Capitaine, Lieutenants & Enſeignes de Port.

OFFICIERS *d'Adminiſtration.* Ce ſont toutes les perſonnes employées dans les Bureaux des Ports du Roi, que l'on connoît plus généralement ſous le nom d'*Officiers de Plume.* *Voyez* L'ORDONNANCE DE LA MARINE de 1765, & *les Articles* ECRIVAIN & COMMISSAIRES.

OFFICIERS-MARINIERS. Ce ſont les gens prépoſés entre l'État-Major d'un Vaiſſeau & les Matelots, pour faire exécuter ce que les Officier-Majors ordonnent pour la Manœuvre, le Chargement & Déchargement du Navire, le Grément & autres Travaux. Les Officiers-Mariniers de Manœuvres ſont tirés des Matelots, parce que tous l'ont été ; ce ſont les Maîtres, Contre-Maîtres, Boſſemans, Quartiers-Maîtres, Patrons de Chaloupes & de Canots. Les Officiers-Mariniers de Métiers, ou ceux qui ont la ration d'Officiers-Mariniers, & qu'on connoît par *Officiers non Mariniers*, ſont les Charpentiers, Calfats, Tonneliers, Armuriers, Chirurgiens, Voiliers, Boulangers & Coq.

ONDES. Les Ondes, comme nous l'entendons, ne ſont que les Lames de la mer, lorſqu'elles ſont longues & unies, ſans briſer. *Voyez* HOUL.

ONDÉE. C'eſt une pluie forte qui tombe pendant un court eſpace de temps, dans l'inſtant du paſſage d'un nuage. *Le temps étoit à Grains & par Ondées.*

ORAGE. C'eſt un amas de Nuages qui décident le temps en vent ou pluie, tonnerre & éclairs, & quelquefois tout cela enſemble ; ce qui dure plus ou moins de temps, ſelon que l'air eſt plus ou moins chargé. Quelquefois on voit un Coup de vent commencer par un Orage, & prendre tout d'un coup bien vivement.

ORDONNANCES. Ce ſont des Règlements que nos Rois ont faits ſur la Marine. La derniere Ordonnance eſt de 1765.

ORDRE. C'eſt l'arrangement des Vaiſſeaux d'une Eſcadre ou d'une Armée, ſelon les différentes circonſtances.

ORDRE *de Bataille* ou *de Combat.* C'eſt celui que prend une Eſcadre ou Armée Navale, en préſence de l'Ennemi qu'elle veut combattre. On se forme sur une des lignes du près les Vaisseax dans les eaux les uns des autres à un Cable de distance, & on se maintient dans cette position pour conserver son avantage quand on est au vent, ou pour le gagner si on est sous le vent, au cas que l'Ennemi soit assez mal-adroit pour ne pas tenir le plus près.

ORDRE *de Marche.* C'est celui que prend une Armée qui navigue sur un Parage où elle peut trouver l'Ennemi : elle se forme sur deux, trois ou quatre Colonnes, plus ou moins ; chaque ligne étant en ordre sur un des plus près, & faisant route tous ensemble, largue, vent arriere, ou au plus près ; de sorte que les Vaisseaux sont presque toujours en Echiquier, ce qui rend cet Ordre difficile à bien garder ; joint à ce qu'à tous les changements de vents, il est troublé, & qu'il n'est pas plus facile de passer de cet Ordre à celui de Combat, que de l'Ordre de Convoi, sur lequel nous établissons notre Tactique Navale dans le Manœuvrier, où Art Nautique que nous nous proposons de mettre au jour sous peu de temps.

ORDRE *de Convoi.* C'est celui que doit tenir toute Armée Navale qui fait route ; parce qu'il est aisé de passer de cet Ordre à celui de Combat, & qu'il a l'avantage de n'être point troublé par vingt changements de vent. On le forme en plaçant les Vaisseaux dans les eaux les uns des autres sur une ou plusieurs Colonnes paralleles à la route de l'Armée : cet Ordre resserre l'Armée tout autant que l'Ordre de Marche sur plusieurs Colonnes, sans en avoir les inconvénients.

ORDRE *de Retraite.* C'est celui que prend une Armée en présence d'un Ennemi absolument supérieur. Il doit être formé, de maniere que l'Armée qui fuit, ait le plus de force possible à opposer à l'Ennemi qui la poursuit ; de sorte que les Vaisseaux de guerre puissent couvrir ceux de Convoi, en même temps qu'ils sont en état de fuir avec la plus grande vitesse, sans se rompre, opposant par-tout une résistance suffisante pour empêcher les Chasseurs fins Voiliers de pénétrer. Il faut encore que l'on puisse, promptement & sans confusion, passer de cet Ordre à celui de Combat des deux Bords. On forme l'Ordre de Retraite, en se postant sur les deux Lignes du plus près, faisant entr'elles un Angle obtus de 145 dégrés, le Commandant ou plus fort Vaisseau à la pointe de l'angle ; de sorte que les Vaisseaux de l'aile de Tribord du Navire qui fait l'angle, seront en Ordre sur la Ligne du plus près Babord, tandis que ceux qui se trouvent dans l'aile de Babord du même Vaisseau de l'angle, seront en Ordre sur la ligne du plus près Tribord. On peut encore se mettre en Ordre de Retraite sur une ligne de front perpendiculaire au lit du vent.

OREILLES *de Lievre.* C'est le nom d'une Voile de Bateau faite en triangle ; ainsi les Focs & Trinquettes sont des Oreilles de Lievre. On donne ce nom particuliérement à des Voiles de Canot triangulaires, qui se hissent sur les Mâts avec des Bagues.

OREILLES *d'Ancres*. C'est la largeur de la Patte à qui l'on donne quelquefois ce nom. Les Oreilles d'Ancres sont plaquées sur les Bras en dedans, & soudées dessus; alors le tout forme les Becs, Pattes ou Oreilles.

OREILLES *d'Anes, Taquet en Oreilles d'Anes*. C'est un Taquet à deux branches contournées, placé contre le Bord, & retenu dans un Montant avec un Saucier au pied. Son usage est de servir à amarrer les Ecoutes des basses Voiles, les Bras de Hunes & grands Bras, & on les place contre le Vibord des Gaillards en dedans. *Voyez* TRAVERSIN DE TAQUETS.

ORGANEAU. *Voyez* ARGANEAU.

ORGUES. Ce sont des conduits pratiqués dans l'Entrepont de quelques Vaisseaux de guerre pour donner passage à l'eau qui peut entrer par les Sabords, lorsque la Batterie est noyée, ou lorsque la mer est clapoteuse; de sorte qu'au moyen de ces Orgues l'eau tombe dans la Cale, d'où on a la Pompe pour la jetter dehors. On voit assez le défaut de ces Orgues, puisqu'ils ne mettent pas l'eau hors du Vaisseau, & que des Dalots bien faits vaudroient beaucoup mieux, ainsi qu'on l'a pratiqué sur beaucoup de Vaisseaux.

ORGUES. Ce sont plusieurs Canons de Fusils ou d'Espingoles, que l'on monte les uns à côté des autres sur un même Fût, & qui tirent tous ensemble, lorsqu'on y met le feu; on ne se sert pas beaucoup de cette Machine.

ORIENT. C'est le point où se leve le Soleil, quand il est à l'Equateur. Il est à 90 dégrés du Nord & du Sud; mais lorsqu'on est dans les plus longs jours de l'Année, on a l'Orient d'Été, parce que le Soleil entre dans l'Ecrevisse; & lorsqu'il fait son entrée dans le Signe du Capricorne, on a l'Orient d'hiver, parce qu'on est dans les plus courts jours de l'Année; pour la partie du Nord, car il faut prendre l'opposé de cette Regle pour la partie du Sud de l'Équateur. *Voyez* OCCIDENT.

ORIENTE. On oriente les Voiles pour les disposer de maniere qu'elles puissent recevoir le vent dans la meilleure position possible pour remplir l'objet qu'on se propose. On oriente au plus près, pour serrer & tenir le vent : on oriente vent Largue, pour courir avec la plus grande vîtesse possible.

ORIENTE *bien*. Les Voiles orientent bien, lorsqu'elles s'effacent tant qu'on veut pour tenir le vent. *Le grand Hunier s'oriente bien, mais le petit est gêné dans son Brasseiage, & s'oriente mal.*

ORIENTÉ. Un Vaisseau est orienté, lorsque ses Voiles sont disposées pour faire la route qu'il se propose de tenir. Il est orienté au plus près, s'il veut tenir le vent : *Il s'est orienté bien vivement*, parce qu'il a été peu de temps à disposer ses Voiles.

ORIENTÉE. Les Voiles sont orientées, quand elles sont comme il faut qu'elles le soient : elles sont bien orientées, si leur disposition est bonne; elles sont mal orientées, quand elles sont mal disposées, trop ou trop peu brassées au vent.

ORIENTER. C'est situer une position, se placer de manière à se reconnoître. S'orienter par rapport au Nord, afin de voir où les différentes Remarques sont placées. Orienter un Plan, c'est placer tous les points du Plan dans leurs vrais gissements & positions respectives, par rapport aux principaux Points de la Boussole.

ORIENTER *les Voiles.* C'est les disposer comme il faut qu'elles le soient, en se servant de leurs Bras & Boulines pour les orienter : *Aussi-tôt que l'Ennemi jugea que nous étions plus forts que lui, il ne tarda pas à s'orienter vivement au plus près, pour conserver l'avantage du vent qu'il avoit.*

ORIN. C'est un Cordage plus ou moins gros, que l'on frappe sur la Croisée de l'Ancre, & dont l'autre bout est amarré sur une Bouée pour servir de Marque. L'Orin doit être toujours assez fort pour pouvoir lever l'Ancre, sans risquer de se rompre.

ORLOGE. *Voyez* EMPOULETTE.

ORTHODROMIE ou *Ortodromie.* C'est-à-dire, Route directe du Nord au Sud, de l'Est ou de l'Ouest ; au contraire de *LOxodromie*, qui signifie Route oblique entre les Points Cardinaux.

ORTIVE. C'est-à-dire, le Matin. *Voyez* AMPLITUDE.

OSSEC, ou *Oussas.* C'est le Réservoir, ou la partie la plus basse du Vaisseau dans laquelle toute l'eau se rassemble, & où le pied des Pompes répond dans les Vaisseaux : dans les Bateaux, l'Ossec est un petit Reservoir par où l'on plonge le Seillot ou une Escope, pour jetter l'eau dehors ; on perce le Vaigrage pour faire l'Ossec.

OUACHE. *Voyez* HOUACHE. On traîne des Vaisseaux en Ouache, lorsqu'ils sont désemparés, & qu'on est obligé de les traîner pour les conduire dans un Port. On met le Pavillon en Ouache, ou trainant jusqu'à l'eau, quand le Capitaine du Vaisseau est mort.

OUEST. *Voyez* OCCIDENT, COUCHANT & BOUSSOLE. C'est toujours le point qui est du côté du Couchant, eloigné de 90 dégrés du Nord & du Sud.

OURAGAN. *Voyez* HOURAGAN.

OURSE. C'est une Constellation de sept Etoiles, que l'on connoît sous le nom de *Grand-Charriot.* Elle avoisine le Cercle Polaire, à qui elle donne le nom *Arctique*, d'un mot Grec qui signifie *Ourse.* La position des sept Etoiles de la grande Ourse est particuliere à cette Constellation ; quatre sont en rectangle, & les trois autres sont rangées presque en ligne droite.

OURSE, *Petite Ourse.* C'est une Constellation dont les Etoiles sont dans une disposition semblable à celle de la grande Ourse, & dont la premiere du bout de la queue est l'Etoile Polaire.

OUVERT. C'est l'entrée d'une Baie, Rade ou Port fermé, ou l'Embouchure d'une Riviere ; ainsi l'on dit, *être à l'Ouvert d'un Port*, quand on en voit l'entrée ouverte. *Le bon Mouillage de tel endroit est à demi-lieue du Rivage, en tenant la Riviere ouverte par une Montagne qui paroît dans la même direction.*

OUVERTURE. C'est un espace entre deux Terres, dans lequel on peut entrer ; *On voit de la mer une Ouverture considérable dans laquelle on peut donner ; & aussi-tôt qu'on a couru demi-lieue entre les Terres, on voit l'Ouvert du Port sur lequel on gouverne.*

OUVERTURE & *Fermeture d'un Port.* C'est le temps que l'on ouvre & ferme la Chaîne du Port. On fait l'Ouverture de la Chaîne, le matin au coup de Canon de la Dianne ; & la Fermeture s'en fait à celui de Retraite en été, & une heure auparavant en hiver.

OUVRIERS. C'est le nom général de tout homme qui travaille de la main dans les Ports. Ce sont les Charpentiers, Calfats, Perceurs, Menuisiers, Armuriers, Tonneliers, Voiliers, Scieurs, Forgerons, Cloutiers, Gréeurs & Bateliers, &c. Les Ouvriers entrent au travail le matin à cinq heures, après l'Appel qui s'en fait, & en sortent à huit heures du soir : en hiver ils commencent à sept heures, & finissent avec le jour. En été on leur donne une demi-heure de repos le matin & le soir.

OUVRIR *deux objets.* C'est, en marchant, changer de position par rapport à eux, & les voir s'écarter l'un de l'autre, à mesure qu'on avance davantage ; au lieu de les voir l'un par l'autre, comme auparavant : *En gouvernant sur l'Est, nous ouvrions les premieres Marques, à mesure que nous en fermions deux autres qu'il faut voir l'une par l'autre avant de changer de route.*

OUVRIR *une Baie* ou *une Rade.* C'est, en avançant, découvrir de plus en plus l'Ouvert de la Baie, & l'intérieur.

PAC-FI *ou* PAFI. *Voyez* BASSES VOILES.

PACIFIER. C'eſt à-dire, Calmer : *La mer ſe pacifia après que le vent eut tombé, & devint calme & tranquille.*

PACIFIQUE, *Mer Pacifique.* C'eſt la mer du Sud. *Voyez* MER.

PAGAIE. C'eſt le nom que les Sauvages, les Noirs de la Côte d'Afrique, & ceux des Indes Orientales, donnent à la rame dont ils ſe ſervent pour nager dans leurs Pirogues.

PAGAYER. C'eſt ſe ſervir de la Pagaie pour ramer & donner de la viteſſe à la Pirogue. On prend la Pagaie par le milieu, de la main qui eſt du côté du Bord du Bateau, & de l'autre main on la maintient par le haut; de ſorte que l'homme qui pagaie, tire avec la main de dehors, en faiſant force à contre avec l'autre main, le viſage étant toujours tourné vers l'Avant : de cette maniere on donne beaucoup de viteſſe à la Pirogue, pour peu que les Pagayeurs ſoient en nombre ſuffiſant. Lorſqu'ils vont dans de petites Pirogues, où il n'y a que trois ou quatre hommes, les Pagaies ont deux Pales, une à chaque bout, de ſorte que chaque perſonne peut pagayer des deux côtés, en plongeant alternativement les deux bouts de la Pagaie, tantôt d'un Bord, tantôt de l'autre, faiſant ſuccéder une main à l'autre dans la poſition & latitude néceſſaires pour pagayer de cette maniere, des deux côtés.

PAIE. *Voyez* GAGES & SOLDE.

PAILLES *de Bittes.* Ce ſont de longues chevilles de fer rond, qui paſſent en travers de la tête des Montants de Bittes pour empêcher le Cable de ſe décapeler & de paſſer par-deſſus: les Pailles de Bittes ſont mobiles, & s'ôtent avec facilité & ſe placent de même.

PAILLES *d'Arrimage.* C'eſt une bûche droite que l'on place ſous chaque bout des Fûtailles que l'on arrime dans les Cales des Vaiſſeaux; on ne les prend que de groſſeur ſuffiſante pour que le Bouge de la Fûtaille ne porte pas : ainſi les Pailles d'Arrimages ſont faites pour porter les Fûts que l'on arrime, & les conſerver.

PAILLETS. Ce ſont des pièces treſſées avec des Tourons de fil de Caret, larges de deux pieds, plus ou moins, & longs de cinq ou ſix, ſelon le beſoin. On s'en ſert pour fourrer les Cables, pour garnir les Mâts & Vergues, & pour défendre du frottement tout ce qui peut être endommagé.

1

P A I L L E T S *lardés.* Ce font des Paillets dans les paſſes defquels on paſſe des Tourons de fil de Caret, coupés de trois à quatre pouces de longueur, ou un peu plus, que l'on effile après; pour que ce qui paſſe deſſus, s'uſe moins.

P A L A N ou *Palang.* C'eſt une machine qui eſt toujours compoſée de deux Poulies eſtropées & d'un Garan; Lorſque les Poulies font ſimples, on fait Dormant d'un des bouts du Garan ſur la tête de l'Eſtrope de la Poulie d'en-haut; on paſſe l'autre bout ſur le Rouet de la Poulie d'en-bas, en le faiſant venir ſur celui de celle d'en-haut, & le Courant va en bas, ſur lequel on applique la puiſſance pour enlever le fardeau croché à la Poulie d'en-bas, celle d'en-haut étant crochée à quelques points fixes. Si le Palan eſt double, on fait le Dormant ſur la Poulie ſimple qui eſt en bas, & on le fait paſſer de-là ſur un des Rouets de côté de la double qui eſt en haut, pour ſe repaſſer en deſcendant ſur celui de la ſimple d'en-bas, & revenir ſur le dernier de la Poulie d'en-haut, & retomber à l'ordinaire en bas. Lorſque le Palan eſt triple, quadruple, quintuple, ſextuple ou ſeptuple, on met toujours la Poulie qui a un Rouet de plus, en haut; & celle qui en a un de moins, en bas; en faiſant le Dormant du Garan ſur cette derniere, afin qu'il tombe du milieu de la Poulie d'en-haut; car dans ces ſortes de Palans il y a toujours une des Paſſes qui va obliquement d'une Poulie à l'autre, afin de faire travailler également la Poulie, ſans la forcer, lorſqu'on appliquera la Puiſſance au Garan : ainſi il y a pluſieurs ſortes de Palans qui, en outre du nombre des Paſſes qui les différencient, & de la forme des Poulies qui ont leurs Rouets différemment placés, prenent encore des noms différents, ſelon les endroits où on les place.

P A L A N *d'Etais.* C'eſt celui qui eſt frappé ſur un Guis entre le grand Mât & le Mât de Miſaine; de la même maniere que le Berdindin, qui eſt plus foible que le Pa'an d'Etais.

P A L A N *à fouet.* C'eſt un Palan qui a un Fouet ſur l'Eſtrope de chacune de ſes Poulies, avec leſquels on le fixe d'un côté, & on amarre le fardeau de l'autre.

P A L A N *à Croc.* C'eſt un Palan qui a un Croc à Coſſes ſur chacune de ſes Poulies & de ſes Eſtropes.

P A L A N *à Fouet & à Croc.* C'eſt celui qui a un Croc à un bout, & un Fouet à l'autre.

P A L A N *de Boulines.* C'eſt celui qui ſe frappe ſur les Boulines pour les haler, & qui eſt toujours placé pour cela. Le Palan de grande Bouline a un Croc ſur chacune de ſes Poulies; celui des Boulines de Hunier a un Croc à ſa Poulie d'en-bas, & un Fouet à celle d'en-haut.

P A L A N *de Canon.* C'eſt un Palan double & à Croc. Un Canon doit avoir trois Palans ſemblables; un de chaque côté pour le mettre en Batterie ou au Sabord, & un croché ſur l'Arriere de l'Affût pour le haler ou le retenir dedans; c'eſt celui qu'on appelle *Palan de Retraite.*

PALAN *de bout.* C'eſt un Palan que l'on met le long du Mât de Beaupré, par-deſſous, pour ſouquer la Drouſſe de la Civadiere, & la ſailler autant dehors que l'on veut. On met de même un Palan de bout ſur la Vergue d'Artimon pour le même uſage.

PALAN *de Sabord.* C'eſt un petit Palan ſimple, qui eſt placé horizontalement ſur un des Baux du ſecond Pont, vis-à-vis chaque Sabord, pour ouvrir & fermer les Mantelets, lorſqu'il eſt croché ſur le double des Itagues.

PALAN *à Itague.* C'eſt un Palan ordinaire, dont la Poulie d'en-haut eſt eſtropée ſur une Itague qui paſſe dans une Poulie de Pentoire, & qui a un Croc ſur l'autre bout. *Voyez* ITAGUES DE PALAN.

PALAN *de bout de Vergue.* C'eſt un Palan à Fouet & à Croc, que l'on frappe ſur les bouts des Baſſes-Vergues pour écarter du Bord les faſdeaux que l'on hiſſe avec les Caïornes ou autres Palans.

PALAN *de Revers.* C'eſt celui que l'on frappe ſur un autre Palan de haut en bas, & qui fait effort dans les deux ſens, en tirant la Ride du Hauban, & le Hauban en même temps.

PALANS *de Rides.* Ce ſont des Palans à Croc, dont on ſe ſert pour rider les Haubans, Cal-Haubans & Etais, en les frappant les uns ſur les autres.

PALANQUE. Commandement pour faire travailler ſur le Palan, lorſqu'il eſt appliqué à la choſe que l'on veut hiſſer.

PALANQUER. C'eſt hiſſer ſur le Palan.

PALANQUIN. C'eſt un petit Palan ſimple frappé à la tête de chaque Mât de Hune, dont le Garan tombe ſur les Gaillards, pour hiſſer les Pattes de Ris à joindre lorſqu'on a croché le Palanquin ſur l'Itague de Ris, lorſqu'il s'agit de prendre les Ris dans les Huniers.

PALE *d'Aviron.* C'eſt toute la partie plate de l'Aviron, que l'on plonge dans l'eau en nageant.

PALLE. Vaiſſeau de la Côte Malabare. Cette eſpèce de Bâtiment a la Quille courte, l'élancement de l'Etrave conſidérable, & un Nez ou Bec qui s'allonge en ſaillie ſur l'Avant, comme celui des Galeres & Chebeks; il tire peu d'eau, & marche paſſablement vent Largue & vent Arriere. On grée la Palle comme les Vaiſſeaux, ſelon leurs grandeurs, à trois, deux, ou un Mât. Lorſqu'elles ont deux Mâts, ils ſont diſpoſés comme ceux des Saïques : elles portent du Canon en Batterie, & en Chaſſe ou Courſiers. Les Pirates d'Angrie ſe ſervent des Palles pour ſoutenir leurs Gaivettes, lorſqu'ils attaquent quelques Vaiſſeaux Européens qui ſe défendent toujours avec avantage contre ces Peuples dont les Vaiſſeaux n'ont pas la force des nôtres; auſſi n'en prennent-ils gueres; & quand cela arrive, on ne ſuccombe que ſous le nombre.

PANNE, *être en Panne.* C'eſt mettre le vent ſur un Hunier, tandis qu'on le garde dans l'autre ; de forte que ces Voiles se trouvent en opposition, l'une à tirer de l'Avant, & l'autre à culer, & le Vaiſſeau n'avance ni ne recule ſenſiblement ; il derive un peu, & reſte comme immobile. On ne fait cette Manœuvre que pour attendre quelques Vaiſſeaux qui ſont éloignés, ou pour ne pas faire de chemin de nuit, quand on approche de terre, ou pour ſonder par un grand fond. On tient ordinairement la Barre deſſous pendant qu'on eſt en Panne.

PANNE *ſur Panne.* On dit qu'un Vaiſſeau roule Panne ſur Panne, quand ſes oſcillations du Roulis ſont auſſi grandes ſur un Bord que ſur l'autre, & lorſque ce mouvement eſt vif & ſouvent répété par l'action des Lames ſur le corps du Vaiſſeau.

PANNEAUX. On prend quelquefois ce terme pour *Ecoutille,* quoiqu'il n'appartienne exactement qu'à l'aſſemblage de Charpente qui ſert de Trappe & de fermeture à l'Ecoutille. On couvre les Panneaux de bons Prélats, quand le Vaiſſeau eſt chargé, afin qu'il ne tombe pas d'eau ſur les Marchandiſes. *Voyez* TRAVERSIN D'ECOUTILLE.

PANNEAUX *à Boîtes.* Ce ſont des Panneaux qui ſont plus grands que l'Ecoutille, & qui s'emboîtent par-deſſus les Hiloires, de ſorte qu'ils ferment, plus exactement qu'aucune autre ſorte de Panneaux, les Ecoutilles ſur leſquelles on les met.

PANTENNE, *être en Pantenne.* C'eſt être déſemparé & dégréé, de maniere qu'on ne puiſſe plus orienter les Voiles ; ainſi lorſque les Voiles d'un Vaiſſeau ſont déchirées ou dégréées, on dit qu'*elles ſont en Pantenne. Nous tirâmes deux Bordées au Matelot de l'Avant du Commandant, qui lui mirent toutes ſes Voiles en Pantenne ; & il ne pût ſortir de deſſous notre feu, faute de pouvoir manœuvrer... Nous reçumes un Grain violent de la partie du N. O. qui nous mit en Pantenne pour plus de ſix heures.*

PANTOIRES. Ce ſont des manœuvres dormantes capelées comme les Haubans ſur les bas Mâts ; elles ſervent à aiguilleter des Pataras ſur les yeux ou boucles des Pantoires, pour aſſujettir les Mâts & ſoulager les Haubans pendant la tempête. Lorſqu'on n'aiguillete pas le Patara ſur ſa Pantoire, on paſſe un Burin ou gros Cabillot dans le double du Patara, après qu'il a paſſé dans l'œil de la Pantoire. Outre les Pantoires de Patara, il y a les Pantoires de Caïornes & de Candelettes, qui ſont plus ou moins groſſes. On caple ſur les Mâts de Hune des Pantoires de Candelettes, & des Pantoires pour Driſſes de Bonnettes d'en-bas ; celles-ci ont une Poulie d'Eſtropée ſur le bout. On caple auſſi le plus ſouvent au bout de chaque Vergue des Pantoires de Bras, ſur le bout deſquelles on eſtrope une Poulie ſimple ou double, ſelon qu'on veut que le Bras ſoit double ou ſimple ; mais il vaut beaucoup mieux ne point avoir de Pantoires au bout des Vergues, on y établit une Poulie qui colle exactement la Vergue.

PAPIER *gris*. C'est le gros Papier que l'on colle sur la Carène des Vaisseaux que l'on double pour conserver le Franc-bord; mais cela n'empêche point du tout que le ver n'y morde, lorsqu'il en a le temps.

PAPIER *à Cartouche*. C'est celui avec lequel on fait les Cartouches de Fusils. *Voyez* CARTOUCHE.

PAPIERS *d'un Vaisseau*. Ce sont ses Rôles d'Equipage, Connoissements, Passe-ports, Sauf-Conduits & Commissions de l'Amiral, &c.

PAQUEBOT ou *Paquet-Bot*. C'est une Corvette qui doit être de marche supérieure, afin de porter sûrement les Paquets & Ordres qu'on lui donne à porter d'un lieu à un autre. *Voyez* CORVETTE.

PARADE, *faire Parade*. C'est faire bonne contenance, en se montrant leste & parré, pour en imposer.

PARADIS. C'est un endroit dans le fond d'un Port où l'on met les Vaisseaux en sûreté de tout temps; c'est une espèce de grand Bassin dans lequel les Vaisseaux sont toujours à Flot.

PARAGE. C'est une étendue de mer, que l'on désigne par quelque terme qui fasse connoître l'endroit dont on veut parler. Les Parages du Banc de Terre-Neuve sont les environs, & le Banc même. *Nous croisions dans les Parages du Cap de Finisterre, lorsque nous trouvâmes une Escadre de Vaisseaux de guerre qui nous chassa jusques sur les Parages de l'Irlande, &c... Nous étions en Parages des Croiseurs, & nous nous tinmes sur nos gardes, pour n'être point surpris... Après avoir croisé dans les Parages des Vaisseaux de l'Amérique sans rien faire, nous nous approchâmes du Détroit pour changer de Parage.*

PARALLELES *à l'Équateur*. Ce sont tous les Cercles concentriques que l'on peut décrire entre le Pole & l'Equateur, & qui ont leurs centres sur l'Axe du Monde : ils servent à marquer les dégrés de Latitude pour tous les lieux de la terre. Le moyen parallele est un cercle compris entre deux Cercles donnés par différents dégrés de Latitude.

PARC. C'est un lieu fermé pour y renfermer certaines choses, afin qu'on puisse les y trouver sans aucune difficulté au besoin : ainsi les Parcs prenent dans les Ports & à Bords des Vaisseaux les noms des choses qu'ils contiennent. Le Parc d'Artillerie contient tous les Canons par rangée, & séparés par Calibres, avec les Mortiers dans le même ordre, & des Piles de Boulets de même Calibre, séparées les unes des autres, de même que les différentes Bombes. On pratique des Hangars pour mettre à l'abri les différents Affûts numérotés selon le Calibre des Pièces qu'ils doivent porter. Il en est de même des Parcs à bois, &c. Dans les Vaisseaux, on fait des Parcs à Boulets entre toutes les pièces de Canon, dans lesquels il doit entrer 10 Boulets, gardant le reste dans le fond de l'Archi-Pompe, &

dans quelques-autres grands Parcs que l'on fait exprès fur les Ponts. Les Parcs à Moutons & aux Beſtiaux ſe font dans l'Entrepont, au milieu du Vaiſſeau, de maniere à ne pas gêner le ſervice de l'Artillerie ; on en fait auſſi fur le ſecond Pont entre les Canons, mais on les défait toutes les fois qu'on fait Branle-bas. Ces Parcs à Beſtiaux ſont abus conſidérable dans tous Vaiſſeaux de guerre ; car il eſt inhumain d'infecter ſept ou huit cens hommes, qui couchent entre les Ponts, pour faire faire bonne chere à quinze ou vingt Officiers : quelque ſoin que l'on prenne, ces Parcs infectent toujours, joint à la chaleur inſupportable que deux ou trois cent de ces animaux donnent dans un endroit ſouvent fermé ; cela ſeul eſt cauſe de la plupart des maladies qui affligent nos Equipages par l'air infect & échauffé qu'ils reſpirent.

PARCLOSES ou *Paracloſes*. Ce ſont une ou deux planches mobiles du Vaigrage, qu'on laiſſe dans la Cale des deux côtés de la Carlingue, pour les lever toutes les fois qu'il eſt néceſſaire de nettoyer les Anguilliers.

PARCOURIR *les Coutures*. C'eſt tâter les Coutures du Franc-Bord & des Ponts, pour les viſiter & voir ſi elles ont beſoin d'être calfatées & chargées d'étoupes.

PARE. C'eſt-à-dire, dégager une choſe engagée, c'eſt la débarraſſer. C'eſt un commandement pour faire parer la choſe ordonnée. On dit auſſi qu'*un Vaiſſeau pare*, lorſqu'après avoir touché, & être reſté comme échoué, il vient à flot.

PARE *à virer*. C'eſt ordonner à l'Equipage de parer toutes les Manœuvres, & de ſe diſpoſer à travailler pour le Virement de Bord, en ſe rangeant ſur les Bras & Ecoutes du vent, ſur les Amures & Boulines de deſſous le vent, pour décharger vivement les Voiles dans le temps du commandement, & lorſqu'on larguera les Boulines du vent, & les Bras de deſſous avec les Ecoutes.

PARÉ. C'eſt être leſte de par-tout, & prêt à tout faire. C'eſt l'état d'un Vaiſſeau prêt à combattre ; il eſt paré à tout, il eſt leſte. *Ce Vaiſſeau eſt bien paré, il eſt bien aleſti.*

PARÉ. C'eſt être dégagé & débarraſſé.

PARÉE. Une choſe eſt parée, lorſqu'elle eſt débarraſſée ou dégagée, qu'elle eſt comme elle doit être, toujours prête à ſervir.

PARER. C'eſt ſe débarraſſer, s'aleſtir & ſe tenir prêt : ainſi l'on dit *Se parer à virer, à combattre, à mouiller, à appareiller, à charger & décharger, &c.*

PARER *un Cap*. C'eſt s'en éloigner, lorſqu'on craignoit d'en approcher de trop près : c'eſt le doubler, & s'en éloigner.

PARER *à un Abordage* ; c'eſt l'éviter. *Quand nous eûmes paré le premier Abordage, nous ne pûmes pas parer le ſecond.*

PARER *un Cable & une Ancre*. C'eſt mettre l'Ancre en mouillage, l'entalinguer, avec le Cable que l'on débarraſſe de tout, en prenant ſa Biture.

PARFUMER. C'est brûler de la Braie, de l'Encens, ou autres choses d'odeur forte, pour chasser le mauvais air d'un Vaisseau ; on y jette du Vinaigre & autres odeurs saines.

PARQUET *à charger*. Ce sont des compartiments que l'on fait dans les Cales des Vaisseaux qui chargent de plusieurs sortes de grains, pour les séparer par des cloisons, & les empêcher de se mêler.

PARQUET *de Carène*. Ce sont des compartiments que l'on fait sur le côté d'un Vaisseau que l'on veut abattre en Carène, en le chargeant de Lest sur ses Parquets, parce qu'il est trop difficile à abattre, ou parce qu'on n'a pas de Ponton pour faire cet appareil.

PART, *être à la part*. C'est partager les profits avec les propriétaires ; ainsi les Vaisseaux qui font le Capotage, sont *à la Part*, parce que les Equipages sont intéressés par-là à faire prompte expédition, à chercher vîte un Fret, à charger au plutôt, & à faire prompte route. Le Propriétaire fournit le Vaisseau prêt à faire Voile sans Vivres, & le Capitaine avec l'Equipage ont le tiers ou les deux tiers de chaque Fret ; ce qui leur tient lieu d'Appointements & de Vivres. Ils entrent aussi dans les menues Avaries & entretien de Gréement. Les Corsaires François font tous *à la Part* ; les Equipages ont le tiers net de toutes les Prises faites & vendues tout de suite ; les Poudres & menues Armes, comme Fusils, Pistolets, Sabres, Haches d'Armes, Balles de Mousquet, appartiennent de Droit au Capitaine de Corsaire, ainsi que le Coffre & la Chambre du Capitaine pris. Les Relâches trop longs sont payés en partie par les Equipages. *Voyez* L'ORDONNANCE DU ROI SUR LA COURSE.

PARTAGER *le vent*. C'est le disputer. *Voyez* DISPUTER LE VENT. *Ne pouvant mettre la Frégate ennemie sous le vent à nous, nous tâchâmes d'en partager l'avantage, & de nous tenir autant au vent qu'elle.*

PARTANCE. Ne se dit guères que du Coup de Canon que le Vaisseau tire en mettant à la Voile, pour appeller ceux de ses gens qui pourroient être restés à terre, & leur faire entendre qu'on les attendra au Large pendant quelques heures.

PAS. C'est une mesure de l'espace, qui est toujours connue par la mesure du Pied de Roi, qui est le principe de toutes les mesures. Le Pas commun est de deux pieds & demi, & le Pas géométrique est de cinq pieds ; ainsi la Lieue Marine étant de deux mille huit cent cinquante-trois Toises environ, elle est de trois mille quatre cent ving-quatre Pas géométriques à-peu-près.

PAS ou *Détroit*. *Voyez* DÉTROIT. C'est un espace compris entre deux Terres, comme *Le Pas de Calais*, que l'on voit entre Douvres & Calais.

PAS AU VENT. C'est un commandement pour ordonner au Timonnier de ne pas serrer le vent davantage : c'est dans ce même sens qu'on dit aussi, *Pas plus au vent*.

PASSAGE. On appelle *Passage*, un Bateau fait pour passer d'un côté d'une Riviere à l'autre. Les Bateaux de Passage font des Chalans plats qui peuvent porter une Voiture avec tous ses Chevaux, & 40 à 50 Personnes de plus.

PASSAGERS. Ce sont les personnes qui passent d'un lieu à un autre sur un Vaisseau, en payant leur Passage, sans faire partie de l'Equipage.

PASSE *de Manœuvres*. Une Passe dans ce genre est un tour que l'on fait faire au Cordage qui fait une lieure, un amarrage, ou qui passe dans des Poulies pour faire des Palans. Lorsqu'on fait les lieures du Beaupré, comme elles se font de plusieurs tours de Cordage, on dit qu'*il y a huit ou dix Passes de faites, &c.*

PASSE. C'est un Passage étroit, ou un Canal entre des Terres ou des Bancs, dans lesquels les Vaisseaux peuvent passer. La Passe d'un Port est le Canal dans lequel les Vaisseaux naviguent pour entrer & sortir. *Il y a une bonne Passe entre les deux petits Islots, & tous les grands Vaisseaux peuvent y passer sans risques.*

PASSE-AVANT. C'est une continuation de plain-pied de sept à huit pieds de large, faite en planches des deux côtés du Navire, d'un Gaillard à l'autre, à hauteur du Plat-Bord & des Ponts des Gaillards. C'est une espèce de Pont porté par des Courbes, qui sert à passer de l'Avant à l'Arriere, au-dessus des Canons de la Batterie d'en-haut : on ne joint point les Passe-Avants, afin de laisser de l'espace pour placer les Bateaux entre, & donner tout le jour nécessaire à l'Entrepont, & un Passage libre à l'air.

PASSE *du monde sur le Bord*. C'est ordonner à des Matelots de se placer des deux côtés de l'Echelle par où doit monter un Officier que l'on reçoit. Il est non-seulement poli de faire passer du monde sur le Bord, lorsqu'un Officier vient à Bord, mais encore c'est une cérémonie d'usage & de service à laquelle on ne peut faire trop d'attention.

PASSER. C'est aller sans s'arrêter. Passer devant une Place, c'est en passer à vue : *Nous passâmes devant le Port, pour examiner ce qui s'y passoit.*

PASSER *au vent*. C'est doubler un Vaisseau au vent à lui : *Nous passâmes au vent du Vaisseau qui étoit devant nous pour conserver cet avantage, en cas qu'il fût ennemi ; afin de nous mettre à lieu de le combattre à la distance que nous jugerions la plus convenable, & de l'aborder même, si cela nous convenoit.* On ne passe pas au vent d'un Vaisseau supérieur, à moins que ce ne soit pour le Service ; alors on y passe sans égards.

PASSER *sous le vent*. C'est laisser un Vaisseau au vent, en se mettant sous le vent à lui. On fait cet honneur à un Officier Général ou supérieur, quand le Service n'y est point intéressé. On passe sous le vent d'un Ennemi comme au vent, fans inconvénient, felon qu'on y trouve fon avantage, pour combattre avec plus de fupériorité.

PASSER à *Poupe*. C'eſt ranger un Vaiſſeau de fort près par l'Arriere pour lui parler, en paſſant du vent ſous le vent, ou de deſſous le vent au vent. On fait cette Manœuvre avec avantage pour canonner un Vaiſſeau ennemi, & eſſuyer peu de ſon feu : *Nous rangeâmes ce Vaiſſeau ennemi qui nous attendoit en Panne, & lui tirâmes une Bordée en Poupe qui le mit en déſordre, en l'enfilant de l'Arriere à l'Avant.*

PASSER *ſous le Beaupré*. C'eſt ranger un Vaiſſeau de fort près par ſon Avant, de maniere qu'il ſemble que ſon Beaupré ſoit au-deſſus de vous. Cette maniere de ranger un Vaiſſeau eſt bonne, quand on l'attaque pour l'enfiler & le déſemparer bien vîte, ſoit qu'on vienne du vent, ou de deſſous le vent.

PASSE-PORT. C'eſt une permiſſion de l'Amiral pour voyager en ſûreté, & être reconnu par-tout.

PASSE-VOGUE. C'eſt forcer la Nage pour doubler la viteſſe de la Galere, Chaloupe ou Canot.

PASSE-VOLANT. C'eſt un faux Soldat que l'on fait paroître dans la Compagnie pour la compléter à la Revue du Commiſſaire : il ſe retire auſſi-tôt que la Revue eſt finie ; c'eſt une friponnerie de la part de l'Officier qui fait paroître des Paſſe-Volants, & l'Ordonnance inflige des peines corporelles contre.

PASSE-VOLANTS *en Canons*. Ce ſont des Canons de bois, poſtiches. *Voyez* FAUX CANONS.

PATACHE. C'eſt en général un petit Vaiſſeau armé en guerre, qui veille à l'Entrée d'un Port, pour empêcher les Interlopes d'y commercer. Les Fermiers-Généraux de France ont dans tous nos Ports des Pataches armées de Maltotiers pour gêner la liberté du Commerce, & fouiller les Vaiſſeaux qui entrent & ſortent : ces Pataches & les Droits qu'elles levent ſur le Commerce, ſont l'entrave la plus conſidérable qu'on puiſſe lui donner ; elles ne devroient exercer leurs Viſites que ſur les Vaiſſeaux étrangers, & laiſſer les Nationaux en liberté.

PATARA. C'eſt un faux Hauban *ou* Cal-Hauban volant, que l'on marie avec les Eſtropes capelées ſur les bas Mâts, pour les appuyer & ſoutenir en les ridant comme les Haubans.

PATARASSE. C'eſt une eſpèce de fer à Calfat, canelé dans la partie tranchante. Il eſt fait en coin, il porte un manche de bois, dans lequel il entre par la tête ; on s'en ſert pour enfoncer l'étoupe dans les coutures du Franc-Bord des grands Vaiſſeaux, en plaçant la Pataraſſe ſur les coutures calfatées, & frappant deſſus à grands coups de maſſes. On doit obſerver que la Pataraſſe n'eſt pas bonne pour les petits Vaiſſeaux dont le Franc-Bord eſt au-deſſous de trois pouces, parce qu'elle force le Bordage ; ce que le Clavet ne fait jamais.

PATARASSER. C'eſt ſe ſervir de la Pataraſſe pour

preſſer l'étoupe dans les coutures, & les rendre plus étanches que s'il n'y paſſoit que le Clavet au maillet, qui n'a pas tant de force à beaucoup près.

PATRONS. Ce ſont des Officiers Mariniers qui commandent des Embarquations & Bateaux; ainſi l'on dit, *Patron de Chaloupe*, *Patron de Canot* & *Patron de Barque*; ces derniers ſont ordinairement Pilotes-Côtiers, parce qu'ils ſont continuellement le Cabotage. L'Ordonnance & les Amirautés donnent preſque toujours aux Capitaines Marchands les Titres de *Maitres & Patrons*: ils ſuivent en cela le mauvais uſage d'une vieille habitude mal inventée; car il ſeroit plus avantageux pour l'État de diſtinguer des gens auſſi utiles que le ſont les Capitaines des Vaiſſeaux du Commerce, & on devroit laiſſer ces Titres bas de *Maitres & Patrons* aux Officiers Mariniers a qui ils appartiennent par état. Cependant pour entendre ce terme de *Patron* conformément à l'Ordonnance, on ſe perſuadera qu'il veut dire, *Protecteur du Navire*; comme *Capitaine* ne ſignifie autre choſe que *Chef*, ainſi que celui de *Maitre* qui a la même propriété.

PATRONE. La Galere Patrone eſt la ſeconde des Galeres, elle a rang avant la Réale & avant la Capitaine.

PATTES *de Boulines*. Ce ſont des bouts de Cordage épiſſés ſur les Ralingues de Chûte des baſſes Voiles, Huniers & Perroquets, qui forment des boucles ſur leſquelles on frappe les branches de Bouline pour effacer la Voile au vent le plus qu'on peut, lorſqu'il s'agit de tenir le plus près du vent. On place les Pattes de Boulines des deux côtés au-deſſous des Bandes de Ris, trois de chaque Bord à égale diſtance.

PATTES *de Cargues*. Ce ſont des Pattes pareilles à celles de Boulines, placées ſur les Ralingues de côté pour frapper les Cargues-Boulines, & ſur les Ralingues de fond pour y frapper auſſi les Cargues-Fonds avec leurs Margouillets.

PATTES *d'Ancres*. Ce ſont les plaques de fer triangulaires, qui ſon ſoudées à plat ſur les Becs. *Voyez* OREILLES & BEC D'ANCRE.

PATTES *d'Anſpect*. Ce ſont des Pattes de fer que l'on met au bout du Levier, pour lui donner plus de priſe, quand on ſert pour remuer les Canons & les Ancres; elles ſont ouvertes en pied-de-chevre.

PAUCRINS. Ce ſont les gens qui ſervent dans les Ports à trainer & porter d'un endroit à l'autre les Bois de Conſtruction, les Marchandiſes & autres effets. Il y a des endroits où on leur donne le nom de *Dos blanc*.

PAVILLON. C'eſt l'Etendart de la Nation. Les Vaiſſeaux le portent toujours au-deſſus de la Pouppe à un petit Mât nommé *Gaule d'Enſeigne*, parce qu'on lui donne auſſi le nom d'*Enſeigne*. On donne aux Pavillons le quart ou le tiers de Battant plus que de Guindant, en les faiſant de différentes couleurs, & armoiriés différemment ſelon la Nation à qui ils appartiennent. Les François portent tous la couleur blanche ſans tache ; il leur eſt permis par l'Ordonnance de la Marine de 1765. d'y ajouter telle marque qu'ils jugeront à-propos, en gardant le fond blanc ; ce qui produira une confuſion de Pavillons qui ne fera qu'embrouiller, au lieu de ſimplifier la choſe. Les Vaiſſeaux du Roi portent toujours la couleur blanche ſans aucune altération. Le Pavillon Royal de France eſt blanc, femé de Fleurs-de-Lys d'or, & chargé dans le milieu de l'Ecuſſon du Royaume entourré des Colliers des Ordres du St. Eſprit & de St. Michel, avec les Croix & les Supports de deux Anges.

P A V I L L O N *d'Amiral de France.* Il eſt tout blanc, à Pouppe & au grand Mât.

P A V I L L O N *Royal des Galeres de France.* Il eſt rouge, femé de Fleurs-de-Lys d'or, & les Armes de France fur le tout. Autrefois on portoit fur les Vaiſſeaux Marchands des Pavillons de diverſes couleurs & Armoiries, felon les Villes & les Provinces ; mais l'abus & les mépriſes que cela occaſionnoit dans un combat, a fans doute fait ſupprimer toutes ces bizarreries : car lorſqu'il y a beaucoup de feu & de fumée, & que les Vaiſſeaux font mélés, on n'a pas toujours le temps de diſtinguer les couleurs & les variétés des Pavillons. On apperçoit dans un tourbillon de fumée le bout bleu ou rouge d'un Pavillon, on le prend pour Anglois ou Hollandois, & on tire deſſus : j'ai vu dans pareille circonſtance deux Anglois qui portoient le Pavillon de St. Georges, fe voir de cette maniere, & fe tirer réciproquement, parce que dans la mêlée ils fe prenoient pour François, ne pouvant pas fe diſtinguer par les couleurs qui étoient dans leurs Pavillons, dont le fond étoit blanc.

P A V I L L O N S *de diſtinction.* Ce font des Pavillons, Cornettes, Flammes ou Guidons, que les Chefs des Diviſions d'une Eſcadre ou Armée portent aux différents Mâts. On les mêle, mal-à-propos, de couleurs ; comme ſi ces Diviſions ne pouvoient pas être reconnues ſuffiſamment par les différentes formes de Pavillons & Banderolles, fans aller chercher à imiter les autres Nations dans des choſes auſſi peu eſſentielles ; car la marque de diſtinction ne peut être priſe pour Signal, & tout Pavillon mêlé de couleur n'eſt qu'un Signal.

P A V I L L O N *de Hollande* ou *des Provinces-Unies.* Il eſt de trois Bandes égales, dans cet ordre du haut en bas, rouge, blanc & bleu ; c'eſt celui que tous les Vaiſſeaux Hollandois arborent à Poupe, car ils en portent de différentes couleurs fur le Beaupré, quand ils font dans les Rades, felon les Colléges dont ils font.

P A V I L L O N *des Etats Généraux.* Il eſt rouge, chargé d'un Lion d'or qui tient dans fa griffe droite un Sabre d'argent, & dans fa gauche un Faiſceau de fept Fleches d'or, dont les pointes & les pennes font bleues ; ce font les Armes de l'Etat.

P A V I L L O N *du Prince Stadhouder.* Il eſt de trois ou neuf Bandes égales, la premiere orangée, la feconde blanche, & la troiſieme bleue.

PAVILLON *de Beaupré.* C'est un petit Pavillon que l'on place sur le Mât de Beaupré, & qui est chez les Nations étrangeres de différentes couleurs, mais qui ne sert jamais à caractériser la Nation dans le temps du combat ; on ne le met ordinairement que dans les Rades. Les Hollandois ont une quantité de différents Pavillons, selon les Villes & les Provinces ; mais ils ne portent à Poupe que le Pavillon rouge, blanc & bleu.

PAVILLON *d'Ostande.* Il est de deux Bandes égales ; la premiere rouge, & la seconde jaune.

PAVILLON *de l'Empire.* Il est jaune, ou d'or chargé de l'Aigle impérial de sable à deux têtes, diadémé, langué, becqué & membré de Gueules, ayant dans sa Serre droite une Épée nue, & dans sa gauche un Sceptre : d'autres fois il tient dans sa Serre droite l'Épée & le Sceptre, & dans sa gauche un Globe.

PAVILLON *de Hambourg.* Il est rouge, chargé d'une grosse Tour d'argent, sommée de trois Donjons de même. On le voit aussi chargé de trois Tours d'argent, une & deux, les unes près des autres.

PAVILLON *de Dannemarck.* Il est rouge, traversé d'une Croix blanche, & fendu en Cornette. Les Vaisseaux du Roi portent la Languette blanche entre les deux pointes rouges.

PAVILLON *de Lubec.* Il est de deux Bandes égales ; la premiere blanche, & la seconde rouge.

PAVILLON *de Wismar.* Il est de six Lais, rouges & blanches ; la premiere du haut, rouge.

PAVILLON *de Rostock.* Il est de trois Bandes égales, bleues, blanches & rouges.

PAVILLON *de Brandebourg.* Il est blanc, chargé d'un Aigle de Gueules, tenant dans sa Serre droite une Épée d'azur à poignée de Sable, & dans la gauche un Sceptre d'or. Il y a un autre Pavillon de Brandebourg à sept Bandes, quatre blanches & trois noires, chargé d'un Ecusson d'argent à un Aigle de Gueules

PAVILLON *de Stralsund.* Il est rouge, chargé d'un Soleil d'or.

PAVILLON *de Stetin.* Il est de deux Bandes égales, blanche & rouge ; la premiere chargée d'une Billette de Gueules, & la seconde d'une Billette d'argent.

PAVILLON *de Dantzic.* Il est rouge, chargé près de la Gaule d'Enseigne de deux Croix l'une sur l'autre, la plus haute couronnée d'une Couronne de Marquis d'argent. Il y a un autre Pavillon rouge, à quatre Croix d'argent, deux & deux, couronné de même.

PAVILLON *de Riga.* Il est bleu, traversé d'une Croix jaune ou d'or, chargé au milieu d'un Ecusson de Gueules à deux Clefs d'argent, adossées & passées en sautoir.

PAVILLON *de Moscovie.* Il est de trois Bandes égales ; la premiere blanche, la seconde bleue, & la troisieme rouge.

Celle du milieu eſt chargée d'un Aigle à deux têtes, déployée d'or , chargée au milieu d'un Ecuſlon d'or à un St. Georges d'argent ſans Dragon , & couronnée d'une Couronne Impériale. Il y a un autre Pavillon de Moſcovie à trois Bandes, blanches, bleues & rouges, traverſé d'un angle à l'autre d'une Croix de St. André bleue. Le troiſieme Pavillon eſt une Croix bleue, écartelé au premier quartier & au quatrieme, d'argent ; au ſecond & au troiſieme, de Gueules.

P A V I L L O N *de Suéde.* Il eſt bleu, traverſé d'une Croix jaune, dont la pointe vient entre les deux pointes , car il eſt fendu en Cornette. Les Vaiſſeaux Marchands ne portent point la troiſieme pointe d'or.

P A V I L L O N *Amiral d'Angleterre.* Il eſt rouge , chargé d'une Ancre d'argent en Pal , entalinguée & entortillée d'un Cable de même.

P A V I L L O N *Anglois.* Il eſt rouge, avec un Quartier dans le haut où eſt placé le Yacht ; c'eſt celui de la premiere Eſcadre, & qui commande tous les autres à grade égal ; c'eſt le Pavillon de la Nation. Il y a un autre Pavillon pour l'Eſcadre bleu , qui eſt bleu, avec un quartier dans le haut où eſt placé le Yacht. Le troiſieme Pavillon, qui eſt de St. Georges ou du Roi, eſt blanc à Croix rouge, avec un Yacht dans le quartier d'en-haut ; c'eſt la troiſieme Eſcadre qui le porte.

P A V I L L O N *Yac* ou *Yacht.* C'eſt un petit Pavillon à fond bleu, chargé d'une Croix rouge, bordée de blanc & d'un Sautoir d'argent qui va de tous les angles du Pavillon à ceux de la Croix ; il eſt placé dans tous les Pavillons Anglois, qui n'ont quelquefois qu'une ſimple Croix rouge dans le quartier d'argent qu'ils portent au haut du Pavillon,

P A V I L L O N *d'Eſpagne.* Il eſt blanc, chargé de l'Ecuſſon & des Armes du Royaume. Il y a un autre Pavillon Eſpagnol dont l'Ecuſſon eſt écartelé de Caſtille au premier & au quatrieme , & de Léon au ſecond & au troiſieme ; c'eſt celui des Galeres d'Eſpagne qui tiennent le premier rang.

P A V I L L O N *de Portugal.* Il eſt blanc, chargé des Armes du Royaume. Il y a un autre Pavillon blanc, chargé d'une Sphere Céleſte d'or, ſurmontée d'un Globe terreſtre d'Azur, avec un Horizon d'or & une Croix de pourpre au-deſſus. Les Portugais ont un troiſieme Pavillon blanc, chargé d'une Sphere Céleſte de pourpre, avec deux Croix de Gueules au côté, & une de même au-deſſus, placée ſur un Globe terreſtre d'Azur à Horizon d'or ; & au milieu de la Sphere Céleſte eſt une autre Sphere du Monde d'Azur ſur un Pilier d'or. Le quatrieme Pavillon a un Ecuſſon du Royaume & une Sphere à côté ; & plus en dehors, un Moine vêtu de noir, tenant une Croix de Gueules dans ſa main droite, & un Chapelet dans la gauche. Les Vaiſſeaux Marchands portent quelquefois un Pavillon écartelé d'une Croix noire, bandé de huit Bandes à chaque quartier, rouge bleu & blanc & bleu ; le premier en franc quartier, chargé d'une Croix blanche.

PAVILLON *de Savoie*. Il est rouge, traversé d'une Croix blanche qui le divise en quatre parties égales, dans lesquelles on voit quatre Lettres d'argent F. E. R. T. qui sont les initiales de *Fortitudo ejus Rhodum tenuit* : Sa valeur a sauvé Rhode.

PAVILLON *de Gênes*. Il est blanc, traversé d'une Croix rouge.

PAVILLON *de Monaco*. Il est blanc, chargé d'un Ecusson fuselé, ou en Losanges blanches & rouges.

PAVILLON *de Modene*. Il est rouge, chargé d'un Aigle d'argent, ou blanc.

PAVILLON *de Toscane*. Il est blanc, chargé des Armes du Grand Duc. Il y a un autre Pavillon blanc, chargé d'une Croix de St. Etienne, rouge bordée d'or, & de la même figure que celle de Malthe.

PAVILLON *de Livourne* ou *Ligourne*. Il est blanc, chargé d'une Croix rouge, dont les bouts se terminent en demi-lune, & à chacun desquels il y a une Boule.

PAVILLON *du Pape*. Il est blanc, chargé des Images de St. Pierre & de St. Paul. Saint Pierre tient dans sa main droite deux Clefs en Sautoir, & un Livre sous la main gauche : celle de St Paul tient dans sa main droite un Livre, & en sa gauche une Épée. Les Flammes sont de trois Bandes, blanche, jaune & rouge.

PAVILLON *de Venise* ou *de St. Marc*. Il est rouge, chargé d'un Lion d'or placé sur une petite Bande d'Azur, tenant en sa patte droite une Croix d'or, & sous sa gauche un Livre où sont écrits ces mots, *Pax tibi, Marce, Evangelista meus* : La Paix soit avec vous, Marc, mon Evangéliste. Il y a un autre Pavillon de Venise, rouge, chargé de même d'un Lion d'or porté sur une Bande d'Azur, qui tient dans sa patte droite une Épée d'Azur à poignée de Sable, & le Livre sous la gauche avec les mêmes mots que dans le précédent. Le troisieme Pavillon de Venise est blanc, chargé du même Lion.

PAVILLON *de Raguse*. Il est blanc, chargé d'un Ecusson où est le mot *Libertas*, Liberté.

PAVILLON *de Sicile*. Il est blanc, chargé d'un Aigle noir ou de Sable déployé.

PAVILLON *de Malte*. Il est rouge, traversé d'une Croix blanche. L'autre Pavillon de Malte est blanc, chargé d'une Croix de Malte rouge, c'est-à-dire, d'une Croix pattée à huit pointes.

PAVILLON *du Grand Turc*. Il est verd, chargé de trois Croissans d'argent, deux & un, dont les pointes se regardent ; il est fendu, & terminé en pointes. Il y a un Pavillon Turc, bleu, chargé de trois Croissans d'argent, deux & un, les pointes en dehors. Un autre est rouge, avec les mêmes Croissans. Il y a d'autres Pavillons de Turquie qui sont différemment distingués, mais dont le fond est des trois couleurs, rouge, bleue & verte.

PAVILLON *ou* **ÉTENDART** *des Galeres Turques.*
Il eſt tout rouge, terminé en pointe.

PAVILLON *de Tripoli.* Il eſt verd, & terminé en pointe allongée.

PAVILLON *d'Alger.* Il eſt héxagone, rouge, avec une tête de More, coëffée de ſon Turban.

PAVILLON *de Salé.* Il eſt rouge, & ſe termine en pointe.

PAVILLON *de Commandant.* C'eſt le Pavillon que l'on arbore ſur un des Mâts, pour marquer le grade & l'autorité de l'Officier Général qui le porte.

PAVILLONS *de Signaux.* Ce ſont des Pavillons de diverſes couleurs, & mêlés de couleurs par bandes, par carreaux ou par quartiers, que l'on place à divers endroits pour ſignaler les Vaiſſeaux, & tenir en quelque ſorte une converſation muette par les couleurs.

PAVILLON *en Berne.* *Voyez* **BERNE.**

PAVILLON *de Chaloupe* ou *de Canot.* C'eſt un Pavillon que les Capitaines de Vaiſſeaux portent déployé ſur l'Arriere de leur Bateau, quand ils ſont dedans; & que les Officiers Généraux de la Marine portent ſur l'Avant pour les diſtinguer des autres.

PAUMET. C'eſt une eſpèce de Dé d'acier, plat & garni d'un rebord, avec de petites cavités ſur toute la ſurface du Paumet, pour arrêter l'Aiguille du Voilier, lorſqu'il la pouſſe pour coudre les Voiles & les ralinguer. Le Paumet eſt monté ſur un cuir qui le tient ſujet ſur la main, en l'enveloppant de maniere que le fer réponde ſur la paume de la main.

PAVOIS. Ce ſont des bandes d'étoffes hautes de quatre pieds environ, plus ou moins, que l'on met tout-au-tour des Vaiſſeaux pour les orner & couvrir les Baſtingages. Les Pavois des Vaiſſeaux du Roi de France ſont bleus, bordés de jaune, ſemés de Fleurs-de-Lys d'or; ceux des Vaiſſeaux Marchands différent, & ne ſont jamais ſemblables aux Pavois du Roi. Les Pavois des Vaiſſeaux de guerre Anglois ſont rouges, & ordinairement bordés de blanc ou de jaune.

PAVOISER. C'eſt parer les Vaiſſeaux de leurs Pavois, & les orner de Pavillons à tous les Mâts & bouts de Vergues, ſimétriſés pour les couleurs.

PEAUX *de Bœuf & de Vache.* Ce ſont les Peaux de ces animaux dont on ſe ſert ſans aucune préparation pour garnir les Vergues, les Haubans ſur l'Avant, pour les empêcher d'uſer les Voiles : on en met auſſi dans le Capelage des Haubans, pour les empêcher de s'uſer ſur le bois.

PEAUX *de Mouton.* Ce ſont les Peaux de ces animaux garnis de leur laine, dont on ſe ſert pour couvrir le Bouton des Ecouvillons à Canon, afin de bien nettoyer la Piéce à chaque coup qu'elle tire.

PÊCHER. C'eſt en général retirer de la mer les choſes

qui y font plongées : ainfi lorfqu'on a perdu une Ancre, parce que le Cable & l'Orin ont caffé, on la pêche, en la cherchant avec des Dragues, Grapins, ou d'autre maniere ; & on fait plonger des hommes adroits pour paffer un bon Orin fur un des Becs, afin de la ha'er en haut avec une Chaloupe. On dit auffi *Pêcher un Navire* ou *le relever*, quand il eft coulé, en faifant manœuvre pour cela. On pêche les Cables & Grêlins que l'on file par le bout, en les draguant avec des Grapins d'Abordage ou des Chattes.

PÊCHEURS. Ce font les hommes qui prenent le Poiffon à la Ligne ou par des Filets. Ils font claffés & naviguent prefque toute l'année le long des Côtes, en prenant du Poiffon, de forte qu'ils font prefque tous Pilotes Côtiers.

PEIGNURE. *Voyez* CONGRÉURE & TOURODER. C'eft un terme plus ufité que les précédents.

PENAU. *Voyez* FAIRE PENAU.

PENES. Ce font des bouchons de laine que les Calfats placent avec un long clou dans le manche du Guifpon pour brayer les coutures, de forte que la Pene & le Manche font le Guifpon.

PÉNINSULE. C'eft une prefqu'Ifle qui n'eft jointe au Continent que par une langue de terre ; de forte qu'on eft environné d'eau, à l'exception du fillon de terre qui va de la prefqu'Ifle au Continent.

PENON. C'eft une petite Girouette légere, placée fur un Bâton que l'on met fur le Bord du Vaiffeau pour connoître la direction du vent dans une nuit obfcure, lorfqu'on ne peut pas voir les Girouettes des Mâts.

PENTURE. Ce font des bandes de fer plat, clouées fur les Battans des Portes & fur les Mantelets de Sabord, pour les 'ermer & ouvrir, en faifant entrer les Pentures fur des Gonds qui leur fervent de Pivot, en tournant deffus ; ce font les ferrures des Sabords.

PERCEURS. Ce font des gens qui percent, chevillent & gournablent les Vaiffeaux dans toutes leurs parties, lorfqu'on les conftruit & radoube. Le Métier de Perceur eft différent de celui du Charpentier, car il ne fait que percer avec la Tariere, & placer le fer & la Gournable ; il cheville, virole & goupille les Chevilles, ou les rives felon la circonftance. Il faut bien de l'adreffe & de l'attention pour bien percer & rencontrer jufte, pour que le trou ne paffe pas à côté de la Pièce qui eft en dedans, quand on perce en dehors ; & pour conduire fon Outil à quinze & dix-huit pieds quelquefois dans l'épaiffeur du bois.

PÉRIR. C'eft Naufrager. Un Vaiffeau périt, à la Côte ou en pleine mer ; & fon Équipage fe fauve fouvent, en tout ou en partie : d'autres fois il périt corps & biens, c'eft-à-dire, que le Navire périt, & que tout le monde fe noie.

PERÇOIR *ou* VILLEBREQUIN. *Voyez* VILLEBREQUIN.

PERPENDICULAIRE

PERPENDICULAIRE *au lit du vent*. C'eſt une Ligne qui coupe à angle droit la direction du vent ; ſi le vent
eſt Nord, ſon cours eſt Nord & Sud, & la Perpendiculaire au
lit du vent ſe trouve Eſt & Oueſt ; de ſorte que tous les Vaiſſeaux qui ſe trouvent ſur cette Ligne ou ſur ſur ſes paralleles
en même temps, ſont également au vent : c'eſt la Perpendiculaire au lit du vent apparent, quand on la ſuit en faiſant route,
qui peut porter le Vaiſſeau à la plus grande vîteſſe dont il eſt
capable, parce qu'il ne ſe ſouſtrait pas à l'impulſion du vent,
que toutes ſes Voiles portent ſans s'entre-couvrir, & qu'elles
peuvent être orientées le plus avantageuſement poſſible.

PERROQUET. C'eſt la Voile qui ſe hiſſe ſur le Mât
de Perroquet, & s'y oriente comme les Huniers ſur leurs Mâts
& baſſes Vergues. On porte deux Perroquets ; le grand s'oriente
ſur le grand Mât de Perroquet, le ſecond ſur le petit Mât de
Perroquet, & on leur donne le nom de petit & grand Perroquet.

PERROQUET *de Fougue*. C'eſt le Hunier d'Artimon,
qui s'oriente ſur ſon Mât, & s'y gré de même que les Huniers
ſur les leurs, à l'exception de la Vergue barrée ou ſeche, qui
eſt placée ſur l'Avant du Mât d'Artimon ſans Voile, & ſeulement pour border le Perroquet de Fougue, dont l'uſage principal eſt de faire ranger le Vaiſſeau au vent : on s'en ſert auſſi
pour modérer la grande vîteſſe d'un Vaiſſeau qui marche mieux
qu'un autre, en le coëffant ſur le Mât pour le mettre à culer.

PERROQUETS *Volants*. Ce ſont des Voiles plus petites que les Perroquets, au-deſſus deſquels on les oriente en
les hiſſant ſur les Fleches des Mâts de Perroquets : les Perroquets volants à qui quelques-uns donnent le nom de *Cacatoys*,
ſont de bonnes Voiles de beau temps, & qui peuvent ſe porter
ſur le Largue dans un Vaiſſeau Voilier, d'un vent à faire huit
à dix nœuds par heure.

PERROQUETS *en Bannieres*. Cela ſe dit de ces Voiles, lorſqu'on les hiſſe ſans les border. *Voyez* BANNIERE.

PERRUCHE. C'eſt le nom du Perroquet que l'on oriente
au-deſſus du Perroquet de Fougue. *Voyez* PERROQUET.

PERTUIS. C'eſt un paſſage étroit. *Voyez* PASSE.

PERTUISANE. C'eſt une eſpèce d'Eſponton dont le fer
eſt de dix-huit à vingt pouces de long, pointu, tranchant des
deux côtés, avec une arrête canelée au milieu, & emmanchée
ſur une Hampe de frêne de ſept à huit pieds de long. On s'en
ſert pour défendre l'Abordage.

PESER *ſur les Manœuvres*. C'eſt haler du haut en-bas,
pour les faire ſervir à l'uſage auquel on les deſtine, ſoit pour
hiſſer des Voiles, les carguer & les orienter.

PESON ou *Romaine*. C'eſt un inſtrument fait pour peſer
les grands poids, tout ce qui eſt trop peſant pour être peſé par
des Balances. Le Peſon eſt compoſé d'une Verge de fer, ou

K

Levier, long & gros à proportion des fardeaux qu'il doit porter, d'un poids de fer ou de plomb, mobile le long de la Verge, d'un Crochet placé à une certaine distance du gros bout
pour suspendre le Peson & le Fardeau, qui s'acroche à un autre Cro
en dessous du premier fixé à une distance bien exacte du premier Crochet, en avant duquel on fait mouvoir le poids du Peson, l'éloignant du point d'appui jusqu'à ce qu'il y ait équilibre
entre son moment & celui du Fardeau sur le Levier commun ; ensuite on compte les divisions graduées sur la Verge de
cinq en cinq ou de dix en dix, qui marquent le nombre des livres auxquelles le poids du Peson fait équilibre. Les Chinois
ont toujours de pareils instruments en petit avec eux, pour peser l'Or & l'Argent, quand ils achetent ou vendent quelque
choses.

PETIT *Hunier. Voyez* HUNIER.

PETIT *Perroquet. Voyez* PERROQUET.

PETIT *Mât de Hune. Voyez* MAT DE HUNE.

PETIT *Mât de Perroquet. Voyez* MAT DE PERROQUET

PHARE ou *Tour à Feu.* C'est une Tour élevée au bord
de la mer, sur quelque lieu élevé, pour signaler les Vaisseaux
pendant la nuit, par un feu que l'on allume sur le haut. Les
Phares sont placés dans les lieux qu'il seroit dangéreux d'approcher de nuit. La plus belle Tour que nous ayons, est le Phare
de Cordouan à l'embouchure de la Garone. Les Phares ne servent seulement pas la nuit, mais on les emploie encore
de jour à signaler l'ennemi, pour donner l'Alerte le long des
Côtes.

PIC, *être à Pic.* C'est-à-dire, perpendiculairement sur son
Ancre ; lorsque le Cable est bien roide, & que l'Ancre tient
encore à fond, étant droit au-dessus d'elle, on dit qu'on est
à Pic, & prêt à déplanter.

PIC, *vent à Pic.* C'est-à-dire, qu'il ne fait pas assez de
vent pour faire voltiger le Battant des Girouettes, & qu'elles
restent en pendant ; alors le vent est à Pic, il ne se fait pas
sentir.

PIC, *saut à Pic.* C'est une chûte d'eau dans une Riviere,
qui tombe perpendiculairement dans le Lit ; de sorte qu'il n'est
pas possible de descendre ni de monter par eau.

PIECE *de Charpente.* C'est toute piéce de bois travaillée
pour entrer dans la Construction d'un Vaisseau ; c'est une partie d'un Membre, un Bau, une Courbe, une piéce de Liaison, &c.

PIECE *de Canon.* C'est un Canon ; on dit qu'un *Vaisseau*
est monté de 66 *ou* 74 *piéces, pour dire qu'il a* 66 *Canons ou* 74. *Ce*
Vaisseau porte dans sa Batterie-basse des Pièces de 24 ; *le Com-*
mandant avoit des Pièces de 36 *sur son premier Pont, & du* 24
sur le second, avec des Pièces de 12 *sur ses Gaillards.*

PIECES *de Tour.* Ce sont des piéces de bois charpen-
tées, de maniere qu'on les applique sans les forcer, dans le devant des Vaisseaux, & sur leurs Barres d'Hourdi, pour les ber-

der & finir dans ces parties; parce qu'on auroit trop de peine à dompter des Bordages droits, & on en romproit beaucoup en les pliant. les Pièces de Tour font naturellement courbées, auffi font-elles d'un prix plus fort que les autres pièces de bois.

PIECES *de Chaffe*. Ce font les Canons placés dans les Sabords de l'Avant pour tirer fur les Vaiffeaux qui prennent chaffe & que l'on pourfuit. *Voyez* COURSIERS.

PIECE *de Cordage*. C'eft un Rouleau fait d'un Cordage entier, duquel les Témoins font foi qu'il n'y en a pas eu de coupé. Les pièces de Cordages font de 80 à 100, & 120 braffes de longueur; on les cueillit par tours les uns fur les autres, & on lie ou amarre le tout par des Rabans, pour empêcher que la pièce ne fe défaffe en la tranfportant: il y a des pièces d'Auffiere, de Carantenier, d'Ecoutes, d'Amure, de Bras, &c. felon l'ufage qu'on en veut faire.

PIECES *à l'eau*. Ce font les Fûtailles dans lefquelles on met l'eau pour la provifion du Voyage. Les Barriques contiennent 120 pots, ou 240 pintes, & font pièces d'un, les pièces de 2, de 3, de 4, de 5, de 6, de 7, de 8, & de 9, contiennent 2, 3, 4, 5, 6, 7, 8 ou 9 Barriques: on ne fait des pièces au-deffus de 4 que pour les Vaiffeaux Marchands qui n'ont pas d'efpace à perdre dans leurs Voyages de long Cours. On met auffi les Vins & Eaux-de-vie en pièces de 2 ou de 3, pour les tranfporter dans les Colonies; alors on dit, *Pièces de Vin* ou *Pièces d'Eau-de-vie*; quand elles font pleines de viande falée, on les défigne par pièce de Lard ou de Bœuf, felon l'efpèce de viande qu'elles contiennent.

PIED. C'eft une mefure qui détermine toutes les autres, & que l'on appelle *Pied de Roi*, en France; elle eft divifée en douze parties égales appellées *Pouces*; chaque pouce eft divifé en douze autres parties égales nommées *Lignes*, & dont la longueur doit être celle d'un grain d'Orge bien nourri, ou à-peu-près; mais cette longueur eft confervée dans les Tribunaux qui doivent juger des mefures' & jamais elle ne change; la Ligne fe fubdivife en douze points égaux.

PIED *courant*. C'eft la mefure d'un pied de longueur confidérée fans largeur ni profondeur: ainfi quand on parle de la longueur ou de la largeur d'une chofe, il eft toujours entendu que c'eft du nombre des pieds courants qu'elle contient dont on parle. Un Vaiffeau de 80 Canons percé à 15 & 16 Sabords a aux environs de 186 pieds courants de longueur, un peu plus un peu moins, & 44 pieds de Bau hors Membre pour plus grande largeur.

PIED *quarré*. C'eft une fuperficie qui a un pied de longueur, & un pied de largeur, ou 144 pouces quarrés de fuperficie; ainfi le pied quarré contient longueur & largeur fans profondeur; il eft compris fous deux dimenfions.

PIED *Cube*. C'eft un folide, compris fous les trois dimenfions, longueur, largeur & profondeur; à la mefure duquel on ramene tous les autres : ainfi le pied cube a un pied courant fur chacune de fes dimenfions, & contient par conféquent 1728 pouces cubes ou petits folides, qui ont un pouce courant fur chacune de leurs dimenfions, & qui contient chacun 1728 Lignes cubes.

PIED *marin, avoir le pied marin.* C'eft être ferme fur fes jambes dans les plus grands mouvements du Vaiffeau, & pouvoir fe porter par-tout, lorfque les autres hommes ont bien de la peine à fe tenir de bout. Les perfonnes qui n'ont pas été quelques temps en mer, n'ont pas le pied marin; on dit au-contraire qu'ils l'ont rond, parce qu'ils chancellent, & font toujours prêt à tomber.

PIED *de vent.* C'eft un éclairci qui paroît un peu au-deffus de l'horizon, lorfque le temps eft chargé, & qui montre que le vent viendra bientôt de cet endroit; c'eft ordinairement d'un pied de vent bien marqué que le vent fe fait fentir avec le plus de force, lorfqu'on a un coup de vent. Souvent il fe fait un pied de vent dans un nuage, ou barre de nuage, qui fe leve contre le vent qui fouffle actuellement; il fe forme par la force du vent, qui foufflant avec plus de force dans l'endroit où il fe marque, divife le nuage de droit & de gauche, & fe fait un paffage qui paroît clair dans l'obfcurité du nuage finiffant en pointe par le haut fur une Baze affez large, comme une efpèce d'Entonnoir renverfé.

PIED *de Chèvre.* C'eft le troifieme plier de la Chèvre, qui eft mobile fur un Aiffieu, & qui lui fert d'appui lorfqu'on veut s'en fervir pour enlever un Fardeau à peu de hauteur, comme pour monter des Canons fur une Batterie.

PIEDS *droits, ou épontilles. Voyez* EPONTILLES.

PIERRIER ou *Perrier.* Ce font de petits Canons d'une ou deux livres de Boulet au plus, que l'on monte fur des Chandeliers à Pivot pour les pointer facilement de tous les côtés; on arme les Chaloupes & Canots de Perriers pour attaquer ou fe défendre, on garnit les Dunettes, Paffe-avant, & les Hunes des Vaiffeaux de guerre, Frégates & Corfaires, de Pierriers, pour tirer à Mitraille & à Cartouche fur l'ennemi, quand on combat de près.

PIETTER. C'eft divifer par pieds; on piette l'Etrave & l'Etambord, pour connoître exactement le Tirant d'eau fous fes différentes charges.

PIEUX *pour amarrer les Vaiffeaux.* Ce font de vieux Canons que l'on enterre & maçonne dans les Quais, en laiffant fortir trois pieds environ au-deffus de la terre, pour tourner deffus les Cables & Amarres des Vaiffeaux qui fe mettent le long des Quais.

PIGOU. C'eft une efpèce de Chandelier à deux pointes, dont on fe fert dans les Cales des Vaiffeaux pour s'éclairer pendant l'Arrimage, en y mettant de la Chandelle ou de la Bougie; l'une des pointes du Pigou fert à le planter droit, &

l'autre qui eſt horizontale ſe pique contre les Epoutilles pour le tenir. Il y a toujours des inconvénients à ſe ſervir de Pigous pour les Arrimages, de bons Fanaux de corne valent beaucoup mieux ; parce qu'ils ne tombent jamais d'étincelles.

PIGOULIÉRE. C'eſt un Bateau dans lequel on a maçonné des Chaudieres avec des Fourneaux, pour chauffer la Brai & Courroi, lorſqu'on carène quelque Vaiſſeau. Il y a toujours deux ou trois Pigoulieres dans un Port.

PILIERS *de Bittes*, ou *Montants*. Ce ſont deux fortes pièces de Charpente, proportionnées à la grandeur des Vaiſſeaux, aux Cables qu'elles doivent retenir, & aux efforts que le Vaiſſeau eſt capable de leur faire eſſuyer pendant le mauvais temps en tanguant ; on les place verticaiement du ſecond Pont au premier dans les Vaiſſeaux Marchands, le pied s'appuyant ſur l'avant d'un Bau du premier Pont, & la tête contre l'arriere d'un des Baux du ſecond, étant de plus ſoutenus chacun par un fort Taquet, cloué & chevillé ſur deux ou trois Baux en avant · dans les Vaiſſeaux de guerre, le Virage étant Entrepont, c'eſt-à-dire, le Cabeſtan, on y place les Piliers de Bittes, & on les fait deſcendre dans la Cale, juſques ſur les Varangues, de la même maniere que nous venons de l'expliquer ; on met toujours un Traverſin très-fort ſur l'arriere des Montans des Bittes, pour pouvoir y prendre avec le Cable, Tour & Choc. *Voyez* BITTES.

PILLAGE. C'eſt la dépouille des Coffres & hardes de l'Ennemi pris, & l'argent qu'il a ſur lui ; tout ce qui eſt ſous fermeture de Cale & Soutte, n'eſt pas reputé pillage, il appartient à la Sociéré du Vaiſſeau preneur. Le pillage eſt dû à l'Equipage d'un Vaiſſeau qui en prend un autre à l'Abordage ; mais jamais il ne doit s'étendre aux effets enfermés dans les Cales & Souttes ; on l'exerce ſur tout ce qui ſe trouve ſur les Ponts, Entre-ponts, & dans les Chambres ſans diſtinction ; c'eſt la principale récompenſe du Matelot vainqueur.

PILOTAGE. C'eſt la ſcience du Pilote pour conduire un Vaiſſeau en mér : diriger ſa Route, faire l'eſtime du chemin, obſerver la Hauteur pour avoir la Latitude, l'Amplitude pour connoître la Variation, corriger l'eſtime, & rectifier la direction de la Route ; ſont les principales connoiſſances du Pilotage, & les ſeules abſolument néceſſaires pour naviguer, juſqu'à ce qu'on ait trouvé un moyen de connoître les Longitudes avec plus d'exactitude que par l'eſtime. Il faut joindre à ces connoiſſances, l'expérience, pour connoître la derive, les variétés des vents ſelon les ſaiſons, le tranſport des Courants, & les temps propres à aller d'un lieu à un autre ; ainſi l'on peut conſulter à ces égards le Traité de Navigation de Mr. l'Abbé DE LA CAILLE, & l'excellent Routier des Indes du Neptune Oriental, par Mr. d'APRES DE MANNEVILLE, avec les Obſervations qu'il a donnés pour la Navigation d'Europe dans les parties du Monde où l'on commerce.

PILOTE *Hauturier*. *Voyez* HAUTURIER & NAVIGATION. Outre les connoissances qu'il doit avoir par rapport à la Navigation, il doit être en état de lever géométriquement un plan; on le charge à Bord des Vaisseaux du soin des Compas de Route & de Variation, des Lignes & Plombs, de Sondes, des Horloges ou Sabliers, du Loch & de ses Lignes, des Pavois & de tous les Pavillons, ainsi que des Bougies & Fanaux de Signaux, en un mot de tout ce qui regarde le Gouvernail, l'Habitacle & le Pilotage.

PILOTE *Côtier*. C'est celui qui navigue & dirige les Routes terre-à-terre, à vue des Côtes & la Sonde à la main. *Voyez* COTIER & LAMANEUR. Il entre & sort les Vaisseaux des Ports.

PILOTER. C'est conduire un Vaisseau. On pilote les Vaisseaux en mer par la science de la Navigation ou du Pilotage. On les pilote pour entrer & sortir des Ports, Rivieres & Rades, sous la direction d'un Pilote-Côtier.

PILOTIS. Ce sont de longs Pieux, que l'on plante en terre, dans les endroits humides & marécageux, pour prendre la fondation de quelques Edifices civils; les Pilotis se plantent par files, fort serrés les uns & les autres, & s'enfoncent par force, jusqu'à refus de Mouton.

PINASSE. C'est un Bâtiment de mer à Poupe quarrée, long & étroit, d'une grande vîtesse, & propre à la Course; on lui donne trois Mâts, & il va à la Rame; c'est une espèce de Corvette.

PINCE *du Navire*. C'est le plein bois qui se trouve formé par les Courbes d'Etrave & d'Etambord, avec les Talons des Varrangues acculées ou Fourcats. On dit : *Ce Vaisseau a beaucoup de Pince en Avant & en Arriere ; il est bien pincé.*

PINCEAU ou *Vaton*. C'est un Pinceau de crin ou soies de Cochon, coupé en Brosse, & emmanché obliquement, sur un bois rond, long de quatre à cinq pieds; il sert à goudronner le Vaisseau, les Mâts & les Vergues.

PINCE *de Fer*. C'est une espèce de Levier à pied de Chèvre, dont on se sert pour manier les pesants Fardeaux ; comme les Ancres, & sur-tout l'Artillerie des Vaisfaux. On met une Pince par Canon, avec un ou deux Anspects, & si c'est une Pièce de 18, 24 ou 36 ; on met deux Pinces & deux Anspects.

PINCER *le vent*. C'est tenir le plus près du vent, le plus qu'il est possible. *Aussi-tôt que nous nous apperçûmes que les Vaisseaux ennemis tenoient le plus près, nous pinçâmes au vent pour le leur gagner.*

PINNULLES. Ce sont de petites Plaques de Cuivre, ou d'autre Métal, fendues ou percées par le milieu, que l'on place verticalement, & en opposition sur les deux côtés de la Boîte d'un Compas de Variation ; de maniere que le milieu de l'une & de l'autre, & les ouvertures par lesquelles on peut regarder les objets dans l'éloignement, pour les relever, répondent exac-

tement fur le Centre de la Bouffole, dans la Direction du Diamètre qui eft marqué par un fil tendu fur la Glace du Compas. On met auffi des Pinnulles fur l'Allidade d'un Graphomé-
tre , & on y ajoute fouvent une Longue-vue pour mieux diftinguer les objets éloignés.

PINQUE ou *Pinke*. C'eft une efpèce de Flûte à fond
plat, dont le derriere eft rond & un peu plus élevé qu'aux autres Vaiffeaux.

PIQUER *au vent*. C'eft s'approcher du plus près, lorfqu'on eft largue, & tenir le vent tout à-fait , quand on veut s'y
élever. *Auffi-tôt que nous fûmes affez près des Vaiffeaux pour les
reconnoître, nous piquâmes au vent, afin de nous en éloigner,
parce qu'ils étoient tous Vaiffeaux de guerre.*

PIQUER *l'Horloge*. C'eft frapper autant de coups du Ba-
tant de la Cloche qu'il y a de demi-heures paffées depuis le
commencement du Quart ; ainfi les Quarts étant de quatre heures , on ne pique jamais plus de huit Horloges ; & de quatre
heures à fix il s'en pique quatre, ainfi que de fix heures à huit
heures du foir.

PIRATE ou *Forban*. C'eft un voleur public fur les mers ,
qui pille fur toutes les Nations fans Commiffion d'aucun Etat.
Voyez FORBAN.

PIRATER. C'eft faire le métier de Pirate ; il y a plufieurs manieres de pirater ; les Forbans piratent fur tous fans
diftinction ; ceux qui pierent fans Déclaration de guerre, ni for-
malités conformes au droit des gens , piratent avec autorité de
leur Souverain : c'eft une efpèce de Piraterie protégée par une
Puiffance injufte, qui fe fait juftice fans formalité ni droit.

PIROGUE. C'eft une efpèce de Canot des Sauvages, &
& des Negres d'Afrique , fait ordinairement d'un feul arbre, &
taillé de maniere qu'il peut être pris fans erreur pour deux demi-Cônes joints par la bafe, dont le petit Axe ou Diamètre de
la bafe commune n'eft guères que le cinquieme ou le fixieme de
la longueur totale de la Pirogue ; auffi font-elles d'une grande
vîteffe à la Rame & à la Voile, quand elles peuvent en porter ; car elles font ordinairement volages , & d'une très-petite ftabilité ; il faut de l'habitude pour pouvoir naviguer fur les Pirogues.

PISTOLET *d'Abordage*. C'eft une Arme à feu, comme
le Fufil , qui en différe par la longueur ; le Piftolet a une poignée qui le rend propre à être tiré facilement avec une main ,
fa longueur n'étant que de deux pieds, ou dix-huit pouces au
plus ; on le porte toujours à la ceinture par un crochet , quand
on faute à l'Abordage d'un Vaiffeau ennemi, & l'on s'en fert
corps-à-corps.

PISTON *de Pompe. Voyez* POMPE.

PITON. C'eft une Cheville de fer, dont la tête forme
une boucle ou œil, & dans laquelle on peut crocher des Palans, ou eftroper des Poulies, fi on a mis une Coffe de fer dans

l'œil du Piton : ainsi il y a des Pitons à Cosse & d'autres à œil, selon l'usage qu'on en en veut faire, & le lieu où ils sont placés.

PITONS *d'Affût.* Ce sont des Pitons qui n'ont point de Cosse, & servent à crocher les Palans de Canon; on les place sur la derniere dent des Flasques de l'Affût de chaque côté, de maniere qu'ils la traversent & se rivent sur Clavettes en dessous.

PIVOT. C'est la pointe d'un Aissieu, qui tourne dans un Saussier, Virole ou Crapaudine; le Cabestan a un Pivot ou mèche, qui tourne dans les Etambrais des Ponts, & dont le bout répond dans un Saussier où il tourne sur son Pivot : les Arbres des Grues à Roue servent d'Aissieu aux Montants, & tournent autour; ce qui est différent du Pivot qui tourne dans la chose même.

PIVOT *de Boussole.* C'est l'Aiguille qui est plantée dans le fond de la Boîte, & sur laquelle tourne la Rose; le Pivot entrant dans la Chapelle ou Chapiteau de la Rose.

PLAGE. C'est un Rivage étendu au-delà des Rives de la mer, ou elle bat dans les plus hautes marées; il y a des endroits où la Plage est étroite entre la mer & les hauteurs qui la bornent du côté de la terre; il y a d'autres endroits où la Plage est en pente douce & insensible depuis le Rivage jusqu'aux Bois qui la bornent; de sorte que la vue peut se porter assez loin au-delà de l'endroit où les flots battent.

PLAIN ou *Plein.* Le Plein est l'endroit marqué par les petits sillons de sable que la mer forme en battant la Greve, lorsqu'elle est au Plein de l'eau; ainsi il y a le Plein des grandes marées & celui des mortes eaux. Lorsqu'un Vaisseau s'échoue par accident, on dit souvent qu'il est allé au Plein ou à la Côte. *Il chasse, s'il n'y prend garde, il ira au Plein.*

PLEIN *de l'Eau.* C'est l'endroit ou la mer cesse de monter; c'est aussi l'instant de la pleine mer, ou mer haute, lorsqu'elle cesse de monter; c'est l'intervalle qui se trouve entre le flux & reflux, il termine la Plaine où la mer monte.

PLAINE. C'est une étendue de terrain qui se trouve quelquefois au-delà de la Plage : il y a ordinairement des Plaines entre les Montagnes.

PLANCHE. C'est une pièce de bois tirée à la Scie d'un Madrier, ou d'une autre pièce plus considérable, pour en faire du Bordage; on lui donne plus ou moins d'épaisseur, selon les Vaisseaux sur lesquels elle doit être employée, en lui conservant toute la largeur que porte le bois d'où on la tire.

PLANCHE *de Bateau.* C'est une Planche sur le plat de laquelle on cloue de petites marches rondes, pour arrêter & appuyer le pied en descendant d'un Bateau à terre, parce qu'elles servent de Pont, afin qu'on ne se mouille pas en débarquant; ces Planches sont estropées par un bout, & on cape cette Estrope sur l'Etrave du Bateau, en plaçant l'autre extrémité fur le Rivage : lorfqu'on arrive à terre on dit au Brigadier du Canot, *Mets la Planche*, c'eft le commandement pour la placer; fi on part, on dit : *Halle la Planche dedans*, afin qu'il la retire.

PLANCHE *halée*. C'eft-à-dire, qu'elle eft dedans, que tout le monde eft embarqué, qu'on va partir & qu'il faut faire le Voyage. C'eft une maniere de dire à Bord des Vaiffeaux que le Voyage eft commercé, & qu'il n'y a plus à s'en dédire, il faut le finir. *Voilà donc la Planche halée encore une fois.*

PLANCHES *refciées*.. Ce font des Planches minces & tirées à la Scie, d'autres Planches plus épaiffes; on s'en fert pour doubler les Vaiffeaux, & pour faire des Cloifons minces, pour lambriffer les Vaiffeaux.

PLANETES. Ce font des Aftres qui ont un mouvement particulier contraire à celui du premier mobile & periodique. On connoît fept Planetes, le Soleil, Saturne, Jupiter, la Lune, Venus, Mars & Mercure. *Voyez*. ÉTOILES.

PLAQUE *de Plomb*. C'eft un morceau de Plomb plat à laminer, d'une ou deux lignes d'épais, & d'un à deux pieds quarrés, que l'on garnit de Ploc ou d'Etoupe du côté qu'elle doit être appliquée fur le Bordage pour boucher un coup de Canon; on la cloute fur le trou tout-au-tour, de forte qu'il n'entre plus d'eau par-là.

PLAT *de Matelots*. Un Plat de Matelots eft compofé de fept hommes, qui mangent enfemble pendant tout le Voyage. Les Officiers Mariniers font auffi par Plats, le Plat du Maître eft le premier; on met auffi les Soldats, Sergents & Caporaux par Plats, de la même maniere que les Officiers Mariniers & Matelots.

PLAT *des Malades*. C'eft être à la ration & au régime ordonné par le Chirurgien-major, lorfqu'on eft malade; il n'y a que les Officiers Mariniers & Matelots, , Sergents, Caporaux & Soldats, qui vont au Plat des Malades.

PLAT *de la maitreffe Varangue*. C'eft le deffous de la Varangue, qui eft conduit en ligne droite d'un bout à l'autre, jufqu'au point où elle doit commencer à monter, pour fe joindre à la premiere Allonge par le genoux de fond; on donne par Plat de la maîtreffe Varangue, dans la plupart des Vaiffeaux, la moitié de la plus grande largeur prife hors Membres.

PLAT *Bord*. C'eft la Planche ou Bordage qui clôt le Vibord par deffus les bouts d'Allonges coupés au ras du Vibord à hauteur convenable; le Plat-bord empêche l'eau de tomber entre les Membres, & les préferve de l'humidité.

PLAT *Bord à l'eau*. C'eft être totalement incliné fur le côté. *Nous avions le Plat-bord à l'eau*, c'eft-à-dire, la partie la plus élevée du Vaiffeau. *Le vent nous furprit avec toutes nos Voiles hautes, & la bourafque fut fi violente, qu'elle nous fit donner la bande, jufqu'à avoir le Plat-bord à l'eau.*

PLATE *Bande de Canon.* C'eſt la partie de la Culaſſe en arriere de la Lumiere , qui paroît comme une Moulure plate en cercle qui fait tout le tour du Canon.

PLATTE *Bande d'Affût.* Ce ſont des plaques de fer courbées en rond & a charniere, goupillées de l'autre côté de la charniere, pour tenir les Tourillons dans leur Encaſtrements, & le Canon ſur l'Affût.

PLATE *Forme flottante.* C'eſt un grand Ras d'eau placé ſur l'eau, & amarré dans un endroit où il eſt néceſſaire de mettre un Corps-de-Garde.

PLATTE *Forme.* C'eſt un aſſemblage de Planches & Madriers que l'on éleve ſous les Sabords de retraite des Vaiſſeaux, lorſque la Tonture du Pont eſt trop conſidérable pour que le Canon puiſſe aller au Sabord & pointer à l'horizon.

PLATTE *Forme d'Eperon.* C'eſt le Grillage porté par les Echarpes, & ſur lequel on marche dans la Poulaine.

PLATINE *de Canon.* C'eſt une plaque de plomb, d'un pied quarré à-peu-près, que l'on bat ſur la Culaſſe du Canon, pour lui en faire prendre la forme, afin de couvrir la Lumiere de la Piéce, pour empêcher l'eau d'y pénétrer ; on amarre la Platine avec des Lignes d'Amarrages ſur les Palans roidis.

PLEINE *mer. Voyez* MER PLEINE, & PLEIN DE L'EAU.

PLET ou *pli de Cable.* C'eſt le tour entier que l'on fait prendre à une partie d'un Cable que l'on roue ou cueillit en le tournant l'un ſur l'autre, juſqu'à ce que tout le Cable ſoit roué.

PLIER *le Bordage au feu.* C'eſt le chauffer pour lui donner la Courbure néceſſaire, & avoir la facilité de le placer dans les façons du Vaiſſeau.

PLIER *ſous Voiles.* C'eſt donner la Bande & incliner ſous l'effort du vent. Un Vaiſſeau qui plie trop ſous la Voilure, eſt foible de côté, porte mal la Voile par faute de ſtabilité ; cela vient de ce que ſon Centre de Gravité eſt trop haut, & ſon Métacentre trop bas.

PLIER *le Pavillon.* C'eſt en prendre la queue, & la tenir contre le Mât, pour qu'elle ne batte pas ; c'eſt un ſalut.

PLOC. C'eſt du poil de vache, de chien, ou d'autres animaux de cette eſpèce, qu'on met ſur le Doublage goudronné, où il ſe cole, pour l'appliquer ſur le franc-Bord d'un Vaiſſeau que l'on double, afin de le mieux conſerver.

PLOQUER. C'eſt garnir de poil les Doublages d'un Vaiſſeau après qu'ils ſont goudronnés.

PLOMB. C'eſt une matiere métallique que l'on tire des Mines de Bretagne, d'Angleterre, &c. il ſe fond aiſément, eſt malléable, & ſert dans la Marine à pluſieurs uſages.

PLOMB *de Sonde.* C'eſt une eſpèce de piramide tronquée, cave par la baſe à un ou deux pouces de profondeur pour y mettre du Suif, & percé par le haut pour y placer une Eſtrope, fur laquelle on amarre la Ligne de Sonde, toutes les fois qu'on veut fonder : il y a des Plombs de Sonde depuis cinq livres jufqu'à cent.

PLOMBER *les Levées d'un Vaiffeau.* C'eft les mettre perpendiculairement fur la Quille, en fe fervant d'un Plomb pendu à une Ligne fixée jufte fur le milieu de la largeur du Navire ; de forte que la pointe du Plomb retombe exactement ur le milieu de la Quille, & perpendiculairement dans le fens de l'Avant à l'Arriere. *Plomber.* c'eft en général mettre à plomb une chofe quelle qu'elle foit.

PLOMBER *les Ecubiers.* C'eft les garnir de plomb en table, d'un demi-pouce d'épais environ, afin de les empêcher de s'accroître par le frottement des Cables, & pour ménager auffi les Cables lorfqu'ils font mouillés ; ainfi il faut que les angles du tour des Ecubiers, ou l'arrête qui refte après qu'ils font percés, foient arrondis & abattus, pour que le plomb puiffe fe plier deffus fans fe rompre.

PLOMBER *les Coutures & Ecarts.* C'eft clouer deffus des lifieres de plomb en table, pour retenir l'Etoupe & la préferver du choc de l'eau. On plombe ou garnit de plomb à Bord d'un Vaiffeau, tous les endroits qu'on croit en avoir befoin.

PLONGEUR. C'eft un homme qui entre dans l'eau, & refte deffous quelques minutes pour vifiter le deffous d'un Vaiffeau, ou pour chercher quelque chofe de tombé à fond. Les Plongeurs font bien payés, & font néceffaires dans les Ports, pour une infinité d'occafions.

PLONGER. C'eft entrer dans l'eau, & y refter quelque temps ; c'eft le métier des Plongeurs.

PLUS *près du vent.* C'eft faire Route le plus près qu'il eft poffible de la direction du vent ; la plupart des Vaiffeaux en approchent à fix pointes, les mauvais Voiliers à fept & les bons Voiliers dont les Voiles font bien difpofées, à cinq & cinq & demi.

PLUMET. Ce font les plumes que l'on met quelquefois au Penon, enfilées fur un fil pour marquer la direction du vent dans le temps où le vent n'a pas de force pour faire voltiger les Girouettes.

POIDS. Le Poids eft la pefanteur d'une maffe de matiere quelconque. Le Poids fpécifique d'une chofe eft plus grand lorfqu'à volume égal elle pefe plus qu'une autre chofe qu'on lui compare le plomb eft plus pefant que le fer à volume égal ; ainfi il y a plus de poids.

POINT *d'un Pilote.* C'eft le Point de fection de la Latitude & Longitude de chaque jour à midi ; de forte qu'il eft arrêté à toutes les hauteurs Méridiennes du Soleil, & qu'on peut le porter fur la Carte, en regardant la Longitude eftimée de chaque vingt-quatre heures, d'un midi à l'autre comme Longitude arrivée.

POINT *d'une Voile.* C'eft un des quatre angles dans les

Voiles quadrangulaires, & un des trois des Voiles triangulaires ; on diftingue les Points des Voiles felon qu'ils font difpofés au vent ; le Point de l'Amure eft vers le vent, quand la Voile eft amurée, & le point de l'Ecoute eft toujours fous le vent du côté où elle eft bordée ; quant aux Huniers & Perroquets, ils font bordés des deux bords, & leurs points font du vent ·· de deffous le vent ; les points d'Envergure des Voiles qui fe placent fur les Vergues, font appellés *Pointures*, du nom de l'Amarrage qui les retient par un Cordage nommé *Raban de Pointure* ; le haut des Voiles triangulaires où eft frappé la Driffe fe nomme toujours le *Point de la Têtiere*.

POINT *d'équilibre de Voilure.* C'eft un point qui eft déterminé par la Ligne de Direction de l'impulfion abfolue de l'eau fur la Proue dans la Route oblique, & par l'Axe du Vaiffeau confidéré dans cette Route fous l'inclinaifon qu'il doit avoir ; de forte que le Point de fection de ce grand Axe & de cette Ligne de Direction, eft celui au-tour duquel il faut mettre l'effort des Voiles d'Avant en équilibre avec celui des Voiles d'Arriere, pour que le Vaiffeau gouverne bien ; c'eft delà que lui vient le nom de *Point d'Equilibre de la Voilure.*

POINT *Giratoire.* C'eft celui fur lequel le Vaiffeau tourne dans fes différents mouvements de rotation · lorfque le Vaiffeau cingle avec un équibre exact entre les puiffances de fes Voiles & de l'eau fur la Proue, il y a équilibre par-tout, & il fe trouve dans un état où il peut être confidéré comme n'étant fujet à aucune puiffance, puifqu'il n'augmente ni ne diminue de viteffe : fi dans cet inftant on met le Gouvernail d'un côté ou de l'autre, le Vaiffeau tourne, en obéiffant à la puiffance de fon Gouvernail frappé par l'eau, & ce monvement circulaire fe fait fur un point qui eft de l'Avant du Centre de Gravité du Navire : fi dans une autre circonftance on fait arriver le Vaiffeau par l'effet de fes Voiles d'Avant, le centre de rotation où point giratoire fe trouvera de l'Arriere du Centre de Gravité ; & fi c'eft par l'effet combiné, · comme il arrive toujours) des Voiles & du Gouvernail, que le Vaiffeau tourne, le point giratoire fera toujours d'un côté ou de l'autre de fon Centre de Gravité, felon qu'une des puiffances agiffantes fera plus ou moins forte que l'autre ; fi elles étoient égales, le point giratoire feroit dans le Centre de Gravité du Vaiffeau.

POINT *Vélique.* C'eft le point de perfection de la Voilure, par·rapport a fa hauteur ; c'eft le point inconnu des Conftructeurs. Le point velique eft déterminé dans la Route directe, par la rencontre de la direction abfolue du choc de l'eau fur la Proue, lorfque le Vaiffeau fille, & la verticale au Centre de Gravité de la furface de flottaifon. On détermine le point vélique dans la Route oblique, en plaçant le Centre de Gravité de la Voilure du Vaiffeau, à la hauteur d'un plan horizontal placé à la même élévation, où la perpendiculaire au Centre de Gravité de la furface de flottaifon du Vaiffeau incliné, pour

roît être coupée par la direction de l'impulſion abſolue de l'eau
ſur la Proue, dans cette nouvelle poſition du Vaiſſeau ; de
ſorte que le point vélique varie continuellement, ſelon les in-
clinaiſons du Navire, & ſelon qu'il y a de nouvelles parties
de la Carène frappées par l'eau, conformément au plus ou
moins de derive : s'il n'eſt pas poſſible de mâter les Vaiſſeaux
pour tous les points véliques qu'ils peuvent avoir, du moins
eſt-il avantageux de leur donner une Voilure diſpoſée pour
la Route du plus près, qui de toutes eſt celle qui mérite le
plus d'attention, & dans laquelle il eſt eſſentiel que les Vaiſſeaux marchent le mieux, ainſi que nous le ferons voir dans
le Manœuvrier complet.

POINTAGE *des Routes.* C'eſt l'opération de pointer les
Routes ſur le Quartier de réduction, ou ſur la Carte, pour
les réduire en une ſeule, & en deduire la Latitude & la Longitude eſtimées.

POINTE. C'eſt une langue de terre qui s'allonge en mer ;
ſi elle eſt garnie de pierres & de rochers, on la nomme *Pointe
de roches* ; s'il n'y a que du ſable, c'eſt une *Pointe de ſable*
ou *de terre*, s'il n'y a ni ſable ni roches. *Nous rangeâmes une
Pointe couverte d'arbres preſque juſqu'au bord de l'eau.*

POINTE *de Bouſſole.* C'eſt une des trente-deux Pointes
qui marquent les trente-deux vents déſignés par la Bouſſole :
chaque Reumb eſt eſt de quatre Pointes.

POINTE *de Bordage.* C'eſt un Bordage coupé en pointe
pour remplir & fermer le franc-Bord d'un Vaiſſeau dans ſes
façons. On fait des Pointes de Doublage de la même maniere
que de Bordage.

POINTER *la Carte.* C'eſt mettre le Point de ſection de
Latitude & de Longitude ſur une Carte réduite, pour voir
dans quel lieu du monde on ſe trouve, & connoître la Route
qu'on doit faire pour ſe rendre à ſa deſtination. On doit pointer ſa Carte tous les jours à midi, & toutes les fois qu'on eſt
dans le cas de changer de Route.

POINTER *le Canon.* C'eſt le diriger & l'ajuſter, pour
que le Boulet puiſſe donner à l'objet ſur lequel on tire ; on
pointe les Mortiers auſſi, après leur avoir donné le dégré d'élévation convenable.

POINTER *à démâter.* C'eſt tirer ſur les Mâts d'un Vaiſſeau ennemi pour les lui couper, & le déſemparer de ſes manœuvres.

POINTER *en plein Bois.* C'eſt diriger, ſes coups de
maniere que les Boulets puiſſent donner dans le Corps du Vaiſſeau ennemi.

POINTER *à couler bas.* C'eſt ajuſter le Canon, de maniere que tous les coups puiſſent donner à la Ligne de flottaiſon & peu au-deſſous.

POINTURE. C'eſt le point des Voiles qui eſt amarré ſur
les Taquets de pointure Tribord & Babord à chaque bout de

Vergue pour les enverguer, en dedans defquels font tous les Rabans de Fée qui foutiennent la Voile à la Vergue.

POINTURE *de Ris*. C'eft la Patte qui eft épiffée fur la Ralingue de chûte à chaque Ris Tribord & Babord, & qui fert à faire fa pointure fur les Taquets de Ris des Vergues de Hunes, en l'amarrant, par plufieurs tours de Raban de pointure, fur le Taquet de Ris du bout de la Vergue, en dedans defquelles font placées les Garcettes qui font le Ris, lorfque les pointures font faites.

POLACRE. C'eft un petit Bâtiment de la Méditerranée, à Voiles quarrées au grand Mât, & Latines à celui de Mifaine; il va à la Rame, & s'arme de quelques Canons & Pierriers.

POLE. Ce font les Points où aboutit l'Axe du monde, Nord & Sud; le Pole Nord eft appellé *Arctique* ou *Boréal*, & le Sud *Antartique* par oppofition au premier, ou *Auftral*. Toute Sphere qui tourne fur elle-même a deux Poles oppofés dans la Direction de l'Axe fur lequel elle tourne.

POLICE, ou *Acte d'affurance*. C'eft un Contrat par lequel l'Affureur s'oblige à rembourfer la fomme affurée, s'il arrive perte ou prife du Vaiffeau qui en eft chargé; moyennant qu'on lui paie une certaine fomme pour cent, fur la valeur de la chofe affurée. *Voyez* PRIME D'ASSURANCE.

POMME *d'Etai*. C'eft la Pomme qui eft faite fur l'Etai pour arrêter le colet après qu'il eft capelé. *Voyez* ETAI.

POMME *de Racage* ou *de Raque*. C'eft une petite Boule percée dans le milieu, de la groffeur néceffaire pour y paffer un Cordage propre à faire les Batards du Racage, fur lefquels elle doit tourner librement entre les Bigots.

POMME *gougée*. C'eft une Pomme comme celle de Raque, qui a une Goujure ou Canelure tout-au-tour, pour pouvoir y placer un menu Cordage, qui lui fert d'Eftrope fur l'endroit où on la place.

POMME *gougée & cochée*. C'eft une Pomme de Raque qui, en outre de la Cannelure qu'elle a tout-au-tour, a une coche ou goujure fur le côté, dans laquelle on fait entrer le Cordage fixe fur lequel on l'applique, par un autre menu Cordage placé dans la Canelure qui l'entoure. Ces fortes de Pommes fe placent ordinairement fur les Haubans, pour fervir de conduite aux Manœuvres qui viennent du haut en-bas.

POMMES *de Flamme*. Ce font des efpèces d'ornements de bois tourné & peint, dont la bafe eft une Boule, que l'on place aux deux bouts d'un Bâton de Flamme, lorfque cette Banderole eft enverguée.

POMMES *de Girouettes*. Ce font des Pommes femblables à celles de Flammes, mais deux ou trois fois plus groffes; on les place fur les Fers de Girouettes, au-deffus des Girouettes pour les empêcher de fe décapeler; elles y entrent fur des vis en bois, de forte qu'elles y tiennent bien folidement.

POMMES *de Pavillon*. Ce font des pièces de bois plus

plattes que hautes, tournées en rond, & dans lefquelles on place deux Rouets, fur lefquels doivent paffer les Driffes Tribord & Babord, parallellement à la longueur du Vaiffeau. Le Diamètre de ces Pommes eft ordinairement d'un demi-pouce par pied de la largeur du Vaiffeau, & leur épaiffeur n'eft guères que le quart de leur diamètre.

POMMES *de Tournevire.* Ce font des Pommes faites en fils de Caret & Bitord, fur le Cordage du Tournevire, pour l'empêcher de riper ou gliffer fur le Cabeftan, parce qu'elles s'emboîtent entre les Taquets, à mefure que le Cordage envelope le Cilindre : ainfi les Pommes du Tournevire devant effuyer beaucoup de force, doivent être ferrées, & folidement établies fur le Cordage.

POMOYER. C'eft paffer dans les mains une manœuvre que l'on veut vifiter de bout-en-bout. Ainfi l'on dit : *Pomoyer un Cable avec la Chaloupe*; parce qu'on la met deffous, & qu'on le fait paffer fur le Davier, en tirant deffus main-fur-main, jufqu'à être à Pic fur l'Ancre. *Nous avons pomoyé nos Cables pour les vifiter.*

POMPE. C'eft un Cilindre de bois d'Ormeau, percé de fix pouces de diamètre, plus ou moins, garni d'un Tuyau de Cuivre dans toute la longueur du Batiant de la Heuze, pour empêcher le frottement d'élargir le Tube ; ce Cilindre fait le corps de la Pompe, qui ne feroit d'aucun ufage fans la Heuze & la Chopine ; on peut voir ces deux termes. Le principal ufage des Pompes eft de jetter dehors l'eau que le Vaiffeau peut prendre par quelque endroit de fes coutures. Les Pompes Royales ont un Tube de Cuivre entre les deux corps de Pompes de bois ; & celles qui ne font que garnies en Cuivre dans l'intérieur, & qui ont moins de fix pouces de calibre, font des Pompes communes.

POMPE *chargée.* C'eft celle qui ayant affez d'eau au-deffus de fa Heuze, ne laiffe aucun paffage à l'air ; de forte qu'en faifant monter le Pifton, il fe fait un vuide entre la Heuze & la Chopine, dans lequel le poids de l'air extérieur fait monter l'eau en lui donnant affez de force pour lever le Clapet de la Chopine, & s'élever jufqu'à trente-deux pieds dans le corps de la Pompe.

POMPE *prife.* C'eft celle qui eft chargée comme il faut.

POMPE *déchargée.* C'eft celle qui n'a pas d'eau au-deffus de fa Heuze, & dans laquelle il faut en verfer pour la faire prendre.

POMPE *qui fe décharge.* C'eft celle qui laiffe couler fon eau, parce que fa Heuze eft ufée ou mal faite.

POMPE *franche.* C'eft-à-dire, qu'il n'y a plus d'eau deffous, & qu'elle n'en peut plus afpirer.

POMPE *éventée.* C'eft une Pompe dont le tuyau inférieur eft fendu au-deffous du battement ; de forte que l'air qui y entre, fait retomber l'eau & l'empêche de monter.

POMPE *engorgée*. C'eſt celle qui en tirant du ſable ou du gravier avec l'eau, uſe facilement ſes appareils, & ſe met bien vîte hors de ſervice : il arrive auſſi qu'elle amaſſe tant de ſable ou d'autres matieres au-tour de ſon pied par l'eau qui y coule, qu'il ne reſte plus de paſſage, & que l'eau ne monte plus.

POMPE *à pièces*. Ce ſont de petites Pompes, de Cuivre, de Fer-blanc ou de bois, dont on ſe ſert pour tirer les Liqueurs des Fûtailles ; de ſorte qu'il y en a de différente longueur, ſelon les pièces qu'elles doivent pomper.

POMPER. C'eſt aire jouer la Pompe, pour jetter l'eau qui eſt au fond du Vaiſſeau, & la faire couler dehors par le moyen d'une Manche clouée autour de la Lumiere du corps de la Pompe.

POMPER *à deux, trois ou quatre Pompes*. C'eſt être forcé de faire jouer la quantité de Pompes déſignées pour étaler celle d'eau qui entre dans le Vaiſſeau. *Nous pompions à trois Pompes, quand nous primes le parti de relâcher.*

POMPIER. C'eſt celui qui fait les Pompes : les Pouleurs ſont ordinairement chargés du ſoin de travailler les bois des Pompes ; les Fondeurs font les Tuyaux, Heuzes & Chopines de Cuivre ; & les Calfats les montent & garniſſent pour les mettre en jeu.

PONANT. C'eſt l'oppoſé du Levant ; ainſi le Ponant dans ce ſens ſeul eſt l'Océan au-delà du Détroit de Gibraltar ; & les Marins des Côtes de l'Océan ſont dits Ponantins.

PONT. C'eſt un étage d'un Vaiſſeau ; il n'y a que de petits Navires à un Pont, tous les autres ont ordinairement deux Ponts, & deux Ponts & deux Gaillards ; les Vaiſſeaux à trois Ponts ſont les plus gros & les plus grands de guerre ; ils ont de plus deux Gaillards, quelquefois une Dunette. Le premier Pont d'un Vaiſſeau de guerre eſt au-deſſus de la Cale, & porte les plus gros Canons ; le ſecond Pont a des Canons d'un moindre Calibre de moitié, & les Gaillards qui ſont des demi-Ponts, portent auſſi des Canons d'un plus petit Calibre que ceux du ſecond Pont : le premier Pont d'un Vaiſſeau de 74 Canons eſt aſſez fort pour porter 28 Canons de 36 ; le ſecond porte 30 Pièces de 18, & les deux Gaillards 16 de 8 ; les Vaiſſeaux de 80 Canons ont, ou doivent avoir 30 Canons de 36, 32 de 24, & 18 de 12 ou de 8 ; leurs Gaillards ſont joints de même qu'aux Vaiſſeaux de 74 Canons, par des Caillebotis qui ſont comme un troiſieme Pont. Les Ponts de tous les Vaiſſeaux ſont portés par les Baux, & bordés en Sap, avec des Hiloires & Goutieres de chêne bien entaillées, pour les fortifier & lier les Vaiſſeaux dans le ſens de leur longueur.

PONT *Volant*. C'eſt un Pont dont le Tillac & les Baux ſont ſi minces qu'il n'eſt pas poſſible de le charger d'aucune Artillerie ; auſſi ne ſe fait-il que pour procurer un logement couvert à l'Equipage.

PONT *de Cordage*.

PONT *de Cordage*. C'est un entrelacement de Cordage, fait d'un Gaillard & d'un Passe-avant à l'autre, pour se défendre contre les gens qui sautent à l'Abordage, parce que de dessous ce Pont on peut les tirer à decouvert, & les percer à coups d'Esponton ; il n'y a que les Vaisseaux Marchands qui se servent de cette ruse, qui n'empêchent jamais leur prise.

PONT *coupé*. C'est un Pont dans lequel on a fait une Coupée. *Voyez* COUPÉE.

PONT *Courant*. C'est un troisieme Pont qui unit les Gaillards de plain-pied, au lieu de Passe-avant, & qui ne laisse dans le milieu qu'un espace nécessaire pour loger les Bateaux.

PONT *à Caillebotis*. C'est un troisieme Pont courant dans un Vaisseau de guerre, dont l'Entre-deux des Passe-avants est à Caillebotis, pour laisser de l'air & le passage à la fumée du Canon de la seconde Batterie.

PONT *artificié*. C'est un Pont ou Tillac des Gaillards, sur lequel on a placé des Coffres artificiés, dont les conduits à feu sont par-dessous : lorsqu'un ennemi plus fort aborde, on laisse entrer le plus de monde qu'on peut, en se battant en retraite, ensuite on met le feu aux Artifices, pour brûler & jetter à la mer tous les Assaillants ; cela à quelquefois réussi.

PONTÉ. On dit qu'*un Bateau est ponté*, lorsqu'on lui a fait un Pont.

PONTILLES. *Voyez* EPONTILLES.

PONTON. C'est un Bateau plat, souvent ponté, & quelquefois sans Pont ; les Pontons de charge sont pontés pour mettre les Marchandises à l'abri de la pluie, on s'en sert à charger les Vaisseaux. Les Pontons à l'eau sont aussi pontés, pour conserver l'eau nette, & empêcher qu'il ne tombe des saletés dans l'eau qu'ils peuvent porter à Bord des Vaisseaux. Les Pontons à Canon sont découverts, & ne servent qu'à porter l'Artillerie à Bord des Navires, & à lester & délester les Vaisseaux, aussi les nomme-t-on souvent *Pontons Lesteurs*. *Voyez* CHALAN.

PONTON *de Carène*. C'est un Ponton qui est ordinairement fait avec un vieux Vaisseau, que l'on rase jusqu'au premier Pont, après l'avoir caréné, doublé de deux pouces d'épais & mailleté ; on le garnit de quatre Cabestans, & de quatre Poulies de Carène à plusieurs Rouets, fixées au ras du Pont, & retenues dans la Cale par leurs Estropes, répondant vis-à-vis de chaque Cabestan ; on place de plus au milieu du Ponton un fort Mât, court, sur lequel on caple deux fortes Cayornes, qui servent de redresse aux Vaisseaux qui se couchent avec trop de facilité ; on a cependant d'autres redresses faites avec des Cables. *Voyez* CABLE DE REDRESSE.

PONTONIER. C'est celui qui est attaché au service d'un Ponton.

PORQUE. C'est un Membre intérieur qui se place sur le Vaigrage, en répondant exactement sur un vrai Membre ; on

L

en met dans les Vaiſſeaux de guerre autant qu'on veut placer
de faux Baux qui répondent à chaque Porque en s'appuyant
deſſus par les deux bouts. Les Varangues de Porque s'entaill-
lent ſur la Carlingue, & ſe prolongent comme les Varangues
des Membres, en ſe liant avec les Allonges de Porques par des
Genoux, ſe doublant les uns ſur les autres juſqu'au premier
Pont, pour augmenter la force du Vaiſſeau & les liaiſons.

PORQUES *acculées*. Ce ſont celles qui ſont placées dans
les façons du Navire, & qui ont plus de façons que les autres. Les Porques n'ont été inventées que pour fortifier les
Vaiſſeaux ; je n'y vois cependant pas cette propriété ; car on
n'a jamais vu qu'un Vaiſſeau manquât par le fond, on voit au-
contraire qu'il manque toujours par les hauts ; les Préceintes
ſe rompent, les Goutieres & Hiloires ſe ſéparent, les Baux
ſe dreſſent & caſſent, les Ponts larguent de par-tout, mais le
fond ſe maintient ; & ſi les Vaiſſeaux font de l'eau par le bas,
c'eſt que le Vaiſſeau a largué aſſez pour donner du jeu à toute
la Machine, qui n'eſt plus ſoutenue, parce que les hauts ne
ſont plus capables de la ſoutenir.

PORT. C'eſt un endroit dans les terres, & fermé du côté
de la mer, dans lequel les Vaiſſeaux peuvent entrer & ſortir,
& y reſter en ſûreté contre les plus forts coups de vent. Pour
qu'un Port ſoit bon, il faut que le Mouillage y ſoit ſûr, qu'il
ſoit abrié de tous les vents, que la mer n'y ſoit jamais groſſe,
& que les Vaiſſeaux ſoient proche de terre & à portée de
leurs Magaſins ; on demande auſſi qu'ils ſoient toujours
à flot ; qu'on puiſſe y placer des Cales de Conſtruction ſur
un fond ſolide, & dans des endroits où il y ait aſſez d'eau
pour lancer les Vaiſſeaux ; on veut encore qu'on puiſſe y faire
des Formes & Baſſins pour les Refontes & Radoubs ; & il faut
ſur-tout qu'il y ait pluſieurs paſſes, par où l'on puiſſe entrer
& ſortir de tous les vents, car c'eſt un des grands inconvénients
d'un Port, que de ne pouvoir ſortir qu'avec certains vents ; de
pareils endroits ne peuvent jamais faire un bon Port pour des
Vaiſſeaux de guerre, qui doivent toujours être mis dehors auſſi-
tôt que leur Armement eſt fini, car s'ils reſtent à attendre les
vents, l'ennemi a le temps dêtre informé de leurs forces & de
leur deſtination ; car ſouvent le vent ſouffle quinze & vingt
jours du même côté.

PORT *brut*. C'eſt un Port formé par la nature, & dans
lequel on n'a fait aucun ouvrage.

PORT *de Barre*. C'eſt un Port qui a une barre dans ſon
entrée ; tel eſt le Port de Bayonne qui a une barre à l'embouchure de la Doure.

PORT *ouvert*. C'eſt un Port qui n'eſt fermé que d'un côté, & dans lequel on n'eſt point à l'abri des vents qui ſoufflent de ſon entrée, dans laquelle la mer entre avec le vent ;
ce qui la rend ordinairement fort groſſe.

PORT *fermé*. C'eſt celui dont on ne voit pas l'entrée,

lorsqu'on est dedans; de sorte qu'on est à l'abri de tous les vents & de la mer.

PORT *à l'abri*, ou *abrié*. C'est un Port fermé & couvert des vents par les terres.

PORT *sous le vent*. C'est être au vent d'un Port. *En nous tenant le long de la Côte, nous serons toujours à portée de nous loger, & nous aurons des Ports sous le vent.*

PORT *de Vaisseau*. C'est la quantité de Tonneaux de poids que le Vaisseau peut porter ; qui est bien différente de celle qu'il peut arrimer, lorsqu'il prend des Marchandises légeres. Un Vaisseau de 1200 Tonneaux est censé porter cette quantité de poids à 2000 liv. pour un Tonneau ; & s'il ne prend pas de Marchandises pesantes, il arrivera qu'il ne pourra peut-être arrimer que 900 à 1000 Tonneaux ; ainsi il s'en faudra 200 à 300 Tonneaux qu'il ne soit chargé ; mais on y supplée par du Lest que l'on prend d'avance.

PORT *de Vaisseau en Tonneaux d'Arrimage.* C'est la quantité de Tonneaux qu'il peut arrimer à 48 pieds & demi cubes pour un Tonneau, parce que quatre Barriques, Fût de Bordeaux arrimées & attintées ensemble, prennent 48 pieds & demi cubes. *Voyez* JAUGER.

PORT PERMIS. C'est la quantité d'effets que les Officiers d'un Vaisseau peuvent embarquer à leur compte & risque sans payer de Fret ; c'est un avantage conditionnel qu'ils exigent des Armateurs dans certains voyages de long-cours. Le Port permis est proportioné aux Grades de chaque Officier ; le Capitaine ayant un port permis plus fort que les autres, le second ensuite, & ainsi gradativement.

PORTE *Bossoir.* C'est la Courbe qui est placée sous le Bossoir pour le soutenir en dehors.

PORTÉE *de Canon.* C'est la distance où le Boulet peut être jetté, lorsque le Canon est pointé à toute volée, c'est-à-dire, à 45 dégrés d'élévation.

PORTE *Gargousse. Voyez* GARDE-FEUX.

PORTE-HAUBANS. Ce sont des pièces de Bordage de trois à six pouces d'épais, selon la grandeur du Vaisseau ; & de trois quarts de pouces environ de largeur par pied du Bau du Navire, plus ou moins cependant, & autant qu'on le juge nécessaire pour épater davantage les Haubans. On place les Porte-Haubans de chaque bas-Mât de maniere que le premier Hauban de l'Avant se trouve juste sur l'Arriere du bas-Mât, & chaque Hauban à deux pieds & demi ou trois pieds l'un de l'autre, selon que les Canons des Gaillards demandent qu'ils soient plus ou moins espacés ; de sorte que leur longueur est déterminée par la quantité de Haubans qui doivent être placés dessus, parce qu'on place les Cal-haubans de Hunes entre les Haubans des bas-Mâts. On doit placer les Porte-Haubans du grand Mât & du Mât de Misaine sur la Lisse d'A-

L 2

caftillage du plat-Bord , & on les cheville de travers-en-travers
fur la Serre-Bauquiere des Gaillards en deffous, fur Viroles &
à Goupilles ; enfuite on les courbe en deffous ou en deffus pour
les foutenir par des Courbes verticales , dont les Branches font
chevillées fur le Porte-bauban & contre le Bord du Vaiffeau,
ayant attention de les placer chacune fur un Membre. On pratique dans le bord de dehors de chaque Porte-hauban des entailles quarrées, dans lefquelles on place chaque chaîne de Haubans avec fon Cap-mouton au-deffus, & on couvre ces Entailles avec leurs chaînes , par une Liffe moulée & clouée fur le
Can du Porte-hauban , pour retenir les chaînes dans leurs places : les Porte-Haubans ont toujours plus d'épaiffeur à Bord
qu'en dehors.

PORTE-LOFS. On peut prendre les Dogues d'Amures
pour Porte-Lofs , puifqu'ils fervent d'appuis aux grands Lofs,
lorfque la grande Voile eft amurée , ainfi que les bouts-Lofs
peuvent être pris pour Porte-Lofs de Mifaine.

PORTE-VOIX. C'eft un inftrument de fer-blanc , long
de quatre à fix pieds, & de forme conique, dont l'ufage eft de
porter la voix dans un endroit éloigné où l'on veut parler. Cette
forme de Porte-voix n'eft pas avantageufe , parce que les
rayons fonores fe divergent à la fortie de l'inftrument , au lieu
qu'en adaptant un corps éliptique dont les Foyers répondroient
l'un à l'embouchure & l'autre au Foyer d'un autre corps parabolique, on multiplieroit les rayons fonores par le premier ,
& ils fe dirigeroient par le fecond , felon des paralleles à l'axe
de la parabole , ce qui peut contribuer à rendre l'effet de l'inftrument plus parfait; on pourroit de même adapter une embouchure au Foyer du corps parabolique , & l'on gagneroit encore
fur les Porte-voix ordinaires.

PORTE *plein.* C'eft un commandement pour que le Timonnier gouverne de maniere à tenir toujours le vent dans les
Voiles , fans venir trop près. On porte Plein pour donner plus
de viteffe au Vaiffeau , & pour qu'il dérive moins.

PORTER. C'eft prendre fur le Largue , en changeant de
Route lorfqu'on eft au plus près, *Auffi-tôt que le Vaiffeau qui
nous chaffoit fût dans nos eaux , nous fîmes porter fur le Largue
Bonnettes & Perroquets dehors ; & il n'eût plus le même avantage qu'au plus près.*

PORTER *au Sud ,* ou *au S. O.* C'eft gouverner fur l'une
de ces Routes, ou fur une autre que l'on nommeroit de la même maniere. *Nous portions au N. O. & les ennemis portoient
fur l'autre Bord au Sud; ainfi nous nous croifions avec des
vents de O. S. O.*

PORTER *fur l'ennemi.* C'eft gouverner deffus

PORTER *à Route.* C'eft gouverner fur la Route qu'il
faut faire pour aller à fa deftination ; c'eft auffi reprendre fa
Route apres l'avoir quittée pour un temps. *Nous donnâmes chaffe
à un Vaiffeau qui marchoit mieux que nous ; ce qui nous fit prendre le parti de porter à Route , & de lever la chaffe.*

PORTER *la Voile*. C'est avoir le Côté fort, & pouvoir soutenir l'effort du vent sous beaucoup de Voiles, quand le Vaisseau présente le côté à la Direction du vent : c'est un effet de la stabilité du Navire qui résiste à l'inclinaison. Ainsi *Porter bien la Voile*, c'est être dans le cas de mettre plus de Voiles qu'un autre Vaisseau du même temps, & incliner moins ; c'est un avantage considérable que tous les Vaisseaux n'ont pas au même dégré. *Voyez* METACENTRE.

PORTER *au Large*. C'est courir sur une Route qui éloigne de la Côte.

PORTER *à terre*. C'est aller à terre par une Route qui vous en approche.

PORTUGAISE. C'est un Amarrage qui se fait sur la Croisée d'une Fourche à mâter, en entrelaçant une des Bigues & passant entre deux pour faire le tour de la seconde, revenir au milieu, retourner sur la premiere, en souquant avec force chaque tour de la Portugaise, & multiplant les tours assez de fois pour que cet Amarrage soit assez fort ; après quoi on bride avec les deux bouts que l'on fait se croiser à contre sens sur le milieu de la Croisée de la Portugaise, & on souque encore bien fort cette Bridure ; ensuite on fait une autre Portugaise en dessous de la même maniere que la premiere, & on les bride l'une avec l'autre de force, pour placer les Poulies d'appareil, en les éguilletant dessus, ou en les liant par une forte Valture qui enveloppe le tout, après que les Estropes se font croisées & bridées au-dessus de la Portugaise d'en-haut.

POSER *la Quille*. C'est allonger la Quille sur le Chantier pour commencer la Construction d'un Vaisseau.

POSER *un Bordage*. C'est le placer, de can ou de plat.

POSER *en Décharge*. C'est placer une pièce de Charpente pour arbouter & soutenir.

POSTE, *être à Poste*. C'est être à sa place dans une Ligne de Vaisseaux, ou à Bord d'un Vaisseau ; quand la Manœuvre est générale, le Poste du Capitaine est sur le Gaillard d'Arriere, & celui du second est sur celui d'Avant : un Vaisseau est à Poste, lorsqu'il est placé. *Tous nos Vaisseaux étoient en Ligne, tandis que nous étions obligés de louvoyer pour prendre Poste ; notre Matelot de l'Arriere eut encore plus de peine que nous à se poster.*

POT *à Brai*. C'est une Marmite ou Chaudiere de fer, dans laquelle on fait fondre & bouillir la Brai & le Courois, pour appliquer sur les coutures quand elles sont calfatées, ou pour espalmer en plain le dessous du Vaisseau caréné

POT *à feu*. C'est une espèce de Bombe artificiée & garnie tout-au-tour de matiere inflammable jusqu'à ce qu'elle ne soit du Calibre du Mortier qui doit l'exécuter ; on charge le Mortier à l'ordinaire, on allume cette Bombe, & quand elle a bien pris feu, on met le feu au Mortier qui la chasse où elle

doit tomber ; elle enflamme tout ce qui eſt ſuſceptible d'embra-
ſement, & lorſqu'elle eſt bien faite, la petite Bombe qui eſt au
milieu creve, & jette du feu par-tout. Les Bateaux de nos Iſles
de l'Amérique font un Pot à feu, en mettant une groſſe Grenade dans le milieu d'un Pot de terre plein de poudre à Canon,
avec quatre Mèches en croix allumées par les deux bouts ; ils
ſuſpendent cette Machine au bout du Baupré ou de quelques-
unes de leurs Vergues ; & lorſqu'ils donnent à Bord d'un Vaſ-
ſeau, ils laiſſent tomber ce pot à feu, qui en ſe briſant ſur le
Pont du Navire prend feu par ſes Mèches, brûle tout ce qui
l'environne, & allume la groſſe Grenade, qui, en faiſant ſon
effet écarte tout ce qui l'environne ; on profite de ce déſordre
pour ſauter à Bord l'Épée à la main, & réduire ſon ennemi,
à qui l'on ne donne pas le temps de ſe remettre.

POTANCE *de Bringuebale*. C'eſt une Fourche que l'on
conſerve dans le bois de la Pompe, pour y placer la Brim-
bale ; lorſque c'eſt une Pompe à main ou petite Pompe, cette
Potance eſt garnie en fer par dedans, & percée de trois trous,
qui ſervent à placer la Cheville qui ſert d'appui à la Brim-
bale que l'on fixe ſur la Gaule de la Pompe par une autre Cheville, & que l'on fait hauſſer & baiſſer à la main.

POTANCE. C'eſt une forte Traverſe à Tenon ſur deux
forts Montans ou Piliers placés ſur le ſecond Pont, & dont
les bouts vont repoſer ſur le premier ; on leur donne toute la
hauteur néceſſaire pour être de niveau aux Gaillards, étant placés des deux côtés du grand Mât un peu ſur l'Avant ; de ſorte que la Potance ſert à porter les Mâts de Hune, de rechanges & de Bittons d'Écoutes du grand Hunier, parce qu'on leur
met un Rouet dans chaque pied. Il y a beaucoup de Vaiſſeaux
dans leſquels on ne met pas de Potance, ſur-tout quand ils ont
aſſez d'eſpace ſur leur Pont pour pouvoir y mettre leurs Mâts
de Hunes de rechange, ſans gêner le ſervice de leur Canon.

POUCE. C'eſt la douzieme partie du Pied de Roi, qui eſt
diviſée en douze lignes. *Voyez* PIED.

POUDRE *à Canon*. C'eſt un compoſé de Souffre affiné,
de Salpêtre de troiſieme cuite au moins, & de Charbon de bois
léger, mêlé à doſes proportionnées, pulvériſés, humectés & battus enſemble, juſqu'à parfaite union, enſuite tamiſés & mis
en grains, que l'on appelle *Poudre à Canon* : ſon uſage eſt d'ê-
tre employée dans le ſervice de l'Artillerie & de tout feu d'Artifice dont elle eſt l'âme & le principe. La Poudre à Canon
étant renfermée dans les Bouches à feu & enflammée ſubitement,
chaſſe devant elle avec détonnation tous les corps qu'on a mis
après elle, & les pouſſe à des diſtances conſidérables, où ils
choquent & briſent tout ce qui s'oppoſe à leur paſſage. C'eſt
avec la Poudre à Canon, & les différentes Armes qu'elle a fait
inventer, qu'on fait la guerre ſur mer, comme par-tout.

POUDRE *neuve*. C'eſt celle qui n'a point encore fait voyage, & qui a plus de force & de violence que celle qui eſt vieille.

POULAINS. *Voyez* ACCORES.

POULAINE. C'eſt une petite Platte-forme en Grillage ou Caillebotis ſoutenue ſur les Echarpes à l'Avant du Vaiſſeau : on pratique ſur cette Platte-forme des commodités pour l'Equipage, une de chaque Bord, & on la garnit d'un Garde-foux à hauteur d'appuis, avec un filet de Moulure.

POULIE. C'eſt une Machine compoſée d'une Caiſſe ou Moufle, d'un Rouet qui tourre ſur un Aiſſieu placé dans la Caiſſe, qui eſt envelopée d'une Eſtrope de fer à croc, ou de Cordage avec croc, ou à boucle ſeulement garnis de Coſſes, ſelon l'uſage qu'on en veut faire. *Voyez* CAISSE, ROUET, AISSIEU & ESTROPE. Il y a différentes eſpeces de Poulies, ſoit par la forme ou la diſpoſition des Rouets.

POULIE. *ſimple.* C'eſt celle qui n'a qu'un Rouet.

POULIE *double.* C'eſt celle qui a deux Rouets de front ſur le même Aſſieu, ou qui en a deux l'un ſur l'autre ſur des Aiſſieux diffé ents, & dont le Diamètre de l'un eſt moins grand ; le plus petit eſt celui qui ſe place en-bas, afin que le garan du Palan ne touche pas, en venant du grand Rouet, la paſſe qui eſt placée ſur le petit.

POULIE *triple, quadruple, quintuple, ſextuple, &c.* Ce ſont celles qui ont trois, quatre, cinq & ſix Rouets de front & de même Diamètre ſur un Aiſſieu commun ; elles ſervent aux plus forts Appareils.

POULIE *de Cayorne.* C'eſt une Poulie qui a ordinairement trois Rouets de front à Dès de fonte ſur un Aiſſieu de fer, dont les Canaux ſont propres à recevoir un Cordage pour Garan, d'une force proportionnée aux Fardeaux que cette Poulie eſt en état de lever.

POULIE *de Driſſe, de baſſes-Vergues.* Ce ſont des Poulies qui ont deux & trois Rouets de front, dans leſquels on paſſe les Driſſes des baſſes-Vergues ; on caple à la tête des bas- Mâts, la Poulie à trois Rouets ; & celle qui lui eſt oppoſée n'en ayant que deux, eſt éguilletée ſur la Vergue.

POULIE *d'Itaque de Hunier.* C'eſt une Poulie ſimple, dont le Canal a aſſez d'ouverture pour paſſer l'Itaque qui ſert à hiſſer le Hunier ; on en caple une de chaque bord du Mât de Hune en deſſous des Haubans, & on en met ſouvent une troiſieme ſur la Vergue, pour rendre l'Itaque plus courante.

POULIE *de Guindereſſe.* C'eſt une groſſe Poulie ſimple, à Rouet de Gavac à Dés de fonte, ou Rouet de fonte, & Aiſſieu de fer, eſtropée en fer avec un fort croc de fer : ſon uſage eſt de guinder les Mâts de Hune ; ainſi ſon canal eſt ouvert d'un plus grand eſpace que le Diamètre de la Guindereſſe à laquelle elle doit ſervir.

POULIE *en Galoche.* C'eſt une Poulie ſimple à Eſtrope & croc de fer, avec une coupure ſur un de ſes côtés, pour

y paſſer le Cordage ſur ſon Rouet, quand on veut s'en ſervir pour Poulie de retour. Il y a des Poulies en Galoches de
pluſieurs groſſeurs, les unes ſervent à tirer les Lignes de Sondes, en les frappant ſur les Cal-haubans de l'Arriere, d'autres
ſervent de Poulies de rétour pour les grands Appareils, & d'autres ſervent de retour pour les menus ouvrages & pour les
Boulines.

POULIE *de Retour.* C'eſt une Poulie placée quelque
part pour recevoir une Manœuvre dans une Direction plus
avantageuſe au travail qu'on veut faire. Tous les Palans de
charge & de décharge, les Cargues-fonds, Cargues-Boulines,
Cargues-points, Bras & Boulines, ont leurs Poulies de conduite & de retour.

POULIE *eſtropée.* C'eſt celle qui eſt garnie de ſon Eſtrope.

POULIE *deſtropée.* C'eſt celle qui eſt ſortie de ſon Eſtrope.

POULIE *de ſur Vergue.* C'eſt celle qui eſt placée & éguil-
lettée ſur les Vergues pour recevoir la Driſſe des baſſes-Vergues, ou l'Itaque des Huniers.

POULIE *de Capen.* C'eſt une Poulie à trois Rouets ſur
le même Aiſſieu de fer, eſtropée fortement en fer, avec un
grand croc ouvert; ſon uſage eſt de caponer les Ancres au Boſſoir, après qu'elles ſont levées juſqu'à l'Ecubier.

POULIE *à Croc.* C'eſt celle qui a un Croc ſur ſon Eſtrope de fer ou de corde.

POULIES *de Driſſe des Huniers.* Ce ſont de grandes
Poulies ſimples & plates, eſtropées en cordes avec des Crocs
à Emerillon, dans leſquelles on paſſe les Driſſes des Huniers.

POULIES *de Retour d'Ecoutes de Hunes.* Ce ſont celles
qui ſont placées ſous le milieu des baſſes-Vergues des deux côtés des Mâts, & éguilletées deſſus la Vergue, dans leſquelles
les Ecoutes des Huniers paſſent en venant du bout des Vergues pour tomber ſur les Ponts.

POULIES *d'Ecoutes.* Ce ſont celles qui ſont eſtropées &
placées ſur les points des baſſes-Vergues pour y paſſer leurs
Ecoutes.

POULIES *à Talon* ou *de bout de Vergue.* Ce ſont des
Poulies ſimples d'une forme particuliere; elles ont un Talon
au bout, où l'Eſtrope eſt étranglée par ſon Amarrage; elles ſervent à paſſer les Ecoutes des Huniers & des Perroquets; on les
caple ſur le bout des baſſes-Vergues & des Vergues de Hune.

POULIEUR ou *Pouléur.* C'eſt l'Ouvrier qui fait les
Poulies.

POUPE. C'eſt en terme d'Architecture nautique, la partie
de la Carène, compriſe entre le Maître-couple de l'Arriere &
l'Etambord. Cette partie eſt plus ou moins longue ſelon qu'on a
porté la Maîtreſſe-levée plus ou moins de l'Avant. C'eſt de ſa
figure que dépend la qualité de bien gouverner.

POUPE. C'eſt en général la partie du Vaiſſeau qui eſt au-deſſus de la Barre d'Hourdi, & que l'on voit d'un point éloigné dans le prolongement de la Quille à une certaine diſtance derriere l'Etambord. Cette partie du Vaiſſeau qui nous en montre la largeur entre ſes Eſtains, eſt ornée d'Armoiries, de Sculpture & de Supports de goût, différemment contournés & peints; les plus ſimples ſont les meilleurs.

POUPE *quarrée*. C'eſt une Poupe qui eſt terminée par un plat au-deſſous de la Barre d'Hourdi : on ne fait plus de ces ſortes de Poupes, parce que cela eſt difforme; & ſi ce Plat va trop bas dans l'eau, il eſt déſavantageux à la propriété de bien gouverner.

POUPE *ronde*. C'eſt une Poupe terminée par une Courbe au-deſſous de la Barre d'Hourdi. On finit toujours les Vaiſſeaux de cette maniere, en ſe ſervant de pièces de tour, pour les border dans cette partie.

POUSSE *Barres*. C'eſt commander aux gens qui virent au Cabeſtan, de pouſſer avec plus de force ſur les Barres, afin de lever plus vîte l'Ancre, ou tout autre fardeau.

POUSSE *la Barre à Bord*. C'eſt ordonner de la mettre tout à Bord, du côté que l'on a nommé.

POUSSÉE *Verticale*. C'eſt la force que fait l'eau pour porter les Corps flottants. La Pouſſée verticale eſt le réſultat de la preſſion des fluides ſur les Corps qui ſurnagent ſur leur ſurface; c'en eſt la partie qui s'exerce verticalement avec une force qui eſt toujours égale à la peſanteur du Vaiſſeau. *Voyez* DEPLACEMENT D'EAU.

POUSSER *de fond*. C'eſt pouſſer le fond avec une perche, pour faire marcher un Bateau.

POUSSER *ſa Bordée*. C'eſt la continuer.

POUSSER *la Barre du Gouvernail*. C'eſt la pouſſer d'un Bord ou de l'autre, pour faire évoluer le Vaiſſeau.

PRAME. C'eſt un Vaiſſeau à fond plat, & d'un petit Tirant-d'eau; il eſt propre à naviguer dans les Rivieres & le long des Côes. On a fait des Prames en France pendant la derniere guerre, qui portoient ſur leur Pont 26 Canons de 36, & deux Mortiers de douze pouces : celles qui avoient été conſtruites à Nantes étoient manquées par la Batterie qui étoit noyée; parce que leur Conducteur n'avoit pas ſçu les calculer apparamment.

PRATIQUE. C'eſt en général l'expérience & l'uſage : un bon Praticien eſt celui qui a l'uſage de la mer, qui connoît bien les Parages, les Côtes, les Ports & Havres, les Mouſſons, les variétés des ſaiſons, les Courants & le Tranſport de la mer, parce qu'il a beaucoup voyagé & bien vu.

PRATIQUE, *être pratique*. C'eſt avoir toutes les connoiſſances néceſſaires pour aller & venir dans une Navigation particuliere, & y faire le Commerce. *Ce Capitaine eſt Pratique de la Côte de Guinée & des Isles de l'Amérique ; mais il n'a aucune connoissance des Mers du Nord.*

PRÉCEINTES. Ce sont de fortes pièces de Charpente, qui lient le Vaisseau en dehors ; leur épaisseur est toujours un peu plus forte que le double de celle du Bordage de la Carène. On donne de la Tonture aux Préceintes pour la grace du Navire qu'elles entourent, en observant de ne pas les faire passer dans les Sabords, afin qu'elles ne soient pas coupées, & qu'elles gardent toute leur force. La première Préceinte se place ordinairement sur le fort du Vaisseau, vers le milieu, en s'élavant par les extrémités jusqu'à l'Etrave & l'Etambord, & tous les Bordages que l'on place au-dessous vont en diminuant d'épaisseur de quart de pouce en quart de pouce, jusqu'à ce qu'ils ne soient réduits à l'épaisseur que doit avoir le Bordage de la Carène : au-dessus de cette première Préceinte, on en place une autre à la distance d'une largeur de Bordage, & on la conduit parallellement à la première, de manière qu'elle rase en montant le bas des Sabords les plus de l'Avant & de l'Arriere sans en être coupée ; de sorte que c'est celle-ci qui doit régler la Tonture de celle qui est placée plus bas. Les secondes Préceintes sont paralleles aux premieres, & placées entre les Sabords des deux Batteries, & ont un échantillon plus foible ; il en est de même des troisiemes, que l'on place au-dessus de la seconde Batterie ; les unes & les autres ont des écarts de demi-à-demi, les pièces les unes sur les autres, & situés de manière qu'il n'y en ait aucun qui soit au-dessus de l'autre, ni au milieu du Vaisseau, quand cela se peut, afin de conserver toute la force possible à ces pieces.

PRÉLART ou *Prélat.* C'est un quarré de toile goudronnée, dont on couvre les Ecoutilles haut & bas, pour empécher l'eau de pénétrer dans les Cales, & de gâter les Marchandises qui y sont arrimées. On a un Prélart par chaque Ecoutille.

PRENDRE *vent Devant.* C'est venir au vent, lorsqu'on est au plus près, jusqu'à prendre le vent dessus toutes les Voiles. On prend vent Devant volontairement ou par accident ; dans ce dernier cas, c'est ce qu'on appelle *faire Chapelle.*

PRENDRE *des Ris.* C'est racourcir les Huniers de toute la toile comprise entre une bande de Ris & la Vergue. On prend un Ris, quand on ne diminue le Hunier que d'un Ris ; on en prend deux ou trois si on la racourcit de deux ou trois Bandes. On ne prend de Ris que lorsque le vent est trop fort pour porter les Huniers tous hauts. On pourra voir la maniere dont on fait cette Manœuvre dans l'Art Nautique.

PRENDRE *une Bosse.* C'est prendre l'Amarre d'une Chaloupe ou d'un Canot pour s'en faire rémorquer ; c'est le contraire de donner une Bosse.

PRENDRE *les Amures à Tribord ou à Babord.* C'est amurer les Voiles du côté nommé, pour serrer le vent du même Bord.

PRENDRE *la mer*. C'eſt ſortir du Port pour aller en mer, faire un Voyage ou une Courſe.

PRENDRE *le Large*. C'eſt quitter la terre de vue, & s'en éloigner : c'eſt aller au Large.

PRENDRE *Chaſſe*. C'eſt fuir.

PRENDRE *hauteur*. C'eſt obſerver la hauteur du Soleil ſur l'horizon, avec l'Octans, pour déterminer la Latitude, en ajoutant ou ſouſtrayant la déclinaiſon, ſelon qu'on ſe trouve au Nord ou au Sud du Soleil.

PRENDRE *terre*. C'eſt voir la terre, & s'en approcher pour la reconnoître, ou pour y mouiller ; cette maniere de parler n'eſt d'uſage que lorſqu'on dit que l'on a pris connoiſſance de terre.

PRENDRE *fond*. C'eſt trouver le fond avec la Sonde. *Voyez* SONDER. *Nous prîmes fond par* 150 *braſſes*.

PRENDRE *le fond avec l'Ancre*. C'eſt mouiller ; l'Ancre a pris fond, lorſqu'elle tient bon, & qu'elle ne chaſſe pas. *Notre premiere Ancre ne prit pas fond, ce qui nous obligea d'en mouiller une ſeconde, qui prit & fit prendre la premiere.*

PRENEUR. Le Vaiſſeau Preneur eſt celui qui fait une priſe.

PRÈS *du vent*. C'eſt tenir le vent le plus qu'il eſt poſſible, c'eſt-à-dire, qu'on ſuit la Route qui approche le plus de la direction du vent, on eſt au plus près alors.

PRÉS & *Plein*. C'eſt tenir le plus près du vent, en faiſant porter quelques dégrés ſous le vent du plus près ; de ſorte que les Voiles ne faſent point : de cette maniere, on donne plus de viteſſe au Vaiſſeau & moins de Dérive ; ainſi on s'éleve plus au vent, que ſi on tenoit le plus près bien exactement.

PRÉSENTER *au vent*. C'eſt tenir le vent au plus près, en derivant peu & marchant vite. Un Vaiſſeau préſente bien au vent, quand il ralie le plus près comme il faut, qu'il s'approche à cinq Pointes & demie de la direction du vent ſans dériver beaucoup. *Il ralie bien le vent, il préſente bien au vent, c'eſt un bon Boulinier.*

PRÉSENTER *le bout à la Lame*. C'eſt aller directement contre le cours de la Lame ; ce qui n'arrive qu'après un coup de vent, & lorſqu'il a changé, de maniere qu'on puiſſe faire Route contre la Lamme, ce qui produit ordinairement de grands Tangages, ſoit que l'on ſoit ſous Voiles ou à l'Ancre.

PRÉSENTER *un Bordage*. C'eſt le poſer dans l'endroit où il doit être placé, pour voir s'il y convient & s'il pourra y aller, afin de l'ajuſter s'il y a quelques choſes de trop, ou le changer s'il eſt trop petit.

PRESSER. *Voyez* ESTIVER.

PRÊTER *le côté à un Vaiſſeau*. C'eſt le combattre Bord à-Bord, & être aſſez fort pour ne pas le craindre. *Nous nous trouvâmes aſſez forts pour prêter le côté au Vaiſſeau qui nous étoit oppoſé dans la Ligne ennemie, auſſi rendîmes-nous un Combat vif & ſoutenu de part & d'autre.*

PRÊTER *le côté au vent.* C'est y présenter le Travers, & tenir a la Cape pendant un coup de vent. Un Vaisseau qui ne porte pas bien la Voile, n'est pas en état de prêter le côté au vent.

PRÉVOT *d'Equipage.* C'est un homme engagé à Bord des Vaisseaux du Roi, pour faire les exécutions des malfaiteurs, & les punir selon les Sentences du Conseil de guerre. C'est le Prévôt qui bat ceux qu'on amarre sur des Canons, il donne le fouet aux Mousses, nettoie, gratte & balaye par-tout où besoin est; il a ordinairement quatre à cinq Acolites sous ses ordres, qui travaillent avec lui; il a soin d'entretenir la propreté au poste des malades, & il n'est point sujet au Quart. C'est l'état le plus vil du Vaisseau.

PRIME *d'Assurance.* C'est la somme que celui qui fait assurer paie à l'Assureur, à tant pour cent; elle se paie au retour du Voyage. La Prime d'Assurance est plus ou moins forte selon la qualité & la longueur des Voyages; selon aussi le temps & le tau des Places de Commerce.

PRIS *de Calme.* C'est manquer de vent, & rester au même endroit, sans gouverner ni pouvoir faire Route.

PRIS. un Vaisseau pris est celui qui s'est rendu & qui a été amariné. *Le premier Vaisseau qui fut pris, se défendit courageusement, mais tous les autres furent pris sans tirer.*

PRIS *de mauvais temps.* C'est être assailli d'un coup de vent. *Nous étions par 38 dégrés de Latitude Sud, Nord & Sud du Cap de Bonne-Espérance, quand nous fûmes pris d'un mauvais temps qui dura six semaines sans intervalle, les vents étant toujours du Ouest au S.S.O.*

PRISES. Ce sont des Vaisseaux pris sur les ennemis. *Pendant notre Course nous fîmes huit Prises, que nous amenâmes à bont Port.* Les Vaisseaux pris sont dits de bonnes prises, quand ils sont ajugés par l'Amirauté; s'ils sont ennemis, il n'y a aucune difficulté, la prise est bonne de droit; s'ils sont neutres & chargés par l'ennemi de denrées défendues, ils le sont aussi; mais il y a toujours des difficultés & des plaidoyers à essuyer, pour les frais desquels une bonne partie de la valeur de la prise est employée; de sorte que nos Corsaires n'aiment pas à arrêter les neutres.

PROFIT *à Grosse-Avanture.* *Voyez* GROSSE.

PROLONGÉ. Un Vaisseau est prolongé par son ennem, lorsqu'il est abordé de long-en-long.

PROLONGER *la Civadiere.* *Voyez* APIQUER LA CIVADIERE, & VERGUE DE CIVADIERE APIQUÉE.

PROLONGER *un Vaisseau* C'est l'aborder de long-en-long pour l'enlever l'Épée à la main. *Nous prolongeâmes le Vaisseau ennemi, & lui jettâmes nos Grapins à Bord, de sorte qu'il fût enlevé d'emblée.*

PROS ou *Praux.* Ce sont des Embarquations Malaies, qui sont d'une grande vitesse à la Voile & à la Rame; ils sont fort larges , peu profonds & terminés en pointe par les deux bouts ; c'eſt à-peu-près deux demi-Cônes joints par la baſe ; il y en a qui ont des Balanciers pour ſe ſoutenir droits & ne pas faire Capot.

PROUE C'eſt en Architecture Nautique, la partie de la Carène , compriſe depuis la Maîtreſſe-Levée de l'Avant juſqu'à l'Etrave , à hauteur du Fort. C'eſt de la Figure de la Proue que dépend la qualité de bien ou mal marcher ; auſſi les Conſtructeurs doivent-ils y faire la plus ſérieuſe attention.

PROUE. C'eſt l'Eperon. *Voyez ce terme.*

PROVISIONS. Sous ce terme , on entend tout ce qui concerne les Vivres & Boiſſons pour l'Equipage d'un Vaiſſeau.

PUITS. C'eſt l'Archipompe. *Voyez ce terme.*

PUITS *à l'eau.* Ce ſont des Puits faits de bois de Tec , aux Indes ; on s'en ſert pour conſerver l'eau à boire , au lieu de Fûtailles ; ces Puits contiennent 14 à 20 & 25 Barriques d'eau , elle s'y conſerve très-bien , & plus ſûrement que dans les Pièces : ces Vaſes ſont quarrés , & ſe placent dans l'entre-Pont avec de petits Ecoutillons au-deſſus pour les remplir dans les Relâches. Cela ne ſeroit bon que pour des Vaiſſeaux Marchands , à moins qu'on en plaçât quelques-uns dans les Cales des Vaiſſeaux de guerre ; je crois que s'ils étoient auſſi bien faits que ceux des Indiens , on pourroit gagner de l'eſpace ; parce que des corps cubiques à-peu-près , laiſſent bien moins d'eſpaces entr'-eux , que d'autres corps Eliptiques tronqués , comme le ſont nos Pièces à l'eau ordinaires. D'ailleurs ces Puits ſont moins ſujets à couler , parce que leur bois eſt moins gêné que celui des Fûtailles , & qu'on lui donne quatre pouces d'épais.

PUITS *ſur le fond.* Ce ſont des profondeurs qui ſe trouvend au fond de la mer ; de ſorte qu'il arrive que ſur un Banc on a le fond tout au-tour d'un Puits ſans le trouver dans cet endroit plus profond.

PULVERIN. C'eſt de la Poudre à Canon pulvériſée, dont on ſe ſert pour amorcer les Canons.

PULVERINS. *Voyez* Corne d'Amorce.

PURGER *le bois d'Aubour.* C'eſt en ôter tout ce qui eſt mauvais , & qui n'eſt pas bois fait.

PURGER *le Vaiſſeau de ſa vieille Brai & Goudron.* C'eſt le nettoyer avec la Gratte de tout vieil enduit pour le goudronner de neuf, l'entretenir, le rendre leſte & propre. *Voyez* GRATTER.

QUAI. C'eſt un eſpace réſervé le long des bords de la Mer & des Rivieres, fa…t en maçonne, bien dreſſé, pour recevoir les Marchandiſes que l'on charge & décharge des Magaſins aux Vaiſſeaux. On place ſur les Quais des Boucles, des Ancres & des Canons, pour amarrer les Vaiſſeaux Bord-à-Quai. On fait des Quais le long des Rivieres, non-ſeulement pour la commodité du Commerce, mais encore pour les retenir dans leur lit, & les empêcher de déborder & d'inonder les Plaines.

QUAYAGE. Le droit de Quaïage, eſt ce qu'on paie pour avoir le droit d'y dépoſer ſes Marchandiſes, de les y peſer & viſiter. Le revenu de ce droit eſt applicable à l'entretien du Quai.

QUAICHE ou *Queſche.* C'eſt un petit Bâtiment à un Pont, mâté & gréé en Heu; il eſt propre aux Nations du Nord de l'Europe.

QUARANTAINE. On fait la Quarantaine, lorſqu'on vient de lieux ſoupçonnés de peſte ou maladie contagieuſe, en demeurant mouillés au large pendant quarante jours, pour laiſſer paſſer le mauvais air du Vaiſſeau : ſouvent les quarante jours ſont réduits à moins, & quelquefois augmentés.

QUARANTENIER. C'eſt un petit Cordage de trois Tourons, fait depuis neuf fils juſqu'à dix-huit : on en fait les Enflechures des Haubans, les Cargues & Bras de Perroquet, & toutes les menues Manœuvres des petites Voiles; on en fait auſſi les Rabans de Fès des Voiles que l'on envergue. On l'emploie a une infinité d'autres uſages.

QUARRÉ *Naval.* C'eſt un Quarré parfait que l'on trace ſur le Gaillard d'Arriere d'un Vaiſſeau de Ligne, en lui donnant au moins cinq à ſix pieds ſur chaque face; on trace dans le milieu de ce Quarré une ligne parallele à la Quille du Vaiſſeau, qui marque toujours celle ſur laquelle on gouverne, & la direction du poſte que l'on doit tenir en Ligne; on trace de plus deux autres Lignes Diagonales d'un Angle à l'autre, qui marqueront toujours les Bordées que le Vaiſſeau pourra courir en virant de Bord, lorſqu'il ſera au plus près du vent; car les Angles compris entre chaque Diagonale & la Ligne du milieu ſont de 135 dégrés, égaux enſemble aux deux Routes du plus près du même vent. Le Quarré Naval eſt d'un uſage fort commode pour l'Officier de Quart, toutes les fois qu'il voudra voir s'il eſt à ſon poſte dans l'ordre de marche ou de convoi, parce que les Matelots de l'Avant & de l'Arriere de lui, doivent toujours être dans la direction de la Ligne du milieu, tandis que ceux du travers qui ſont dans les autres colonnes, lui reſteront par les Lignes de l'Avant & de l'Arriere du Quarré qui traverſent de Tribord à Babord perpendiculairement a celle du milieu.

QUART *de Rond*. C'eſt une eſpèce de Moulure en quart de cercle, qui abat l'arrête d'une pièce de bois quarré. On met toutes les arrêtes des Baux des ſeconds Ponts & Gaillards en quart de rond.

QUART DE RONDER. C'eſt faire la Moulure de quart de rond ſur les Baux. Un Bau ou Barot eſt quart de ondé, lorſqu'on a pouſſé un quart de rond ſur ſon arrête pour l'abattre; car l'inſtrument pour faire un quart de rond prend ce nom, c'eſt une eſpece de Rabot, dont le fer eſt façonné en quart de cercle par ſon taillant.

QUART ou *Garde*. C'eſt le temps que la moitié de l'Equipage fait le ſervice de la Manœuvre, & veille à tout, pendant que l'autre moitié dort; les Quarts ſe font de midi à ſix heures du ſoir pour la moitié de l'Equipage, & de ſix heures à minuit pour l'autre moitié, enſuite ils ſe font de quatre heures en quatre heures juſqu'à midi. Lorſque le Quart finit, on ſonne la Cloche pour réveiller ceux qui dorment, & on envoie les Officiers-Mariniers entre-Pont pour faire monter le monde, & changer ceux qui veilloient.

QUART *de jour*. C'eſt celui qui ſe fait pendant qu'il eſt jour. On nomme auſſi *Quart du jour*, celui pendant lequel on voit le jour ſe faire & commencer juſqu'au lever du Soleil.

QUARTS *de nuit*. Ce ſont ceux qui ſe font depuis le commencement de la nuit juſqu'au point du jour.

QUART *pris*; c'eſt-à-dire, qu'il eſt commencé. *Nous prîmes le Quart à minuit, & à deux heures nous étions ſous les baſſes Voiles.*

QUART, *Rolle de Quart*. C'eſt le Tableau ſur lequel on a écrit la diſpoſition des gens qui font le Quart, en les diſtribuant par Tribord & Babord, afin que Tribord puiſſe veiller pendant que Babord dort. Chaque Rolle du Quart eſt diviſé par quartiers; les gens du Gaillard d'Arriere, ceux des Bras & du Gaillard d'Avant; ainſi l'Equipage entier eſt diviſé ſur le Rolle en deux parties égales, & chaque Bord, en deux autres pour faire le ſervice ſur les Gaillards, pendant qu'on veille de jour ou de nuit.

QUART *changé*. C'eſt-à-dire, que les gens qui veilloient ſont allés ſe repoſer, & qu'ils ont été remplacés par l'autre moitié de l'Equipage.

QUART *de Rumb* ou *de vent*. C'eſt un Quart de l'angle de 45 dégrés, compris entre deux des huit principaux vents, Rumbs ou Points de la Bouſſole; c'eſt une pointe du Compas,

qui eſt écartée de ſes deux voiſines de onze dégrés quinze minutes, que toute la Bouſſole eſt diviſée en 23 quarts de Rumbs.
*Nous prîmes ſur Tribord d'un quart ou deux pour éviter le
Vaiſſeau qui étoit devant nous ; nous ſerrâmes le vent de trois
quarts pour ralier la terre.*

QUART *de Nonante.* C'eſt un Inſtrument formé de deux
Arcs de cercles de différents rayons tracés du même centre,
montés du même ſens, l'un en deſſus & l'autre en deſſous d'une
forte pièce de bois quarré, longue de deux pieds environ, &
de toute la longueur du rayon du grand Arc de cercle qui eſt
en deſſous : on maintient verticalement ſur la Verge de bois les
deux Arcs du Quart de Nonante par de petits Montants bien
ajuſtés par un Ébeniſte ; le petit Arc eſt de 30 dégrés, & le
grand de 60, le premier eſt diviſé de dégrés-en-dégrés, le ſecond l'eſt de dix minutes-en-dix minutes, avec des Tranſver-
ſales qui donnent la minute aſſez exactement. L'uſage de cet
Inſtrument eſt très-facile ; on place à un certain nombre de dégrés fixes un petit marteau, portant un verre lenticulaire ſur
le petit Arc de cercle en même temps qu'on met un marteau
fixe au bout de la branche du Montant qui ſert de baſe à tout
l'Inſtrument, & ſur laquelle eſt le centre des deux Arcs, dans
lequel eſt placé ce marteau qui a une ouverture horizontale faite
en long, enſuite tournant le dos au Soleil, on fait concourir un
Point central lumineux, partant du verre, lequel repréſente
l'Image du Soleil ſur un petit cercle tracé d'une ligne de diamètre au plus, ſur le milieu du marteau fixé horizontalement,
avec le rayon viſuel de l'œil placé ſur un marteau à pinnule
mobile, que l'on fait courir ſur le grand Arc de cercle, juſqu'à ce qu'on voie exactement l'horizon par ſa pinnule, & par
la fente ou ouverture qui eſt vers le milieu du marteau fixe,
ſur lequel répond le Diſque du Soleil ; enſuite comptant les
dégrés & minutes marqués ſur le grand Arc de cercle, & les
ajoutant aux dégrés du marteau à verre, placé ſur le petit Arc
de cercle, on a le nombre des dégrés & minutes dont le Soleil eſt éloigné du Zénith, d'où on conclut la Latitude par la
connoiſſance de la déclinaiſon de l'Aſtre. Nous renvoyons pour
les Obſervations à faire ſur le Quart de Nonante au Traité de
Navigation de Mr. l'Abbé DE LA CAILLE.

QUARTIER *Maître.* C'eſt l'Officier-Marinier qui ſuit le
Boſſeman ; ſon ſervice eſt de faire nettoyer, gratter, & ſauber-
ter par-tout, il commande les Matelots ſous l'autorité des Maîtres, & va ſur les Vergues & dans les Hunes, ainſi que les
Boſſemans, pour faire accélérer le travail & le conduire.

QUARTIER *de Réduction.* C'eſt une Carte de petite ſurface qui convient par ſa petiteſſe à tous les lieux de la terre ;
parce qu'en conſidérant un eſpace ſur le Globe d'une petite
étendue, on peut le conſidérer comme plat. On pointe toutes
les Routes ſur le Quartier de Réduction, pour les réduire à une

ſeule

feule, & en déduire la Latitude & la Longitude eftimées, avec le chemin réfultant fur cette feule Route, qui eft moyenne entre toutes celles fur lefquelles on a couru. Le Quartier de Réduction eft partagé en une infinité de petits quarrés formés par des lignes droites, & paralleles entr'elles à égale diftance, coupées par d'autres paralleles qui tombent deffus les premieres perpendiculairement à des diftances égales entr'elles & aux premieres intervalles : celles qui vont dans un fens font des lignes Eft & Oueft, tandis que les autres font Nord & Sud, & divifées les unes par les autres en parties égales, du point où tombe fur un des grands côtés du Parallélograme les petites lignes paralleles; & d'un centre commun, pris dans un des Angles du Quartier, on trace des Arcs de Cercles contentriques, qui font autant de quarts de circonférence; un de ces quarts de cercles eft divifé en dégrés & de douze en douze minutes par des Tranfverfales. Du centre commun de tous les arcs de cercle, on fait partir des rayons qui font entr'eux des Angles de onze dégrés quinze minutes, & qui marquent les quarts ou pointes de la Bouffole pour deux Rumbs entiers, qui peuvent être pris indifféremment pour ceux qui fe trouvent entre le Nord & l'Eft, le Sud & l'Oueft, ou entre le Nord & l'Oueft, & le Sud & l'Eft. Pour fe fervir du Quartier de Réduction, qui eft ordinairement fait fur un Carton, on place un crin ou un fil de foie bien dans le centre du quartier, de forte qu'il puiffe être tendu fur tous les dégrés du quart de cercle gradué, & marquer le nombre des dégrés & minutes dont les Routes courues peuvent s'écarter vers un des quatre Points Cardinaux : tout ce que nous venons de dire étant bien conçu, il fera aifé de voir que l'ufage du Quartier de Réduction eft de réduire avec la plus grande facilité tous les Triangles Rectangles imaginables fans aucun Calcul. Le fil tendu fur telle Direction qu'on veut, marque toujours l'Hipotenufe dont la longueur eft réglée par le nombre des lieues cinglées, que l'on compte fur les arcs de cercles concentriques également éloignés les uns des autres, & dont les intervalles fe comptent aifément, parce qu'ils font diftingués & cottés de cinq en cinq; enfuite du point où les lieues & parties de lieues s'arrêtent fur l'Hipotenufe, on peut compter la longueur des deux côtés perpendiculaires du Triangle Réctangle, & en connoitre ainfi la valeur. Le Quartier de Reduction eft le plus exact de tous les Inftruments, parce qu'il met fous les yeux du Navigateur, les opérations dans leur plus grande fimplicité; il rend très-fenfible les plus petites quantités, quand les Routes parcourues n'ont pas trop d'étendue. On peut confulter fur cet article le Traité de Navigation de Mr. l'Abbé DE LA CAILLE.

QUARTIER *Sphérique*. C'eft un Inftrument fait c mme celui de Réduction fur un Carton, mais différemment conftruit, parce qu'au lieu de Cercles concentriques, on trace des Courbes allongées, qui vont toutes se terminer au même point, en repréfentant les Méridiens réunis au Pole ; on trace de plus une ligne droite qui part du centre, en faifant un angle de 23 dégrés 30 min. avec le côté du Quartier pris pour Equateur ; ainfi cette ligne fait voir la projection de l'Ecliptique, qui fe termine au Cercle extérieur qui renferme tous les Méridiens. L'ufage du Quartier Sphérique eft de réfoudre la plupart des queftions Aftronomiques néceffaires à la Navigation, fans aucun calcul, mais par des à-peu-près fort éloignés de l'exactitude du calcul, & de la promptitude des opérations que l'on peut faire au moyen des Tables que nous a donné Mr. l'Abbé DE LA CAILLE, dans fon Traité de Navigation.

QUARTIERS. Les Quartiers d'un Vaiffeau font les deux Joues & les deux Hanches. *Nous nous tînmes fur les Quartiers, & nous le canonnâmes dans cette pofition avantageufe.*

QUEN ou *Quain*. C'eft une maniere de border les petits Bateaux. On borde à Quein, en faifant paffer le Bordage fupérieur fur l'inférieur de la moitié de fon épaiffeur, le faifant repofer fur une Feuillure, ou de toute fon épaiffeur, fans qu'il y ait de Feuillure au fecond Bordage. Je ne vois pas l'utilité de cette maniere de border, que l'on appelle auffi *Clin. Voyez* ENCOUTURÉ & BORDÉ.

QUÊTE ou *Quefte*. C'eft l'inclinaifon d'une ligne fur une autre ; ainfi la pente que l'on donne à l'Etambord du deffus de la Quille, eft la Quête de l'Etambord.

QUENOUILLETTES. C'eft la partie des Montants de Voûtes qui va au-deffus du fecond Pont former les côtés des Fenêtres de la grand'Chambre & de la Chambre de Confeil, en les faifant monter jufqu'au Couronnement. Quelquefois on ne fait monter les Quenouillettes des Montants de Voûte que jufqu'au Pont des Gaillards, pour faire les Fenêtres de la grand'Chambre, enfuite on ajufte en dedans d'autres Quenouillettes fur un Bau placé en avant des Quenouillettes de la grand'Chambre, pour former les Fenêtres de la Chambre de Confeil, & mettre la moitié ou les deux tiers de la Gallerie en dedans, pour lui donner plus d'efpace & charger moins l'Arriere du Vaiffean.

QUENOUILLETTES *de Trelingage*. Ce font des bouts de Cordages que l'on double en dehors & en dedans des bas-Haubans, à la hauteur ou le Trelingage doit être fait ; leur longueur embraffe tous les Haubans enfemble, à l'exception des deux de l'Avant qui n'entrent point dans le Trelingage. Ces Quenouillettes fervent d'appuis aux paffes du Cordage qui fert à faire le Trelingage, en venant d'un Hauban de Tribord à celui de Babord, qui lui eft oppofé. *Voyez* TRELINGAGE.

QUEUE d'une *Flotte* ou d'une *Armée Navale*. Ce font les Vaiffeaux de l'Arriere-Garde. *Nous donnâmes fur la Queue de la Flotte, & nous en prîmmes une bonne partie avant que les Convois puffent les fecourir.*

QUEUE *de Rat*. Une Manœuvre en queue de Rat, eſt celle qui eſt faite de maniere qu'elle va toujours en diminuant ; telles ſont les grandes Amures quelquefois ; mais on eſt revenu de cette mauvaiſe méthode qui n'a aucune utilité. On appelle auſſi *Queue de Rat*, une eſpèce de Treſſe ronde qne l'on fait ſur le bout des Manœuvres pour les terminer en diminuant, & leur ſervir de Sourlieure, afin qu'elles ne s'éfilent pas ; cela facilite auſſi de paſſer les Manœuvres courantes dans leurs Poulies.

QUEUE *d'Aronde*. C'eſt le plus fort aſſemblage qu'on puiſſe faire en charpenterie, parce qu'on emboîte une pièce de bois dans une autre, de maniere qu'elle n'en peut plus ſortir ſans rompre, l'entrée étant plus étroite que le fond qui eſt rempli en-deſſus ou par le côté de la queue de la pièce aſſemblée qui eſt faite en Trapeſoïde. *Voyez* ASSEMBLAGE.

QUILBOQUET. C'eſt un petit outil de bois, dont les Menuiſiers ſe ſervent pour faire leurs pièces à équerre droit ; il eſt fait d'un morceau de bois qui entre dans un autre, de ſorte qu'ils ſont à angles droits l'un ſur l'autre ; on peut le garnir d'une pointe pour marquer ſur les pièces ce qu'on veut ôter de bois en traçant une ligne ſur la Planche.

QUILLE. C'eſt la pièce de bois qui commence l'Edifice d'un Vaiſſeau que l'on conſtruit ; elle ſert de baſe pour conduire l'ouvrage ; c'eſt deſſus la Quille qu'on place la contre-Quille pour recevoir les entailles ſur leſquelles on doit placer les Membres. On éleve l'Etrave & l'Etambord ſur les extrémités de la Quille ; ainſi elle détermine la plus grande longueur du Vaiſſeau par le bas, comme le premier Pont par le haut : les Conſtructeurs ont toujours regardé la Quille comme une pièce de liaiſon eſſentielle ; cependant en la conſidérant pour ce qu'elle eſt effectivement, c'eſt-à-dire, comme une Verge dont la longueur lui donne peu de force, & la rend propre à ſe courber ſous le moindre effort ; on verra bientôt qu'elle ne doit être regardée que comme une pièce qui doit ſeulement ſervir, quand le Navire eſt fait, pour garantir le fond d'un choc trop rude, lorſqu'il eſt dans le cas d'échouer ; auſſi eſt-il à-propos de lui donner beaucoup moins de hauteur qu'on ne le fait ordinairement. les Quilles des grands Vaiſſeaux ſont toujours faites de pluſieurs pièces jointes par des Ecarts qui doivent avoir au moins cinq pieds de longueur, elle ſont de Hêtre ou d'Ormeau, & de Chêne au défaut. On garnit le deſſous des Quilles d'une planche de Chêne de deux pouces d'épais, appellée *Fauſſe-Quille*, pour la préſerver du premier choc dans les échouages, & de la piquure des vers.

QUINTAL. C'eſt le poids de cent livres ; ainſi il y a vingt Quintaux au Tonneau de poids.

RABANER. C'est placer les Rabans sur les têtieres des
Voiles que l'on dispose pour enverguer ; on les passe dans
les Œillets de têtiere, & on fait un nœud simple pour empêcher qu'ils ne sortent de place en paquetant & depaquetant la
Voile rabanée. C'est aussi faire servir les Rabans, en les amarrant
sur la chose qu'ils doivent soutenir.

RABANE. Commandement pour faire appliquer les Rabans
sur la Vergue, & saisir la Voile contre. *Rabane par-tout.*

RABANER *une Voile.* C'est la garnir de Rabans.

RABANS. Ce sont des bouts de Cordage de différentes espèces, propres à amarrer certaines choses ; ainsi il y a plusieurs
sortes de Rabans.

RABANS *de Fez.* Ce sont des bouts de Quarantenier plus
ou moins longs, selon la Voile qu'ils doivent tenir sur la Vergue. On met un Raban de Fez dans chaque Œillet de la têtiere
d'une Voile, pour l'amarrer à sa Vergue lorsqu'on l'enverguera ;
de sorte que les Rabans de Fez des basses-Voiles sont plus
longs que ceux des Huniers, & ceux-ci plus longs & plus forts
que ceux des Perroquets ; car chaque Raban doit faire deux tours,
& passer deux fois dans son Œillet, en conservant assez de longueur pour faire un nœud plat sur le dessus de la Vergue après
l'avoir bien souqué, & eu l'attention de porter la Ralingue de
la têtiere sur l'Avant de la Vergue. Les Rabans de Fez des
Perroquets sont simples, & ne font pas deux tours sur leurs
Vergues.

RABANS *de Ferlage.* Ce sont des Rabans faits exprès
pour serrer les Voiles & les ferler sur leurs Vergues : les Rabans de ferlage sont plats, & faits d'une Sangle de fil de Caret, assez longue pour faire sept ou huit tours de la Vergue
& de sa Voile pliée & serrée contre sa Vergue ; de sorte qu'à
chaque Voile majeure, on met six Rabans de Ferlage, trois de
chaque bord, dont deux au milieu, & les autres à égales distances, pour que tout puisse être serré également. On désigne
les Rabans de Ferlage sous les noms des Voiles qu'ils doivent
serrer. *Rabans de Ferlage de grand & petit Hunier, de grande
Voile, de Misaine, de Perroquet de Fougue & Perroquets.*

RABANS *de Sabords.* Ce sont des bouts de Quarantenir en
dix-huit, ou de Cordage plus fort, que l'on épisse sur les deux
boucles du dedans des Mantelets de Sabords pour les fermer &
amarrer en dedans sur la Traverse de bois que l'on met de-

vant chaque Sabord, & que l'on force avec des Coins de bois, lorsqu'on a doublé & triplé les Rabans sur leur Barre & dans leurs Boucles pour les tenir solidement fermés.

RABANS *de Volée*. C'est un Cordage qui est épissé sur un Arganeau placé dans la Serre au-dessus de chaque Sabord ; son usage est de tenir la Volée du Canon fixée sur la Serre, lorsqu'il est halé dedans & mis à la Serre sur ses Cabrions.

RABANS *de Pavillon*. Ce sont de petites Bagues de Lignes que l'on passe dans les Œillets de la Gaine du Pavillon pour le tenir contre son Mât lorsqu'il est hissé.

RABANS *de Pointures*. Ce sont des Rabans de Quarantenier qui sont placés sur les Pattes de Pointures des Voiles que l'on doit enverguer, & qui servent à les amarrer sur les Taquets de Pointure, lorsqu'on met les Voiles en Vergues. Il y a aussi des Rabans de Pointure à chaque Patte de Ris, pour les saisir sur leurs Taquets toutes les fois qu'on prend des Ris dans les Huniers.

RABATUES. Ce sont les endroits où les Lisses d'Acastillage des Gaillards & de la Dunette sont coupées, & qui marquent les hauteurs des Lissages & Vibords, au-dessus des Tillacs des Gaillards & Passe-avants ; en arriere du Gaillard d'Avant, & en avant de celui de l'Arriere & de la Dunette, au-dessus de la Lisse du Plat-bord, qui est toujours continuée de bout-en-bout. La premiere Rabatue est celle des Gaillards, & la seconde celle de la Dunette ; il y a quelquefois une troisieme Rabatue à l'Arriere.

RABLURE. C'est une Entaille faite le long de la Quille du Vaisseau, pour emboîter les Bordages de Gabords ; on lui donne autant de largeur que de profondeur, & l'un & l'autre est réglé selon l'épaisseur du Bordage qui doit y entrer. On fait une Rablure à l'Etrave & l'Etambord, qui joignent celle de la Quille, c'est pour recevoir les Barbes des Bordages & des Préceintes, afin que l'eau n'ait aucune prise dessus.

RABORDER *un Vaisseau*. C'est aller une seconde fois à l'Abordage, après y avoir été repoussé, ou l'avoir manqué faute de Manœuvre. *Nous fûmes repoussés au premier Abordage, & ce ne fut qu'après que nous eûmes rabordé une seconde fois, qu'il fût possible de sauter à Bord.*

RABOT. C'est un outil dont les Charpentiers se servent pour dresser & polir les bois ; il est fait d'un morceau de bois parallelepipede, bien poli en-dessous ; c'est ce qu'on nomme le *Fût du Rabot*, au milieu duquel on pratique une lumiere par où passe un fer incliné, qui est acéré & fort tranchant ; on ne le fait déborder le bois que d'une petite quantité suffisante pour enlever toutes les inégalités des Planches sur lesquelles on le fait passer. Les Verlopes & Galeres sont de gros & grands Rabots plus forts que celui que l'on nomme simplement *Rabot* ; le fer des uns & des autres est maintenu solide dans sa Coulisse par un Coin évidé par le milieu.

RABOTER. C'eſt ſe ſervir du Rabot.

RABOUGRI. Un Arbre eſt rabougri, lorſqu'il eſt noueux, étêté, & de vilaine venue, que le tronc en eſt court, & peu propre au charpentage.

RACAGE. C'eſt un aſſemblage de Pommes de Raques & de Bigots enfilés ſur des Batards, pour tenir le milieu des Vergues ſur les Mâts : ainſi il y a des Racages aux baſſes-Vergues, auxquels on ſubſtitue ſouvent des Drouſſes à Palans, pour plus de commodité & de légereté : les Huniers & Perroquets ont leurs Racages particuliers, dont les bouts tiennent aux Vergues des deux bords des Mâts qu'ils enveloppent, pour que la Vergue ne s'en éloigne pas. *Voyez* POMMES, BIGOTS, *&* BATARDS, ainſi que le mot DROUSSE.

RACAMBAU ou *Racambeau*. C'eſt un Anneau de fer rond, dont le Diamètre eſt plus grand que celui du Bout dehors de Beaupré. On fixe l'Amure du grand Foc ſur le Racambau, de ſorte qu'au moyen d'un Cal-bas on le fait monter & deſcendre ſur ſon Bout dehors, ſelon la force du vent.

RACHE *de Goudron*. C'eſt la lie, le dépôt du Goudron.

RACINAUX. Ce ſont des eſpèces de Lambourdes, que l'on cloute ſur la tête des Pilotis, lorſqu'on bâtit dans des terrains humides, vaſeux & marécageux, après avoir rempli le vuide des Pilotis avec du Charbon. On borde ſur les Racinaux avec des Planches de cinq pouces d'épais, pour faire une Platte-Forme ſur laquelle on élève la maçonne des Quais, Magaſins & autres Edifices propres à la Marine.

RACLES. *Voyez* GRATTES.

RACOMMODER. C'eſt mettre ſes Manœuvres en ordres après un Combat ou Dégréement; c'eſt ſe régréer. *Nous eûmes une heure d'intervalle après la premiere action, pendant laquelle nous nous racommodâmes, & mîmes en état de rscommencer.*

RADE. C'eſt un eſpace de mer hors du Port, entre des terres, où les Vaiſſeaux peuvent reſter à l'Ancre pour s'y aleſtir, achever de charger, & attendre les vents favorables pour appareiller : il eſt à ſouhaiter pour un bon Port d'avoir une bonne Rade, pour recevoir les Vaiſſeaux qui viennent de dehors.

RADE *cloſe*. C'eſt une Rade fermée ; de ſorte qu'on y eſt à l'abri de tous les vents de mer, & qu'on n'en voit pas l'entrée.

RADE *Foraine*. C'eſt une Rade en pleine Côte, qui n'eſt à l'abri que des vents de terre, & dans laquelle on peut mouiller beaucoup de Vaiſſeaux à bonne diſtance les uns des autres.

RADEAU. C'eſt une eſpèce de Ponton quarré long, fait de Planches, clouées & montées ſur des Traverſes, qui font la baſe du tout, avec des Courbes qui font le même effet que les Membres des Vaiſſeaux; on borde le tout, on le ponte & on calfate, pour empêcher l'eau d'y pénétrer ; on ne donne

que deux à trois pieds de profondeur au Radeau fur 30 a 40 de
long, & 15 à 20 de largeur ; fon ufage eft de fervir dans les
Ports aux Radoubs & Carènes des Vaiffeaux que l'on abat en
Quille. On fait quelquefois dans les Naufrages des Radeaux,
avec des Mâts de Hune, des Planches & des débris de Vaiffeau, pour tâcher de fe fauver deffus ; & l'on emploie dans
dans ces triftes extremités tout ce qu'il eft poffible de raffembler
pour former un affemblage de bois affez folide pour réfifter aux
Brifants de la mer fur la Côte, & porter tout le monde, fi
cela fe peut. Lorfquon carêne des Vaiffeaux dans des lieux où
il n'y a point de Radeau, on en conftruit en amarrant des pièces à l'eau le long de deux Mâts de Hune, ou materaux que
l'on place parallellement l'un à l'autre, & l'on couvre le tout
de Planches bien liées avec des cordes fur les Mâts : cette efpèce de Rat eft bonne pour l'inftant d'un travail momentané.

R A D O U B. C'eft le racommodage que l'on fait au Corps
du Vaiffeau au retour d'un Voyage, pour le mettre en état de
réprendre la mer : on radoube les Vaiffeaux en les carènant,
remplaçant les mauvais bois par de bon, & y faifant toutes les
réparations néceffaires, tant au Corps du Vaiffeau, qu'à la Mâture, Gréement & Voilure.

R A D O U B E R. C'eft le travail du Radoub ; on radoube
les Voiles, le Gréement, la Mâture & le Corps du Vaiffeau,
en les réparant. *Nous rélâchâmes pour nous radoubr, & au bout
de quinze jours notre Radoub étant fait, nous reprîmes la
mer.*

R A F F A L E S ou *Rafals*. Ce font des augmentations fubites de vent, qui fouffle avec force pendant quelques minutes ; de forte qu'avant & après la Raffale, il ne fait pas trop
de vent ; ce font des bouffées fubites & de peu de dürée, pendant lefquelles le vent eft fort. En pleine mer les Raffales font
occafionnées par de petits nuages qui paffent avec rapidité, fans
être cependant dans le cas de compromettre un Vaiffeau : le
long des Côtes élevées & montagneufes, on reçoit des Raffales
en paffant vis-a-vis les Coulées & les Gorges des Montagnes,
parce que le vent s'y trouvant refferré & arrêté aux environs par
l'élévation des Montagnes, débouche & fort avec force par les
intervalles ; auffi lorfqu'un Vaiffeau file le long d'une Côte,
où les Raffalss fe font fentir, on tient toujours les Driffes des
Perroquets & des Huniers à la main, pour les rifer à la Raffale, & même les carguer fi elle eft trop forte.

R A F R A I C H I R *le Canon*. C'eft le mouillerr d'eau dehors
& dedans, lorfqu'il eft échauffé à force de tirer : on rafraichit
le Canon en paffant un Ecouvillon mouillé d'eau froide dans
l'âme de la Pièce jufqu'à la culaffe, & en paffant un petit Fau-
bert trempé dans l'eau par-deffus toute la Pièce. Quelquefois
les Canons font rafraichis avec de l'eau & du Vin-aigre, mais
je crois que l'eau pure vaut mieux, parce qu'elle eft plus propre à adoucir le fer aigri par la chaleur, que le Vinaigre qui
eft trop pénétrant.

RAFRAICHIR *la Fourure d'un Cable.* C'est la rallonger en dedans sur l'arriere de l'Ecubier, pour en filer une certaine quantité, jusqu'à ce que ce qui étoit dans l'Ecubier ne soit en dehos. On ne rafraîchit la Fourure d'un Cable, que lorsqu'on craint que ce qui est dans l'Ecubier, soit mangé & usé par le frottement, qui ragueroit bientôt le Cable, si on n'y portoit pas remede en filant un peu de la Fourure; cela se fait dans les mauvais temps & pendant les grands Tangages.

RAFRAICHIR *les Itaques des Huniers.* C'est filer de la Drisse de Tribord ou de Babord, pour hisser sur celle qui est de l'autre côté, lorsqu'il n'y a qu'une Itague qui passe dans une Poulie de dessus Vergue, de sorte que la partie du Cordage, qui étoit dans les Poulies, ne s'y trouve plus.

RAFRAICHISSEMENT. Les Rafraîchissements se prennent dans les Relâches pour la vie des hommes; ce sont des Legumes, de l'Eau douce, du bois à feu, de la Viande fraîche, du Pain frais, &c.

RAGUE. Un Cable rague le fond, lorsqu'il porte dessus: si on connoît le fond pour être garni de Rochers ou de Correaux, on met des Flottes sur les Cables, pour les empêcher de se raguer, & on les garnit de chaines & de morceaux de bois.

RAGUÉ. Un Cable ou autre Cordage est ragué, lorsqu'il est écorché, que les fils de Caret de sa superficie sont usés & rompus, parce qu'ils ont frotté quelque part.

RAGUENT. Les Cables se raguent l'un sur l'autre, lorsqu'ils se croisent & qu'ils s'usent en se frottant; ils se raguent sur le fond, quand ils y touchent.

RAGUER. Les Cables sont sujets à se raguer sur le fond de la mer, quand il est pierreux, & contre le Taille-mer du Vaisseau; lorsque dans les évitages ils se brident dessus en Etrive; aussi a-t-on bien soin de les fourrer jusques au-delà du Taille-mer.

RAGRÉER. C'est doler le Franc-bord d'un Vaisseau qui est sur le Chantier, après qu'il est fini de border, afin d'en ôter toutes les inégalités avec l'Herminette & le Rabot, pour qu'il soit plus uni par-dessous, & qu'il glisse mieux dans le temps du sillage.

RAGRÉÉ. Un Vaisseau est ragréé, lorsqu'il est dressé à l'Herminette & au Rabot après être bordé.

RAGRÉAGE. C'est le travail de ragréer.

RAINURE. C'est une ouverture ronde, qui se fait en longueur dans l'épaisseur du bois, pour y emboufeter une Feuillure d'une autre Planche de même épaisseur, ou pour y faire passer des Planches à Coulisses; les Rainures se font avec des Rabots dont le fer est rond par le tranchant, monté sur un Fût fait exprès, avec un appui sur le côté pour le conduire.

RAISONNER. *Voyez* **FAIRE RAISONNER.**

RALINGUES. Ce font les Cordages que l'on coud fur les Côtés, dans le fond & aux Têtieres des Voiles ; les Ralingues font de trois Tourons, peu tords, & par conféquent très-forts ; on les fait de fil de Caret fin, & on en évalue la force & la groffeur par le nombre des fils de Caret, qui eft toujours proportionné à la grandeur des Voiles, & à l'effort qu'elles doivent fupporter, parce que les Ralingues des Voiles d'un grand Vaiffeau font plus fortes que les mêmes Ralingues d'un petit, & les uns & les autres diminuent ou augmentent par le nombre des fils.

RALINGUER. En terme de Voilerie, c'eft coudre les Ralingues aux Voiles. *Toutes nos Voiles font faites, il ne faut plus que les ralinguer.*

RALINGUER *en tenant le vent.* C'eft gouverner de maniere que les Voiles ne foient ni vent deffus ni vent dedans ; on ralingue pour ralantir fa marche, & attendre un Vaiffeau que l'on veut tromper, en faifant femblant de tenir le plus près pour fuir. *Nous nous apperçûmes que ce Vaiffeau ne faifoit que ralinguer, & nous primes le parti de ferrer le plus près pour conferver notre avantage.*

RALLIER. C'eft fe réunir, fe raprocher les uns & les autres, quand on eft en Efcadre ou en Flotte. *Le Commandant fit fignal de Ralliement, & tous les Vaiffeaux manœuvrerent pour fe rallier à leur Pavillon... A peine fûmes-nous ralliés, qu'il fallut fe mettre en Ligne en préfence de l'Ennemi.*

RALLIER *un Vaiffeau dans le vent.* C'eft l'approcher en ferrant le plus près, & gagner plus au vent que lui. *Nous donnâmes chaffe à un Vaiffeau qui étoit dans l'Epi du vent, & nous le ralliâmes au vent en moins de trois heures.* On dit qu'*un Vaiffeau fe rallie bien au vent,* lorfqu'il dérive peu & qu'il marche vîte en tenant le plus près à moins de fix pointes.

RALLIER *la terre.* C'eft en approcher. *Nous portâmes de deux pointes pour rallier la terre*

RALLIER *le vent.* C'eft faire approcher la Route du plus près. *Nous nous raliâmes au vent, en venant peu-à-peu au Lof, pour faire tomber le Vaiffeau qui nous chaffoit dans nos eaux, fous le vent à nous.*

RAMBADE. C'eft une efpèce de Garde-foux ; que l'on éleve avec une Liffe fur des Montants, au-deffus des Fronteaux des Gaillards & Dunettes : ainfi l'on dit. *Fronteau du Gaillard d'Avant, du Gaillard d'Arriere & de la Dunette :* on les couvre d'un Baftingage & d'un Pavois, lorfqu'on fait Branle-Bas.

RAMBERGE. C'eft un vieux mot qui fignifioit autrefois un Vaiffeau propre à faire des découvertes ; comme fi tous les Vaiffeaux qui naviguent en long Cours ne doivent pas être propres à effuyer tout ce que la mer a de plus fort.

RAME. *Voyez* AVIRON. *Nous échapâmes à force de Rames, c'eft-à-dire, qu'on s'éloigna à la faveur de fes Rames, dans un temps où l'Ennemi n'en avoit pas.*

RAMER. C'est nager avec la Rame. *Voyez* NAGER.

RAMEURS. Ce sont ceux qui se servent de la Rame ou Aviron; ils doivent avoir de l'exercice, sans quoi ils ne sont pas bons Rameurs. *Voyez* NAGEURS.

RANG *de Vaisseaux.* C'est la distinction qu'on met entre les Vaisseaux de guerre; on les distribue par rang & par ordre dans la Marine du Roi; car ceux des particuliers sont ordinairement faits pour le Commerce, & ne différent entr'eux que par le plus ou moins de Tonneaux qu'ils peuvent porter. Les Vaisseaux du premier rang premier ordre, ont trois Ponts conduits, trois Batteries complettes, avec deux Gaillards garnis de Canons; de sorte qu'ils portent de 110 à 120 Canons; ceux du premier rang second ordre, ont de même trois Batteries complettes avec deux Gaillards, portant en tout de 100 à 110 Canons. Ces Vaisseaux ne peuvent jamais être aussi sûrs, ni aussi bons à la mer que les Vaisseaux à deux Ponts, parce que leur Centre de Gravité est trop élevé par rapport à leur Métacentre. Les Vaisseaux du second rang premier ordre, ont trois Ponts conduits & trois Batteries complettes, avec des Gaillards plus courts que les précédents, garnis de quelques Pièces de Canon, de sorte qu'ils portent de 92 à 100 Canons ou 92 seulement, lorsqu'ils n'ont pas d'Artillerie sur leurs Gaillards. Ceux du second rang second ordre, ont deux Ponts conduits, deux Batteries complettes, & deux Gaillards garnis d'Artillerie; ils portent de 78 à 84 Canons; ce sont les meilleurs Vaisseaux qu'on puisse construire, ainsi que ceux de 74 Canons, pour toute espèce de Mission. Les Vaisseaux du troisieme rang premier ordre, ont deux Ponts, deux Batteries complettes, avec deux Gaillards garnis de Canons; ils doivent porter de 66 à 74 Canons : ceux du troisieme rang second ordre, ont deux Ponts, deux Batteries complettes, avec deux Gaillards garnis d'Artillerie, & portent depuis 60 à 64 Canons; ainsi il se trouve six Classes de Vaisseaux bien distinctes. Tous ceux qui ont moins de 60 Canons à deux Batteries ou à une, sont des Frégates, Corvetes, Galiotes, Brulots, Flûtes, &c.

RANG *de Rameurs.* Un rang de Rameurs est composé de la quantité d'hommes qui sont rangés sur le manche de l'Aviron pour ramer; on en met plus ou moins selon la longueur de la Rame, la largeur du Bâtiment, & son élévation au-dessus de l'eau. On a discuté sans éclaircir la difficulté de placer cinq rangs de Rames sur la même Galerie; & des imaginations échauffées par le Merveilleux se sont figuré des Bâtiments à cinq étages en échelon, ou les uns sur les autres, sur lesquels les Anciens plaçoient, selon eux, leurs Rames; mais pour faire voir le ridicule de ce système, si bien & si sçavamment discuté, il n'y a qu'à supposer que le point d'appui du premier rang étant à trois pieds au-dessus de l'eau, les hommes travaillant de bout, le second sera nécessairement à neuf pieds au moins, le troisieme à quinze, le quatrieme à vingt-un & le cinquieme à vingt-sept; la Rame de ce dernier rang aura par con féquent une longueur telle, que quinze hommes ne pourroient pas s'en fervir ; en outre qu'il faudroit les mettre fur des Efcaliers, afin que celui qui feroit au bout de la Rame pût agir, d'où il fuit que ceux des rangs inférieurs qui feroient auffi obligés de fe pofter de la même maniere, avec un peu moins de hauteur, exigeroient beaucoup plus d'élévation dans les étages que nous n'en avons fuppofé, ce qui augmenteroit la difficulté de plus en plus.

RANGE *à Bord.* L'Equipage d'un Vaiffeau prêt à partir fe range à Bord pour mettre à la Voile. *Auffi-tôt qu'on fit le fignal de partance, notre Equipage fe rangea à Bord, & nous appareillâmes.*

RANGE *à Bord.* Commandement pour raire accofter une chofe le long du Bord du Vaiffeau. *Voyez* ACCOSTE *&* ACCOSTER.

RANGE *fur les Manœuvres.* C'eft ordonner aux gens de l'Equipage de fe mettre en ordre fur les Manœuvres, pour être en état de faire tout ce qu'on leur ordonnera. *Tous nos gens étoient rangés à leurs poftes, prêts à manœuvrer & à combattre, quand nous nous apperçûmes que vous étiez François*

RANGÉ. *Le vent s'eft rangé au N. O.* c'eft-à-dire, qu'il s'eft approché de ce point peu-à-peu, & qu'il s'y eft fixé.

RANGER. C'eft paffer de près. *Il faut gouverner fur ce Navire pour le ranger à l'honneur.*

RANGER *la terre.* C'eft paffer le long de la Côte à peu de diftance. *Nous rangions la Côte à demi-lieue du Rivage.*

RANGER *à l'honneur.* C'eft ranger à portée de la voix. *Nous paffâmes à Poupe du Vaiffeau Commandant, & le rangeâmes à l'honneur.*

RANGER *à Quai.* C'eft s'accofter du Quai pour s'y amarrer & y décharger.

RANGER *un Navire.* C'eft en paffer fort près.

RANGER *le vent.* C'eft tenir le plus près tout-à-fait. *Notre Vaiffeau fe range bien au vent... C'eft un Navire bon Boulinier, qui fe range bien au vent.*

RAPE. C'eft une efpèce de Lime, faite pour diminuer le bois, & le limer, comme on lime le fer. C'eft un outil de Menuifier & de Charpentier.

RAPIDE, c'eft-à-dire, *qui va vîte.* Le Courant eft rapide, lorfqu'il a beaucoup de vîteffe ; il y a certains Fleuves & Rivieres qui font rapides au point que la Navigation y eft dangéreufe ; le Gange qui coule dans le Bengale, aux Indes, a tant de rapidité que fes eaux defcendent dans le temps des débordemens, avec quatre lieues de vîteffe, en forte que le flux, qui, dans le temps que les eaux font baffes, monte avec plus de deux lieues de vîteffe par heure, ne fe fait plus fentir.

RAPIDE, *Côte rapide.* C'eft celle qui étant élevée, ne peut être montée avec aifance, parce qu'il n'y a aucune pente douce dans fes hauteûrs & montagnes.

RAPIDITÉ. La rapidité du fillage d'un Vaiffeau eft exprimée par fa vîtefle, que l'on mefure toujours par le nombre des pieds qu'il parcourt pendant un certain temps, c'eft-à-dire, que s'il a affez de vîtefle pour parcourir dix-neuf pieds par feconde, fa rapidité fera exprimée par quatre lieues de vîtefle pour une heure; de forte que l'eftime du chemin fe fait en mer fur ce principe, ainfi qu'il eft expliqué au mot *Loch*.

RAPPROCHE. Le vent rapproche, lo. fqu'étant Largue il vient au plus près. *Le vent a rapproché peu-à-peu, & eft devenu de bout en moins de deux heures.*

RAPPROCHER *un Vaiffeau.* C'eft s'en accofter & le gagner de vîtefle en le chaffant, après qu'il s'étoit éloigné. *Dans le commencement de la chaffe, l'ennemi nous éloignoit; mais peu de temps après nous mimes le Vaiffeau un peu fur le nez, en faifant remplir devant, & nous le raprochâmes bien vite, parce que nous rattrapâmes notre affiette.*

RAPIQUER *au vent.* C'eft venir au vent pour le gagner à un autre Vaiffeau: on rapique au vent tout d'un coup, lorfqu'en chaffant fur le Largue on fe trouve proche d'un Vaiffeau que l'on reconnoît plus fort, afin de garder fon avantage, & de s'en éloigner au plus vîte. *Nous fimes femblant de fuir pour faire engager le Vaiffeau qui nous chaffoit, mais quand il nous eût approché à portée de Canon, il rapiqua au vent & prit chaffe à fon tour fort inutilement; car ayant rapiqué comme lui, nous le joignîmes dans deux Bords.*

R'ARRIVER. C'eft arriver une feconde fois, après avoir ferré le vent. *Le Vaiffeau qui étoit au vent à nous arriva, & retint le vent tout de fuite, après quoi il arriva encore & s'approcha à portée de nous reconnoître.*

RAS, *Vaiffeau Ras.* C'eft un Vaiffeau peu élevé au-deffus de l'eau, qui paroît allongé, & dont les Œuvres-mortes ont peu de hauteur. Les Flûtes, Frégates & Corvetes doivent être rafes. *Nos Vaiffeaux de Lignes font ras, quoique très-battants:* c'eft une qualité qui donne bonne grace aux Navires. Toutes Embarquations doivent être rafes pour donner moins de prife à la mer.

RAS *de Courant.* C'eft un Courant qui fe fait fentir dans un Canal, entre des Ifles, des Bancs ou des Côtes. Les ras de marée fe font auffi fentir en pleine mer; on voit quelquefois des Courants très-marqués au large des Côtes. *Voyez* LIT DE MARÉE.

RAS *l'eau.* C'eft être prefque au niveau de la furface de la mer. *Ce Bateau eft trop chargé, il eft calé ras l'eau.*

RASE Une Frégate rafe, eft celle qui eft peu élevée au-deffus de l'eau.

RASER *un Vaiffeau.* C'eft lui ôter fes Dunettes ou fes Gaillards, parce qu'il fe trouve trop enhuché, & qu'il porte mal la Voile. Ainfi l'on dit: *Il faut rafer ce Vaiffeau de fa Dunette & de fes Gaillards, en lui diminuant de fes Mâts.*

RASER *un Vaiſſeau de ſes Mâts*. C'eſt les lui jetter à bas en combattant. *Nous fûmes ſi heureux que dans trois Bordées nous le raſâmes comme un Ponton, & il fut contraint d'amener.*

RASER *un Vaiſſeau pour en faire un Ponton*. C'eſt lui raſer tous ſes Ponts & Gaillards, à l'exception du premier Pont que l'on conſerve pour établir deſſus les Cabeſtans & autres Appareils. *Voyez* PONTON DE CARÈNE.

RATEAUX. Ce ſont de petites pièces de bois percées à jour, que l'on cloute & rouſte quelquefois ſur le milieu des baſſes Vorgues en-deſſous pour y paſſer les Rabans de fez des baſſes-Voiles, lorſqu'on les envergue, & qu'on ne peut pas faire faire le tour des Vergues aux Rabans, à cauſe des Poulies de driſſes, des Suſpentes & Garnitures qui ſe trouvent dans cet endroit.

RATEAUX *à Chevilles*. Ce ſont des Traverſes de bois placées ſur les bas-Haubans & traverſées de Chevilles, longues de ſix pouces en-deſſus & en-deſſous, ſur leſquelles on amarre les menues Manœuvres.

RATEAUX *du Beaupré*. ce ſont des pièces de bois placées verticalement ſur les Lieures du Beaupré Tribord & Babord, percées de pluſieurs trous de l'Avant à l'Arriere pour y paſſer les Manœuvres, auxquelles ces Rateaux ſervent de conduite en venant ſur le Gaillard d'Avant.

RAT. *Voyez* RAD'EAU.

RAT. *Voyez* MANŒUVRES EN QUEUES DE RAT, & QUEUES DE RAT.

RATELIERS *du Beaupré. Voyez* RATEAUX.

RATELIERS *d'Armes*. Ce ſont des Planches placées horizontalement & percées, dans leſquelles on paſſe les Canons de Fuſil pour tenir les Armes droites & les empêcher de tomber au Roulis, en emboîtant la couche de la croſſe dans d'autres trous pratiqués ſur une Planche qui eſt placée à ſix pouces environ du Tillac. Dans les Vaiſſeaux de Guerre, ont tient des Ratelirrs garnis Tribord & Babord de la grand'Chambre & de la Courſive de celle de Conſeil ; on place des Crochets d'Armes en dedans des Rateliers, pour y placer les Piſtolets, Sabres & Haches-d'Armes, en couvrant le tout de Rideaux de Drap, pour conſerver les Armes en bonne état.

RATION. C'eſt la portion de Vivres de toutes eſpèces, & de Boiſſons, que l'on donne à un homme par chaque repas. La Ration de pain frais eſt de huit onces, celle de Biſcuit n'eſt que de ſix onces ; la Ration de Bœuf ſalé eſt de huit onces, celle de Lard de ſix onces. La Ration de Vin eſt d'un quart de pinte meſure de Paris ; ſi on donne de l'Eau-de-vie, elle eſt d'un ſeizieme de bouteille ; la Ration d'Eau douce eſt d'une bouteille pour la ſoupe, ſur laquelle on verſe une demi-bouteille d'Huile d'Olive pour 100 hommes, & l'on diſtribue de plus une autre Bouteille pour boire dans le courant de 24 heures. La Ration de Legumes crues, comme Fèves, Poids,

Fayols, est de quatre onces ; si l'on donne de la Morue crue, on distribue quatre onces par homme, avec un quart de pinte de Vinaigre pour sept hommes, & un huitieme de pinte d'huile d'Olive pour la manger ; au défaut de Legumes à mettre dans la Chaudiere pour faire la soupe, on donne deux onces de Ris cru : l'on fait faire gras quatre jours par semaine, & trois jours à Ration de maigre ; les pieds & têtes des animaux que l'on mange, se donnent pour demi-Ration aux Officiers-Mariniers.

RATION & *demie.* C'est la Ration d'Officier-Marinier, qui n'a lieu que sur les Viandes, Légumes & boissons.

RAVIER ; c'est-à-dire, *Ardant. Voyez ce terme.* Ce mot *Ravier* est très-peu usité dans la Marine en général.

RAVITAILLER. C'est raprovisionner un Vaisseau de toutes espèces de Vivres, pour le remettre en état de reprendre la mer. *Nous fûmes obligés de rentrer pour nous ravitailler & nous mettre en état de continuer notre Voyage.*

REALE. C'est le nom de la principale Galere d'un état indépendant.

REBANDER *sur l'autre Bord. Voyez* VIRER & REVIRER.

REBATTRE *des Fûtailles.* C'est battre la chasse du Tonnelier à coups de masse, lorsqu'elle est posée sur le cercle de fer pour les faire travailler & serrer les Pièces à l'eau, lorsqu'elles se sont larguées par le long-temps, ou par la grande sécheresse. Toutes les fois qu'on remplit d'eau les Fûtailles d'un Vaisseau, il faut que le Tonnelier les rebatte & les visite.

RECALER. C'est un terme de Charpentier, qui signifie, ôter les élévations du bois avec le Rabot & la Verlope, après qu'on a ragréé à l'Herminette : on ne recale ordinairement que les petits Vaisseaux & Embarquations, Chaloupes & Canots.

RECHANGE. C'est-à-dire, qui est propre à remplacer ; ainsi on embarque toujours deux jeux de Voiles de rechange, un demi-Gréement complet en Cordages & Poulies de toutes espèces ; des Chaînes de Haubans, Lattes de Hune, Caps-Moutons, Clous, Chevilles & Outils de tous Métiers de rechanges, pour les différents états d'Ouvriers, Charpentiers, Armuriers, Calfats, Tonneliers, Canonniers, Voiliers & Commis aux Vivres. *Notre Rechange est complet, & il ne nous manque rien ; toutes nos Vergues de Hunes de Rechange, celles de Perroquets sont à Bord, ainsi que nos Mâts de Hune ; Jumelles & Boutsdehors de Vergues de rechange ; nos Cercles de Vergue & de Mâts à Charnieres & à Rouets de réchange sont pris aussi, de même que les Ferrures de Gouvernail & les Affûts de Canons pour le réchange, avec les Roues, Vrilles à Canon, Sondes, Epinglettes, Cornes d'Amorces, Gargousses faites, & en Pa chemin, Refouloirs & Ecouvillons, avec leurs Manches de rechange, &c.*

RECLAMPER. Vieux mot peu usité. *Voyez* JUMELLER.

RECONNOITRE *un Vaisseau.* C'est en approcher

d'assez près pour juger de sa grandeur & de sa force. Un Vaisseau Garde-Côtes, un Corsaire, doivent reconnoître tous les Vaisseaux qu'ils voient ; & lorsqu'ils les ont reconnus d'assez près pour les juger ce qu'ils sont, & éprouver leurs marches réciproques, ils ne doivent pas balancer à attaquer, s'ils se croient plus forts ; & à fuir, s'ils se jugent plus foibles.

RECONNOITRE *la terre.* C'est en approcher d'assez près pour en reconnoître les aspects, & sçavoir positivement en quel endroit de la Côte on se trouve, pour assurer, après la reconoissance, son point, & diriger sa Route en conséquence, afin de se rendre le plus sûrement & promptement au lieu de sa destination.

RECOURIR *les Coutures d'un Vaisseau.* C'est les repasser légerement avec le fer à Calfat & le Maillet, pour les visiter & voir celles qui ont besoin d'être calfatées. On recourt les Coutures d'une Carène après qu'elles sont calfatées, pour voir si l'ouvrage est couru ou mal fait, & s'il n'est pas nécessaire d'y placer plus d'étoupe : ce sont les Maîtres Calfats qui recourent les Coutures après les Ouvriers ordinaires, pour rectifier leur besogne ; c'est tâter l'ouvrage.

RECOUSSE *d'un Vaisseau.* C'est sa reprise. *Voyez ce terme.*

RECRAN. C'est une espèce de petit Port, dans lequel un Vaisseau peut entrer avec peine & s'y mettre à l'abri. Il y a des Recrans par toutes les Côtes, dans lesquels les Barques & Embarquations se fourent, lorsqu'ils sont pressés par le mauvais temps ; c'est l'avantage qu'ont tous les petits Vaisseaux sur les grands, lorsqu'ils sont près des Côtes ; le premier Recran leur sert, tandis que les grands Vaisseaux sont obligés de tenir la mer, & d'essuyer le mauvais temps au Large, & quelquefois de se perdre en allant au Plein, faute de pouvoir entrer dans un Recran, comme font les petits.

RECUL *du Canon.* C'est le mouvement de la Pièce qui se fait en arriere, au moment de l'effort que fait la Poudre enflammée dans l'intérieur du Canon : cet effort de la charge de Poudre subitement enflammée, dépend de l'activité du feu qui s'étend dans la Pièce, & de l'air qu'il dilate tout d'un coup, en le pénétrant de toutes parts ; de sorte que ces deux effets agissant ensemble sur toutes les parties du Canon & sur le Boulet en même temps, chassent l'un en avant & l'autre en arriere avec d'autant plus de vitesse & de force, qu'il y a plus de Poudre enflammée dans l'instant où tout entre en mouvement, parce qu'il y a plus de parties de feu & d'air qui réagissent ensemble du côté de la moindre résistance, qui est toujours celui du Boulet, à moins que le Canon ne creve ; d'où il est aisé de conclure qu'il y a un rapport immédiat entre la portée du Boulet & le recul de la Pièce, entre la résistance du Boulet & sa portée ; car plus il a résisté à partir, plus le recul est violent, & plus la portée est grande. Pour empêcher les Canons de Vaisseau d'avoir un recul trop fort, on leur met des Bra- gues afin de les arrêter dans leur chasse & les retenir : la vo- lée a deux pieds en dedans du bord, ce qui suffit pour avoir la commodité de les charger.

REDENTS. *Voyez* CAILLEBOTES.

REDRESSES. Ce sont des Cables ou Grêlins, que l'on passe par-dessous les Vaisseaux en Carêne pour les faire se dresser, lorsqu'ils ne le font pas d'eux-mêmes, en virant dessus du Ponton de Carène. *Voyez* CABLE DE REDRESSE.

REDRESSER. C'est mettre un Vaisseau droit, lorsqu'il est couché. *Nous eûmes toutes les peines du monde à redresser no- tre Navire, qui donnoit la bande sur Tribord.*

REFAIT. Un bois est dit *refait*, lorsqu'il est dressé à l'Equerre droit, qu'il est bien équarri, & qu'il n'y a pas d'iné- galité.

REFENDRE. C'est diviser de grosses pièces de bois en plusieurs parties, dans le sens de leur longueur, en se servant de la Scie, pour en faire des Chevrons, Solives, pièces de Préceintes, Bordages & autres pièces de Charpente.

REFLUX. C'est le Jussant. *Voyez ce terme, & celui* d'EBE.

REFONDU. Un Vaisseau vieux est refondu, lorsqu'on l'a mis sur la Cale, qu'on en a tiré tout le vieux, pour être remplacé par du neuf depuis la Quille jusqu'au Couronnement. On refond les bons Vaisseaux, quand ils sont vieux, pour en conserver la forme.

REFONTE. C'est le travail que l'on fait pour refondre un Vaisseau. *Il est en refonte*, c'est-à-dire, qu'on travaille à le refondre, ou à le refaire.

REFOULE *la Marée* ou *le Courant*. Un Vaisseau re- foule la marée, lorsqu'il va contre, & que sa vîtesse est plus grande que celle de l'eau qui a une direction contraire à la sienne.

REFOULE. Une Cheville de fer que l'on chasse à grands coups de masse pour la faire entrer ou resortir refoule, lorsqu'elle ré- siste sans bouger, & que le bout sur lequel on frappe s'élar- git.

REFOULER *le Courant*. C'est aller contre, & avoir plus de vîtesse que lui ; c'est la même chose pour la ma- rée. *Nous refoulions le Courant de plus de quatre nœuds.*

REFOULOIR *de bois pour le Canon*. C'est un petit Cilindre de bois, plat par le bout opposé au manche, qui est une gaule de Frêne, plus longue que l'âme du Canon auquel il doit servir ; son diamètre doit être à-peu près de deux Li- gnes moindre que celui du Boulet de la pièce ; son usage est de servir à charger le Canon ; c'est avec le Refouloir qu'on pousse la charge au fond, & qu'on la bat pour assujettir les Valets dessus. *Voyez* ECOUVILLON.

REFOULOIR.

REFOULOIR *de Corde*. C'eſt un Refouloir dont le manche eſt fait d'un Cordage de ſix à huit pouces, & qui eſt plus commode que le premier, parce qu'il eſt plus maniable & moins ſujet à ſe rompre.

REFRACTION. C'eſt un détour des rayons viſuels qui nous fait voir les Aſtres plus élevés qu'ils ne le ſont effectivement, ſur-tout quand ils ſont près de l'horizon; car alors ils nous paroiſſent 32 à 33 minutes de dégrés plus hauts, & lorſqu'ils ſont au Zénith, il n'y a point de Réfraction; mais entre toutes les hauteurs intermédiaires la Réfraction a lieu, & elle eſt d'autant plus forte, que l'air eſt plus denſe & l'Aſtre plus bas.

REFUITE. C'eſt ce qu'il y a de trop dans la profondeur d'un trou, pour l'uſage qu'on en veut faire; ſi c'eſt pour placer une Cheville qui ſoit trop courte pour la longueur du trou, elle a de la Refuite.

REFUSE. Le vent refuſe, lorſqu'il oblige d'arriver de la Route que l'on ſuivoit au plus près du vent.

REFUSÉ *à virer*. Le Vaiſſeau a refuſé à virer, lorſqu'il a manqué de prendre vent Devant.

REFUSER *à virer*. C'eſt arriver après être venu au vent juſqu'à prendre vent deſſus étant au plus près. *Notre Vaiſſeau refuſa trois fois à virer vent Devant.* Il arrive ſouvent qu'on attribue au Vaiſſeau le défaut de refuſer à virer, qui ne devroit appartenir qu'à la mal-adreſſe du Manœuvrier.

REGLE *de Charpentier*. C'eſt ordinairement un morceau de bois bien dreſſé, long de 3, 4 5 ou 6 pieds, & gradué de pouces en pouces & de pieds en pieds, pour prendre des meſures.

REGLES. Ce ſont des inſtruments plats, de bois, de cuivre ou d'argent, dont les Conſtructeurs ſe ſervent pour tirer des lignes droites & tracer leurs plans; elles doivent être parfaitement droites.

REGLES *pliantes* ou *montées*. Ce ſont des Regles placées ſur un Fût avec des vis, pour leur donner telle Courbure qu'on veut; elles ſervent à tracer les plans des Vaiſſeaux.

RELACHE. C'eſt le lieu où un Vaiſſeau va pour ſe radouber ou ſe ravitailler. *Nous fîmes un Relâche de quinze jours au Breſil pour faire de l'eau & du bois, en y prenant quelques Bœufs pour rafraichiſſement : c'eſt une bonne Relâche, où l'on peut s'expédier en peu de temps.*

RELACHÉ. Un Vaiſſeau eſt relâché, lorſqu'il eſt rendu à ſa Relâche.

RELACHÉ, *Vaiſſeau relâché*. C'eſt celui qui ayant été arrêté, a permiſſion de s'en aller & de continuer ſa Route.

RELACHER. C'eſt entrer dans un Port pour s'y ravitailler ou radouber, afin de ſe mettre en état de continuer ſon Voyage. *Après quinze jours de contrariété & de coups de vent qui nous démâterent, nous fûmes obligés de relâcher.*

N

RELEVEMENT. Un Relévement eft l'obfervation que l'on fait avec la Bouffole à pinnule, pour voir à quel point refte un objet. *Nos Relevements quadroient bien avec le giffement de la Côte.*

RELEVEMENT *du Pont.* C'eft la quantité dont un Pont de Vaiffeau eft plus haut vers fes extrémités qu'au milieu; on donne ordinairement du Relévement à tous les Ponts, pour faire en forte que les eaux s'écoulent toujours au milieu. Si le premier Pont d'un Vaiffeau étoit parallele à la Quille, fans avoir de Relévement aux extrémités, il foutiendroit les deux bouts du Vaiffeau contre leur propre pefanteur, en faifant l'effet d'une corde d'arc, parce qu'au moment où les deux bouts du Navire feroient effort pour baiffer, le Pont en feroit pour ne pas s'allonger, au lieu que dans l'état actuel, il eft toujours difpofé par fa Courbure à venir au parallélifme, & il ne foutient en aucune maniere les parties de l'Avant & de l'Arriere du Vaiffeau. Quant au fecond Pont, il eft d'une abfolue néceffité de lui donner du Relévement à l'Arriere pour avoir de l'efpace dans la Sainte-Barbe, & de la hauteur pour le jeu de la Barre du Gouvernail, & la grandeur des Sabords de retraite.

RELEVER *avec le Compas.* C'eft obferver à quel point refte l'objet qu'il faut relever. *Nous relevâmes un Vaiffeau dans le N. E. 5 dég. Nord ; & comme nous faifions la même Route, nous le relevâmes une heure après à l'E. N. E. de forte qu'il avoit beaucoup culé ; ce qui nous fit prendre le parti de l'approcher de près, malgré fon apparence.*

RELEVER *un Vaiffeau échoué.* C'eft le mettre à flot, c'eft le faire flotter.

RELEVER *l'Ancre.* C'eft la lever auffi-tôt qu'elle a été mouillée. *A peine eûmes-nous laiffé tomber notre Ancre, qu'il fallût la relever.*

RELEVER *les Hamacs.* C'eft les faifir contre le Pont fous lequel ils font pendus, afin de pouvoir paffer deffous fans être gêné. Il faut faire relever les Hamacs ou les dépendre, pour virer au Cabeftan.

RELEVER *le Timonnier.* C'eft le changer, & en mettre un autre à fa place.

RELEVER *le Quart. Voyez* CHANGER.

REMÉDIER. C'eft obvier à un accident, ou à un défaut en quelque matiere que ce foit. C'eft un mot que l'on applique dans la Marine aux voies d'eau : par exemple. *Nous remédiâmes aux coups de Canons que nous avions reçus à l'eau, en mettant le Vaiffeau à la Bande, & appliquant deffus des plaques de plomb ploquées & bien clouées, &c.*

REMONTER. C'eft aller contre le Courant d'une Riviere en montant vers fa fource. On remonte les Rivieres & les Fleuves à la faveur du vent, & du flot dans les endroits ou il y a flux & reflux.

REMONTER *le Gouvernail.* C'eſt le remettre ſur ſes Ferrures contre l'Etambord, lorſquil eſt démonté. *Voyez* MONTER *&* DÉMONTER.

REMONTER *une Côte.* C'eſt aller vers le haut de la Côte, c'eſt-à-dire, du côté qui eſt le plus enfoncé vers les terres; on remonte la Côte Coromandel en allant de l'Iſle de Ceilan à Bengal; on remonte de même celle de Malabare en allant du Cap Comorin à Goa & Surate.

REMONTER *contre Mouſſon.* C'eſt naviguer contre la Direction du vent de Mouſſon, pour aller d'un endroit à un autre; dans la ſaiſon contraire, pendant laquelle on ne fait pas les Voyages que l'on entreprend. Quand on a de bons Vaiſſeaux, d'une grande marche, on peut toujours naviguer contre Mouſſon.

REMORQUE. Un Vaiſſeau eſt à la Remorque d'un autre, lorſqu'il eſt traîné par lui. Le Grélin ou Cable qui ſert à traîner le Vaiſſeau remorqué, eſt nommé *Remorque. Nous filâmes un Cordage avec une Bouée pour donner une Remorque à notre Priſe, que nous rangeâmes de près, & auſſi-tôt qu'elle eût pris notre Bouée, nous lui filâmes un Grélin qui étoit frappé ſur le bout de l'Auſſiere, qu'elle avoit attrapé avec la Bouée, & nous la traînâmes à la Remorque juſques dans le Port, mais notre Remorque caſſa deux fois pendant le Trajet.*

REMORQUER. C'eſt tirer après ſoi un Vaiſſeau pour le faire aller plus vîte. *Nous fûmes obligés de remorquer notre Camarade après le Combat, pour lui donner le temps de ſe raccommoder... Nous mîmes nos Bateaux à la mer pour nous faire remorquer pendant le Calme, & nous éloigner des ennemis qui nous pourſuivoient.*

REMOUILLER. C'eſt laiſſer tomber l'Ancre auſſi-tôt qu'elle eſt levée. *A peine notre Ancre fût-elle levée, que nous fûmes obligés de remouiller.*

REMOUX. *Voyez* HOUACHE. Le Remoux eſt occaſionné par la rencontre des filets d'eau, qui venant à s'échapper des deux Bords du Vaiſſeau, pour remplir le vuide qu'il laiſſe derriere lui, lorſqu'il cingle avec vîteſſe, s'entre-choquent & tourbillonnent les uns ſur les autres, avec d'autant plus de force, que le Vaiſſeau a plus de vîteſſe; de ſorte qu'il laiſſe derriere lui une trace de tourbillons & d'écume qui ſe voit à plus de deux ou trois longueurs du Vaiſſeau; on la nomme indifféremment *Houache* ou *Remoux.*

REMOUX *du Courant.* C'eſt un tourbillonnement d'eau que l'on voit dans toutes les Rivieres, & ſur-tout aux détours des Pointes. Lorſque les Rivieres ou Fleuves ont de la profondeur; le Remoux eſt moins marqué, & plus uniforme que lorſqu'il y a peu d'eau; parce que la réſiſtance des inégalités du fond ne peut ſe manifeſter avec autant de force ſur la ſuperficie de l'eau, à cauſe de la grande diſtance; d'ailleurs il ſe fait des Entonnoirs très-marqués, qui s'envont avec le cours de l'eau; & q ſubſiſtent tant que le tourbillon exiſte avec plus ou moins d'étenduc, ſelon la force qu'a l'eau pour tourner. C'eſt ce Remoux des Rivieres qui les rend quelquefois dangéreuſes aux Vaiſſeaux qui ſe trouvent dans le tourbillon que forme le Confluent de deux Rivieres qui ſe joignent, ou de deux Courants qui ont un cours différent par le reflux que produit une Pointe en détournant le cours de l'eau. Si un homme tombe à l'eau dans un Fleuve, il eſt rare qu'il en réchappe; s'il tombe près d'un tourbillon, il eſt preſque toujours entraîné & noyé.

RENARD. C'eſt un cercle de bois plat auquel on laiſſe une queue pour ſervir de poignée. On diviſe le cercle en 32 parties égales, repréſentant les 32 Pointes de la Bouſſole; on perce douze trous depuis le centre le long de chaque ligne qui repréſente un quart de Rumb, demi-Rumb ou Rumb, afin de pouvoir y placer une cheville toutes les demi-heures, pour marquer la Route ſur laquelle on a gouverné pendant ce temps, & ſçavoir à la fin du quart quel air de vent on a ſuivi, & le marquer ſur la Table de Loch. Le Timonnier met la cheville à chaque demi-heure, & place le Renard ſur l'Habitacle.

RENCONTRE. C'eſt un terme de Scieur-de-long, qui déſigne l'endroit où deux traits de Scie doivent ſe rencontrer à ſens contraire, pour ſéparer le bois, lorſque les pièces ſont longues, & qu'on eſt obligé de les ſcier par les deux bouts l'un après l'autre

RENCONTRE. Commandement que l'on fait au Timonnier, pour lui faire défendre avec le Gouvernail une Oloffée ou arrivée que l'on a fait faire au Vaiſſeau, mais qui ſeroit trop grande, ſi on ne la rencontroit pas. Ainſi l'on dit : *Rencontre l'Arrivée, rencontre l'Oloffée.*

RENCONTRER. C'eſt défendre un Lans du Vaiſſeau, de quelque côté qu'il ſe faſſe.

RENCONTRER *l'Ennemi*. C'eſt le trouver. *Nous rencontrâmes les Ennemis au Large, qui couroient leur Bordée à terre... Cette rencontre nous fut favorable, car nous prîmes preſque toute la Flotte qu'il convoyoit.*

RENDEZ-VOUS. C'eſt le lieu où les Vaiſſeaux d'une Eſcadre, Flotte ou Armée-navale doivent ſe réunir en cas de ſéparation. *Notre Rendez-vous étoit à l'Eſt de l'Iſle Saint-Michel des Açores à vue de terre, & nous devions y reſter huit jours pour nous entre-attendre au cas de ſéparation... Le ſecond Rendez-vous étoit à l'Iſle d'Aix.*

RENDRE *le Bord*. Vieux terme. *Voyez* RELACHER.

RENFORT. Terme d'Artillerie, qui veut dire, *Augmentation du métail des Pièces*. Le premier Renfort eſt pris depuis la culaſſe à l'arriere des Tourillons; le ſecond Renfort va depuis le premier juſqu'en avant des Tourillons; & toute la partie depuis le ſecond Renfort à la bouche, ſe nomme *la volée du Canon.*

RENFORCER *l'Equipage d'un Vaisseau*. C'est en augmenter le nombre.

RENTRÉE *du Vaisseau*. C'est le nombre de pieds & pouces dont le plat-Bord du Vaisseau rentre en dedans depuis le Seuillet de Sabord de la Batterie-basse. On fait cette Rentrée dans la plupart des Vaisseaux de Ligne depuis quatre à six pieds de chaque côté ; ce qui rend l'Abordage impossible, & diminue si considérablement l'espace des hauts du Navire, que l'on est toujours gêné dans le service de l'Artillerie de la seconde Batterie, & la Mâture est aussi moins bien soutenue par ses Haubans, qui n'ont point assez d'épattement. Les Constructeurs n'ont en vue, en faisant la Rentrée des Vaisseaux si grande, que le coup d'œil & la légèreté des Œuvres-mortes : ils se sont trompés bien lourdement, parce qu'en gagnant un certain nombre de pieds-cubes de bois par le racourcissement des Baux du second Pont & de ceux des Gaillards, avec quelques virures du Bordage des Gaillards, Passe-avants & du second Pont, ils perdent presqu'autant par l'allongement des Allonges de revers, qui, en se contournant davantage, emportent aussi plus de Bordage en dehors & de Vaigrage en dedans ; ce qui rend les choses égales du côté de la pesanteur des hauts, car le nombre des Allonges est plus considérable que celui des Baux. Il y a encore d'autres inconvénients essentiels dans le trop de Rentrée ; nous les détaillerons dans un autre ouvrage, en faisant voir l'utilité de la soustraire, ou du moins de la réduire à ce qui est seulement nécessaire pour flatter l'œil accoûtumé à voir les Vaisseaux se rondir & se fermer par le haut. Au reste la Rentrée étant inutile par elle-même, & contraire aux qualités du Navire, il ne doit pas en coûter beaucoup au Constructeur raisonnable, pour sacrifier une chose qui n'est que de pur agréement dans l'Architecture Nautique. La Rentrée des Vaisseaux fut inventée par un Constructeur Anglois, lorsque l'Abordage étoit en vogue parmi nos Marins, parce que cet assaut nous étoit si avantageux, qu'ils n'y pouvoient tenir ; ainsi ils trouverent le moyen de mettre un obstacle à nos succès : nous avons été assez maladroits pour les aider dans leur objet, en sacrifiant un avantage reconnu, à l'agrément idéal d'une Rentrée onéreuse ; nos Constructeurs ont même renchéri sur ceux qu'ils ont voulu imiter, en poussant la Rentrée si loin, qu'il est aujourd'hui impossible de tenter un Abordage ; de sorte que nous avons en effet perdu dans l'Art des Combats, par l'impossibilité où l'on se trouve de sauter à Bord d'un Ennemi, qui ne craint de notre part que cette maniere décisive de combattre, qui a fait la réputation de nos plus grands Hommes de mer ; sous Louis XIV. le fameux DUGUAI TROUIN n'a dû sa réputation qu'à l'Abordage ; le terrible JEAN-BART ne connoissoit point d'autre maniere de combattre ; le Chevalier FORBIN ne faisoit point d'autre métier ; enfin nos célébres Corsaires qui désolerent le Commerce

N 3.

Anglois, Hollandois & Efpagnol, s'en étoient fait une habitude, qui feroit encore redoutée, fi on n'y avoit point mis obftacle. Qu'on life les faftes de l'Hiftoire, & on verra fi je me trompe.

REVERSEMENT *de Chargement*. C'eft mettre la Cargaifon d'un Vaiffeau dans un autre. *Nous avons reverfé notre Chargement à Bord de tel autre Vaiffeau, & changé de Voyage.*

RÉPONDRE *aux Signaux*. C'eft mettre un Signal pour faire voir qu'on a vu celui qu'on fait à Bord du Commandant. On répond fouvent aux Signaux en manœuvrant tout de fuite, conformément au Signal que le Commandant fait.

REPOUSSOIR. C'eft une Cheville de fer avec une tête, qui a une arrête en-deffous; elle fert à repouffer les Chevilles lorfqu'on défait quelques parties du Vaiffeau, & qu'il faut ôter le fer qui lie le bois avec le bois, & les Courbes de fer avec le bois. Il y a plufieurs fortes de Repouffoirs, plus ou moins forts les uns que les autres, felon les clous & chevilles qu'ils font deftinés à repouffer.

REPRENDRE *une Manœuvre*. C'eft la racourcir lorfqu'elle a trop allongé; ainfi on reprend les Haubans & Etais, lorfqu'ils ont allongé de maniere à ne pas laiffer affez d'efpace entre les Caps-moutons & leurs Moques de Rides, pour pouvoir les roidir au befoin : on fait cette opération en défaifant les Amarrages & Etrives, qui font faits fur le double du Cordage, après qu'il a paffé fur la Cannelure du Cap-mouton, que l'on replace plus haut pour refaire l'Etrive & Amarrage; alors les Haubans ou Etais font repris.

REPRISE *de Cabeftan*. C'eft ce qu'il faut encore virer pour être à Pic, ou pour finir de mettre à haut l'Ancre qui feroit deplantée. La Reprife fe prend entre le temps de deux choquements du Tournevire, où elle fe mefure par longueur du Cable, qui eft tiré dedans le Vaiffeau par la Margueritte.

REPRISE. C'eft un Vaiffeau qui ayant été pris par les Ennemis, eft repris par un autre Vaiffeau de fa Nation; c'eft une Reprife.

REPRISE *de main*. C'eft reprendre la Manœuvre plus haut en y portant la main; lorfqu'on hiffe main-fur-main, ou à courir; alors l'Officier qui commande crie, pour encourager les Matelots, *Reprends, enfants, main-fur-main, ha ! ha! ha! à courir, &c.*

RÉSINE. C'eft une forte de Gomme qui fort des arbres de Pins, Sapins, Mélèfes, &c. & autres arbres de même efpèce; on la tire en perçant l'arbre, ou en lui faifant des incifions fur l'écorce; on la recueille à mefure qu'elle fort, & s'épaiffit fur l'arbre. La Réfine fe divife en feche ou folide, & liquide, quoique provenue du même arbre; la meilleure eft celle qui eft tranfparente & odorente, qui n'eft ni feche ni humide, & femblable à de la Cire. La Réfine dont on fe fert pour les Vaiffeaux, fe tire de France, & coule des Pins & Sapins; fon uſage eſt de conſerver le bois du Navire ſur lequel on l'applique chaude, en y mêlant un peu de ſouffre pour la blanchir.

RÉSINE. Un Vaiſſeau eſt réſiné, lorſqu'il eſt enduit de Réſine entre ſes Préceintes, ſur ſes Mâts & Vergues, mais cela ne fait bien qu'aux petits Vaiſſeaux, & demande beaucoup de propreté.

RESSAC. C'eſt le retour de la Lame du côté du Large, lorſqu'elle a frappé contre quelques rochers. *Nous approchâmes ſi près des Briſants, que le Reſſac nous jetta au Large, ſans quoi nous étions perdus.*

RESSIF, ou *Récif.* C'eſt une bande de Rochers ou de Correaux à fleur d'eau, ſur laquelle la mer briſe ſans ceſſe, plus ou moins, ſelon l'élévation des Lames & la force du vent. Il y a un paſſage au milieu des Reſſifs par lequel on peut entrer & mouiller ſur un très-bon fond, dans une eſpèce de Baſſin entre la Côte & les Reſſifs.

RESTER *au Nord d'une terre.* C'eſt être au Nord de cette même terre, lorſqu'elle vous reſte au Sud. *La terre nous reſtoit vers le vent au S.S.O. & les Ennemis qui nous donnoient chaſſe, nous reſtoient au N.$\frac{1}{4}$.N.E. à trois ou quatre lieues.* Ainſi reſter à quelque point de la Bouſſole, d'un objet quelconque, c'eſt être poſté ſur la Ligne des deux Points oppoſés de la Roſe de Compas; de ſorte que l'objet vous reſte à l'oppoſé de la pointe à laquelle on peut vous relever de l'endroit où il eſt. Si vous êtes au Nord d'une Iſle, elle vous reſte au Sud; & lorſqu'un Vaiſſeau vous reſte au N.N.O. vous lui reſtez au S.S.E. *Nous continuâmes notre Route juſqu'à ce que l'entrée nous eût reſté au N.E.$\frac{1}{4}$.E. alors nous donnâmes dedans à pleines Voiles.*

RETENUE. En terme de Charpenterie, c'eſt une pièce de bois en arboutant contre une autre, entaillée de manière qu'elle la retient & l'empêche d'aller ni de venir d'aucun côté. Une Courbe chevillée contre un Bau & ſur un Membre, peut être priſe pour une Retenue.

RETENUES *de Corde. Voyez* ATTRAPES.

RETOUR *d'une Manœuvre.* C'eſt le Courant qui paſſe dans une Poulie à portée de la main, afin que les hommes puiſſent travailler deſſus avec aiſance : toutes les Cargues des Voiles ont leurs retours en-bas ſur les Ponts & Gaillards, &c.

RETOUR *de marée.* C'eſt la venue du Juſſant ou du flot qui reviennent alternativement. *Nous rappareillerons au Retour de la marée.*

RETOUR *du Courant.* C'eſt un changement du cours de l'eau d'une Riviere, qui eſt détourné par une Pointe ou par le Confluant d'une autre Riviere qui ſe jette dans la première. *Nous tombâmes dans un Retour de Courant qui nous fit remonter du côté d'où nous venions. Voyez* REMOUX.

RETRAITE. Une Retraite eſt une fuite d'Armée faite en ordre devant l'Ennemi ſupérieur. *Voyez* ORDRE DE RETRAITE.

RETRAITE *tirée.* C'eſt le coup de Canon qui ſe tire tous les ſoirs du Vaiſſeau Amiral à une heure fixe, après que les Tambours du Port & des Vaiſſeaux ont battu la Retraite. Auſſi-tôt que la Retraite eſt tirée, on ferme les Chaînes, & on fait des rondes dans le Port. Les Eſcadres tirent auſſi la Retraite tous les ſoirs, pour faire tenir l'ordre de nuit à Bord des Vaiſſeaux de la Rade, ainſi que la Dianne pour faire commencer les ouvrages à Bord de tous les Vaiſſeaux.

RETRAITE, *lieu de Retraite.* C'eſt un endroit dans lequel les petits Corſaires & Embarquations peuvent ſe retirer. Les Glénans à la Côte de Bretagne ont long-temps ſervi de Retraite aux petits Corſaires de Gerſey & Garneſey, qui croiſoient ſur nos Barques & nos Pêcheurs, parce que nous n'avions point de Garde-Côtes.

RETRANCHEMENT. Les Retranchements à Bord d'un Vaiſſeau ne ſont que de fortes Cloiſons, faites ſous les Fronteaux des Gaillards & Dunettes, avec des Meurtrieres, & de petits Sabords pour placer de petits Canons, & défendre les Ponts & Gaillards, lorſque les Ennemis s'en ſont emparés par un Abordage. Ces Retranchements ont quelquefois ſauvé des Vaiſſeaux mal attaqués.

REVENTER. C'eſt remettre le vent dans une Voile que l'on avoit coëffée ou tenue en Ralingue. *Nous avions braſſé nos Huniers à culer, & tout de ſuite nous les avons reventés pour nous ſoutenir au vent.*

REVERDIE. C'eſt le rapport de la mer après les Mortes-eaux ; il ſe dit principalement des grandes marées des Equinoxes.

REVERS. C'eſt tout ce qui reſſort en dehors. *Voyez* AL-LONGES *&* GENOUX DE REVERS.

REVERS, *Manœuvres de Revers. Voyez* MANŒUVRES. DE REVERS. Les Amures ſont dites *de Revers*, lorſqu'on vire de bord vent devant, & qu'en déchargeant les Voiles, on hale de force ſur ces Amures pour changer plus vîte les Voiles. On dit encore *Amures de Revers*, de celles qui ſont ſous le vent, lorſque les baſſes-Voiles ſont dehors & orientées obliquement ; c'eſt dans ce ſens qu'on dit : *Affale l'Amure de Revers*, quand il s'agit de lui donner du moux pour border la baſſe-Voile ; c'eſt la même choſe des Boulines de deſſous le vent.

REVERSE. C'eſt un commandement pour faire haler les Matelots ſur les Boulines & Amures de Revers, lorſqu'on décharge les Voiles dans les virements de Bord. On crie, *Reverſe la grande Bouline & la Bouline du grand Hunier ; hale bas ſur la grande Amure*, pour faire redoubler les efforts de l'Equipage, & éventer plus vîte les Voiles que l'on décharge. C'eſt la même choſe pour les Voiles d'Avant, qui ſe manœuvrent comme celle du grand Mât. Plutôt on reverſe les Voiles, plutôt elles prennent le vent dedans, & moins le Navire perd en virant ; on braſſe du côté oppoſé aux Boulines que l'on reverſe, de ſorte que pour peu qu'on ſoit fort de monde, on a bientôt changé les Voiles d'Amures & reverſé ſur l'autre Bord.

REVIREMENT. C'eſt le mouvement d'une Eſcadre ou Armée navale qui vire de Bord, en changeant d'Amures par la contre-marche vent devant ou vent arriere, ou tout enſemble. *Notre premier Revirement ſe fit par la Contre-marche, & le ſecond tous en même temps, de ſorte que nous nous trouvâmes en ordre de Combat du même Bord que les Ennemis, & au vent à eux.* Pour qu'un Revirement de Ligne ſoit bien fait, il faut que tous les Vaiſſeaux faſſent bien attention à leur Evolution, & qu'il n'y en ait aucun qui manque à virer.

REVIRER. C'eſt virer de Bord, & revirer encore vent devant ou vent arriere. *Nous virâmes ſur le même Bord que le Vaiſſeau à qui nous donnions chaſſe; & quand nous fûmes aſſez de l'Avant à lui pour le doubler au vent & le couper ſur l'Avant, nous revirâmes à l'encontre.* Il vaut mieux revirer ſur l'Avant & au vent d'un Vaiſſeau que dans ſes eaux, parce qu'on s'en écarte moins, & qu'on lui gagne le vent. *Quand nous fûmes aſſez de l'Avant des Ennemis, nous revirâmes deſſus.*

REUNS. *Voyez* FAUX REUNS & RUMB.

REVOLIN ou *Revolun.* c'eſt l'action du vent qui ſe réflechit d'une Voile ſur une autre qui en eſt trop proche; de ſorte que celle qui reçoit ce choc, bat & ſe dévente. Le grand Hunier revolume par le vent qui ſort de la Voile d'Etai de Hune, en frapant ſur ſa ſurface convexe dans la partie de deſſous le vent. Ce défaut vient toujours de l'effet de la Voile d'Etai de Hune qui a trop de largeur. La plupart des Officie.s qui ne réfléchiſſent pas ſur la diſpoſition de leurs Voiles, les multiplient toujours les unes aux dépends des autres, inutilement & à charge au Navire.

REVUE. C'eſt l'examen que le Commiſſaire aux Claſſes fait de tout l'Equipage d'un Vaiſſeau, pour en prendre note & le faire payer.

RIBORDS. Ce ſont les Bordages qui ſe placent ſur les Gabords de long-en-long. Ainſi les Ribords forment le ſecond rang du Bordage de la Carène en montant vers la flottaiſon depuis la Quille.

RIDE. C'eſt un Cordage qui ſert à en roidir un autre qui eſt plus gros, ſoit que la Ride ſoit paſſée dans des Poulies à Rouets, ou dans des trous de Cap-mouton.

RIDES *de Haubans.* Ce ſont celles qui ſont paſſées dans les Caps-moutons des bas-Haubans & Haubans de Hune, ſur leſquelles on frappe les Palans pour roidir ces Haubans. On graiſſe les Rides pour diminuer le frottement, & faciliter leur paſſage dans les trous des Caps-moutons; & lorſque le Hauban eſt aſſez tendu par l'effort des Palans ſur la Ride; on la génope, ou on la treſillonne pour l'empêcher de courir pendant qu'on fera deux ou trois tours morts ſur le Hauban entre l'Etrive & le Cap-mouton, bien ſouqués, & finir enſuite de la tourner autour du Hauban, au-deſſus du Cap-mouton, où on la fixe par un bon Amarrage ſur le bout; de ſorte qu'on peut larguer le Treſſillon ſans craindre que la Ride ne largue, quoiqu'elle ne ſoit pas génopée.

RIDES d'Etais. Ce ſont les Cordages qui paſſent dans les Moques d'Etai & de Coliers d'Etais, pour les roidir de la même maniere que les Haubans.

RIDES de Cals-Haubans. Ce ſont celles qui ſervent à roidir les Cals Haubans, de la même maniere qu'on l'a vu aux Rides de Haubans.

RIDER. C'eſt roidir les Haubans, Cal-Haubans ou Etais, par le moyen des Rides, & à force de Palans.

RIDÉS. Les Haubans, Etais & Cal-Haubans ſont ridés, lorſqu'ils ſont roidis par leurs Rides. *Nous carguâmes nos Voiles, & fimes vent Arriere pour rider & tenir nos Haubans, nos Grées, & profiter de la belle mer pour cette opération.*

RIFFLARD. C'eſt une demi-Verlope, propre à dégroſſir l'ouvrage : les Charpentiers s'en ſervent pour dreſſer le bois.

RINGEAU, ou *Rinjot*, *Ringeot*. *Voyez* BRION, qui eſt plus uſité & meilleur que Ringeot.

RINGO ou *Ringot*. C'eſt un bout de Corde, long d'un pied au plus, qui eſt frappé ſur l'Eſtrope d'une Poulie de Palan, ayant une Coſſe eſtropée ſur le bout; ſon uſage eſt de ſervir à frapper le Dormant du garan d'un Palan.

RIPER. C'eſt gliſſer; on ſouque bien les Garcettes ſur le Cable & le Tournevire, lorſqu'il eſt enduit de vaſe graſſe, pour les empêcher de riper; on jette du ſable deſſus, & on met des balais entre pour le même effet. Lorſque le Cable ripe, il coule dehors à meſure qu'on le vire dedans, & c'eſt de l'ouvrage à refaire.

RIS. Ce ſont des bandes de toile à œillets, garnies de Garcettes, que l'on voit traverſer les Huniers d'un bord à l'autre; on fait un Ris dans chaque baſſe-Voile, un dans l'Artimon, & trois dans chaque Hunier, quelquefois quatre. Les Ris ſont faits pour appétiſſer les Voiles, lorſqu'il vente grand frais, & qu'on ne peut pas les porter toutes hautes. Lorſqu'on racourcit les Voiles par les Ris, c'eſt ce qu'on appelle *prendre des Ris.*

RISÉE. C'eſt une augmentation de vent, qui dure peu de temps, comme les Raffales. Les Riſées ſont fortes; il faut mettre du monde aux Driſſes & ſur les Cargues.

RISER. C'eſt diminuer les Voiles de hauteur; ainſi quand on amene les Perroquets ou les Huniers, on dit qu'on a riſé les Perroquets ou *les Huniers. Le Grain fut fort, nous fûmes obligés de riſer les Huniers & de les amener ſur le Ton... Notre Matelot de l'Avant a riſé ſes Huniers... Tous les Vaiſſeaux ont riſé leurs Huniers... Ils ont leurs Huniers riſés.* Toutes façons de parler qui ſignifient que l'on a amené les Huniers pour les rehiſſer quand le vent ſera paſſé, ſans prendre de Ris.

RIVAGE. C'est le terrain qui couvre & découvre dans les plus grandes marées, par le plus grand flot de la mer au temps des Equinoxes. On prend aussi pour le Rivage tout ce qui est compris entre le flot & les Dunes incultes, ou Rochers qui séparent le sable de la terre, en servant de Digue à la mer; de sorte qu'il y a des endroits où le Rivage a plus d'étendue que dans d'autres.

RIVIERE. C'est un Courant d'eaux douces qui tombent des Montagnes, viennent des Lacs & des Sources, se réunir par plusieurs Ruisseaux dans un même Lit qui les conduit à la mer. Les Rivieres sont moins considérables que les Fleuves, qui ne sont que des Rivieres plus grandes & plus profondes que les autres; il y a des Rivieres qui portent Vaisseaux, d'autres ne peuvent porter que des Bateaux; les unes sont navigables, les autres ne le sont pas; celles qui le sont, font la richesse du pays qu'elles arosent, par la facilité du transport des Denrées & par le Commerce qu'elles ouvrent au dehors; aussi voyons-nous que les Villes qui ont des Rivieres navigables jusqu'à la mer, sont les plus opulentes & les plus commerçantes en général : il y a des Rivieres qui ont flux & reflux jusqu'à une certaine distance de leur Embouchure, ce sont les plus navigables, parce que les Vaisseaux peuvent y entrer & les remonter facilement avec le flot.

RIVER un clou ou une cheville. C'est battre la pointe qui traverse le bois, de maniere qu'elle fasse comme une espèce de tête qui l'empêche de ressortir. Les clous sont ordinairement pliés en crochet, & les chevilles rivées sur une virole qui sert d'appui à la rivure, en formant une tête.

RIVET. Voyez CLOUS. Son usage est de réunir les deux bouts des cercles de fer qui ne sont pas soudés; tels sont ceux que l'on met sur les Fûtailles de toutes espèces.

ROC. C'est un terrain sur les bords de la mer, formé de gros Rochers escarpés, sur lesquels la mer brise : les Rocs sont quelquefois assez unis; mais le plus souvent ils sont formés de Rochers pointus, inégaux & raboteux, sur-tout dans les endroits les plus battus de la mer, qui en détache des morceaux, forme des crevasses, des cavernes, & toutes sortes de figures irrégulieres & bifares.

ROCHE. C'est une pierre fort grosse, détachée ou éloignée d'un roc, dont la racine est sur le fond de la mer; le long des Côtes & quelquefois au Large. Les Roches forment des Ecueils, qui sont souvent fort dangereux, sur-tout quand elles sont à fleur d'eau ou cachées sous une petite profondeur, parce qu'on ne les voit pas alors, & qu'on peut se briser dessus.

ROCHERS. Ce sont plusieurs roches réunies, ou peu écartées, qui forment des amas que l'on voit semés ci-&-là le long des Côtes, tout à terre & au Large, plus ou moins écartées du Rivage. Il y a des Rochers sous l'eau, d'autres qui sont toujours au-dessus; les premiers sont dits *Rochers couverts*, &

les autres *découverts*; il y en a d'autres qui couvrent & découvrent dans le flux & reflux. Les Roches & Rochers qui font fous l'eau, ou qui couvrent & découvrent à l'entrée d'un Port, font ordinairement marqués par des Bouées & par des Balifes, pour les faire connoître aux Vaiffeaux qui fortent ou qui entrent.

ROCHES *molles*, *Voyez* CAYES.

ROCHE *à feu*. C'eft une compofition d'Artifice, que l'on fait pour charger les Bombes des Galiottes, lorfqu'on veut bombarder une place Maritime. La Roche à feu fe fait avec trois feptiemes de Souffre que l'on fait fondre, dans lequel on jette deux feptiemes de poudre à Canon, un feptieme de Salpètre & un feptieme de Charbon pulvérifé, tamifé; & lorfque cette compofition eft bien faite, on en met des morceaux parmi la Poudre qui charge les Bombes, afin de mettre le feu dans l'endroit où la Bombe éclate.

ROMAINE. *Voyez* PESON.

RONDE. C'eft une vifite que l'Officier fait à Bord d'un Vaiffeau, pour voir fi tout eft en ordre, & fi les feux font éteints partout. Il fe fait plufieurs fortes de Rondes pendant la nuit & le jour; les Caporaux & Sergents font des Rondes pour faire éteindre les feux avant que l'Officier faffe la fienne; les Charpentiers & Calfats font des Rondes deux fois par Quart de nuit, pour voir fi le Vaiffeau ne fouffre pas dans quelques unes de fes parties pendant la Tempête, s'il ne fe caffe rien aux mouvements du Tangage & du Roulis, fi les Sabords font bien étanches, & s'il n'y a pas quelques dégoutieres par où l'eau puiffe tomber, lorfqu'il y en a fur les Ponts, & lorfque le Vaiffeau reçoit des coups de mer. Les Canonniers font également des Rondes pour vifiter l'Artillerie, les Palans, Bragues & Cabrions des Pièces à la Serre. Les Gabiers font des Rondes tous les matins & tous les foirs, fur tout le Gréement du Vaiffeau, pour le vifiter & voir s'il ne manque rien, & s'il y a quelque chofe d'ufé. Les uns & les autres rendent toujous compte à l'Officier de Quart de ce qu'ils ont remarqué pendant leurs Rondes.

RONDE *du Port*. C'eft la vifite que fait un Officier pendant la nuit, de tous les Poftes du Port, en parcourant avec une Chaloupe ou Canot armés, tous les Corps-de-Gardes & Sentinelles qui font placés dans les différents endroits & fur les Plattes-Formes flottantes, pour voir fi tout eft en ordre; fi on donne & reçoit le mot du Guet, &c.

RONGÉ. Le bois eft rongé par les vers, lorfqu'il en eft criblé & percé de tous côtés, comme cela arrive dans les Voyages de long Cours. Les Rats font encore des animaux rongeurs, qui font beaucoup de tort aux Vaiffeaux.

ROSE *de Compas*. C'eft le Carton rond qui eft placé fur l'Aiguille aimantée, & divifé en dégrés, & en trente-deux parties égales, qui défignent les trente-deux pointes de l'horizon où répondent les trente-deux vents. *Voyez* BOUSSOLE.

ROSE *des vents*. Ce font les trente-deux vents marqués par des Lignes droites, tirées d'un Centre commun fur les Cartes marines, pour marquer tous les Points de l'Horizon où peuvent répondre les différentes parties de la terre, felon les pofitions où l'on peut fe trouver, foit en pleine mer ou le long des Côtes. On multiplie ces Rofes autant qu'il eft nécef-faire pour la commodité du pointage fur les Cartes.

ROUANE *de Pompe*. C'eft un outil de fer acéré, bien tranchant, fait exactement comme un demi-Cône, coupé du haut en-bas dans l'axe & concave en dedans ; on l'emmanche fur une tige de fer qui part de la partie la plus large, de la même maniere qu'une Vrille : la Rouane ainfi faite fert à commencer le trou d'un tuyau de Pompe jufqu'à la profondeur d'un pied environ, enfuite on place une Cuiller. *Voyez ce terme*, que l'on appelle fouvent *Rouane*, & qui finit de percer la Pompe de bout-en-bout ; on en paffe fucceffivement de plus groffe en plus groffe, jufqu'à ce que le tuyau foit percé du calibre convenable.

ROUANE *à marquer*. C'eft un outil de fer, dont les Tonneliers fe fervent pour former & graver des lettres fur les Fûtailles ; il eft de fer acéré, & fait en forme de Gaffe ; de forte que la pointe fert d'appui & de point central à tout ce qu'on veut marquer en rond, tandis que l'autre partie tranche en courant fur le bois, & traçant un cercle ; on fe fert du même tranchant pour faire les jambages droits.

ROUANER. C'eft marquer avec la Rouane.

ROUANER *une Pompe*. C'eft croître le trou de la Pompe, ou le rendre égal, lorfqu'il eft chambré.

ROUE *de Gouvernail*. C'eft un Cilindre monté horizontalement fur deux Piliers verticaux, placés fur le Gaillard en Arriere du Mât d'Artimon, répondant fur deux trous percés dans les Tillacs du Gaillard & fecond Pont, au-deffus de l'extrémité du Timon de Gouvernail ; ce Cilindre eft monté fur Aiffieu de Cuivre, de forte qu'il tourne facilement, par le moyen d'une ou deux Roues placées fur des rayons, pofés dans des mortaifes quarrées, faites fur les extrémités du Marbre ou Cilindre, avec des poignées fur lefquelles le Timonnier applique fa force lorfqu'il faut gouverner : ainfi la Roue du Gouvernail fert à multiplier la force du Timonnier, & facilite le mouvement du Gouvernail ; moins le Cilindre aura de diamètre, & plus le Timonnier aura d'avantage.

ROUE *de Grue*. *Voyez* GRUE.

ROUE *d'Affût de Canon*. C'eft une Roue d'un petit diamètre, proportionnée à l'Affût du Canon, très-forte, & épaiffe en bois plein, dans le centre de laquelle on perce un trou exactement rond, de quelques Pouces de diamètre pour paffer l'Aiffieu. On met deux Roues à chaque Aiffieu ; de forte qu'un Affût a quatre Roues. *Voyez* AFFUT. On fait auffi des Roues d'Affût en Cuivre, évidées.

ROUE *Manœuvre.* C'eſt un commandement que l'on fait faire au Maître, pour ordonner aux Matelots de rouer & parer les Manœuvres, après qu'on a fini de manœuvier, afin d'être toujours paré & leſte.

ROUER *une Manœuvre.* C'eſt la plier en rond. On roue les Cordages par pièce entiere dans les Corderies. *Voyez* CUEILLIR.

ROUER *une Manœuvre ſur le double.* C'eſt la cueillir ſur elle-même, auprès de la Poulie où elle paſſe, pour mettre enſuite le deſſous deſſus, afin qu'elle ſoit parée lorſqu'on la file en bande.

ROUET *à Bitord. Voyez* TOUR A BITORD.

ROUET *de Poulie.* C'eſt la Roue qui ſe met ſur un Aiſſieu dans la Caiſſe de la Poulie. *Voyez ce terme.* On fait les Rouets de Poulies de Gayac ou de Cuivre, ceux de Gayac ſont ſouvent garnis d'un Dès de fonte, & tournent comme ceux de Cuivre ſur un Aiſſieu de fer; les uns & les autres ont une Canelure tout-au-tour, ſur laquelle entre le Cordage qui fait le Garan dont on ſe ſert pour mettre les Poulies en jeu.

ROUET *de Chaloupe. Voyez* DAVIER.

ROULEAU. C'eſt un morceau de bois rond, que l'on met ſous les fardeaux qu'il faut tranſporter d'un lieu à un autre. Lorſqu'on traîne une Barque, Chaloupe ou Canot à l'eau, on les fait marcher ſur des Rouleaux, placés de diſtance en diſtance ſous la Quille, de ſorte qu'ils tournent ſur le terrein à meſure que le Bateau marche; & pour peu qu'il y ait de pente, il faut retenir le Bateau, qui prendroit trop de viteſſe ſur les Rouleaux, qu'on a ſoin de tenir plus longs que courts.

ROULE. Un Vaiſſeau roule, lorſqu'il a des mouvements d'Oſſillation de Tribord à Babord; c'eſt ce qui arrive toujours lorſqu'on eſt vent Arriere, pour peu que la mer ſoit élevée. *Lorſque nous ſerons dans les Mers du Cap-de-Bonne-Eſpérance, notre Vaiſſeau roulera beaucoup; il va bien rouler.*

ROULIS. C'eſt le mouvement du Navire de Tribord à Babord, occaſionné par l'impulſion des Lames. Lorſque les Oſſillations du Roulis ſont vives & courtes, la Mâture en eſt beaucoup fatiguée, & le Corps du Vaiſſeau en ſouffre. Il n'y a que les Vaiſſeaux d'une grande ſtabilité qui roulent vivement, mais on modere cet inconvénient en prenant moins de Leſte, ou en le plaçant plus haut, & ſur les Empatures des Varrangues.

ROUSTER. C'eſt une maniere de faire une Lieure ſur des Mâts éclatés, des Vergues rompues, que l'on veut encore faire ſervir. On rouſte les Jumelles ſur les Mâts & Vergues, pour les aſſujettir plus ſolidement, lorſquelles ſont clouées & cerclées.

ROUSTURE. C'eſt une Lieure que l'on fait pour tenir une pièce de bois contre une autre. Les Rouſtures ſe font avec du filin qui a allongé, & qui eſt encore dans toute ſa force, en lui faifant faire plufieurs tours fur la pièce que l'on veut roufter ; fouquant chaque tour avec un Levier ou Virevau volant, felon la force du Cordage.

ROUTE. C'eft la pointe de la Bouffole fur laquelle on doit gouverner pour fe rendre d'un lieu à un autre. *Notre Route étoit au S.O.¼.O. en allant, & au N.E.¼.E. pour revenir.* Lorfqu'on dirige la Route d'un Vaiffeau, on a toujours égard à la Variation ; de forte que s'il y a une pointe de Variation N.O. & que la Route foit au Nord, on gouvernera fur le N.¼.N.E. pour que le Vaiffeau fuive exactement fa Route.

ROUTE *directe.* C'eft celle que l'on fait de vent Arriere, lorfque le Navire étant droit a fes deux parties latérales de la Proue frappées également par l'eau.

ROUTE *Changée.* La Route eft changée, lorfqu'on a porté, ou que l'on eft venu au vent pour gouverner fur une autre pointe de la Bouffole, que celle fur laquelle on gouvernoit. *Nous avons changé de Route pour rallier l'Efcadre.*

ROUTE, *à Route.* C'eft commander au Timonnier de venir à Route, lorfqu'il s'en eft écarté par accident ou volontairement. *Après avoir porté pendant la force du Grain, nous revînmes à Route... A Route, gouverne à Route.*

ROUTIER, C'eft un Livre rempli de Cartes-Marines, de Plans à petits & grands Points, avec des Inftructions fur la maniere de naviguer, & de fe conduire dans les différents Parages, le long des Côtes, & dans l'entrée & la fortie des Ports ; on y explique toutes les variétés des faifons, des vents & des Courants. Le Routier de Mr. d'APRÈS eft le mieux conduit & le mieux entendu de tous ceux qui ont paru.

ROUTINE. C'eft l'ufage de faire une chofe, parce qu'on l'a toujours faite par habitude, fans examiner fi on peut mieux faire. C'eft la divinité chérie des Marins en général : qui la heurte, ne leur plaît pas ordinairement.

RUM ou *Reum.* C'eft un efpace dans la Cale d'un Vaiffeau : il eft de grand Reum, lorfqu'il eft d'un grand Arrimage, qu'il peut contenir beaucoup d'effets. *Nous avons du Reum, c'eft à-dire, de l'efpace.*

RUMB *de vent.* C'eft une divifion de la Bouffole de 45 dégrés en 45 dégrés, qui font huit parties égales nommées, Nord, N.E. Eft, S.E. Sud, S.O. Oueft & N.O. que l'on fubdivife en huit demi-Rumbs, N.N.E, E.N.E, E.S.E, S.S.E, S.S.O, O.S.O, O.N.O, & N.N.O, qui font encore fubdivifés en feize quarts de Rumbs, N.¼.N.E, N.E.¼.N, N.E.¼.E, E.¼.N.E, E.¼.S.E, S.E.¼.E, S.E.¼.S, S.¼.S.E, S.¼.S.O, S.O.¼.S, S.O.¼.O, O.¼.S.O, O.¼.N.O, N.O.¼.O, N.O.¼.N, & N.¼.N.O, qui font en tout 32 Pointes ou Aires de vent.

SABLE. C'eſt une eſpèce de petit gravier très-fin & liſſe, que l'on trouve ſur les bords de la mer, dans tous les pays du monde. Il y a du gros Sable & du Sable fin ; ce dernier eſt comme la plus fine pouſſiere, & vole facilement par la force du vent ; l'autre eſt plus peſant, & le grain n'en eſt pas plus menu en général que la poudre à Canon. L'Iſle de l'Aſcenſion fournit une eſpèce de Sable extrêmement uni & liſſe, un peu plus gros que celui que nous trouvons ailleurs ſur les bords de la mer, je le croirois très-propre à faire de beau verre.

SABLE *vaſart*. C'eſt du Sable mêlé de vaſe, qui ſe trouve en beaucoup d'endroits de la mer, & qui conſtitue le meilleur fond pour la tenue des Ancres.

SABORD. C'eſt une embrâſure faite dans le côté du Vaiſſeau pour y placer le Canon en Batterie. Le Sabord a une largeur & une hauteur proportionnée à la groſſeur du Canon qu'on veut y mettre. On fait autant de Sabords à un Vaiſſeau qu'il doit porter de Canons, mais on les diſpoſe de maniere que ceux de Tribord répondent exactement devant ceux de Babord, & que ceux de la ſeconde Batterie ſoient percés dans le milieu de l'entre-deux de ceux de la premiere, & ainſi des Gaillards.

SABORDS *de Retraite*. Ce ſont ceux qui ſont pratiqués dans la Voûte d'Arcaſſe au-deſſus de la Barre d'Hourdy, & ſur les ſeconds, troiſiemes Ponts & Gaillards dans la Poupe des Vaiſſeaux : on place du Canon dans ces Sabords lorſqu'on fuit devant un ennemi ſupérieur, ſur lequel on tire en fuyant à toutes Voiles.

SABORDS *de Charge*. Ce ſont des Sabords percés dans l'Entre-Pont des Flûtes & Vaiſſeaux de Charge, vis-à-vis les Ecoutilles, pour faciliter le Chargement & Déchargement.

SACADE. C'eſt un mouvement vif & court des Voiles, lorſqu'elles ne ſont pas tendues par la force du vent, quand le Navire tangue & roule. *Les Sacades de nos Voiles ſont ſi fortes, qu'il y a à craindre pour nos Mâts.*

SAFRAN *de Gouvernail*. C'eſt la piece la plus en-dehors du Gouvernail. Quelquefois on prend la largeur du Gouvernail pour ſon Safran, c'eſt-à-dire, que pour l'exprimer, on dit qu'il a tant de pouces de Safran. *Voyez* GOUVERNAIL.

SAFRAN *d'Etrave*. C'eſt une piece de bois que l'on ajoute aprés coup depuis le deſſous de la Gorgere juſqu'à la Quille, pour donner aux Vaiſſeaux manqués plus de diſpoſition à venir au vent, lorſqu'ils ſont lâches de tous temps ; ce qui eſt fort rare.

SAILLE. *Saille!* C'eſt-à-dire, *Tire* ou *Pouſſe avec force & viteſſe*, pour hiſſer quelque choſe à courir. Lorſqu'on hiſſe les Huniers, on crie *Saille!* & tout le monde tire en même tems, courant ſur le Garan des Driſſes. *Saille de l'Avant*, c'eſt pouſſer en Avant; & *Sailler de l'Arriere*, c'eſt pouſſer vers l'Arriere : c'eſt un commandement. *Il faut ſailler nos Mâts de Hunes de Rechange ſur l'Avant ou ſur l'Arriere... Il faut pouſſer ou ſailler nos Bouts dehors de Bonnettes pour gréer ces Voiles.*

SAINE. Une Côte eſt dite ſaine, lorſqu'elle eſt nette de tous dangers, qu'il n'y a point de mauvais fonds, ni d'écueils ſous l'eau qui empêchent d'en approcher. La Côte d'Eſpagne eſt ſaine, celle du Sud de l'Angleterre l'eſt auſſi. Une Roche, une Iſle eſt ſaine, lorſqu'elles ne ſont pas bordées de Briſants ni de Rochers ſous l'eau. Un Rocher eſt ſain, parce qu'il eſt ſeul, & qu'on peut mouiller tout-au-tour, ou en approcher de fort près. Un Port eſt ſain, parce que l'entrée en eſt facile & ſans dangers.

SAINTE-BARBE. C'eſt un retranchement Entre-Pont à l'Arriere du Vaiſſeau, fait au-deſſus des Soutes à pain & à poudre : on y tient tous les uſtenſiles du Canonnage. C'eſt un lieu confié au Maître Canonnier. *Voyez* BARBE.

SAïQUE. C'eſt une eſpèce de Navire du Levant qui porte deux Mâts & un Beaupré; un grand Mât très-élevé, & un Artimon fort petit. Ce Navire eſt fort chargé de bois dans ſa conſtruction. Preſque toutes les Pales à deux Mâts de la Côte Malabare ſont gréées en Saïque.

SAISINES. Ce ſont des Cordages à Croc & Coſſes, avec un Cap-Mouton ſur un bout; on s'en ſert pour ſaiſir les Bateaux ſur le Pont, en crochant chaque Saiſine ſur les Arganeaux du Pont, les unes vis-à-vis des autres, pour les joindre par-deſſus la Chaloupe & Canot, en paſſant une Ride d'un Cap-Mouton à l'autre; d'autres fois on met des Coſſes ſur le double de la Saiſine au lieu de Cap-Mouton; ce qui revient au même.

SAISIR. C'eſt amarrer & retenir une choſe contre une autre par le moyen d'un Cordage ou Raban. On ſaiſit la Vergue barrée contre le Mât d'Artimon; on ſaiſit les Bateaux ſur le Pont, & ſur le bord du Vaiſſeau, en paſſant des Grêlins & Auſſieres par des Sabords en-deſſus du Plat-bord, & deſſus & deſſous les Bateaux, pour être bridés enſuite entre le bord du Vaiſſeau & celui de la Chaloupe. On ſaiſit les Ancres ſur le bord, contre les Allonges du Gaillard d'Avant, en doublant les Serre-Boſſes : enfin on ſaiſit tout ce qui ne doit point avoir de mouvement au Roulis & au Tangage.

SALAISON. C'eſt une certaine quantité de Viande que l'on ſale. *Nous relâchâmes à Madagaſcar, pour y faire une Sa-*

laifon de 400 Bœufs, qui étoient deftinés aux Vaiffeaux de notre Efcadre. Les Salaifons d'Irlande font très-bonnes; mais celles que la Compagnie des Indes fait dans le Port de l'Orient, font au moins auffi bonnes : on en rapporte après deux ans de Voyage, qui font encore excellentes.

SALE. La mer eft fale, lorfqu'elle eft couverte d'herbiers, de frai de poiffons, & qu'elle eft bourbeufe : elle eft toujours fale à l'embouchure des grandes Rivieres.

SALE. Un Vaiffeau eft fale, lorfqu'il a été long-tems en mer, qu'il s'eft attaché fous fa Carène des coquillages & des herbes; qui en formant des inégalités, augmentent la réfiftance du fluide, & retardent confidérablement la marche du Vaiffeau.

SALUER. C'eft tirer un certain nombre de coups de Canon non-pairs, pour honorer le Pavillon d'une Nation, porté par fes Vaiffeaux, ou fur fes Fortereffes. On falue auffi de la voix, de la Voile, ou du Pavillon, & le Vaiffeau Commandant rend toujours le falut du Canon & de la voix; mais ceux de la Voile & du Pavillon ne fe rendent pas. Les Ordonnances de la Marine 1765. reglent la maniere dont on doit faluer, & on reçoit des Ordres du Roi pour la conduite du Salut vis-à-vis les Nations Etrangeres. Le Salut du Canon eft majeftueux : celui du Pavillon plié, eft humble; fi on l'amene tout bas, il eft de la plus grande humilité, & même aviliffant; auffi les Nations ne fe foumettent pas à cette derniere maniere de faluer. Le Salut de la voix fe fait en France en criant *Vive le Roi*, une, trois, cinq ou fept fois, lorfqu'on paffe auprès du Vaiffeau que l'on falue, & qui rend non pair de la même maniere. On falue de la Voile, en amenant les Perroquets fur le Ton, & les hiffant, après avoir dépaffé le Vaiffeau falué, s'il eft à l'Ancre, ou s'il fait une route contraire ; car fans cela on ne refte que quelques minutes les Voiles baffes : fi on n'a pas de Perroquets, on amene les Huniers. Lorfqu'on falue une Terre, on mouille auparavant ; & quand l'Ancre a pris fond, que le Vaiffeau eft évité, & fes Voiles carguées, on fait tirer le Salut, fi on eft fûr qu'il foit rendu. Lorfqu'on appareille de devant une Place qu'il faut faluer, on vire à Pic, & on déferle le petit Hunier, ou on le borde, enfuite on tire le Salut; & lorfque la terre a rendu, on déplante fon Ancre, en mettant à la Voile tout de fuite.

SANCIR. C'eft couler fur fes Amarres, étant à l'Ancre dans une Rade, pendant un coup de vent. Les Vaiffeaux de guerre Anglois *Le Namur* de 74 Canons, & le *Pinbrock* de 60, fancirent fur leurs Cables devant le Fort Saint David en 1748. fous l'effort du vent & de la mer pendant un Ouragan, & périrent corps & biens, ainfi que plus de 40 autres Vaiffeaux qui périrent de diverfes manieres. En 1761. lorfque les Anglois faifoient le Blocus de Pondicheri par mèr & par terre, ils reçurent un houragan qui ne dura que huit heures, & qui fit fancir trois Vaiffeaux de Ligne, & mit tous les autres à deux doigts

de leur perte, les ayant tout-à-fait démâtés, & portés presqu'-
au Plein.

SANGLES. Ce sont des espèces de tresses, larges de 3,
4, 5 & 6 pouces, faites avec du fil de Caret, & un métier
de la même maniere qu'on fait le ruban de fil : on se sert de
Sangles pour garnir & empêcher que le frottement n'use certaines choses. Les Rabans de Ferlages sont des espèces de Sangles.

SANS ARRIVER. C'est un commandement que l'on fait
au Timonnier pour lui dire de ne pas gouverner au vent de la
Route. *Au S.O. sans arriver; comm. çà, sans arriver.*

SANS VENIR *au vent.* Commandement que l'on fait au Timonnier pour lui dire de ne pas gouverner au vent de la Route.
Au N.N.E. sans venir au vent; comme çà, sans venir au vent.

SANS LANCER. C'est ordonner au Timonnier de faire
plus d'attention au Gouvernail, afin de ne pas s'écarter de la
Route à droit ni à gauche. *Gouverne à Route sans lancer, &
attention au Gouvernail.*

SAP & SAPIN. Bois léger & résineux, qui produit la
Résine & le Goudron. On en fait les Mâtures des Vaisseaux,
leurs Vergues & Bouts dehors. Ses fibres sont longs & flexibles :
il est très-poreux, & reçoit facilement l'eau qui s'incorpore en
pénétrant ses Pores ; mais on l'en préserve en le goudronnant,
ou le peignant à l'huile. Le Sapin placé horizontalement, porte
un cinquieme de plus que le Chêne posé de la même maniere,
sur la même longueur & le même échantillon.

SARANGOUSTI. C'est un composé de chaux tout nouvellement éteinte, & bien seche tamisée ; la meilleure qu'on
puisse trouver ; est de Coquillage : on la pêtrit avec du Brai
gras fondu, sans être assez chaud pour n'y pas mettre la main.
On y mêle un peu d'huile de bois ou de noix, de moutarde
ou de graine de lin, ou de toute autre graine : lorsque cette
pâte a une bonne consistance, on en fait une boule grosse comme
la tête, que l'on bat à coups d'un fort maillet de bois sur un
gros billot, en la retournant & pliant à chaque coup ; & à
mesure qu'elle perd son union, en buvant le liquide, on la
repêtrit, en l'humectant à la main trempée dans l'huile, prenant
garde de trop la liquéfier ; & on la rebat continuellement, jusqu'à ce qu'enfin elle soit bien liante à la main, bien filante, &
qu'en la tirant elle s'étende de maniere à ne point se séparer,
quoiqu'on la tire de force ; car elle doit faire une certaine résistance. En un mot, le Sarangousti est une vraie pâte bien liée,
& la meilleure chose qui puisse être mise sur les Coutures calfatées d'un Vaisseau, la Brai n'en approchera jamais. On applique le Sarangousti sur toutes les Coutures du Franc-bord, à-
peu-près comme les Vitriers mettent leur mastic sur les chassis
autour des vitres. Les Vaisseaux de Surate, & la plupart de
ceux que l'on construit aux Indes Orientales, sont cloués de
maniere que les pointes des clous passent autravers des membres, & se rivent en dedans, leurs Bordages du Franc-bord

étant placés les uns sur les autres à mi-joints, se doublant en chanfrein, de sorte que les Coutures sont très-petites, fort serrées, & travaillées avec soin : comme l'étoupe y est fort rare, on calfaite avec du coton, sans être trop forcé, à cause de la feuillure de dessous que l'on ménage pour ne la pas faire éclater : ensuite on enduit toutes les Coutures, les têtes de clous, chevilles, goujons & gournables de Sarangousti, qui se lie tellement avec le bois, qu'il fait presque corps. Lorsqu'on double les Vaisseaux, on enduit toute leur Carène de Gal-galle en plein, & on met un doublage très-fort par-dessus le tout ; aussi ces Vaisseaux naviguent presque toujours sans faire d'eau, & durent des tems infinis ; on en a connu de plus de 100 ans, sans refonte. Quand on applique le Sarangousti, on s'humecte les mains d'huile à mesure qu'on travaille, pour l'empêcher de sécher, & pour qu'il s'étende avec facilité : il doit être employé dans la journée qu'il est fait, ou conservé avec l'huile ; car s'il séchoit une fois, il durciroit si fort, qu'on ne pourroit plus l'amollir, & il tomberoit en pure perte.

SART. *Voyez* GOUESMON.

SAVATTE. *Voyez* SEMELLE.

SAUMACHE. *Voyez* SOMACHE.

SAUSSISSON *ou* SAUCISSON. C'est un tuyau de toile ou d'autre matiere, qui conduit le feu aux Artifices d'un Brûlot. *Voyez* DALLES A FEU. Quelquefois les Saussissons sont des Canons de fusils.

SAUCIER. C'est un taquet de bois creusé, que l'on place sur les Ponts pour recevoir le bout de la Méche d'un Cabestan qui tourne dans son Saucier, ou pour les Tourniquets qui sont placés verticalement.

SAUT *d'eau*. C'est une chûte d'eau dans le cours d'une Riviere, qui empêche de la remonter, & de la descendre. Il y a des Sauts d'eau qui tombent perpendiculairement de plus de cent pieds.

SAUTE *de vent*. C'est un changement subit du vent, lorsqu'il se fait tout d'un coup, de plusieurs Pointes. Lorsque le vent est au S.O. & à O.S.O. en tempête sur les Côtes de Bretagne, il saute quelquefois au N.O. avec force ; ensuite il calme peu-à-peu, & le tems se nettoie. Dans les Parages du Cap de Bonne-Espérance, à l'Ouvert du Canal de Mosembique, aux environs des Terres de Natal, on a souvent des Sautes de vent du N.E. au S.O. & O.S.O. & sous le Cap même, les Sautes sont du O.N.O. au S.O, S.S.O, Sud & S.S.E. en beauture de tems. Les Sautes de mauvais tems sont toujours dangéreuses, si on ne les prévient pas de bonne heure, en mettant sous une Voilure convenable.

SAUTER *en l'air*. C'est périr par l'explosion de la Poudre qui prend feu, par accident ou volontairement. *Nous échouâmes sur la Côte, en fuyant l'Ennemi ; & nous fimes sauter notre Vaisseau, en y mettant le feu.*

SAUTER à *l'Abordage*. C'eſt ſauter l'épée à la main à bord d'un Vaiſſeau ennemi que l'on veut enlever de vive force. *Nous fimes ſauter 200 hommes à Bord de l'Amiral, & il fut enlevé d'emblée.*

SAUVE-GARDE. C'eſt un fort Cordage qui paſſe au-travers de la Méche du Gouvernail à fleur d'eau, ſur laquelle il eſt retenu par un Cul-de-Port double, & que l'on amarre mou ſur le côté du Vaiſſeau, pour retenir le Gouvernail & le ſauver, en cas qu'il ſoit démonté par un coup de Talon, ſi le Vaiſſeau échoue. On met auſſi pour Sauves-Gardes deux fortes chaînes de fer, une de chaque bord, pour retenir le Gouvernail au cas qu'il ſoit démonté dans un échouage.

SAUVES-RABANS. C'eſt le nom que l'on donne aux Bourlets qui ſont placés ſur les Vergues, parce qu'ils empêchent que les Ecoutes des Huniers ne coupent les Rabans de Fée des baſſes Voiles.

SAUVETAGE. C'eſt le recouvrement d'effets ou de Vaiſſeaux naufragés, ou jettés ſur les bords de la mer après un naufrage. Le tiers appartient à celui qui fait le Sauvetage.

SAUVER. C'eſt faire le Sauvetage.

SAUVEURS. Ce ſont ceux qui travaillent à ſauver les effets naufragés.

SCIE. La Scie eſt un outil de Charpentier & de Menuiſier, propre à ſéparer le bois de diverſes manieres; auſſi voit-on pluſieurs ſortes de Scies, qui toutes ont une feuille de fer acéré ou d'acier, dentée du côté qui doit couper le bois, & montée ſur un fût qui eſt différemment fait, ſelon l'uſage de la Scie. Toutes les Scies ſont dentées à la lime, de maniere qu'un des coupants de la dent ſe trouve oblique, & préſenté à contre-ſens de celui qui lui eſt oppoſé de l'autre côté; ainſi elles coupent des deux bords, en allant & venant ſur le bois qu'il faut ſéparer : on obſerve auſſi de détourner un peu à droit & à gauche chaque dent, alternativement, afin qu'il ſe faſſe un chemin ouvert, & que les parties de bois que la Scie fait ſauter, puiſſent paſſer librement, & tomber ſans gêner le mouvement.

SCIE à *refendre*. C'eſt une Scie montée ſur un fût quarré long, la lame étant au milieu : elle ſert à ſéparer & faire des planches fines; il ne faut qu'un homme pour la manier.

SCIE *de long* ou *à débiter*. C'eſt une grande Scie montée ſur un fût quarré long, qui a une poignée placée à chaque bout ſur les traverſes, de ſorte qu'on peut placer trois hommes pour la mettre en jeu, ſa feuille étant au milieu; elle ſert à faire les Planches, & à les ſéparer des groſſes pièces de bois.

SCIE à *main*. C'eſt une petite Scie dont on ſe ſert continuellemement pour couper toutes ſortes de morceaux de bois. Le fût eſt de trois pièces de bois, dont celle du milieu ſert d'appui aux deux des extrémités, qui ont la lame à leurs bouts oppoſés, & une corde qui les lie par les deux autres parallele lement à la feuille qui se bande par le moyen d'une espèce de tressillon ou petit levier qui, en tournant, raccourcit la corde, & rend le tout solide.

S C I E, *du nom de Passe-partout* ou *Herpon*. C'est une grande feuille forte, qui a une poignée horizontale ou verticale à chaque bout ; de sorte qu'on peut y placer quatre hommes pour couper les plus gros arbres.

S C I E *à tenon*. C'est une Scie dont la lame est large, fort mince, & dont les dents sont très-fines : elle coupe net, & ne fait qu'un chemin fort étroit.

S C I E *à poing*. C'est une petite Scie à lame forte, qui a une poignée droite ou courbe, & qui sert à couper dans des endroits où l'on ne peut se servir des autres Scies.

S C I E R. C'est couper avec une Scie.

S C I E U R S *de long*. Ce sont ceux qui débitent les grosses pièces de bois, & qui en font des Planches & des Bordages ; on le paie au pied courant.

S C I A G E. C'est le travail des Scieurs. *Il y eut beaucoup de Sciage à faire pour construire ce Vaisseau, parce qu'il y avoit peu de Bordage de fait.*

S C I E U R E. C'est la partie du bois qui tombe par parcelles sous l'effet de la Scie.

S C I E R *à culer*. C'est nager avec les Avirons, de maniere qu'on fait aller la Chaloupe ou Canot à reculon. On scie à culer, pour arrêter la vîtesse du Batteau ; & l'on ordonne ce mouvement des Rames, en criant à la voix : *Scie par-tout.*

S C I E *Tribord* ou *Babord*. C'est un commandement pour faire nager à culer tout le côté nommé *de la Vogue*, afin de faire virer promptement la Chaloupe du côté que l'on scie, tandis que l'on nage de l'autre, & que le Gouvernail est disposé pour faire faire le même mouvement.

S C O R B U T. C'est une maladie fort commune dans les Voyages de long-cours : elle se manifeste de diverses manieres, & contre laquelle on ne connoît point d'autres remédes que le séjour à terre, ou l'usage continué pendant 30 à 40 jours de la Viande & bouillon de Tortue de mer.

S C U L P T U R E S *du Vaisseau*. Ce sont tous les Ornemens que l'on place à la Poulaine, à la Pouppe, & sur les Bouteilles, qui sont travaillés de main de Sculpteurs.

S E C, *être échoué à sec. Voyez* ÉCHOUÉ.

S E C, *être à sec*. Un Vaisseau en pleine mer est dit *être à sec*, lorsque toutes ses Voiles sont serrées, & qu'il navigue à Mâts & à Cordes, sans aucune Voile appareillée. On met à sec pour tenir en travers au vent pendant une tempête, de la même maniere qu'on tient à la Cape : on fait vent Arriere à sec de Voiles, lorsque le vent est trop fort pour pouvoir fuir sous la Misaine.

S E C. Un Sec est un Banc qui découvre de basse mer, sur lequel les Vaisseaux restent à Sec, lorsqu'ils s'y échouent.

SECOND *Capitaine*. C'eſt le titre du Capitaine qui s'embarque ſous le Capitaine du Vaiſſeau pour le remplacer , &
commander le Navire en cas de mort du premier Capitaine. Il
ne fait point de Service pendant la Campagne ; & dans le tems
du combat ſon poſte eſt ſur le Gaillard d'Arriere avec le Capitaine , & quelquefois il commande en Avant , au lieu du premier Lieutenant qui paſſe derriere pour ſeconder le Capitaine
dans les manœuvres qu'il faut faire ; car il eſt de la derniere
conſéquence d'avoir un bon Officier de manœuvre dans ce poſte.

SECOND, *Vaiſſeau Second. Voyez* MATELOT. C'eſt celui
qui ſoutient un des Vaiſſeaux Pavillons , étant ſon Matelot de
l'Avant ou de l'Arriere.

SECRET *de Brûlot*. C'eſt l'endroit par où on donne le feu
aux Dalles , pour embrâſer le Brûlot , quand il eſt accroché à
l'Ennemi : c'eſt le Capitaine du Brûlot qui doit l'y mettre lui-
même , & être le dernier à s'embarquer dans ſa Chaloupe d'Eſ-
corte.

SEILLEAU *ou* SEILLOT. C'eſt un Seau pour puiſer
de l'eau. Celui qu'on nomme ſimplement *Seilleau* , eſt un Seau
ordinaire , dont la poignée eſt faite d'un bout de corde paſſé
dans les ances , & retenu par deux Culs-de-Port. Le Seilleau à
Boſſe eſt garni de plus d'un long Cordage qui ſert à le retirer de
la mer , lorſqu'on l'y a plongé pour le remplir.

SEINE *ou* SEUNE. C'eſt un filet à pêcher , plus ou
moins long & plus ou moins haut , avec un Sac dans le milieu :
on fait les Mailles d'un pouce ſur chaque face , & lorſqu'il a
30 à 40 braſſes de longueur , on lui donne 3 braſſes de hauteur ,
quelquefois 2 , & 4 à 5 braſſes dans le fond : on le garnit haut
& bas d'une Ralingue , & de deux Montans de bois , un à chaque bout ; on charge le Cordage d'en-bas de plomb de diſtance
en diſtance , pour qu'il racle le fond , lorſqu'on le tire à terre
par le moyen de deux jets ou longues cordes frappées ſur les
Montans à chaque bout de la Seine , dont la Ralingue d'en-
haut eſt ſoutenue ſur la ſurface de l'eau par des flottes de liége ,
qui ſont placées deſſus à un pied ou deux de diſtance dans toute
la longueur du filet. Une Seine eſt d'un grand ſecours pour les
Vaiſſeaux qui font des Voyages de long-cours ; on doit même
en donner deux par chaque Navire , une grande & une petite ,
pour ſeiner à grand & petit fond.

SÉJOUR. C'eſt le tems de la relâche d'un Vaiſſeau dans
un Port , compté par mois , ſemaines ou jours. *Notre Séjour au
Breſil ne fut que de trois ſemaines.* Lorſqu'on ſéjourne quelque
part pour y commercer , le Séjour ſe compte par jours de
Planches ; ainſi *Nous avons reſté 50 jours de Planches* , veut
dire , qu'on a été 50 jours à faire ſon commerce.

S'ÉLEVER *au vent*. C'eſt gagner au vent , en louvoyant.
Un Vaiſſeau s'éleve bien au vent , lorſqu'il cingle avec viteſſe ,
& qu'il dérive peu. *Notre Vaiſſeau s'élevoit ſi bien au vent ,
qu'il falloit que tous les autres Vaiſſeaux de l'Eſcadre fiſſent trois*

Bords contre nous deux, pour se trouver autant au vent que nous.

SELLE *ou* ESCABEAU *de Calfat. Voyez* ESCABEAU.

SEMALE *ou* SEMAQUE. C'est une Embarquation assez longue, à fond plat & d'un petit tirant d'eau, avec un Gouvernail très-large : il n'a qu'un Mât vertical sans Beaupré, & sert aux Hollandois à charger & décharger leurs grands Vaisseaux, & à naviguer dans leurs Canaux & sur des eaux tranquilles.

S'EMBARQUER. *Voyez* EMBARQUER.

SEMELLES *ou* DÉRIVES. *Voyez ce dernier Terme.* Il n'y a guères que les Hollandois qui se servent de Semelles.

SEMELLE *ou* SAVATTE. C'est un morceau de bois un peu creusé dans le milieu, qui est taillé en coin, & percé par la tête pour y passer un Cordage, & la suspendre le long du Bord, quand on veut la placer sous la Beque ou l'Oreille d'une Ancre en mouillage ; pour l'empêcher de s'arrêter sur les Préceintes, lorsqu'on largue la Serre-bosse : ainsi l'usage de la Semelle est de conduire la Beque de l'Ancre au-dessous des Préceintes, en l'écartant du Bord qu'elle défend, assurant d'ailleurs la chûte de l'Ancre quand on la mouille ; de sorte qu'il ne faut jamais négliger de mettre une Semelle sous la Beque d'une Ancre qui est dans le cas d'être mouillée.

SENAU. C'est un Navire grand ou petit, à deux Mâts qui portent quatre Voiles Majeures, deux Perroquets, Focs & Voiles d'Etais, comme les autres Vaisseaux, dont il ne diffère que par le Mât d'Artimon qu'on supprime en entier, & qui est remplacé par une seule Voile à corne, qui s'oriente sur une Gaule ou Mât de Senau, placée sur le Gaillard d'Arriere & solidement établie entre les Longis de la grande Hune. Cette Voile se nomme *Senau*, se borde des deux côtés du Couronnement, & donne son nom au Vaisseau qui la porte.

S'ENGAGER. C'est se mettre dans une circonstance critique. *Notre Capitaine s'engagea en étourdi entre des Brisants d'où nous eûmes beaucoup de peine à sortir. Nous fîmes la feinte de fuir & d'avoir peur en manœuvrant mal, pour faire engager le Vaisseau qui nous chassoit ; & lorsqu'il s'engagea, il étoit persuadé que nous étions un Vaisseau Marchand.*

SENTINELLE. C'est le Soldat ou Matelot qui est placé sur les Gaillards, Dunette & Passe-avants pour veiller à ce qu'il ne parte ni n'arrive de Batteaux à Bord, sans en prévenir le Caporal qui en rend compte à l'Officier de Garde. On met des Sentinelles aux portes de la Chambre du Conseil, au Corps-de-Garde de celle de la Grand'Chambre, à celle de la Sainte Barbe, & aux Cuisines.

SEP *de Drisse ou Chomar.* C'est une forte pièce de bois équarrie & ajustée verticalement sur le second Pont des grands Vaisseaux, sur l'Arriere des Etembrais des Mâts de Misaine & du Grand Mât, étant fortement liée aux Baux du premier & second Ponts. Le Sep a une tête ménagée, propre à faire un

Tournage, au-deſſous de laquelle on place trois ou quatre Rouets ſur le même Aiſſieu, dont les Canaux ſont dirigés dans le ſens de la longueur du Vaiſſeau : ſon uſage eſt de hiſſer les baſſes Vergues des Mâts vis-à-vis deſquels il eſt placé, en recevant ſur les Rouets les Driſſes qui lui reviennent d'une groſſe Poulie eſtropée ſur les Itaques des baſſes Vergues, qui ſont paſſées dans des Poulies placées ſur les bas Chouquets, faiſant Dormant ſur leurs Vergues ; ſouvent on fait paſſer ces Itaques ſur les Chouquets mêmes dans des canelures qui y ſont faites pour cela ; alors le frottement eſt conſidérable, quoiqu'on n'épargne pas la graiſſe. On a ſupprimé preſque dans tous les Vaiſſeaux les Seps de Driſſes, parce qu'il eſt plus ſimple de hiſſer les baſſes Vergues avec des Caïornes volantes.

SERGENT. C'eſt un outil de Charpentier & de Menuiſier. Il eſt fait d'une verge de fer de quatre à cinq pieds de long, ſur un pouce quarré en tout ſens, recourbée par un bout, avec une entaille propre à recevoir une planche ſur le Can ; ayant de plus un crochet mobile qui monte & deſcend le long de la barre, on l'apelle *Main* : il ſert à ſerrer les pièces de bois que l'on veut joindre, pour les coller ou cheviller. On les met entre les deux crochets, & l'on frappe ſur celui qui eſt mobile ; il ſerre de plus en plus, à meſure qu'on frappe davantage.

SERRAGE. C'eſt la liaiſon des Serres en général. *Ce Vaiſſeau a un bon Serrage.*

SERRE-BAUQUIERE. *Voyez* BAUQUIERES. La Serre-Bauquiere pourroit être priſe pour la Serre ou Vaigre qui ſe met au-deſſous de la Bauquiere, & qui la fortifie.

SERRES *ou* VAIGRES. *Voyez* VAIGRES.

SERRES-BOSSES. Ce ſont des Cordages qui ſervent à tenir les Pattes des Ancres hautes, lorſqu'elles ſont en mouillage ; ce ſont auſſi les Serres-Boſſes qui ſervent à ſaiſir les Ancres ſur le Bord. Lorſqu'on met un Ancre en mouillage, on fait faire Dormant à un des bouts de la Serre-Boſſe ſur une des Allonges ; & quand on a aſſez amené les Beques pour les mettre ſur la Semelle à hauteur des Préceintes, on a aſſez hiſſé avec la Cantonniere, ſi l'Ancre eſt ſur la Boſſe de bout, on paſſe la Serre-Boſſe ſous le Diaman de l'Ancre par-deſſous la Verge, en paſſant enſuite par-deſſus un des Bras pour venir ſe tourner ſur une Allonge, ou tournage, prête à faire Penau.

SERRES-GOUTTIERES. Ce ſont les Serres ou Vaigres qui ſont placées à jôindre la fourrure de Gouttiere de chaque Pont, & qui ſont tout le tour du Vaiſſeau au-deſſus de la fourrure, pour le lier & le fortifier ; parce que les Serres-Gouttieres ſont une partie des principales liaiſons du Navire, tant par leur force, que par leur ſituation avantageuſe ; auſſi devroit-on les entailler d'un pouce ou deux ſur les Membres.

SERRER *le vent.* C'eſt tenir le plus près, autant qu'il eſt poſſible. *Nous ſerrâmes le vent pour doubler les Ennemis.*

SERRER *de la Voile.* C'eſt en diminuer , en amenant ou carguant quelques-unes de celles qui ſont de hors. *Nous ſerrâmes de la Voile pour attendre l'Eſcadre.*

SERRER *les Voiles.* C'eſt les ferler. *Voyez* FERLER.

SERRER *la file.* C'eſt faire approcher les Vaiſſeaux les uns des autres à diſtance convenable, lorſqu'ils ſont en Lignes. Les Vaiſſeaux de la tête diminuent de Voiles , ou ceux de la queue en forcent , afin de ſerrer la file. Si les Vaiſſeaux qùi doivent ſerrer, ſont fort éloignés, la tête de la Ligne met en Panne , & la queue force de Voile , afin de ſerrer la file plus vîte.

SERVIR *un Vaiſſeau à ſouhait.* C'eſt lui riposter vivement en combattant. *Si le Vaiſſeau qui nous combattoit, nous attaqua bien , il fut auſſi ſervi à ſouhait ; car nous le chauffâmes vivement & de près.*

SERVIR, *faire ſervir.* C'eſt éventer les Voiles , & faire route après avoir été en Panne. *Nous attendîmes les Ennemis en Panne juſqu'à portée de fuſil , & alors on fit ſervir en commençant le Combat. Voyez* FAIRE SERVIR.

SEUILLETS *de Sabords.* Ce ſont les planches qui ſont miſes dans les Sabords , pour en couvrir la partie inférieure, ſur les Membres coupés & les Mailles , afin d'empêcher que l'eau ou autres choſes ne tombent entre les Membres. Les Seuillets font le même effet dans les Sabords , que les Plats-Bords ſur les côtés du Vaiſſeau. On regle la hauteur ſupérieure du Seuillet de Sabord priſe au-deſſus du Tillac ; & cette hauteur eſt relative à la force du Canon , & égale de bout en bout dans la même Batterie : on lui donne le nom de *hauteur du Seuillet de Sabord , de la premiere & ſeconde Batterie , & des Gaillards ,* ſelon qu'on parle de l'une ou l'autre.

SIERGÉS, *Mâts ſiergés.* On dit que *les Mâts ſont bien ſiergés ,* lorſqu'ils ſont fort droits , bien tenus en Etais, Haubans & Cal-Haubans ; que les Mâts de Hunes & de Perroquets enfilent bien droit leurs Chouquets dans la direction de leurs Mâts inférieurs , ſans paroître forcer nulle part , ni avoir aucuns faux plis. *Voilà une Mâture bien ſiergée.*

SIFFLEMENT *des Balles & Boulets.* C'eſt le bruit qu'ils font en diviſant l'air par leur vîteſſe. Le Sifflement d'un Boulet de Canon s'entend de loin , & celui du Boulet ſe diſtingue bien de celui de la Mitraille & de la Balle de fuſil.

SIFFLE. Le vent ſiffle , lorſqu'il a beaucoup de vîteſſe , & qu'il frappe avec force ſur les Cordages & Poulies des Vaiſſeaux.

SIFFLER. C'eſt un talent néceſſaire aux Maîtres d'Equipages & Officiers Mariniers des Vaiſſeaux François , de ſçavoir bien ſiffler & manier le Sifflet ; parce qu'il ſe fait quinze à dix-huit Commandements différents au Sifflet , qui ſe fait beaucoup mieux entendre que la voix , lorſqu'il vente beaucoup , ou lorſqu'on combat : d'ailleurs cette maniere de commander eſt plus vive que la voix.

S I F F L E T. C'eſt l'inſtrument dont les Maîtres ſe ſervent pour ſiffler, & commander en ſifflant.

S I F F L E T, *couper en Sifflet.* C'eſt couper une pièce de Mât obliquement, pour en faire une Aiguille de Carène. Il y a pluſieurs ſortes de pièces de Charpente que l'on coupe en Sifflet ; c'eſt un terme de Charpentier.

S I G N A L. C'eſt un Pavillon, Flamme, Coup de Canon ou Feux mis en vue de jour ou de nuit, pour faire comprendre quelque choſe à un autre Vaiſſeau. On fait un Signal pour donner un Ordre, ou pour en demander, &c.

S I G N A L E R. C'eſt faire des Signaux. *Nos découvertes ſignalerent les Ennemis à huit heures du matin vers le N. E. & à neuf heures nous les apperçûmes du haut des Mâts.*

S I G N A U X. Ce ſont des Inſtructions détaillées & cir-conſtanciées que le Commandant d'une Armée Navale, ou Eſ-cadre, donne à chaque Capitaine, pour l'inſtruire de tous les Signaux qu'il pourra faire pendant la Campagne & dans toutes les circonſtances qui ſe préſenteront, afin que tout ſoit prévu, & que les Signaux ſoient connus, pour que les Ordres ſoient exactement donnés & exécutés : ainſi les Signaux doivent être clairs, ſimples, & étendus pour le nombre.

S I G N A U X *de jour.* Ce ſont ceux qui ſe font par les Flam-mes & Pavillons, que l'on diſtingue à la vue par les couleurs & la forme des Pavillons, qui peuvent repréſenter des nombres pour plus de facilité.

S I G N A U X *de Brume.* Ce ſont ceux qui ſe font pendant qu'on ne peut ſe voir, & qui ne ſe connoiſſent que par le bruit & le nombre des coups de Canon, le ſon des Cloches, les batteries du Tambour, des coups de Pierriers & de Fuſils.

S I G N A U X *de nuit.* Ce ſont ceux qui ſe font dans l'obſ-curité, par coups de Canon & Fanaux ; on y ajoute des Fu-ſées, fauſſes Amorces, & des Lances à feu. On peut faire valoir un coup de Canon, un certain nombre d'Unités, & chaque Feu un ; afin de ſimplifier les Signaux, & les rendre plus clairs & précis.

S I G N A U X *de Voiles.* Ce ſont ceux qui ſe font par les Voiles, & en carguant quelques-unes, les amenant à mi-Mât, les tenant en Bannieres, ou les ſerrant. Ces Signaux ſont ordi-nairement faits pour ſe reconnoître, quand on eſt de même Na-tion ; ils ſont ſecrets & prennent le nom de *Reconnoiſſance.* Il eſt aiſé de voir qu'ils ont un vice principal ; parce qu'on ne peut les faire qu'en perdant de la vîteſſe ; & il arrive que, ſi le Vaiſſeau qu'on ſignale, eſt ennemi, on s'en trouve plus proche, que ſi on n'avoit pas ſignalé avec les Voiles.

S I L L A G E. Le Sillage du Vaiſſeau eſt la trace qu'il laiſſe derriere lui. *Voyez* Houache & Ouache. Le Sillage eſt auſſi pris pour la vîteſſe du Navire. *Il fait un grand Sillage, ſon Sillage eſt rapide : ce Vaiſſeau marche mal, il eſt tardif de Sil-lage... Le plus fort Sillage du Fortuné étoit de quatre lieues un* *tiers par heure de vent largue, d'un tems à porter les Perroquets & Bonnettes; & nous doublions le Sillage des Vaiſſeaux Hollandois à qni nous donnions chaſſe en 1761... C'eſt le Vaiſſeau du plus grand Sillage ſur lequel j'ai navigué, & le Comte de Provence étoit encore d'une plus grande viteſſe dans ſon Sillage; il alloit juſqu'à quatre lieues deux tiers par heure, à quarante-ſept pieds & demi pour un Nœud; tous ces Vaiſſeaux étoient d'un grand Sillage.*

SILLER. C'eſt Cingler, aller avec viteſſe.

SILLOMÈTRE. C'eſt un inſtrument propre à meſurer la viteſſe du Sillage. *Voyez* LOCH.

SIMAISE *ou* CIMAISE. Terme de Sculpteur. C'eſt un ornement qui forme ſouvent les Corniches entre la Pouppe & les Bouteilles; elles ſont ondoyées de deux ſortes, droites & renverſées.

SINGE. C'eſt une machine dont on ſe ſert dans les Vaiſſeaux Marchands, pour décharger les Marchandiſes qui ſont dans les Batteaux, & charger le Vaiſſeau. Il eſt compoſé d'un Treuil qui tourne dans deux Montans, avec des Leviers ou Manivelles aux deux bouts du Treuil, ſur lequel s'enveloppe le Garan qui hiſſe les effets & fardeaux.

SINUOSITÉS. Ce ſont tous les tours & détours qu'une Riviere ſuit dans ſon cours en ſerpentant de droit à gauche. *La Riviere de Seine eſt une de celles de France qui a le plus de Sinuoſités.*

SITUATION *d'une Terre.* C'eſt ſon giſſement par rapport à la direction qu'elle a, ſuivant la parallele à deux points oppoſés de la Bouſſole. *Cette Côte eſt ſituée N.$\frac{1}{4}$.N.O. & S.$\frac{1}{4}$.S.E. enſuite elle ſe coude vers l'Eſt ſur la direction du N. E. & S. O. ainſi ſa ſituation varie. Voyez* GISSEMENT.

SIVADIERE. C'eſt la Voile qui s'oriente ſous le Beaupré en dehors du Vaiſſeau; elle n'eſt point eſſentielle, & ne ſert que de beau tems. *Voyez* CIVADIERE.

SLÉE. C'eſt une machine dont les Hollandois ſe ſervent pour tirer les Vaiſſeaux à ſec : elle eſt fort ſimple; mais comme nous n'avons pas de connoiſſance de cette machine, nous n'entrerons pas dans le détail de tout ce qui la compoſe.

SOLDATS *de Marine.* Ce ſont des Troupes qui ſervent ſur les Vaiſſeaux du Roi pour la Mouſqueterie & la Manœuvre baſſe, conformément aux Ordonnances de la Marine. Autrefois c'étoit des Compagnies Franches de la Marine qui étoient commandées par des Officiers de Vaiſſeau; aujourd'hui il y a pluſieurs Régiments deſtinés à être employés à la Garde des Ports, ſur les Vaiſſeaux, & à la défenſe des Colonies.

SOLDE. La Solde d'un homme de mer eſt le prix de ce qui lui eſt payé par mois pour ſon Service ſur le Vaiſſeau où il s'engage. *Voyez* GAGES. *Il a de forts Gages, ſa Paie eſt haute, il s'eſt engagé à bonne Solde.* La Solde d'un compte, dans le Commerce, eſt le dernier Paiement qui le termine & l'arrête.

S O L E. C'eft, en terme de Charpentier, toutes les pièces de bois mifes à plat, qui fervent à former les liaifons & Empattemens des Grues, Engins & Affuts de Canon. La Sole d'un Affut de Marine en fait le fond de bout en bout, étant placée fur les Aiffieux, & fervent de fupport aux Couffin & Coins de mire.

S O L E I L. C'eft l'aftre du jour, le pere de la lumiere, & le guide des Marins. C'eft par fa hauteur méridienne qu'on détermine la Latitude en mer, en la comparant avec fa Déclinaifon qu'on ajoute ou fouftrait felon la circonftance. *Voyez* LATITUDE & HAUTEUR. Lorfqu'on obferve la hauteur du Soleil, on dit qu'il monte encore, jufqu'à ce qu'il foit parvenu à fa plus grande Elévation ou au Méridien du lieu où l'on eft; il eft arrêté ou femble l'être pendant un inftant, quand il eft arrivé à cette plus grande hauteur; & alors l'inftrument ne peut marquer que le nombre des Dégrés & Minutes de fon Elévation au-deffus de l'horizon, il eft arrêté, le Soleil ne fait rien : l'inftant d'après, le Soleil baiffe; il paroît, avec l'Octans, fe plonger dans l'eau, il baiffe, l'heure de midi eft paffée, & fa hauteur méridienne eft connue; ainfi on fe fert de toutes ces expreffions, *le Soleil monte, baiffe, ne fait rien, eft arrêté*, felon les circonftances & les divers mouvements qu'on remarque. *Le Soleil eft haut*, c'eft-à-dire, qu'il eft déjà levé, & au-deffus de l'horizon : on fe fe fert de cette expreffion, lorfqu'on veut obferver une Amplitude Ortive, & qu'il y a des nuages qui empêchent de l'obferver à l'horizon en le cachant.

S O L S T I C E. C'eft le plus grand éloignement du Soleil à l'Équateur, ou fa plus grande Déclinaifon qui eft de 23 dégrés 28 à 29 minutes : ainfi le moment du Solftice eft celui où le Soleil touche l'un ou l'autre Tropique, en entrant dans le premier dégré du Capricorne, ou dans celui du Cancer : le premier fe nomme *Solftice d'hiver*, parce qu'il nous donne les plus courts jours de l'année en Europe; & le fecond prend le nom de *Solftice d'Eté*, parce que nous avons alors les plus longs jours.

S O M A C H E. L'eau eft fomache, lorfqu'elle eft impregnée de quelques fels que ce foit; ce qui la rend fade au goût, quelquefois blanchâtre & mal-faine; auffi évite-t-on le plus qu'on peut de faire fa provifion de pareille eau qui fe corrompt bien plus vite que celle qui eft bonne & bien-faifante. Souvent les Equipages deviennent fcorbutiques par les mauvaifes qualités d'une eau fomache.

S O M B R E R *fous Voiles. Voyez* CAPOTER, qui eft plus en ufage.

S O M M I E R *de Sabord*. C'eft la planche oppofée au Seuillet. Elle fait le même effet dans le haut du Sabord que le Seuillet dans le bas, & elle eft placée de la même maniere.

S O M M E. Banc de fable ou de vafe, qui traverfe une Riviere. *Voyez* TRAVERSE.

S O M M E. *Voyez* JONCQUE.

SONDE. La Sonde eft compofée du Plomb & de la Ligne. On peut voir ces termes. On parle de la Sonde dans le difcours, pour dire qu'on a mefuré la profondeur de la mer : *Nous jettâmes la Sonde à 3 lieues au Large, & nous trouvâmes 70 braffes d'eau, fur un fond de fable qui nous fut apporté par le fuif que l'on avoit mis fur le Plomb de Sonde.*

SONDE, *être fur la Sonde.* C'eft être fur le fond, & à lieu de pouvoir mefurer la profondeur de la mer, en fondant. Une Terre porte fa Sonde au Large, lorfqu'à une grande diftance de la Côte on peut mefurer la profondeur de la mer. *Nous ne perdîmes la Sonde qu'au bout de huit jours.* Les Ifles en général ne portent pas leurs Sondes fi au Large, que les Côtes des Continents.

SONDES *marquées.* Ce font les chiffres qui font connoître fur les Cartes la quantité de Braffes d'eau qui fe trouvent à diverfes diftances des Terres. La Carte de la Manche a fes Sondes marquées, ainfi que celle du Cul-de-Sac ; mais elles ne font pas marquées le long de la Côte d'Efpagne ; c'eft un défaut dans les Cartes d'Hydrographie, que de n'avoir pas les Sondes marquées.

SONDER. C'eft jetter le Plomb & la Ligne pour mefurer la profondeur de la mer, & connoître la qualité du fond fur lequel on fonde. Pour fonder, on met en Panne ou à la Cape. afin d'arrêter le Vaiffeau. On peut cependant s'y prendre de plufieurs autres manieres, ainfi que nous l'avons expliqué dans le Manœuvrier Complet.

SONDER *la Pompe.* C'eft mefurer avec la Sonde de fer du Calfat la quantité d'eau qui fe trouve dans le Vaiffeau aux pieds des Pompes.

SONNER *la Cloche.* C'eft la mettre en branle pour réveiller les gens qui doivent faire le Quart de nuit ou de jour. On fonne la Cloche à tous les changemens de Quarts.

SONNETTE. C'eft une machine dont on fe fert pour planter des Pilotis, & les enfoncer jufqu'au folide, dans les endroits où l'on veut bâtir, lorfque le fol eft mou & marécageux. Il fe trouve beaucoup d'endroits dans les Ports où il faut enfoncer des Pilotis, pour élever des édifices néceffaires à la Marine.

SORT. Un Vaiffeau fort d'un Port ou d'une Rade, lorfqu'il appareille pour prendre la haute mer. *L'Efcadre fort, elle eft fous voiles.*

SORTIR *à la Voile.* C'eft quitter le Port ou la Rade, en faifant route fous fes Voiles. *Nous fortîmes toutes nos Voiles hautes du plus beau tems.*

SORTIR *en touant.* C'eft fe tirer dehors du Port ou de la Rade, en virant au Cabeftan fur des Grêlins allongés avec une Ancre à Jet. *Voyez* TOUER. On ne fort en touant, que lorfque le vent eft contraire, & qu'on eft abfolument obligé de prendre la mer pour un Voyage ou Expédition effentielle.

SORTIR *le Boute-feu à la main.* C'eſt appareiller d'ún Port prêt à combattre. *Nous ſortîmes le Boute-feu à la main, parce que nous ſçavions qu'il y avoit des Vaiſſeaux ennemis à vue de terre, & nous craignions de les trouver en ſortant.*

SORTIR *en louvoyant.* C'eſt être obligé de tenir le plus près du vent, en ſortant du Port, & de faire quelque Bordée pour ſe mettre au Large de la Paſſe du Port d'où l'on ſort. Il eſt rare de trouver des Ports dans l'éntrée deſquels il ſoit aiſé de louvoyer. On peut ſortir de la Rade de Breſt en louvoyant à petits Bords, parce que le Goulet, quoiqu'étroit, eſt ſain; c'eſt un grand avantage.

SOUFFLAGE. C'eſt un renfoncement de Bordage que l'on donne à la Flottaiſon de quelques Vaiſſeaux qui n'ont pas aſſez de ſtabilité pour porter leurs Voiles. On applique le Soufflage depuis un pied au-deſſus de la ligne d'eau en charge, juſqu'à ce qu'il ſe réduiſe à rien en deſcendant; les planches diminuant de quart de pouce en quart de pouce. On ne fait cette opération qu'aux Vaiſſeaux manqués : elle augmente la ſtabilité en raiſon du cube de largeur que le Soufflage donne de plus au Navire, comparé au cube de la largeur qu'il avoit ſur ſon Franc-Bord avant d'être ſoufflé.

SOUFFLAGE *ſur Taquets.* C'eſt un Soufflage poſé ſur des Taquets placés, & bien cloués ſur le Franc-Bord, afin d'augmenter l'épaiſſeur du Soufflage & la largeur du Vaiſſeau, plus que ſi on faiſoit un Soufflage ſimple, qui ſeroit trop peſant, ſi on lui donnoit la même largeur qu'au Soufflage ſur Taquets. Il faut obſerver que tout Soufflage augmente la réſiſtance du fluide ſur la Proue, & diminue la diſpoſition que pourroit avoir le Vaiſſeau à bien marcher. Il eſt ſurprenant que les meilleurs Conſtructeurs ſoient encore dans le cas de manquer leurs Vaiſſeaux du côté de la ſtabilité, juſqu'à être obligés de les ſouffler.

SOUFFLÉ, *Vaiſſeau ſoufflé.* C'eſt celui qui a un Soufflage. *Ce Vaiſſeau eſt ſoufflé de 6 pouces de chaque Bord : j'en ai vu un qui l'étoit de 13 pouces ſur Taquets.*

SOUFFLER *un Vaiſſeau.* C'eſt l'enfler, le groſſir par un Soufflage.

SOUFFLER *des Canons.* C'eſt les tirer avec peu de poudre, pour les nettoyer. On ſouffle les Canons des Vaiſſeaux, avant de ſortir du Port.

SOUFFRE. C'eſt un minéral qui fait le flogiſtique de la poudre à Canon. On s'en ſert pour blanchir & ſécher la Braie que l'on fait fondre, lorſqu'on veut faire un Corroi pour eſpalmer un Vaiſſeau. Le Souffre ſe tire des Iſles Lipariés près de Sicile, & de l'Iſle Molo; il s'en trouve auſſi dans les Montagnes de Sicile.

SOUILLE. C'eſt le lit qu'un Vaiſſeau ſe fait daus la vaſe ou le ſable, lorſqu'il eſt échoué : ſa peſanteur, ſon mouvement, & celui des eaux font la Souille, dans laquelle il s'enfonce. On dit : *Le Vaiſſeau fait ſa Souille, il a fait ſa Souille : on aura beaucoup de peine à le retirer de-là, car il a fait ſa Souille.*

SOULIER *ou* SEMELLE. *Voyez* SAVATTE.

SOUQUE, c'est-à-dire, *Serre. Souque bien la Genope,* c'est ordonner de la serrer bien fort, afin qu'il n'y ait point de jeu. *Souque la Ride, souque la Bridure, &c. Souque* s'applique par-tout où l'on veut faire serrer avec force un Amarrage.

SOUQUÉ. Un Amarrage, quel qu'il soit, est dit *souqué,* lorsqu'il est bien serré à demeure, & autant qu'il le faut.

SOUQUER. C'est serrer un Amarrage, faire force dessus, pour qu'il ne largue pas; c'est le moment du travail. *On est à souquer les lieures du Beaupré & leurs Genopes.*

SOURCE *du vent.* C'est le point d'où il semble partir. Si le vent souffle du N.E., sa source est dans le N.E. de vous. En considérant le vent comme un courant d'air qui suit une direction quelconque, il est censé qu'on peut prendre le point de l'horizon d'où il semble venir pour sa source. *Voyez* ÉFI DU VENT & LIT DU VENT.

SOUS-BARBE. C'est un Étai qui se met en-dessous du Mât de Beaupré, pour le rendre stable. On le ride sur le Taille-mer, où il est solidement établi : il sert de contre-appui à l'Étai de Misaine, & empêche que cet Etai n'enleve le Beaupré dans les mouvemens du Tangage. Il est essentiel que la Sous-Barbe soit forte, que le Taille-mer soit solidement lié au Digon par de bons Adents à croc & de fortes Chevilles, ainsi que celui-ci sur l'Etrave; afin qu'il n'y ait aucun jeu dans toute cette partie, & que les Mâts d'Avant soient bien soutenus.

SOUS-FRÉTER. C"est sous-louer à un autre le Vaisseau que l'on a frété. On ne peut sous-louer à plus haut prix que celui porté au premier Contrat. L'Affréteur peut prendre à son profit des Marchandises pour achever de charger le Navire qu'il a frété en entier.

SOUS-PENTE *ou* SUSPENTE *de Grue.* C'est la pièce de bois qui est retenue par le hant, & suspendue verticalement, pour soutenir l'Aissieu & le Treuil de la Roue de la Grue.

SOUTE. C'est un retranchement de Cloisons fait entre Pont ou dans la Cale, fermant à clef, pour y mettre des effets en sûreté.

SOUTES *à Pain* ou *au Biscuit.* Ce sont celles qui sont faites dans la Cale sous le premier Pont & la Sainte Barbe; elles sont lambrissées par-tout en planches de Sap bien sec, & garnies d'une Serpiliere brayée à Banc, afin que le Biscuit s'y conserve bien séchement, & aussi long-tems qu'il est nécessaire.

SOUTE *à Poudre.* La Soute à Poudre est sous les Soutes à Pain, dans le fond du Vaisseau. Il y a un grand Fanal fixe placé au milieu dans une espèce de Puits, qui contient de l'eau au-dessous de la Lanterne, toutes les fois qu'elle est allumée. On arrime dans la Soute à Poudre tous les barrils de Poudre qui font l'Armement du Vaisseau à 80 coups par Canon : elle

contient

contient auffi toutes les autres matieres artificiées que l'on peut avoir, avec les coffres laminés pour les Gargouffes faites. On ménage une Courfive, de la Soute à Poudre à la Cale aux Vivres, pour diftribuer les Gargouffes par le panneau de cette Cale & par celui de la Sainte Barbe, en même tems qu'il s'en diftribue auffi par l'Ecoutille de la Foffe aux Cables en Avant, qui fortent d'une efpèce de Soute où il y a deux grands Coffes laminés au-deffus de la Foffe aux Liens ; de forte qu'il fe diftribue, des Soutes à Poudre, par trois endroits différents, des Gargouffes aux deux Batteries d'un Vaiffeau de Ligne.

S O U T E N I R *au vent.* C'eft tenir le vent, de maniere qu'on ne perde pas au vent ; c'eft fe tenir au vent, autant qu'on y eft, fans tomber fous le vent de la perpendiculaire au vent, & fans gagner au vent. *Nous ne faifions que foutenir au vent, pour n'en pas perdre l'avantage.*

S O U T E N I R *contre la Marée* ou *contre le Courant.* C'eft faire autant de chemin contre le Courant de l'eau, qu'il en fait contre vous : c'eft avoir une vîteffe égale à celle de la Marée, en allant contre : *Nous foutenions au Courant avec les deux Huniers.*

S O U T E N I R *la Chaffe.* C'eft continuer de fuir devant un Ennemi fupérieur, en fe battant en Retraite. *Nous foutînmes la Chaffe pendant tout le jour, à marche égale des Vaiffeaux qui nous chaffoient à portée de Canon.*

S O U T I E N T. La mer foutient un Vaiffeau au vent, lorfque la Lame le frappe par fous le vent, & le porte contre la Derive. *Le Courant eft pour nous, il nous foutient au vent ; la Lame nous eft favorable, elle nous foutient contre la Derive, &c.*

S P A R T O N. C'eft un Cordage fait de Genêt d'Efpagne, d'Afrique ou de Murcie : il eft d'un bon ufage pour les Cables, Auffieres & Grêlins qui fe mouillent en mer & dans les Rivieres.

S P H E R E. C'eft un corps folide, parfaitement rond, terminé par une furface courbe, que l'on appelle *Surface fphérique* ; au dedans de laquelle eft un point nommé *Centre de la Sphere*, duquel toutes lignes droites menées à la furface, font égales entr'elles. Ainfi un Boulet de Canon, une Bombe & une Grenade font des Spheres ou Sphéroïdes qui approchent beaucoup de la perfection qu'exige la Sphere pour être réguliere. Mais lorfqu'on parle de la Sphere, par rapport à l'Hydrographie & à la Navigation, on entend toujours une Machine qui repréfente par les diverfes pofitions de plufieurs cercles, le fyftême de l'Univers & les mouvements des Aftres par rapport à la Terre, qui eft un fphéroïde un peu applati par les Poles : les inégalités que les montagnes nous font voir fur la furface de notre globe, ne peuvent nous empêcher de le regarder comme uni & rond ; parce que les plus hautes Montagnes ne font

P

pas plus élevées fur fa fuperficie, que ne le paroîtroient des
grains de fable femés ci-&-là fur une groffe boule de 9 a 10
pieds de diametre. La Terre étant ronde, & formant un globe
ou Sphere, on peut rapporter à la Terre divers points du Ciel,
les Cercles de l'un répondant aux Cercles de l'autre; & concevoir l'Univers divifé par plufieurs Cercles, pour expliquer les
principes de l'Aftronomie. On peut confulter le Traité de Navigation de Mr. l'Abbé DE LA CAILLE, & voir la définition
de chacun des Cercles de la Sphere, aux Termes qui leur font
propres.

SQUELETTE. C'eft toute la membrure d'un Vaiffeau,
lorfqu'elle eft levée fur fa Quille avec l'Etambot & l'Etrave,
& que les Liffes font placées.

STATION. *Voyez* CROISIERE.

STROMBAUX. Ce font de groffes Efpingoles qui fe
montent, & tirent fur Chandeliers. *Voyez* ESPINGOLES.

SUAGE *du bois*. C'eft cette humidité qui fort du bois,
lorfqu'un Vaiffeau eft neuf, qu'il fait chaud, & que tout eft
fermé. *Le Suage du bois a gâté tout notre Bifcuit, parce qu'il
n'y avoit pas de Lambris à nos Soutes à Pain.*

SUD. C'eft le point de l'horizon qui regarde exactement le
Pole Auftral. *Voyez* BOUSSOLE & POLE.

SUD-EST *ou* S.E. C'eft le point intermédiaire entre le
Sud & l'Eft, à 45 dégrés de l'un & de l'autre. *Voyez* BOUSSOLE.

SUD-OUEST *ou* S.O. C'eft le point de la Bouffole entre le Sud & l'Oueft. *Voyez* BOUSSOLE.

SUD, *être au Sud de l'Équateur*. C'eft être par une Latitude
Sud, à une certaine diftance entre la Ligne & le Pole Auftral.

SUD, *être au Sud d'une Terre ou d'un Vaiffeau*. C'eft le
relever dans le Nord. *Nous eûmes connoiffance d'un Vaiffeau
dans le Nord; & après avoir louvoyé toute la journée pour nous
mettre autant au vent que lui, nous en étions encore dans le Sud
au Soleil couchant.*

SUIF. C'eft une matiere graffe, qui fe tire des Bœufs,
Vaches & Moutons. On s'en fert pour graiffer les Mâts de Hunes & les Manœuvres, pour efpalmer les Vaiffeaux, & pour
mettre fur les Cales des Navires qu'on lance à l'au, &c.

SUIFFER *un Vaiffeau*. C'eft l'enduire de Suif chaud dans
toute la partie de fa Carène qui va à l'eau, lorfqu'ils vont en
Croifiere pour deux ou trois mois.

SUIFFER *les Tapes de Canon*. C'eft les enduire de Suif
tout-au-tour, après qu'elles font placées, pour empêcher l'eau
d'entrer dans les Pièces.

SUIF *noir*. C'eft un mêlange de Suif & de Noir-de-fumée
dont on enduit la Carène des Vaiffeaux, afin qu'ils ne paroiffent
pas efpalmés de frais, & qu'on puiffe les prendre pour être
vieux carènés.

SUINTER. C'eft répandre un liquide enfermé : ainfi une
futaille fuinte, lorfqu'elle répand la liqueur qu'elle contient;

c'eſt une eſpèce de filtration lente au‑travers des joints des Douves ou Douelles.

S U I V E R. *Voyez* SUIFFER.

S U P É, *c'eſt-à-dire*, Aſpiré. *Une voie d'eau a ſupé des Etou‑pes qu'on a préſentées au paſſage, ou des Herbes, ou autres cho‑ſes, qui s'étant arrêtées dans l'ouverture, ont bouché le paſſage, de maniere qu'il y entre peu d'eau.* Un Cordage eſt ſupé dans une Poulie, lorſqu'il eſt entré entre le Garan & le Rouet, & qu'il y eſt retenu par le poids du fardeau, ou par l'effort des cordes bandées.

S U R C H A R G E R. C'eſt charger plus qu'on ne peut por‑ter. *Ce Vaiſſeau eſt ſurchargé*, c'eſt-à--dire, qu'il eſt calé au‑deſſus de ſa Ligne de Flottaiſon, & de ſon Fort; ce qui le com‑promet toujours dans le cas de coup de vent & de groſſe mer.

S U R F A C E. C'eſt une étendue plane, ſans épaiſſeur, & qui n'eſt connue que ſous les dimenſions de longueur & de lar‑geur. Une ſurface plane eſt unie ſans élévation, comme la ſuperficie d'un miroir ordinaire, ou d'une eau tranquille. La ſurface courbe eſt convexe ou concave, comme la coque d'un four qui a ces deux propriétés en dehors & en dedans; de ſorte qu'il peut y avoir autant de Surfaces courbes, qu'on peut concevoir de courbures différentes dans les corps.

S U R F A C E *de Flottaiſon du Vaiſſeau.* C'eſt la ſurface ho‑rizontale la plus élevée de la Carène, marquée par la Ligne d'eau la plus haute; en ſuppoſant que le Vaiſſeau eſt tranché horizontalement par un plan, à la hauteur où ſe trouve l'eau : ainſi il eſt évident qu'il y a beaucoup de variétés dans les di‑verſes figures des ſurfaces de Flottaiſon d'un Vaiſſeau, produites par les différents enfoncements dans l'eau : toutes fois que le Navire enfonce davantage, ſa ſurface de Flottaiſon augmente d'Aire, juſqu'à ce qu'il ne ſoit calé à ſon Fort, parce qu'il va toujours en élargiſſant juſqu'à ce point : ſi on le charge ſur nez ou ſur cul plus qu'il n'étoit, ou ſi on tire des poids d'une de ſes extrémités pour les porter ſur l'autre, il enfonce dans l'eau, plus qu'il n'étoit, du côté où il eſt le plus chargé, en même tems qu'il en ſort de l'autre bout, qui ſe trouve plus léger; & dans ce cas, la ſurface de Flottaiſon change encore de figure doublement : elle augmente de ſurface vers l'extrémité qui ſe plonge davantage, & en diminue vers celle qui ſort du fluide. Si le Vaiſſeau, au lieu de tomber ſur une de ſes extrémités, ou de caler davantage, incline ſur un de ſes côtés, il eſt à la Bande; & ſa ſurface de Flottaiſon, en changeant de figure, augmente d'Aire du côté de l'Inclinaiſon, & en diminue du Bord qui ſort de l'eau. Dans l'une & l'autre de ces circonſtances, le centre de Gravité de la Surface de Flottaiſon change de poſi‑tion, il marche du côté de l'Inclinaiſon, parce que c'eſt celui de l'augmentation d'Aire : c'eſt à quoi on eſt obligé de faire

attention dans la pofition des Mâts , & dans la hauteur des
Voiles , car la verticale élevée dans ce centre , détermine toujours , par la fituation actuelle du Vaiffeau , le point vélique ,
& par conféquent la perfection de la Voilure , en concourant
à fe croifer avec la direction abfolue du choc de l'eau : ainfi
il eft effentiel au Conftructeur de bien déterminer la figure &
le centre de Gravité de la Surface de Flottaifon de fon Navire ,
confidéré incliné fur le plus près.

SURJALÉE *ou* SURJAULÉE. Une Ancre eft furja-
lée , lorfque le Cable a ferré le Jas fur le fond , & fait Tour-
mort , ou un demi-Tour deffus ; en forte que , lorfqu'il vient à
roidir , il leve le Jas , & fait chaffer l'Ancre , en chavirant la
Beque & la faifant démordre du fond.

SURLIER. C'eft amarrer avec du fil de Voile , ou de la
Lignerolle , le bout d'une Manœuvre courante ou dormante ,
pour l'empêcher de fe déficeler & de fe détordre. Toutes les
Garcettes de Ris font furliées fur chaque bout.

SURLIEURE *ou* SOURLIEURE. C'eft l'Amarrage
que l'on fait fur une Manœuvre , pour l'empêcher de fe détordre
& de fe défaire dans le fervice. On tourne fept à huit fois un
fil à Voile ou Lignerolle fur le bout de la Manœuvre , en fouquant bien ferme chaque tour qui paffe fous le double de la
Sourlieure ; enfuite on amarre , par un nœud plat , les deux
bouts du fil , & la Surlieure eft faite. Si c'eft le bout d'un
Cable qu'il faut furlier , on le fait avec un bout de petit Carantenier , Ligne d'Amarrage ou Luzin. La Surlieure fe fait
encore , & le plus fouvent , en tournant cinq à fix tours fur
le double du fil à Voile pris entre ces tours & le Cordage
furlié ; enfuite , prenant le fecond bout , & le plaçant fur le
Cordage , on l'enveloppe comme le premier , par cinq ou fix
tours , en faifant paffer le double du fil à Voile par-deffus le
bout du Cordage , en fouquant bien ferré chaque tour : après
cela , arrêtant le dernier tour , on tire fur le bout du fil à
Voile que l'on a laiffé dépaffer fous le premier tour , & on le
ferre fort , pour achever la Surlieure. Il ne refte plus qu'à couper les deux bouts excédents du fil à Voile , qui fe trouvent
l'un & l'autre cachés fous la Surlieure.

SURPENTES *ou* SUSPENTES. Ce font des efpèces
d'Eftropes doubles , ou Pentoires à Coffes , que l'on caple fur
les têtes des bas Mâts , en les faifant paffer fur l'Avant du Mât
entre les Longis , pour fupporter les baffes Vergues , lorfqu'elles
font hiffées. On aiguilte les Surpentes avec les Eftropes à
Coffes qui font placées fur le milieu de chaque Vergue ; & lorfque les Aiguilletages font faits , on laiffe porter la Vergue deffus , & l'on dépaffe les Driffes ou Caliornes qui ont fervi à les
hiffer. Les Mouftaches des Vergues de Civadiere & Barrée
font des efpèces de Surpentes.

SURVENTE. Il furvente , lorfque le vent augmente de

force dans un coup de vent. *Il y avoit six heures que nous étions à la Cape sous la Misaine, quand il surventa, & que nous fûmes obligés de la serrer pour rester à Sec... Si le vent saute au S.O. & O.S.O., il surventera...* Ce fut du Ouest qu'il comença à for- *cer : quand le vent eut passé à O.S.O., il surventa peu-à-peu ; & au S.O. il continua de surventer avec tant de violence, que nous fumes obligés de fuir au tems, & de faire vent Arriere ; dans la Saute il surventa du N.O., & peu après le tems se mit au beau.*

TABLE *de Loch.* C'eſt une planche de bois diviſée par colonnes : dans la premiere ſont marquées les heures de deux en deux, du haut en bas ; & à la tête de chaque colonne le titre de ce qu'on doit marquer deſſus ; *Heures, Nœuds, demi-Nœuds, Routes, Vents, Derives, Variation, & Tems & Mer,* parce que ſous chacun de ces titres on écrit à la fin de chaque Quart le nombre des Nœuds qu'on a faits d'heure en heure, les Routes qu'on a ſuivies, le point de la Bouſſole d'où le vent a ſoufflé, la Derive du Vaiſſeau, la Variation du Compas, ſi on a pu l'obſerver, quel Tems il a fait, & la qualité de la Mer. On fait des Tables de Loch, d'Ardoiſes, parce qu'elles ſont plus commodes que celles de bois ; & ſouvent, pour plus de commodité, on met un cahier de papier dans l'habitacle, diviſé ſur chaque feuille en Table de Loch, ſur lequel on écrit : ce cahier ſe nomme ordinairement *le Caſernet.*

T A B L E *du Capitaine.* On entend par cette expreſſion tous les Vivres qui ſont embarqués pour nourrir l'Etat-Major d'un Vaiſſeau aux frais du Capitaine, moyennant une ſomme qui lui eſt payée pour cette dépenſe, à tant par tête. L'Ordonnance du Roi ſur la Marine, imprimée en 1765. régle ce qui doit être payé pour chaque Officier, ſelon ſon emploi & le grade qu'il occupe. On peut dire qu'en général, ſur les Vaiſſeaux de Sa Majeſté, il s'embarque trop de Vivres de Table en beſtiaux vivants ; ce qui les embarraſſe extraordinairement, & rend les Entre-Ponts mal-ſains par rapport aux Equipages qui y couchent, & reſpirent un mauvais air par la puanteur qui s'exhale des Parcs à moutons, quelque attention qu'on ait de les nettoyer.

T A I L L E - M E R. C'eſt la piéce de Charpente qui joint le bas de la Gorgere à la Flottaiſon, & ſe lie ſur l'Etrave depuis cet endroit juſqu'au ras de la partie inférieure de la Quille, de ſorte que le Taille-Mer fait la continuité de la Gorgere. *Voyez* EPERON *&* GORGERE.

T A I L L E R *de l'Avant.* C'eſt marcher & aller en Avant. Un Vaiſſeau commence à tailler de l'Avant, lorſqu'il prend Aire. *Notre Vaiſſeau taille bien de l'Avant, il marche bien… Nous mimes en Panne le grand Hunier ſur le Mât, & preſque en Ralingue ; de ſorte que le Vaiſſeau tailloit toujours un peu de l'Avant dans ſes Arrivées.*

T A L O N *de la Quille.* C'eſt la partie de la Quille ſur la-

quelle eft placé l'Etambot & la Courbe d'Etambot; on lui donne
auffi le nom de *Talon du Vaiffeau.*

TALON *de Varrangues & de Fourcats.* C'eft la partie du
milieu des Varrangues & Fourcats, qui quitte le plat en-
deffous, pour former un fupport de l'épaiffeur de la Quille fur
laquelle le Talon fe place.

TALONNE. Un Vaiffeau talonne, lorfqu'il touche le fond
avec le Talon de fa Quille, & qu'il donne des coups en s'élevant & retombant deffus à la Lame.

TALONNER. C'eft frapper le fond par coups & fecouffes
avec le Talon de la Quille du Vaiffeau, lorfqu'il eft enlevé
par la Lame qui l'abandonne enfuite. *En rangeant la terre de
trop près, nous talonnâmes fur un fond dur; & en venant au
Large, nous donnâmes fur un haut fond, où nous reftâmes échoués:
lorfque la mer monta, nous commençâmes à fentir le Vaiffeau
talonner fur le mi-Flot, & au plein de l'eau nous détouchâmes,
& nous mîmes au Large.*

TALUS, *couper en Talus.* C'eft couper obliquement, comme en Sifflet, c'eft un terme de Charpentier. On fait les Digues,
qui s'oppofent à l'effort de la mer, en Talus; c'eft-à-dire,
qu'elles ont plus de largeur par le bas que par le haut; de
forte qu'elles ont une pente douce du côté que la mer frappe.

TAMBOUR. C'eft un compartiment de planches qui en-
tourrent une Ecoutille à une face près, pour laiffer tout l'efpace du panneau dans la Cale qui fe trouve du côté ouvert.
On fait ordinairement un Tambour tout-au-tour du panneau de
la Cale à l'eau, dans les Vaiffeaux armés en Marchandifes,
afin que cette ouverture fe trouve au-deffus des Pièces à l'eau,
plutôt que deffus les Marchandifes arrimées dans la grande
Cale.

TAMIS *à Poudre.* C'eft un Tamis ordinaire dont le fond
eft ordinairement de Soie : fon ufage eft de nettoyer la Poudre
de toute pouffiere, en la faffant, de maniere que la pouffiere
paffe au travers du Tamis.

TAMISAILLE. *Voyez* CROISSANT.

TAMPONS. Ce font des morceaux de bois de fapin coniques, dont on fe fert en les fuiffant & garniffant d'étoupe, pour
boucher les coups de Canon que l'on peut recevoir à l'eau dans
un combat. Le Calfat qui veille avec fes gens dans les Galeries, place les Tampons en dedans, & les frappe à coups de
maffe, lorfqu'il y a quelque Boulet qui pénetre : de cette
maniere il remplit le paffage de l'eau, & étanche paffablement
cette voie.

TANGAGE. C'eft le mouvement du Vaiffeau, où fes
balancemens dans le fens de fa longueur. Les Ofcillations du
Tangage font ordinairement fort vives; c'eft auffi ce qui fatigue
le plus les hommes, le corps & la mâture du Vaiffeau. Ce
mouvement eft occafionné par l'action continuel des Lames de
la mer, qui enlevent les extrémités du Navire, & les laiffent

retomber alternativement, en les abandonnant à l'action de leur propre pefanteur ; augmentant leur mouvement, en foulevant une des extrémités dans le même inftant que l'autre tombe.

TANGUE & TANGUER. C'eft avoir les mouvemens du Tangage. Un Vaiffeau qui entre en mer, tangue auffi-tôt, parce que les Lames agiffent fur lui dans le fens de fa longueur. C'eft un des grands défauts qu'un Vaiffeau puiffe avoir, que de tanguer avec trop de violence ; cela le rompt en peu de tems, & le compromet dans les coups de vent, & toutes les fois que la mer eft groffe, fur-tout fi les Lames font courtes. Cette mauvaife qualité de tanguer eft le défaut ordinaire des Vaiffeaux courts. On peut corriger cela en partie, fi on a l'attention de tenir les extrémités léges & les moins pefantes qu'il fe peut, afin que le Vaiffeau foit moins fatigué par les fecouffes du Tangage, & qu'il marche mieux ; car ce mouvement arrête le Vaiffeau prefque court, quand il cingle au plus près du vent.

TAPE-CUL *du Gouvernail. Voyez* BRAIES *de Gouvernail.*

TAPE-CUL. C'eft une grande Bonnette qui fe hiffe au bout de la Vergue d'Artimon, & fe borde fur un bout Dehors, que l'on pouffe au large au-deffus des Bouteilles. On n'oriente cette Voile que de beau tems, & lorfqu'on eft vent Arriere.

TAPER *la Gournable. Voyez* FRAPPER *la Gournable.*

TAPER *les Canons.* C'eft boucher leurs Bouches avec des Tapes de Liége.

TAPES *de Canon.* C'eft un bouchon de Liége du calibre du Canon, fait de maniere qu'il entre jufte dans la Bouche, & qu'il ferme exactement l'Ame de la Pièce, afin qu'il n'y puiffe entrer aucune goutte d'eau. On fuiffe les Tapes, pour qu'il ne refte aucun paffage à l'eau.

TAPES *d'Ecubiers.* Ce font des pièces de bois longues de trois pieds environ, rondes & faites en cône tronqué : elles fervent à boucher les Ecubiers, lorfqu'on eft fous Voiles, pour empêcher que l'eau n'entre dans le Vaiffeau au Tangage. Il y a des Tapes d'Ecubiers goujées d'un côté, comme une jumelle, pour mettre fur les Cables, & boucher les Ecubiers, lorfqu'il y a du Tangage, & que les Cables font entalingués.

TAPÉS *ou* BURINS *du Calfat. Voyez* TAMPONS.

TAPES-CULS *de Calfats.* C'eft une efpèce de Sangle fur laquelle le Calfat s'affale le long du Bord, fur un bout de corde, pour mettre & clouter des Plaques de plomb fur les voies d'eau qui font peu profondes fous la ligne de Flottaifon. Outre le fiége de fangle qui fait le Tape-Cul, il y a une autre Sangle qui traverfe, pour fervir d'appui au dos de l'homme qui doit travailler à l'eau ; & le Cordage doit être double, & amarré un bout fur chacun de ceux du Tape-cul.

TAPION. C'eft un efpace fur la furface de la mer qui eft plus uni que le refte. On voit beaucoup de Tapions en tems de Calme. Les Marins prennent toujours les Tapions pour une continuation de calme.

TAQUETS. Ce font des morceaux de bois de diverfes figures, qui fervent à tourner & amarrer les manœuvres, à fufpendre & à appuyer, felon les circonftances & les befoins.

TAQUET *à Gueule* ou *à Dent.* C'eft un Taquet qui fe cloue par les deux bouts, & qui eft échancré en-deffous dans le milieu : il fert à faifir quelque chofe avec des cordes, & a le même ufage qu'une Crampe.

TAQUET *à Cornes* ou *à Branches.* C'eft un Taquet dont les bouts font relevés & plus menus que le milieu au-deffous duquel il y a un talon. Ce Taquet fe cloute par le milieu avec deux ou trois clous, il fert à tourner les Manœuvres.

TAQUET *de Bout.* C'eft un gros Taquet a cornes, que l'on place fur les queues des Boffoirs, ou un peu fur l'Arriere, pour tourner les Boffes Debout, lorfque les Ancres font en Mouillage.

TAQUETS *de Mâts.* Ce font de gros Taquets à cornes, plus longs & moins forts que les Taquets Debout ; on les place un Tribord & Babord de chaque Las Mât, pour amarrer & tourner diverfes manœuvres.

TAQUETS *de Bittes.* . *Voyez* PILIERS *de Bittes.* Ce font de gros Taquets fimples qui s'allongent de dix à douze pieds, & dont la tête eft de deux à trois pieds de hauteur ; ils s'appuient contre les Piliers des grandes Bittes fur l'Avant, & fe cloutent fur deux ou trois Baux, pour foutenir les efforts que peuvent faire les Cables, lorfque le Vaiffeau eft à l'Ancre.

TAQUETS *fimples.* Ce font des Taquets faits en coin, qui fervent à appuyer diverfes Epontilles, Accores & Arboutans.

TAQUETS *de Haubans.* Ce font des Taquets à cornes, dont le Talon eft long & canelé, pour s'appliquer fur les Haubans fur lefquels on lie ces Taquets qui fervent à amarrer les Manœuvres courantes un peu au-deffus des Lifles des Gaillards en dedans.

TAQUETS *de Vergues* ou *Mattegaux.* Ce font de gros Taquets à gueule, en forme de jumelles, qui fe placent fur l'Arriere des baffes Vergues & au milieu, pour écarter les Vergues de leurs Mâts, & faciliter le Braffeïage, en couvrant les Eftropes des Surpentes.

TAQUETS *de bouts de Vergues* ou *de Pointure.* Ce font des dents que l'on ménage en faifant la Vergue, pour amarrer & arrêter les Pointures de la Voile ; ainfi ces Taquets font toujours à la diftance l'un de l'autre de l'Envergure de leur Voile.

TAQUETS *de Pointure de Ris.* Ce font des Taquets ménagés comme ceux de bout de Vergue, mais en dehors de ceux-ci, pour arrêter & amarrrer les Rabans de Pointure de chaque Ris des Huniers ; ainfi on garde autant de Taquets de Pointure de Ris fur chaque Vergue, qu'il doit y avoir de Ris dans la Voile, & ils doivent être à une diſtance les uns des autres, d'un bout de la Vergue à l'autre, égale à la largeur du Ris qui leur correſpond; de maniere que le Taquet le plus en dehors répond toujours au Ris le plus bas dans la Voile.

TARE. C'eſt le poids de la caiſſe, futaille ou emballage des Marchandiſes qui ſe vendent au poids. La Tare ſe déduit toujours du poids total.

TARRIERE *ou* **TARIERE.** C'eſt un outil de Charpentier & de Perceur, fait d'une verge de fer acéré, & tranchant en rond par l'extrémité, qui doit percer le bois par un petit mordant adouci, plus long que les autres parties tranchantes du Tarriere. Cet outil a un manche de bois qui paſſe dans une boucle formée par la tête du Tarriere, laquelle ſert à le tourner lorſqu'on fait un trou. Il y a pluſieurs ſortes de Tarrieres ſoit en longueur ou groſſeur, ſelon les différents endroits où il faut percer pour mettre des chevilles de fer ou des clous.

TARTANE. C'eſt une Barque du Levant qui porte deux Voiles Latines à tiers points, ou Antennes ſur deux Mâts. Ce Bateau eſt fort en uſage ſur la Mer Méditerranée, & porte quelquefois une Voile quarré, ou Voile de Fortune.

TÉMOIN *de Cordage.* C'eſt le bout de chaque Touron qu'on laiſſe effilé à chaque bout de la piéce de Cordage, pour marquer qu'elle eſt entiere.

TEMPÊTE *ou* **TEMPESTE.** *Voyez* Coup de Vent & Houragan, Ouragan.

TEMS, *gros Tems.* C'eſt un tems de vent forcé, à prendre les Ris aux Huniers, la mer groſſe & élevée, quelquefois battue. Le gros Tems donne ſouvent de la pluie par Grains, & du vent plus fort, mais jamais en Tempête décidée.

TEMS, *grand Tems.* C'eſt un Tems de vent favorable, qui conduit à route avec force, par un Tems fait & nourri. *Voyez* Grand Tems.

TEMS *embrumé,* c'eſt-à-dire, que l'air eſt chargé de petits Brouillards, qui bornent la vue à une certaine diſtance. *Voyez* Embrumé.

TEMS *affiné, qui s'eſt affiné,* c'eſt-à-dire, qui s'eſt éclairci après avoir été embrumé. Le Tems eſt affiné, quand le Brouillard eſt diſſipé; c'eſt beau Tems.

TEMS *embrouillé. Voyez* Embrouillé. Le Tems ſe brouille, lorſqu'il ſe charge de Vapeurs, & qu'il s'épaiſſit par des Bramailles.

TEMS *orageux.* C'eſt un Tems chaud, dont l'air eſt chargé & peſant, étant rempli de matieres propres à produire le Éclairs & le Tonnerre. Il fait ſouvent de la pluie & du vens par Grains, lorſque le Tems eſt orageux.

TEMS *à Perroquets.* C'eſt un Tems de vent fait, qui ſouffle médiocrement, & donne la plus grande vîteſſe au Vaiſfeau, en lui permettant de porter toutes Voiles hautes. Ce tems eft clair & des plus gracieux de la Navigation; c'eft un beau Tems.

T E M S *fombre & couvert* ou *Tems bas.* C'eft un Tems pendant lequel on ne voit pas le Soleil, qui eft prefque toujours caché par les nuages qui fe trouvent à une petite diftance de terre. *Le tems eft bas, il menace de pluie & de brume.*

T E M S *doux.* C'eft un tems à petit vent foible, ni trop chaud ni trop frais, pendant lequel le Soleil ne fe montre pas dans toute fa force.

T E M S *clair. Voyez* **TEMS FIN.**

T E M S *fin.* C'eft un Tems clair & dégagé de toutes matieres hétérogenes; de forte que la vue s'étend auffi loin qu'il eft poffible.

T E M S *fait.* C'eft un tems de vent égal & foutenu, avec apparence de continuation. *Voilà un tems fait, il faut efpérer qu'il nous menera loin.*

T E M S *nourri.* C'eft un Tems fait, mais plus chargé & le vent plus fort, avec une apparence décidée de continuation.

T E N A I L L E S. Ce font différents inftruments de fer à branches, dont les Charpentiers, Menuifiers & Armuriers fe fervent pour arracher des clous du bois. La Tenaille eft formée de deux branches de fer attachées l'une fur l'autre avec un clou fur lequel elles tournent dans le milieu du coude, qui eft toujours placé plus près de la pince que du manche. Les Tenailles font de différentes efpèces, felon les befoins & l'emploi qu'on en veut faire.

T E N D E L E T. C'eft une efpèce de Dais monté fur des montans de fer garnis de toile, pour conferver l'étoffe qui forme le Tendelet & fes rideaux, dont l'ufage eft de mettre à couvert du Soleil & de la pluie ceux qui font dans la chambre d'un Canot; car le Tendelet eft toujours placé fur l'Arriere du Bateau.

T E N I R *bon.* C'eft arrêter l'ouvrage. On tient bon fur une manœuvre, quand elle eft tendue affez, afin de ne pas la roidir davantage. On tient bon le Palan, lorfque le fardeau eft affez élevé, &c.

T E N I R *les Huniers.* C'eft les garder dehors, lorfqu'il vente grand frais.

T E N I R *à retour.* C'eft tenir le courant d'une manœuvre fur le tour d'un Taquet, ou d'une Allonge, pour empêcher qu'elle ne file à mefure qu'elle eft plus chargée. On tient à retour tout ce qui doit faire beaucoup de force, afin de donner le tems aux gens qui travaillent, de reprendre avec force & de donner un bon coup de collier.

T E N I R *les Bras du vent.* C'eft les roidir, afin que les Voiles foient moins obliques avec la Quille, & qu'elles foient orientées plus avantageufement par rapport au vent qui doit être franc. *Voyez* **APPUYER** *les Bras du vent,* & **FRANC.**

TENIR *en Ralingue.* C'eſt conſerver la diſpoſition des Voiles, de maniere qu'elles ne reçoivent pas le vent dedans ni deſſus. *Voyez* METTRE *en Ralingue.*

TENIR *les Haubans.* C'eſt les roidir à force de Palans. On met toujours deux Palans l'un ſur l'autre pour tenir un Hauban : l'un eſt frappé ſur la Ride & le Hauban, l'autre l'eſt ſur le Hauban & le Garan du premier ; de ſorte qu'ils font effort l'un ſur l'autre, & que l'on a plus de facilité à roidir chaque Hauban.

TENIR *les Grées.* C'eſt les roidir, les rider, c'eſt-à-dire, toutes les manœuvres dormantes.

TENIR *le vent.* C'eſt courir au plus près. *Voyez* PLUS PRÈS & PRÈS DU VENT.

TENIR, *ſe tenir dans le Lit du vent.* C'eſt ſe maintenir ſur la ligne de la direction du vent, par rapport à un autre Vaiſſeau ou à une Terre. *Nous faiſions de petites Bordées pour nous tenir dans le Lit du vent de l'Armée ennemie ; & comme notre Vaiſſeau étoit excellent Voilier, nous nous y tenions avec la plus grande facilité, en gagnant au vent.*

TENIR *au vent.* C'eſt prendre peu à peu le plus près, pour ne pas tomber ſous le vent d'un autre Vaiſſeau. *Nous tenions au vent, à meſure que ce Vaiſſeau paroiſſoit s'en approcher... Nous fûmes obligés de tenir au vent, pour ne pas dépouiller la Côte.*

TENIR *la mer.* C'eſt reſter en mer. *Nous tenions la mer depuis quinze jours, lorſque nous tombâmes de nuit dans une Flotte Marchande, dont nous primes quinze Vaiſſeaux : à peine les eûmes-nous mis en ſûreté, que nous reprimes le Large, pour tenir la mer & notre Croiſiere à vue des Sorlingues.*

TENIR *ſur le Largue, le Largue.* C'eſt faire route de vent Largue. *Voyez* LARGUE & VENT LARGUE.

TENIR *ſous Voiles.* C'eſt ſe maintenir dans un endroit ſans s'en éloigner, en ſe ſervant de ſes Voiles appareillées & orientées. *Nous nous tenions ſous Voiles, en virant & revirant pour attendre notre Flotte.* Il vaut mieux tenir ſous Voiles devant un Ennemi, que de mettre en Panne ; parce qu'on eſt plus maître des mouvemens de ſon Navire, & qu'on peut plus facilement Arriver ou Venir au vent.

TENIR *au Large.* C'eſt ſe maintenir à une certaine diſtance de terre.

TENIR *l'un par l'autre.* C'eſt conſerver deux objets ſur la même ligne, ou dans le même relevement ; de maniere que le plus proche couvre le plus éloigné, ou qu'on ne puiſſe le voir que par deſſus celui qui eſt le plus près. *Pour entrer dans ce Port, il faut tenir l'angle du Baſtion du Fort le plus à l'Eſt, par un Moulin que l'on voit ſur une hauteur vers le Nord ; & lorſqu'en courant ſur la ligne de ces deux marques, on vient à découvrir le Clocher de la Paroiſſe dégagé de tout le Bâtiment, on gouverne ſur une petite Tour que l'on voit à Tribord ſur une*

hauteur , jufqu'à amener le Clocher par le fommet d'une Mon-
tagne , & on les tient l'un par l'autre enfuite , pour aller au
Mouillage.

T E N I R *un Vaiffeau au même relevement.* C'eft le conferver
toujours au même point de la Bouffole. *Il faut tenir un Vaiffeau*
que l'on chaffe de vent Largue , toujours au même point de la
Bouffole , pour le joindre par le chemin le plus court.

T E N O N. C'eft le bout d'une pièce de bois qui entre dans
une Mortaife. Il y a plufieurs fortes de Tenons , felon la maniere
dont les pièces de Charpente font placées les unes par rapport
aux autres.

T E N O N *de Mât.* C'eft la partie du Mât comprife depuis le
Capelage jufqu'au Chouquet ; elle prend fon nom du Tenon
quarré que l'on fait à l'extrémité du Mât pour placer le Chouquet qui s'emboîte deffus. Tous les bas Mâts & Mâts de Hunes
ont des Tenons , parce qu'ils ont des Chouquets ; ceux de Perroquet n'ont que des Fleches.

T E N O N *d'Etambot.* C'eft une petite partie de l'extrémité
inférieure de l'Etambot , que l'on fait s'emboîter dans une Mortaife faite fur la Quille.

T E N O N S *d'Ancre.* Ce font les deux pièces de fer forgées
avec la Verge , au deffous de l'Arganeau , dans l'endroit où fe
place le Jas , de forte qu'ils entrent de chaque côté dans les
pièces du Jas.

T E N T E. C'eft une couverture de toile à Voile , que l'on
tend au - deffus de la Dunette , du Gaillard & du Pont , dans
les pays chauds , pour empêcher le Vaiffeau de s'ébarouir par
la trop grande chaleur & la vivacité des rayons folaires. Les
Tentes prennent le nom des endroits qu'elles couvrent ; ainfi il
y a la Tente de la Dunette , celle du Gaillard , & la grande
Tente ou Tente du Pont : elles font établies fur des Drailles ,
& ont des côtés qui tombent jufques fur le Plat-Bord , on les
cargue ou on les tend , felon le befoin. On donne quelquefois
le nom de *Côtale* à ces côtés de Tente. Les Tentes ont leurs
manœuvres particulieres que l'on peut connoître aux mots
Drailles , Cargues , Hale-avant & Hale-arriere.

T E N U E. C'eft la prife de l'Ancre fur le fond de la mer.
La Tenue eft bonne ou mauvaife , felon la qualité du fond qui
permet aux Ancres de s'y enfoncer plus ou moins , & d'y tenir
enfuite avec plus ou moins de force. La Tenue eft bonne fur un
fond de vafe mêlé de fable fin , & fur certains fonds argilieux
dans lefquels les Ancres prennent avec une force finguliere. La
Tenue eft mauvaife fur des fonds de Roches , des fonds curés ,
& des fonds de gros fable ; les Ancres ne s'y enfoncent pas ,
elles dérapent facilement , & l'on chaffe. On évite ces mauvaifes
Tenues , le plus qu'on peut.

T E R M E S. Ce font des Statues d'hommes & de femmes que
l'on met quelquefois fur les côtés des Poupes des Vaiffeaux
pour fervir d'ornement & de fupport. Ces Statues font pref-

que toujours des Buſtes ſans bras , & quelquefois elles ſont toutes entieres, d'autres fois elles ſont avec leurs bras, ſans le bas du corps, qui eſt remplacé par une Gaîne de laquelle le Buſte ſemble ſortir. Si un Terme repréſente un Ange en demi-corps, on le nomme *Angélique* ; ſi c'eſt une Divinité Champê-tre , c'eſt un *Terme Ruſtique* , & ſi au lieu de Gaîne on donne au Buſte une Queue ſimple ou double de Poiſſon, alors on le nomme *Terme Marin*. Lorſqu'on met des Termes ſur les Vaiſ-ſeaux , il faut les placer avec goût , & leur donner des attributs relatifs aux ſujets qu'ils ornent , ſoit Vaiſſeaux , Flûtes ou Fré-gates , ſelon le nom du Navire & l'uſage qu'on en veut faire.

TERME. C'eſt la fixation de l'Étendue ; c'en eſt la borne.

TERRE. C'eſt le plus peſant des quatre Elémens, & le plus groſſier, modérément froid par lui-même & très-ſec. Il eſt impregné de l'air, de l'eau & du feu, qui l'animent & lui font produire & nourrir tous les Végétaux, qui nourriſſent eux-mêmes les animaux : ainſi la terre ſert de retraite & d'habi-tation aux hommes : c'eſt ſur elle que l'on conſtruit tous les Edifices civils & maritimes, parce qu'elle fournit tous les ma-tériaux néceſſaires , les pierres , les bois & les métaux : en un mot, la Terre fournit tout ce qui eſt néceſſaire à la production, à la conſervation & à la deſtruction.

TERRE-FERME. *Voyez* CONTINENT.

TERRE *embrumée*. C'eſt une Terre couverte de Brouillards & de Brumes, qui ne ſe voit pas de loin, & dont on ne peut diſtinguer la figure, ni reconnoître ce qui eſt remarquable.

TERRE *fine & claire*. C'eſt celle que l'on voit ſans nuages deſſus, & qu'il eſt aiſé de bien diſtinguer & de reconnoître.

TERRE *haute*. C'eſt une Terre qui eſt fort élevée ſur les Bords de la mer, qui a beaucoup de montagnes, & qui peut ſe voir de loin. Il y a des Terres aſſez hautes pour ſe voir d'un tems fin à 30 & 36 lieues au Large : le Pic de l'Iſle Té-nérif eſt de ce nombre, ainſi qu'une haute Montagne qui eſt dans la partie du Nord de Sumatra ; elles ſe voient de cette diſtance , & l'Iſle Bourbon s'apperçoit de plus de 30 lieues ; les Cordilieres dans la mer du Sud ſont encore plus hautes.

TERRE *qui fuit*. Ce ſont des Terres qui s'éloignent peu-à-peu, ſelon les gradations de la perſpective, en s'allongeant vers quelques points de la Bouſſole. *Lorſqu'on ſe trouve vis-à-vis (ce Cap), on apperçoit les Terres qui fuient dans le Nord d'un côté, & dans le S.O. de l'autre.*

TERRES *fermées*. Ce ſont des Pointes ou des Iſles qui ne paroiſſent pas ſéparées, lorſqu'on les prend les unes par les au-tres, dans certains points de vue, quoiqu'elles ſoient éloignées les unes des autres.

TERRE *de Beurre*. Ce ſont des nuages épais que l'on prend quelquefois pour une Terre ; ils ſe diſſipent par le So-leil , & l'on dit que *la Terre a fondu comme du beurre au So-leil.*

TERRE-à-TERRE. On va Terre-à-Terre, en naviguant d'une Pointe ou d'un Cap à l'autre, fans perdre la Terre de vue. Dans les Détroits de Malaca & de la Sonde, on navigue Terre-à-Terre, ainfi que dans tous les Détroits.

TERRE *en Mirement. Voyez* MIREMENT.

TERRES *baffes* ou *Terres plates.* Ce font des Terres qui ont peu d'élevation vers les Bords de la mer, & qui font fans montagnes à une certaine diftance du Rivage. La Côte Coromandel eft une Terre baffe depuis Ceilan jufqu'aux environs de la Côte d'Orixa, on ne la voit que de cinq à fix lieues au Large.

TERRE! C'eft le cri de l'homme qui eft en Vigie à la tête des Mâts ou au Boffoir pendant la nuit, lorfqu'il apperçoit la terre. Il crie : *Terre devant, Terre au vent ou fous le vent : Terre à Tribord ou à Babord : Terre par le Boffoir du vent ou de fous le vent : Terre par le travers Tribord ou Babord, &c.* felon l'endroit où il l'apperçoit, derriere ou dans les hanches.

TERRE, *grande Terre,* c'eft-à-dire, le Continent, fi on eft dans une Ifle à vue de la grande Terre, ou dans une petite Ifle à vue d'une plus grande. *Nous étions dans le Port de l'Ifle Sainte Marie, & nous allions prendre nos Bœufs à la grande Terre.*

TERRE *hachée.* C'eft une Terre dont le haut paroît coupé & aride.

TERRE-NEUVIER. Un Vaiffeau Terre-neuvier eft celui qui va dans l'Ifle de Terre-neuve, pour y pêcher & fécher de la Morue.

TERRIR. C'eft prendre connoiffance de Terre à la fin d'une Traverfée. *Nous avons terri à Belle-Ifle. Voyez* ATERRIR.

TERRISSENT. Les Vaiffeaux des Indes Orientales terriffent en Europe depuis le mois de Juin jufqu'à la fin de Septembre, felon les différents endroits où ils doivent fe rendre.

TÊTE *de Môre.* C'eft un entrelacement de trois ou quatre Tourons d'un Cordage fur lequel on a fait un Cul-de-Port. La Tête de Môre fe fait fur le milieu du Cul-de-Port; & après qu'elle eft fouquée, on fait une petite Surlieure fur les bouts des Tourons que l'on coupe fort ras la Surlieure.

TÊTE *de Cabeftan.* C'eft la partie de la machine dans laquelle on perce les Amelotes pour placer les Barres. *Voyez* CABESTAN.

TÊTE, *faire Tête.* C'eft le moment où le Vaiffeau roidit fon Cable, en évitant deffus, lorfqu'on a mouillé. *Il commence à faire Tête, il fait Tête Voyez* FAIRE TÊTE.

TÊTIERE. *d'une Voile.* C'eft la Ralingue du haut de la Voile, au-deffous de laquelle on place une bande d'Œillets pour paffer les Rabans de Fée, quand on veut l'enverguer : ainfi l'on dit : *Têtiere des Huniers, des baffes Voiles, Perroquets, &c.*

TEUGUE *ou* TUGUE. *Voyez* DUNETTE.

THÉATRE. C'est la partie de la Cale d'un Vaisseau de Guerre qui est au-dessus de la Cale à l'eau, entre la Fosse aux Cables & la Cale aux Vivres, répondant au grand Panneau ; c'est l'endroit où est le poste du Chirurgien. *Voyez* FOND DE CALE.

TIENS bon là. Commandement pour arrêter par-tout la manœuvre, ou l'ouvrage que l'on fait. Quand on veut que tous travaux finissent, on dit, *Tiens bon là par-tout* ; & si on ne veut arrêter que certaines choses, on les nomme : *Tiens bon au Cabestan, Tiens bon là les Boulines, &c.*

TIENT *au Lof* ou *Tient au vent.* On dit qu'un Vaisseau tient au Lof, lorsqu'étant vent Largue, il vient au vent : *Voilà les Vaisseaux de l'Avant qui tiennent au vent, ils viennent du Lof... L'Ennemi tient au vent.*

TIERS-POINTS ou *Voiles Latines. Voyez* LATINES.

TILLAC. C'est le plancher de chaque Pont : ainsi le Tillac est composé des Bordages du Pont, des Hiloires & Goutieres. *Voyez* PONT & FRANC TILLAC.

TILLAC *faux. Voyez* FAUX PONT.

TILLE. C'est un petit Couvert en forme de Gaillard ou une espèce d'Armoire, que l'on place à l'Avant & à l'Arriere des Chaloupes & Canots, & de toutes les Embarquations qui ne font pas pontées. C'est dans les Tilles que les gens de l'Equipage mettent leurs hardes & tous leurs effets.

TIMON ou *Barre de Gouvernail. Voyez* BARRE DE GOUVERNAIL. Le Timon doit être d'une seule pièce de bon bois quarré & bien choisi, sans gelivure ni Aubour ; quelquefois on fait le Timon d'une barre de bon fer.

TIMONNIER. C'est le titre du Matelot qui tient le Timon pour gouverner le Vaisseau, par le moyen de la Roue de Gouvernail, ou par la Barre franche, s'il n'y a point de Roue. Un bon Timonnier est essentiel dans les Chasses, pour ne pas faire de l'Ens en fuyant ou en poursuivant.

TINS ou *Chantiers. Voyez* CHANTIERS.

TIPHON *ou* TIFON. *Voyez* HOURAGAN & JONCQUE.

TIRANT *d'eau.* Le Tirant d'eau d'un Vaisseau est marqué par la quantité de pieds & de pouces dont il enfonce dans l'eau : on le mesure toujours depuis le dessous de la Quille & Fausse-Quille, quand il y en a une, jusqu'au Fort du Vaisseau. Un Navire est de grand Tirant d'eau, lorsqu'il a beaucoup de pieds dans l'eau : il est d'un petit Tirant d'eau, lorsqu'il y enfonce peu. Les Vaisseaux de grand Tirant dérivent moins que ceux d'un petit, parce qu'ils ont ordinairement une plus grande surface latérale, mais ils font moins propres à approcher de terre : cependant en diminuant le Tirant d'eau de tous les Vaisseaux en général, d'un neuvieme environ, à déplacement d'eau égal, comme il est aisé de le faire, on pourra leur donner une forme qui, augmentant la réſiſtance du fluide ſur le côté, la fera diminuer en même tems ſur la Proue; c'eſt ce que nous démontrerons dans le Manœuvrier complet.

TIRE. C'eſt un Commandement que l'on fait à l'Equipage d'un Bateau de tirer de force ſur leurs Avirons.

TIRE-VEILLE *ou* **TIRE-VIELLE.** Ce ſont les cordes de Filin blanc, quelquefois garnies de drap avec des pommes, qui ſervent à ſoutenir ceux qui montent à Bord d'un Vaiſſeau par l'Eſcalier. Ces Tire-Veilles ſont attachées à la tête d'un Chandelier de fer placé Tribord & Babord de l'Eſcalier.

TIRE-BOURRE. C'eſt un inſtrument de bon fer ou d'acier fait en ſpiral à deux branches pointues : il ſe met au bout d'une baguette de fuſil, pour le décharger ſans le tirer. Il y a de gros Tire-bourres très-forts, emmanchés ſur une forte gaule, qui ſervent à décharger les Canons; on les nomme *Tire-bourres à Canons.*

TIRER *le Canon.* C'eſt donner le feu à la Charge, pour produire la détonation & chaſſer le Boulet. *Voyez* CANON.

TIRER *à Sabords ouverts.* C'eſt ſervir l'Artillerie ſans fermer les Sabords entre les Volées de Canon; c'eſt tirer hardiment & ſans crainte.

TIRER *à Sabords fermés.* C'eſt laiſſer tomber les Mantelets, auſſi-tôt que l'on a tiré le Canon, pour le charger en dedans à couvert de la Mouſqueterie & de la Mitraille; cette méthode fait perdre beaucoup de tems, & peut ſauver quelquefois des hommes; mais elle eſt timide.

TIRER *de l'eau avec des ſeillots.* C'eſt en puiſer le long du Bord, pour laver le Navire dedans & dehors. Cela ne ſe fait que lorſqu'on n'a pas une Pompe placée pour cela à l'Avant du Navire, dans l'angle que fait l'Etrave avec le Franc-Bord.

TIRER *peu d'eau.* C'eſt enfoncer peu dans l'eau : *Notre Vaiſſeau tire peu d'eau, il eſt d'un petit tirant d'eau.*

TIRER *beaucoup d'eau.* C'eſt avoir un grand tirant d'eau, enfoncer beaucoup dans l'eau. C'eſt un défaut dans toute eſpèce de Navire de tirer beaucoup d'eau. *Tous les Vaiſſeaux qui ſont paſſablement conſtruits*, dit un Auteur, *tirent plus d'eau derriere que devant; & tous les Conſtructeurs en général ſont perſudés que cela doit être ainſi, à cauſe du Gouvernail qui doit avoir alors plus d'effet.* Tout cela peut être pris, ſans craindre de ſe tromper, pour du radotage; car il eſt tout auſſi facile de conſtruire un bon Vaiſſeau qui tire autant d'eau devant que derriere, que d'en bâtir d'un plus grand Tirant, en Arriere qu'en Avant; & il y a même beaucoup de circonſtances où il eſt avantageux que le Tirant d'eau de l'Avant ſoit plus grand que celui de l'Arriere; comme lorſqu'un Vaiſſeau touche dans un Courant d'eau rapide; parce qu'alors le devant touchant le premier, il monte moins haut ſur le Banc; & dans toutes les autres circonſtances, il eſt indifférent que le Tirant d'eau ſoit plus grand

Q

à une extrémité qu'à l'autre ; de sorte qu'il convient toujours de faire tirer autant d'eau aux Vaisseaux en Avant qu'en Arriere, pourvu qu'on les construise pour cela. Je n'ai jamais vu de Vaisseaux être en Assiette sur les Tirants d'eau indiqués par les Constructeurs, il a fallu toujours augmenter ou diminuer la différence de Tirant d'eau ; & tel qui devoit être un pied plus sur Cul que sur Nez, se trouvoit au contraire mieux marcher & mieux gouverner, lorsqu'il étoit, par hasard, plongé un pied plus sur le Devant que sur l'Arriere. Nous pourrions nous étendre davantage sur tout cela ; mais les bornes d'une Explication simple ne nous permettent pas de traiter complétement cet article, qui est du ressort de l'Architecture Nautique.

TIRER *au Large*, *Tirer à la Mer*. C'est s'éloigner de terre, & la perdre de vue. *Voyez* PRENDRE LE LARGE.

TOILE *à Voile*. C'est une grosse Toile faite de fil de chanvre, & qui n'a que 18 à 30 pouces de large ; elle sert à faire les Voiles des Vaisseaux. La Toile dont on fait les basses Voiles Artimon, grande Voile d'Etai & petit Foc, est du 4 fil fort ; celle des Huniers est plus légere, & celle des Perroquets, Voiles d'Etai & grand Foc, que l'on nomme *menues Voiles*, est la plus fine de toutes les espèces de Toiles à Voile. On fabrique des Toiles à Voile dans plusieurs endroits de Bretagne ; mais la meilleure se fait à Angers, elle est plus forte, plus large & mieux faite qu'ucune autre que j'aie vu, aussi est-elle plus chere.

TOISE. C'est une mesure de six pieds de Roi. La Toise courante a six pieds de longueur ; la Toise quarrée a trente-six pieds quarrés de surface, parce qu'elle a une Toise courante sur chaque face. La Toise cube a une Toise courante de longueur, de largeur & de profondeur, & contient par conséquent 216 pieds cubes.

TOISER *le bois*. C'est le mesurer pour le cuber, & le réduire en pieds cubes ou en solives ; parce qu'il s'achete à tant le pied cube. *Voyez* CUBER.

TOLETS *ou* TOULETS. Ce sont des chevilles de bois moins grosses par les deux bouts que par le milieu, de la longueur de 8 pouces à un pied : on les plante dans les trous des Toltieres pour retenir l'Aviron fixe, par le moyen de l'Erseau sur le bord des Chaloupes & Canots. Quelquefois on met deux Tolets sur la même Toltiere, vis-à-vis l'un de l'autre, pour placer l'Aviron entre deux, & le fixer sur le bord du Bateau sans Estrope ni Erseau.

TOLTIERES. Ce sont des élévations en forme de Taquets plats, que l'on conserve, à la hauteur d'un pouce, sur le Plat-Bord des Bateaux à Rames, pour y percer un trou ou deux, & y placer l'Aviron sur son Tolet ou entre ses Tolets : il y a autant de Toltieres que d'Avirons, & on a soin de les espacer également dans la longueur du Bateau.

TOMBE, *le vent tombe*. Cela se dit du vent, lorsqu'il

diminue de force ; de grand tems, & dans un coup de vent.

TOMBENT. *Les Mâts tombent fur l'Arriere ou fur l'Avant,* c'eft-à-dire, qu'ils inclinent vers l'une ou l'autre extrémité du Navire.

TOMBE. *La mer tombe, c'eft-à-dire, que fes lames com-*mencent à diminuer, qu'elle s'embellit, lorfqu'elle eft agitée.

TOMBER *fur un Vaiffeau.* C'eft l'approcher fubitement, volontairement ou accidentellement : *Nous donnions chaffe à un Navire fur lequel nous tombions à vue d'œil, par la fupériorité de notre marche... Etant à l'Ancre, nous chaffions fi vîte, que nous allions tomber fur deux ou trois Vaiffeaux qui étoient derriere nous, fi nous n'avions pas mouillé l'Ancre de Veille.*

TOMBER *fur un Vaiffeau pour l'accrocher.* C'eft fondre deffus à toutes Voiles, & l'approcher de maniere à l'aborder, pour l'enlever l'épée à la main.

TOMBER *fous le vent.* C'eft en perdre l'avantage, par rapport à l'objet, au vent duquel on vouloit fe maintenir. *Nous donnions chaffe à un Vaiffeau fur le Largue ; & comme notre Ca-pitaine faifoit trop porter, nous tombâmes fous le vent à lui ; ce qui le fauva... Nous tombâmes encore fous le vent de l'entrée du Port, pour n'avoir pas reviré affez à tems.*

TOMBER *fous le feu de deux Vaiffeaux. Ayant été fort maltraités, nous fûmes obligés de virer vent arriere, pour nous mettre au large du Combat : cette manœuvre nous fit tomber fous le feu de deux Vaiffeaux qui acheverent de nous défemparer.*

TOMBER *en Derive.* C'eft dérader, & tomber fous le vent d'une Côte. *Voyez* DÉRADER.

TON *ou* CHOUQUET. *Voyez* CHOUQUET.

TONNE *ou* TONIE. Efpéce de Pirogue de la Côte Malabare, propre à naviguer fur la Barre de cette Côte, com-me les Chelingues fur celle de la Côte Coromandel.

TONNE. C'eft une groffe Bouée conique, ou d'une autre figure, faite de bois ou de cuivre, pour fervir de marque & Balife fur les Roches, Bancs & Ecueils. *Voyez* BOUÉE.

TONNEAU. *Voyez* FUTAILLES & PIECES A L'EAU.

TONNEAU *de poids.* C'eft le poids de 2000 liv. de feize onces à la livre, de quelque matiere que ce foit ; plomb, fer, cuivre, laine, coton, &c. Le Tonneau pris par rapport à fa pefanteur, eft toujours de 2000 liv.

TONNEAU *d'Arrimage.* Le Tonneau d'Arrimage eft com-pris fous la quantité de pieds cubes que contiennent quatre bar-riques fûts de Bordeaux, lorfqu'elles font arrimées deux deffous & deux deffus, avec leur garniture de Billettes & de Pailles d'Arrimage. Si on les mefure exactement, on trouvera 48 à 49 pieds cubes au Tonneau d'Arrimage, que Mr. BOUGUER fixe à 48 pieds & demi cubes, dans fon Traité du Navire ; ainfi lorf-qu'on cube la Cale d'un Vaiffeau, & qu'on veut fçavoir com-bien il arrimera de Tonneaux, fi tout ce qu'on veut lui donner, eſt d'encombrement, on diviſera la ſomme des pieds cubes de ſa capacité par 49, pour avoir au Quotient le nombre des Tonneaux d'Arrimage qu'il pourra prendre, & l'on ne s'écartera jamais que d'une très-petite quantité de ce qu'il arrimera effectivement; car il reſte toujours des faux Runs que l'on ne peut remplir.

TONNELIER. C'eſt l'ouvrier qui fait les futailles, les entretient & les radoube. Il fait auſſi toutes ſortes de Bouées, Barrils, Quarts, Bailles & Seillots. Le Tonnelier eſt employé avec les Commis aux vivres à la diſtribution des Rations de l'Equipage.

TONTURE *des Préceintes*. C'eſt la courbure que l'on donne aux Préceintes d'un Vaiſſeau pour la grace du coup d'œil; en les plaçant de maniere que le milieu ſoit plus bas que les extrémités, afin que le Vaiſſeau paroiſſe un peu gondolé. *Voyez* GONDOLÉ.

TONTURE *du Pont*. C'eſt la courbure que l'on donne au Pont d'un Vaiſſeau, en relevant ſes extrémités plus que le milieu. On donne ordinairement plus de relévement aux Ponts d'un Vaiſſeau vers l'Arriere que vers l'Avant : je ne vois point de néceſſité abſolue de cette Tonture du premier Pont ſur-tout, elle me paroît inutile, & je crois que les Conſtructeurs l'ont adoptée par uſage plutôt que par principes : s'ils s'étoient donné la peine d'en diſcuter le *pour* & le *contre*, ils l'auroient au moins diminué conſidérablement, s'ils ne l'avoient pas bannie tout-à-fait, comme la liaiſon des Vaiſſeaux ſemble l'exiger. *Voyez* RELEVEMENT DU PONT.

TONTURE *du Vaiſſeau*. C'eſt la diſpoſition du Vaiſſeau la plus favorable pour ſes qualités, de bien marcher, bien gouverner, rouler & tanguer peu; c'eſt-a-dire, qu'il eſt en aſſiette. *Voyez ce Terme. Notre Vaiſſeau eſt bien en Tonture, il a bonne mine*; c'eſt dans ce ſens quon dit ſouvent le terme de *Tonture*.

TORE *ou* THORE. C'eſt un terme d'Architecture & de Sculpteur. C'eſt une moulure relevée en rondiſſant, qui ſe place quelquefois ſous Figures ou Termes que l'on place dans les ornemens des Poupes de Vaiſſeaux.

TORON *ou* TOURON. C'eſt un aſſemblage d'un certain nombre de fils de Caret, ſelon la groſſeur du Cordage que doit compoſer le Toron qui eſt tord ſur lui-même, & le plus également qu'il eſt poſſible; on donne auſſi le nom de *Cordon* à cette eſpéce de Touron. *Voyez* CORDON.

TORRENT. C'eſt un Courant d'eau peu profond, mais très-rapide, dans lequel les Bateaux ne peuvent pas entrer pour l'ordinaire.

TORTUE. C'eſt une eſpèce d'Embarquation faite pour paſſer un trajet de mer. Le Pont eſt élevé en toit de maiſon pour mettre à couvert de la pluie les Paſſagers & leurs effets. On ne donne qu'une très-petite élévation à ce Pont de Tortue.

TORTUE *de mer.* Poiſſon couvert d'une ſeule écaille fort grande. On prend la Tortue dans les pays chauds, lorſqu'elle vient faire ſa ponte à terre ſur les ſables, où elle·dépoſe ſes œufs que le Soleil fait éclorre, après qu'elle les a recouverts de ſable. On ne prend que les fémelles, dont la chair eſt excellente au goût, & ſalutaire à tous ceux qui ſont tachés du virus ſcorbutique ou vénérien.

TOUCHE. Un Vaiſſeau touche, lorſque ſa Quille frotte ſur le fond, ou lorſqu'il talonne. *Le Vaiſſeau touche.*

TOUCHE ET PARE. Un Vaiſſeau touche & pare, lorſqu'étant ſous voile, il touche ſur le fond & ſe remet à flot tout de ſuite. *Nous ne fîmes que toucher & parer.*

TOUCHÉ. Un Vaiſſeau eſt touché, lorſqu'il eſt arrêté en touchant le fond avec la Quille, & que l'on eſt obligé de faire force pour le retirer & le mettre à flot, en allongeant des Amarres & des Ancres. *Il eſt bien touché, il faudra le décharger pour le faire flotter.*

TOUCHER. C'eſt échouer ſur quelques hauts fonds ou ſur le bord du Rivage, faute de manœuvre, ou par ignorance des Sondes, ou par accident.

TOUCHER *en paſſant.* C'eſt ſentir le fond avec la Quille du Vaiſſeau, & ne pas reſter touché; c'eſt *Toucher & parer.*

TOUCHER *à une Iſle.* C'eſt y mouiller pour un ou deux jours. *Nous touchâmes à l'Iſle de Sainte Hélene pour y faire de l'eau en paſſant, & nous n'y reſtâmes que vingt-quatre heures.*

TOUE. C'eſt une eſpèce de petite Barge qui ſert à paſſer d'un endroit à l'autre ſur la Riviere de Loire.

TOUE. Un Vaiſſeau toue, lorſqu'il ſe hale dans un Port, ou lorſqu'il en ſort, en virant ſur des Grêlins mouillés avec des Ancres à Jet; parce que le vent eſt contraire.

TOUÉE. La Touée eſt la quantité de Grêlins qui ſont allongés pour haler un Navire. *Nous ſortîmes du Port ſur une Touée de quatre Grêlins; à peine notre Touée fut-elle allongée, que nous virâmes deſſus pour nous haler au Large... Nous remontâmes la Côte contre le vent à plus de dix lieues, en allongeant des Touées.*

TOUER. C'eſt haler un Vaiſſeau par le moyen des Grélins & Ancres à jet, en virant le Grélin ſur le Cabeſtan. *Ce Vaiſſeau n'entrera qu'en touant... Il faut toujours touer pour entrer dans ce Port... La Briſe étoit ſi forte, qu'il nous fallut deux jours pour nous touer & nous haler à Poſte.*

TOUPRAS. C'eſt un terme des Vaiſſeaux qui vont à Terre-Neuve. Le Toupras eſt un Cable ou Grêlin amarré à terre ſur un rocher, ou ſur une Ancre à jet qu'on y a porté; il ſert à amarrer le Vaiſſeau du côte de terre.

TOUR *à feu. Voyez* PHARE.

TOUR *à Bitord,* ou *Touret.* C'eſt un moulinet à quatre cornes ou branches de chaque bout, formé par deux pièces de

bois, mifes d'équerre droit les unes fur les autres , à plat &
à mi-bois ; enfuite montées les unes vis-à-vis des autres fur quatre montans de bois rond & affez folide. On perce un trou d'un
pouce de diamètre environ dans le centre de chaque moulinet,
pour y paffer une longue cheville de fer rond à tête, comme
une Paille de Bitte, qui fert à le monter horizontalement contre
quelqu'endroit folide ; lorfqu'on veut s'en fervir pour affembler
du fil Caret, & faire du Bitord, on amarre les deux ou trois
fils de Caret enfemble fur un des montans du Tour, & on les
paffe fous la tête d'un clou placé fur une des ailes du moulinet, que l'on fait tourner fur fa cheville qui lui fert d'aiffieu,
en filant & s'éloignant à mefure que le Bitord fe fait & fe tord:
quand il eft fini dans la longueur de 3 à 4 braffes, on le de-
vide fur le Tour, & on recommence la même opération, pour
la même longueur.

    T O U R *dans les Cables.* Lorfque le Vaiffeau eft affourché,
& qu'en évitant il a paffé par-deffus un de fes Cables, enfuite
par-deffus l'autre dans le même fens, aux changemens de marée ; il a fait par ce mouvement un Tour entier du même côté;
de forte que fes deux Cables fe trouvent cordés l'un fur l'autre ; c'eft ce qu'on appelle *Avoir un Tour dans fes Cables* : s'il
fait plufieurs fois ce Tour, il fait auffi plufieurs Tours dans fes
Cables. On a grand foin de défaire les Tours des Cables,
parce qu'ils fe raguent l'un fur l'autre, & qu'ils font dans le
cas de rompre facilement, s'il vient à venter, ou fi la mer devient groffe : on défait les Tours de Cables, en profitant des
changemens de marée & du vent, pour faire éviter le Vaiffeau
au contraire du Tour qu'il a pris pour corder fes Amarres; &
quand on ne le peut pas faire par ces moyens ordinaires, on
met la Chaloupe fous les Cables en Avant, & on file le Cable
qui ne travaille pas (celui de Flot, fi l'on eft évité de Juffant;
ou celui de Juffant, fi on eft fur le Cable de Flot), dans la
Chaloupe : on dépaffe les Tours l'un après l'autre, pour redon-
ner enfuite le bout à Bord par le même Ecubier, & rabraquer
ce Cable qui a été filé , jufqu'à fa fourure, & le roidir, paré
comme il étoit auparavant fes Tours. *Voyez* CHATTE.

    T O U R *de Bitte.* Le Tour de Bitte fe prend avec un Cable,
en le faifant paffer par-deffous & deffus le Traverfin, en em-
braffant le montant, & revenant fe croifer par-deffous le Traverfin, pour être boffé fur l'Arriere des Bittes, fi l'on ne veut
pas prendre le Choc après : lorfqu'on mouille, on prend toujours un Tour de Bitte, pour être maître de filer du Cable autant qu'on veut.

    T O U R E T C H O C. C'eft prendre le Choc, après avoir
pris le Tour avec le Cable. *Voyez* CHOC. Le Tour & Choc
fe prend, quand on ne veut plus filer de Cable.

    T O U R *fur le Cabeftan.* C'eft le Tour du Tourne-Vire, du
Grêlin, ou de tout autre Cordage fur le Cabeftan. On fait toujours au moins deux Tours, prefque toujours trois, & quelque-

fois quatre ; afin que le frottement étant plus confidérable, le Cordage ne gliffe pas fur le Cabeftan, lorfqu'il fait beaucoup de force.

TOUR, *faire le Tour*. C'eft tourner fur fon Cable, de maniere qu'on fait ou défait un Tour dans fes Cables. *Notre Vaiffeau prend le mauvais Tour ; il fera le Tour, & nous aurons un Tour dans les Cables : au contraire, il prend le bon Tour ; & nous n'aurons plus de Tours dans nos Cables.*

TOUR *de Loch*. C'eft un inftrument de bois, femblable au Tour à Bitord, mais plus léger, & tournant fur un aiffieu de bois à deux poignées pour le tenir fur les deux mains. Quelquefois, au lieu d'Ailles, il a deux Platteaux de bois ; Il fert à devider la Ligne de Loch. *Voyez* LOCH.

TOUR *d'Anguille*. Le Tour d'Anguille fe fait avec une corde ou manœuvre, fur une autre manœuvre, en la tournant tout-au-tour, par plufieurs Tours allongés de maniere qu'elle ne peut pas gliffer. Lorfqu'on fouette un Palan fur une manœuvre, on fait deux Tours-morts par-deffous le premier Tour, bien ferrés ; enfuite on fait des Tours d'Anguille par-deffus, fur la Manœuvre, & l'on genope le tout par un bon Amarrage. *Voyez* FOUETTER.

TOURBILLON. C'eft une action de l'air agité en tournant fur lui-même, & allant en même tems avec une grande rapidité de viteffe, fuivant une direction déterminée. Lorfqu'un Tourbillon paffe fur terre, il enleve la pouffiere & le fable en colonne, & en forme quelquefois un nuage qui s'étend & obfcurcit le Soleil de la même maniere que le font les nuages ordinaires formés par les exhalaifons & les humidités que le Soleil enleve journellement. Il y a cette différence entre ces deux efpèces de nuages, que celui de fable eft très-rare, & ne fe voit que dans les déferts d'Arabie, & quelquefois aux Côtes Malabare & de Coromandel ; il s'éleve peu ; au lieu que celui qui eft formé des eaux que le Soleil pompe, eft très-commun, fe voit par-tout, & s'éleve à de très-grandes hauteurs. Si un Tourbillon tombe fur des bois de haute futaie, des Taillis ou des forêts, il renverfe fouvent les plus gros arbres, tord & romp leurs branches dans un inftant, & fait un dégat épouventable : s'il paffe fur la mer, il enleve fes eaux, en les faifant écumer & voler devant lui, comme de la fumée qu'un vent ordinaire emporte ; très-fouvent il les éleve en Trombe, & en forme une pompe confidérable, qui eft la fource abondante d'un très-grand nuage qui s'étend à mefure que l'eau monte en bouillonnant : fi on y fait attention, on voit l'augmentation fenfible de la grandeur & de l'épaiffeur du nuage formé par le tourbillon. J'ai vu quelquefois jufqu'à dix ou douze de ces Trombes formées par des Tourbillons, qui formoient autant de nuages particuliers, d'où tomboit enfuite une grande quantité de pluie d'eau douce, quoiqu'il n'y eût pas plus d'une demi-heure qu'elle fût pompée de la mer : j'ai fur-tout été témoin de ce fpectacle en 1755 au mois de Juillet, à l'entrée du Détroit de Malaque, entre la Côte de Malaye & la partie du Nord de Sumatra. Quant à ce qui est du nuage de sable, je m'en suis rapporté à Mr. DE SURVILLE, Chevalier de St. Louis, & ancien Capitaine des Vaisseaux de la Compagnie, homme digne de foi, & dont la réputation est connue par sa Bravoure, ses longues Courses & ses Observations Nautiques : *Lorsqu'un Vaisseau reçoit un Tourbillon, il perd ordinairement ses Voiles, & quelques-uns de ses Mâts ou Vergues ; parce que le vent est si violent, & donne avec tant de force, qu'on n'a pas le tems de les carguer, & souvent le Navire est-il compromis sous le choc d'un Tourbillon, quelque prompt qu'en soit l'effet, qui est ordinairement de peu de durée.*

TOURILLONS. Ce font deux bras du même métail que le Canon auquel ils font appliqués, étant fondus en meme tems, & placés un peu fur l'Avant du centre de gravité de la pièce, afin que le poids de la Culaffe l'emporte fur celui de la Volée, lorfque le Canon eft placé fur les Tourillons dans fon Affut. On donne aux Tourillons pour diamètre celui de fon Canon, & leur longueur eft proportionnée au Canon ; elle eft de quelque chofe plus grande que leur diamètre.

TOURMENTE. C'eft une tempête violente, un coup de vent conftant de la même partie & de longue durée, avec des Raffales terribles, & fouvent du tonnerre & des éclairs. Lorfqu'on veut exprimer un vent violent & impétueux, on dit qu'*il tourmente.*

TOURMENTE. Bois qui fe tourmente. *Voyez* DÉJETTE.

TOURMENTÉ *de la mer.* C'eft être balotté & tracaffé de tous côtés par plufieurs Lames. C'eft dans ce fens qu'on dit que *le Vaiffeau fe tourmente,* parce qu'il a des mouvemens vifs de Tangage & de Roulis, qu'il eft continuellement agité & fans tranquillité.

TOURNAGE. Un Tournage, c'eft un Taquet à oreille d'âne, placé contre le Bord, ou un bout d'Allonge qu'on laiffe dépaffer le Plat-Bord, & que l'on arrondit pour tourner les manœuvres & les amarrer. Toute efpèce de Taquet eft un Tournage.

TOURNANT *de mer* ou *Vire-vire.* C'eft un Tournoiment d'eau, qui fe fait dans certains lieux avec tant de rapidité, qu'un Vaiffeau y eft compromis, & qu'il eft emporté en tournant, de maniere que fa viteffe ne le garantit pas de faire un tour entier. Ces Tournans font une efpèce d'Entonnoir dans le fond duquel les corps font entraînés par l'impulfion de l'eau ; il fe trouve des Tournans dans toutes les Rivieres & Fleuves. *Voyez* REMOUX.

TOURNE. Commandement pour faire tourner & amarrer une manœuvre fur fon Tournage.

TOURNE *à gauche.* C'eft un outil de fer, dont plufieurs Ouvriers fe fervent pour tourner & détourner différentes chofes,

Les Armuriers ont un Tourne-à-gauche pour culaſſer & décu-
laſſer les fuſils. Les Charpentiers en ont d'une autre forme pour
détourner les dents de leurs Scies.

TOURNE-VIRE. Le Tourne-Vire eſt une Auſſiere de
6, 7, 8, 9 & 10 pouces de circonférence, ſelon la grandeur
des Vaiſſeaux, & le poids de leurs Ancres; on fait à chaque
bout du Tourne-Vire une forte boucle ou œil, en le redoublant & l'épiſſant ſur lui-même, afin de pouvoir faire le mariage lorſqu'on doit lever des Ancres avec le Tourne-Vire.
Voyez MARIAGE. On fait de plus ſur le Tourne-Vire des Pommes eſpacées de braſſe en braſſe, pour avoir la facilité de le
lier avec le Cable, & pour empêcher qu'il ne ripe ſur le Cabeſtan. *Voyez* POMMES *de Tourne-Vire.*

TOURNIQUET *Vertical.* C'eſt une pièce de bois cilindrique & creuſe en dedans, que l'on paſſe ſur un Aiſſieu rond,
auſſi long qu'il y a de hauteur ſous le Gaillard d'Arriere ou
Entre-Pont, ſous Baux, ſi le Virage du Cabeſtan y eſt. Cette
machine eſt plantée verticalement, une de chaque Bord, ſur
l'Avant du Cabeſtan, & ſolidement établie à deux ou trois pieds
du bout des Barres, où elle ſert d'Epontille : on lui met un
Saucier à chaque bout pour la ſoutenir, & lui faciliter de tourner lorſque le Tourne-Vire, ou quelqu'autre manœuvre qui paſſe
deſſus en forçant au Cabeſtan, l'oblige à tourner ſur ſon axe.
Il y a des Tourniquets qui ne ſont pas creux; ce ſont des pièces
de bois fort rondes & d'une certaine force, que l'on place dans
de forts Sauciers, où elles tournent librement par le moyen du
frottement des Cordages qui paſſent deſſus avec force. L'uſage
du Tourniquet eſt de diminuer le frottement & la réſiſtance que
font les fardeaux qui ſe virent au Cabeſtan.

TOURNIQUET *d'Ecubiers.* C'eſt un Tourniquet de bois
rond & plein, très-fort, capable de ſupporter l'effort d'un Cable
& de ſon Ancre : il eſt placé horizontalement en dedans du
Vaiſſeau, vis-à vis les Ecubiers, un de chaque côté, élevé ſur
ſes Taquets à un pied environ du Tillac, & à 4 ou 5 pieds de
diſtance ſur l'Arriere des Ecubiers, où il tourne ſous les Cables
lorſqu'on mouille l'Ancre, ou lorſqu'on la leve; ſon uſage eſt
de diminuer par conſéquent le frottement. On pourroit placer
au-deſſous des Ecubiers, en dehors & au-deſſus des Jautereaux,
un fort Tourniquet qui ſerviroit beaucoup à diminuer le frottement, en écartant le Cable du Bord, & en tournant ſous
l'effort de l'Ancre & de ſon Cable.

TOURON. *Voyez* TORON.

TOUT le monde à haut. C'eſt un commandement que l'on
fait pour avoir tout l'Equipage ſur les Gaillards pour quelques
manœuvres générales, ou pour des travaux de force. Dans les
Voyages de Long-cours & pendant toutes les longues Traverſées, il convient de garder ſouvent tout le monde à haut pour
nettoyer le Vaiſſeau de par-tout, & tenir un Equipage en
haleine, ſans laiſſer dormir les Matelots le long du jour, afin

de leur mettre le fang en mouvement, & les tenir en fanté contre l'Efcorbut qui prend toujours ceux qui font pareffeux, & qui s'engourdiffent entre les Ponts, faute d'exercice.

TOUT le monde à bas : A bas tout le monde. C'eft un commandement pour faire defcendre les gens qui font fur les Vergues & dans les Hunes. On fait auffi le même commandement à ceux qui font fur les Gaillards & fur le Pont pour les faire defcendre Entre-Pont, lorfqu'on veut cacher fon monde, ou décharger les Hauts du Navire dans une Chaffe ou une Pour-fuite, &c.

TRAIN *de bois.* C'eft une certaine quantité de bois lié enfemble pour le faire defcendre une Riviere, & le conduire au lieu où il doit être vendu.

TRAIN *de Bateaux.* Ce font plufieurs Bateaux de charge que l'on met à la queue les uns des autres, pour les conduire fur une Riviere, foit en montant ou defcendant.

TRAINE. On dit qu'un Vaiffeau en traîne un autre à la Remorque, lorfqu'il le tire après lui. C'eft dans le même fens qu'on a fa Chaloupe à la Traîne, qu'on la remorque, pour aller de tel endroit à tel autre. On n'embarque pas fes Bateaux, on les traîne après foi. *Nous fumes obligés de couper les Amar-res de nos Bateaux que nous avions à la Traîne, parce qu'ils nous gênoient pour chaffer.* Tout ce qui eft amarré fur une corde pour être mis à l'eau pendant que le Vaiffeau cingle, eft dit *à la Traîne.* Les gens de l'Equipage mettent leur linge à la Traîne pour le blanchir pendant la Traverfée, & on tire les Traînes tous les foirs au Soleil couchant, & quand on chaffe.

TRAINÉE *de Poudre.* C'eft une longue amorce de poudre pour porter le feu à une Mine que l'on ne veut pas approcher, lorfqu'on n'y a pas mis une méche, ou une fufée, ou une lance à feu. On fait des Traînées de poudre dans les Brulots, pour porter le feu à plufieurs endroits en même tems.

TRAIT *d'Equerre.* C'eft un terme de Charpentier, qui veut dire *une Ligne perpendiculaire fur une autre.*

TRAIT *de Scie.* C'eft la trace que forme la Scie dans le bois que l'on veut fcier.

TRAIT *de Compas.* C'eft une ligne droite ou courbe que l'on trace à la règle avec la pointe d'un Compas.

TRAIT *du vent.* C'eft la direction que fuit le vent : *Nous fuivions le trait du vent, en fuyant au tems.*

TRAIT *quarré.* C'eft un Vaiffeau dont les Voiles font quar-rées ou trapezoïdes, comme celles des Vaiffeaux ordinaires, qui différent des Voiles Latines.

TRAITE. C'eft le commerce qui fe fait par échanges de Marchandifes, pour des Efclaves, de l'Or, du Morphi, des Cuirs, &c. aux différentes Côtes où le Commerce fe fait avec des Vaiffeaux : *Nous avions établi notre Traite à la Côte d'Or, tandis que nous avions deux petits Vaiffeaux qui la faifoient trente lieues plus loin.*

TRAJET. C'eſt la diſtance d'un lieu à un autre. Le Trajet eſt auſſi pris quelquefois pour *le Tems : Nous fumes quinze jours dans notre Trajet.* Le Trajet d'Europe aux Indes eſt ordinairement de quatre à cinq mois; quelquefois on met ſept mois à faire ce Trajet.

TRAQUE *d'Avirons.* C'eſt le nombre de trois Avirons qui font une Traque. On les vend toujours à la Traque de tant de pieds de longueur, & ils ſont plus ou moins chers ſelon leur longueur.

TRAVAILLE. Le bois travaille, lorſqu'il eſt employé trop verd, il ſe déjette & s'ouvre de toutes parts. *Ce Vaiſſeau eſt fait de bois qui travaille; il ne fait que travailler ſans ceſſe.* Voyez DÉJETTE.

TRAVAILLE. Un Vaiſſeau travaille, lorſqu'il eſt fort agité par les mouvemens du Tangage & du Roulis, parce que toutes ſes parties ſont fatiguées ſous le poids de ſon Artillerie & de ſa Mâture; il craque & s'entr'ouvre de toutes parts : *Ce coup de vent a fait travailler conſidérablement notre Navire, il faudra le calfater par-tout.*

TRAVAILLEURS. Ce ſont les gens employés dans les Ports aux Travaux de la Marine pour tout ce qui peut s'y faire. *Voyez* OUVRIERS.

TRAVERS. Le Travers d'un Vaiſſeau eſt la perpendiculaire à ſa longueur vers le milieu. *Nous étions le Travers du Port de Breſt, quand nous vîmes les Ennemis qui cherchoient à nous boucher l'entrée de ce Port.* Avoir un Vaiſſeau par le Travers, c'eſt le relever dans la perpendiculaire à ſa longueur; & Être par le Travers d'un autre Vaiſſeau, c'eſt ſe trouver ſur la ligne de ſon Travers. *La marée nous prenoit par le Travers d'un côté, & le vent de l'autre; de ſorte que nous nous trouvions entre vent & marée.*

TRAVERS, *être en Travers.* C'eſt être en Panne. *Voyez* PANNE & EN TRAVERS.

TRAVERS *par Travers,* c'eſt-à-dire, que les Vaiſſeaux ſont réciproquement dans la ligne du Travers les uns à l'égard des autres : *Nous combatîmes quatre heures Travers par Travers à portée de fuſil.*

TRAVERS, *voir les Ennemis* ou *la Terre par le Travers.* C'eſt en prendre connoiſſance, en les voyant par la ligne du Travers.

TRAVERSE *Miſaine, Traverſe les Focs.* C'eſt commander de prendre les Ecoutes & le point de deſſous le vent de ces Voiles, pour les approcher de l'axe du Vaiſſeau, & les tendre le plus qu'il eſt poſſible, afin qu'elles reçoivent plus de vent, & plus directement; pour avoir tout de ſuite plus de force à faire arriver le Vaiſſeau, lorſqu'on craint de faire Chapelle.

TRAVERSE *de Riviere* ou *d'Entrée.* C'eſt un Banc de ſable ou de vaſe qui traverſe une Riviere ou l'Entrée d'un Port, ſur lequel il n'y a pas autant d'eau qu'en dedans & en dehors. *Voyez* SOMME.

TRAVERSES *de Charpente.* Ce font des piéces de bois à tenon, que l'on met en travers dans l'emploi des bois, pour fortifier un édifice de Charpente, & lui ôter le jeu.

TRAVERSÉE. C'eft le tems que l'on eft à paffer d'un lieu à un autre. Les Traverfées font longues dans les Voyages des Indes Orientales ; on les fait en 3, 4 ou cinq mois, & quelquefois neuf. Une belle Traverfée, c'eft celle qui fe fait en peu de tems ; & elle eft d'autant plus belle, qu'elle eft moins longue ; ce font toujours de grandes Traverfées : *Nous avons eu une Traverfée très-dure, & pleine de contrariétés.*

TRAVERSER *d'un lieu à un autre.* C'eft paffer par mer ou par eau douce, en Bateau ou en Navire.

TRAVERSER *un Navire.* C'eft lui faire préfenter le côté à un endroit qu'il doit attaquer ou défendre. *Voyez* EMBOSSER.

TRAVERSER *l'Ancre.* C'eft la hiffer avec la Cantonniere crochée fur la Croifée, pour la traverfer & la laiffer fur fes Boffes & Serre-Boffes. *Voyez* CANTONNIERE.

TRAVERSER *la Lame.* C'eft la prendre de bout, en paffant de l'un à l'autre.

TRAVERSER *la Mifaine & les Focs,* C'eft l'exécution du commandement : *Traverfe. Voyez ce Terme.*

TRAVERSIER. C'eft un Bateau pêcheur, gréé en Bot, qui eft ordinairement d'une bonne marche, comme le font affez ordinairement tous les Bateaux pêcheurs des différentes Parties du monde. Il y a beaucoup de Traverfiers aux environs du Pays d'Aunix.

TRAVERSIN *de Chaloupe.* C'eft une piéce de bois qui traverfe la Chaloupe à l'Arriere pour la lier, & fur laquelle on place une Eftrope double qui fert à crocher la Caliorne pour l'embarquer. On met auffi un Traverfin pareil fur l'Avant pour le même ufage. Les Traverfins d'une Chaloupe font entaillés & fortifiés par des Courbes & des Arboutans, afin qu'ils foient folidement établis & capables de réfifter aux efforts que l'on eft obligé de faire pour lever les groffes Ancres à force de Palans les uns fur les autres.

TRAVERSIN *d'Ecoutille* ou *Galiote.* C'eft une piéce de bois qui traverfe les Ecoutilles dans le fens de la longueur ou largeur, pour fervir d'appui aux Panneaux qui font ordinairement de deux piéces. On lui fait deux Feuillures, une de chaque côté, dans lefquelles les Panneaux fe placent, & on met fur chaque bout de ce Traverfin un Arganeau qui fert de poignée pour le lever, & le placer dans fes mortaifes ou entailles qui font pratiquées dans les Hiloires.

TRAVERSIN *de Bitte.* C'eft une forte piéce de bois arrondie fur l'Arriere, & quarrée fur l'Avant, que l'on place fur l'Arriere des Piliers des grandes Bittes. *Voyez* BITTES *&* PILIERS *de Bittes.*

TRAVERSIN *de Linguet.* C'eft une piéce de bois longue de quatre pieds environ, endentée fur un Bau derriere & devant chaque Cabeſtan : elle eſt bien chevillée & ſolidement établie, pour ſervir d'appui aux têtes de Linguets qui ſont entaillés dedans, & qui tournent ſur leurs chevilles. *Voyez* Linguet.

TRAVERSIN *de Taquets* ou *d'Oreilles d'âne*. Ce ſont des pièces de bois de cinq pieds de long environ, & d'une force proportionnée, dans leſquelles on emboîte les Taquets qui ſervent à amarrer les Ecoutes des baſſes Voiles, & les Bras ſur les Gaillards.

TRAVERSINS *de Barres de Hune & de Perroquet*. Ce ſont deux fortes planches qui ont autant de longueur que les Hunes ont de largeur; on les met à plat ſur les Longis, en les entaillant à mi-bois & les chevillant en fer; on les place en Avant & en Arriere du Mât, en laiſſant entre eux & le Mât aſſez d'eſpace pour y paſſer aiſément le Mât de Hune, ſi ce ſont des Traverſins de Barre de Hune; ſi ce ſont des Traverſins de Barre de Perroquet, on laiſſe l'eſpace néceſſaire entre le Traverſin de l'Avant & le Mât de Hune, pour paſſer celui de Perroquet. On cheville les Hunes, lorſqu'elles ſont capelées, ſur les Longis & ſur les Traverſins, afin qu'elles y ſoient bien ſolidement établies. *Voyez* BARRES *de Hunes.*

TRELINGAGE. C'eſt une bridure particuliere, très-forte, qui ſe fait ſur les Haubans des bas Mâts à la hauteur du Braſſeïage des baſſes Vergues au-deſſous des Hunes. Le Trelingage ſe fait en paſſant un fort cordage d'un Hauban à l'autre, de Tribord à Babord, que l'on roidit pour étrangler les Haubans, en prenant les Quenouillettes avec : enſuite on bride les Paſſes deux à deux au ras de chaque Hauban, & on les garnit en Bitord de bout en bout. Le Trelingage ainſi fait, & les Haubans bien roidis, ſert d'appui aux Gambes de Hunes & aux Haubans des Mâts de Hunes, afin que, lorſque le vent charge les Huniers, leurs Haubans ne faſſent pas céder les bas Haubans : de plus, le Trelingage, en étranglant les Haubans, facilite le Braſſeïage des baſſes Voiles.

TRELINGUER. C'eſt faire un faux Trelingage : *il faut trelinguer nos Haubans pour les ſoutenir un peu, ils ſont trop moux, & le tems ne permet pas de les rider.*

TREMUE. C'eſt un entourage de planches à deux ou trois pieds de hauteur, qui ſe fait tout-au-tour de l'Ecoutille des petits Bâtimens que l'on envoie à la Pêche du Harang. Cette Tremue empêche que les coups de mer n'entrent dans la Cale, lorſqu'ils donnent à Bord.

TRESILLON. C'eſt un petit Levier de bois rond, fait du premier morceau que l'on trouve, pourvu qu'il ait au moins deux pieds de long; il ſert à ſouquer deux Cordages qui font force l'un contre l'autre, en ſe ſervant d'un Bitord en double ou autre menu Cordage à qui l'on fait faire Tour-mort ſur un des Courans du Cordage qu'il faut treſillonner, & enſuite ſur les deux enſemble, en laiſſant un peu de mou pour paſſer le Trefillon dans le double du Bitord, pour le faire tourner enfuite autour des doubles du Cordage roidi qu'il faut trefillonner pour l'empêcher de courir l'un fur l'autre, pendant qu'on l'arrête ailleurs ; car le Trefillon fait l'effet de la Genope pour un tems.

TRESILLONNER. C'est fe fervir du Trefillon.

TRÉSORIER *Général de la Marine.* C'est celui qui tient la Caiffe des fonds employés pour la Marine, & qui fait payer par fes Commis les fommes ordonnées par le Miniftère, foit dans les Ports, ou à la mer, ou dans les Colonnies.

TRESSE *de Mèche à Canon.* C'est une Treffe de trois Mèches, que l'on allume enfemble pour mettre le feu au Canon plus fûrement.

TRESSES. Ce font des efpèces de Cordages plats, faits avec du fil de Caret ; on en fait en 3, en 4, 5, 6, 7, 8 & 9 fils, pour garnir & amarrer par-tout où befoin eft.

TRÉUIL. C'est une forte de Marbre de Roue, ou fimplement un Virevau horizontal, qui entre dans la compofition des Machines, comme Grue & Chevre. On le fait tourner avec une Manivelle, ou des Leviers, & par des Roues à Timpan, pourqu'il s'enveloppe de la Corde qui fert de Garan, afin d'enlever les fardeaux. *Voyez* GRUE.

TREVIRE. C'est un Cordage plié en deux, que l'on fixe par le double : on met enfuite fur les deux bouts du Cordage le fardeau rond qu'on veut faire monter fur une Rampe au haut de laquelle le Cordage eft fixé ; après quoi on fait paffer les deux bouts par-deffus le fardeau à une certaine diftance l'un de l'autre, & on range affez de gens de part & d'autre pour faire monter & rouler le fardeau fur la Trevire, jufqu'à ce qu'il foit parvenu au haut de la Rampe. C'est de cette maniere qu'on embarque fouvent les Futailles dans les Bateaux qui chargent le long du Bord de la mer.

TRIANGLE. C'est une figure géométrique qui a trois angles & trois côtés, de quelque maniere qu'ils foient difpofés.

TIANGLE, *Echaffaut en Triangle.* C'est un échaffaudage qui fe fait de trois planches ou de trois Barres de Cabeftan autour d'un Mât : on le fufpend fur trois Cartahus pour l'amener & le hiffer comme on le juge à-propos, quand on veut travailler fur les Mâts d'un Vaiffeau, pour les gratter & goudronner, ou pour monter & démonter les Jautereaux & Longis.

TRIBORD. C'est le côté droit du Vaiffeau en regardant vers l'Avant : ainfi toutes les Manœuvres, Ancres & Canons, &c. qui font à droite du grand Axe du Navire, font dites *de Tribord.*

TRIBORD *un peu, Tribord tout.* Ce font des commandemens que l'on fait au Timonnier pour lui faire mettre un peu le Timon du côté de Tribord, ou tout-à-fait à Bord, felon la circonftance.

TRIBORDÈS ou *Tribordais.* C'est la moitié des gens de l'Équipage qui font le quart du premier Maître, & à qui l'on donne le nom de *Tribordès* : on les commande pour faire leur Quart, en difant, après le coup de Sifflet de commandement, *Tribord au Quart.*

TRINGLE. C'eft une longue pièce de bois, mince & étroite, que les Charpentiers emploient pour boucher quelques ouvertures entre les planches des cloifons. On met auffi des Tringles pour affujettir les planches des cloifons par le haut & par le bas. On les façonne par des Moulures, lorfqu'elles fervent d'appui aux Lambris des chambres, en formant des Cadres.

TRINQUETTE. C'eft une Voile triangulaire faite en Voile d'Etai, de toile à quatre fils : elle fe hiffe fur l'Etai des Bots, Dogres, Heux & Semaques; elle fe borde fur le côté de l'Embarquation, & fert fouvent à mettre à la Cape, quand il vente trop ; *Nous effuyâmes tout le coup de vent à la Cape fous la Trinquette.*

TROMBE. C'eft une colonne d'eau plus ou moins groffe, qui s'éleve fort haut en tournant fur elle-même par l'effet d'un tourbillon de vent, qui afpire en gardant fa fource dans la mer pour former un nuage qui s'étend fenfiblement à mefure que l'eau s'épanouit par le haut comme un cône renverfé ; & lorfque ce nuage eft affez chargé, & que le tourbillon ceffe, cette Trombe finit d'élever l'eau, & le nuage d'augmenter. Auffi-tôt que le vent met en mouvement cette maffe d'eau qui eft fufpendue en l'air, elle fe divife & retombe par goutte en pluie douce. *Voyez* TOURBILLON.

TROPIQUES. Ce font deux cercles de la Sphere paralléles à l'Équateur, dont ils font éloignés de 23 dégrés 28 à 29 minutes, l'un du côté Nord, connu fous le nom de *Tropique du Cancer* ; l'autre eft dans la partie du Sud, connu fous le nom de *Tropique du Capricorne* ; de forte qu'ils renferment entr'eux une Zone de 46 dégrés 56 à 58 minutes, que l'on nomme *Zone Torride* ; ils font en même tems les limites du plus grand éloignement du Soleil de part & d'autre de l'Équateur. *Voyez* DÉCLINAISON & SOLSTICE.

TROUS *d'Ecoutes.* Ce font des Trous ronds percés obliquement dans le Vibord du Gaillard d'Arriere, Tribord & Babord, pour paffer les grandes Ecoutes de dehors en dedans, lorfqu'elles viennent de deffus une Poulie de Retour placée un peu fur l'Avant du Piton du Dormant de la grande Ecoute. On garnit ces Trous de plomb, en Table, de la même maniere que les Ecubiers. On feroit mieux d'établir un Pouliot à deux Rouets vis-à-vis l'un de l'autre dans le même Clan, à la diftance de fix pouces entre deux, entre lefquels pafferoit la grande Ecoute; en forte qu'ils tourneroient au frottement à fens contraire, & que la réfiftance feroit bien moindre que lorfque les Ecoutes paffent dans les Trous ordinaires.

TROUS *de la Civadiere.* *Voyez* ŒILS DE CIVADIERE.

TRUSQUINS. Ce font des outils de Charpentiers & de Menuifiers qui fervent à marquer l'épaiffeur des pièces. On diftingue le Trufquin d'affemblage du Trufquin à pointe.

TUYAUX *de Grenades.* Ce font de petits Tuyaux de bois de frêne, faits fur le Tour de forme conique, percés de bout en bout dans le milieu, & un peu évafés par le gros bout; on les remplit de matiere artificiée, & on les met de force dans le trou de la Grenade pour porter le feu à la Charge.

TUYAUX *de Bombe.* Ce font de gros Tuyaux de bois de frêne un peu coniques, creufés de bout en bout, & évafés par le bout extérieur, coupés en Sifflet par celui qui doit entrer jufqu'aux deux tiers au moins dans la Bombe. On les met de force dans le goulot des Bombes, lorfqu'elles font chargées, & qu'ils font remplis de matiere artificiée; de forte qu'ils portent le feu à la Charge pour faire crever la Bombe; mais alors on tire fans terre ni bouchon, & on foupoudre l'intérieur du mortier tout-au-tour de la Bombe de poudre en pouffiere.

VAT-ET-VIENT.

VAT-ET-VIENT. C'eſt un Cordage que l'on amarre
par un bout au Vaiſſeau, & par l'autre à terre, ſur lequel
on hale les Bateaux pour aller & venir de terre à Bord, lorſqu'on eſt près du Rivage. Ainſi toute corde qui ſert à faire aller
& venir quelque choſe d'un endroit à un autre, eſt un *Vat-
&-Vient*.

VAGUES. Ce ſont les Lames & les Flots de la mer.
Voyez LAMES, FLOTS *&* HOULES. La Vague vient ſe briſer
contre les Rochers ; elle ſe déploie ſur le Rivage.

VAIGRES ou *Serres*. Ce ſont les Bordages qui font le
revêtement & la liaiſon intérieure d'un Vaiſſeau ; on leur donne
différens noms, ſelon l'endroit où elles ſont poſées. Les Vaigres de fond ſe poſent à plat ſur les Varangues, en commençant à ſix pouces de la Carlingue : on laiſſe cet eſpace pour les
Paracloſes, & on vaigre le fond du Vaiſſeau juſqu'aux Empatures des Varangues & des Genoux, où l'on place deux ou trois
rangs de Vaigres d'Empatures, que l'on entaille d'un pouce &
demi environ ſur les Membres, en les faiſant regner de bout
en bout ſur les Empatures de toute la Membrure ; elles ont
plus de force que les autres Vaigres de tout ce qu'il faut pour
les entailler : depuis les Vaigres d'Empatures juſqu'aux Bauquieres, on place les Vaigres proprement dites : Entre-Pont &
contre le Vibord du Pont & des Gaillards ſont placées les
Vaigres des Ponts & Gaillards contre la Muraille ; de cette maniere le Vaiſſeau eſt vaigré en plein ; d'autres fois, & preſque
toujours, on vaigre par-tout de demi en demi, c'eſt-à-dire,
qu'on laiſſe la largeur d'une planche de vuide entre deux. Pour
vaigrer de maniere à augmenter la liaiſon des Vaiſſeaux ; il
faudroit placer les Vaigres obliquement ſur le côté du Navire,
depuis les Vaigres d'Empatures juſqu'aux Bauquieres, en faiſant
arbouter les Vaigres, contre les unes & les autres, ſous une
obliquité de 45 dégrés à-peu-près, en les entaillant à Epaulettes
ſur tous les Membres qu'elles croiſeroient ; en ſorte que le Vaiſſeau ne pourroit arquer, ſans trouver autant d'Arboutans &
d'Epontilles, qu'il y auroit de Vaigres ; ce qui n'a jamais lieu
dans la maniere ordinaire de vaigrer.

VAIGRÉ. Un Vaiſſeau eſt vaigré, lorſqu'il a toutes ſes
Vaigres placées & clouées.

VAIGRER. C'eſt placer les Vaigres. On dit qu'*on eſt à*

vaigrer un Vaisseau, lorsqu'on le garnit de ses Vaigres en dedans.

VAIGRAGE. C'est tout le Bordage pris ensemble qui sert à faire les Vaigres d'un Vaisseau.

VAISSEAU ou *Navire. Voyez* NAVIRE. Les Constructeurs en général ont toujours donné à leurs Vaisseaux une figure composée de Courbes indéterminées, tantôt paraboliques, & le plus souvent éliptiques ; de sorte que la forme extérieure des Vaisseaux a pu être prise pour des Paraboloïdes ou des Elipsoïdes à-peu-près, de différentes grandeurs. De tous les Constructeurs connus jusqu'à-présent, il n'y a eu que feu Mr. OLLIVIER, Chevalier de St. Louis, & Ingénieur de la Marine à Brest, qui ait varié & changé la figure des Vaisseaux qu'il construisoit, en perfectionnant l'Architecture Nautique en général ; depuis lui on n'a rien vu de nouveau dans ce genre, quoiqu'il y ait encore beaucoup plus à faire qu'il n'a fait. Il exécutoit pour le Roi l'Allongement des Vaisseaux que Mr. BOUGUER calculoit dans le même tems, en prouvant géométriquement la nécessité de cette réforme, à laquelle nos Constructeurs modernes se sont arrêtés depuis, sans en sortir. L'Allongement des Vaisseaux de guerre, Frégates, Corvettes & Flûtes, est à son terme ; il n'est guères possible de l'augmenter sans inconvénient, ainsi il faut chercher un autre moyen de rendre encore la forme générale des Vaisseaux plus avantageuse. Nous l'avons trouvée cette figure qui donne plus de capacité aux Vaisseaux de même grandeur & de même espèce, moins de tirant d'eau, plus de stabilité, & qui fait en même tems diminuer l'impulsion directe de l'eau sur la Proue, le plus qu'il est possible : il ne s'agit que de former la Carène du Vaisseau de Ligne droite, ou très-peu courbée, dont les angles seront émoussés par des portions de cercles. Cette figure nous étoit à-peu-près indiquée par Mr. BOUGUER dans son Traité du Navire ; nous n'avons pu cependant nous arrêter à ce qu'il nous prescrivoit ; il a fallu chercher les moyens d'exécuter des figures géométriques qui n'ont point encore paru, en simplifiant la Théorie de cet Art compliqué ; & éviter en même tems les défauts qui auroient résulté de l'exécution de celles qu'on nous donnoit pour parfaites : il falloit de plus encore mettre ces figures dans le cas d'être exécutées, en les soumettant à l'expérience ; c'est ce que j'ai exécuté aux Indes sur trois Vaisseaux de différentes grandeurs, un de 74 pieds de longueur absolue, un de 92 pieds, & un troisieme de 142 pieds, desquels je rendrai compte dans le Manœuvrier Complet ; car il ne m'est pas possible de m'étendre sur un pareil sujet dans un Ouvrage comme celui-ci. Je n'en aurois même pas parlé, si je n'avois en vue d'exciter l'émulation & le génie de tous ceux qui sont attachés à la Marine.

VAISSEAUX *du Roi.* Ce sont les plus grands & les plus forts Vaisseaux qui se construisent dans l'Europe ; les autres Puissances ont des Vaisseaux qui portent bien autant de Canons que ceux des François ; mais ils ne sont pas si longs ni si spacieux pour le combat, ni si bons Voiliers en général.

VAISSEAUX *de Ligne*. Ce font tous Vaiſſeaux qui portent au moins 60 Canons : ceux qui en ont moins, paſſent pour Frégates ; & font déſignés par le nombre de leurs Canons & de leurs Batteries.

VAISSEAUX *de Guerre*. Ce font ceux qui font armés en nombre ſuffiſant d'hommes & de Canons pour faire la guerre, attaquer & combattre, ayant Commiſſion en guerre, du Roi & de l'Amiral.

VAISSEAUX *Marchands* ou *du Commerce*. Ce font ceux qui portent & exportent, en faiſant le Commerce dans toutes les parties du Monde.

VAISSEAUX *de Convoi*. Ce font des Vaiſſeaux de guerre qui accompagnent une Flotte de Marchands, pour les défendre & les protéger, s'ils font attaqués.

VAISSEAU *allongé*. C'eſt un Vaiſſeau qui paroît long & ras.

VAISSEAU *mouillé* ou *à l'Ancre*. C'eſt celui qui eſt retenu par une Ancre ou deux ; qui eſt dans un Port ou Rade, ou le long d'une Côte, ſur ſes Ancres.

VAISSEAU *qui gouverne bien*. C'eſt-à-dire, qu'il obéit vivement à ſon Gouvernail, & qu'on peut le tenir facilement à Route ſur le grand Largue & le vent Arriere.

VAISSEAU *qui gouverne mal*. C'eſt-à-dire, qu'il obéit difficilement à ſon Gouvernail, qu'il eſt lent à en ſentir l'effet.

VAISSEAU *foible de bois & d'échantillon*. C'eſt-à-dire, que ſes Membres, Préceintes, Vaigres & Bordages font trop foibles.

VAISSEAU *ſur Nez* ou *ſur Cul*. C'eſt-à-dire, qu'il eſt calé ſur l'Avant ou ſur l'Arriere.

VAISSEAU *fort du côté*. C'eſt celui qui porte bien la Voile ; il n'incline pas.

VAISSEAU *foible du côté*. C'eſt celui qui ne porte pas bien ſa Voile, qui incline facilement ; il donne la Bande.

VAISSEAU *qui eſt bon Boulinier*. C'eſt-à-dire, qu'il tient bien au vent, qu'il derive peu, & qu'il marche bien.

VAISSEAU *incommodé*. C'eſt-à-dire, qu'il fait eau, ou qu'il eſt déſemparé par la tempête ou par le combat.

VAISSEAU *démarré*. C'eſt un Vaiſſeau dont les Cables ont rompu, ou dont les Ancres ont chaſſé. On dit auſſi qu'*un Vaiſſeau a démarré*, lorſqu'il a levé ſes Amarres pour prendre la mer : *Nous avons démarré ſept Vaiſſeaux pour aller de compagnie*.

VAISSEAU *à ſon Poſte*. C'eſt celui qui ſe tient à la place qui lui eſt marquée par le Commandant, ſoit ſous Voiles, ou à l'Ancre.

VAISSEAU *levé en bois tords*. C'eſt-à-dire, que tous ſes Membres font placés, mais qu'il n'a point de Bordage ; c'eſt un Vaiſſeau qui n'eſt ni bordé ni vaigré.

VAISSEAU *à la Bande*. C'eſt un Vaiſſeau que l'on fait incliner ſur le côté pour le carèner à moitié. *Voyez* BANDE.

VAISSEAU *Marin, qui navigue bien*. Un Vaiſſeau eſt Marin, lorſqu'il eſt en état de prendre la Mer; il eſt en état de naviguer. Il navigue bien, lorſqu'il porte bien la Voile, qu'il gouverne bien, qu'il marche bien, qu'il ſe comporte bien de mauvais tems, que ſes mouvemens de Roulis & de Tangage ſont doux, & qu'il dérive peu.

VAISSEAU *de Charge* ou *Porte-Faix*. C'eſt un Vaiſſeau fait pour porter le plus qu'il eſt poſſible, ſur les dimenſions qu'on lui a données; ſes capacités ſont à leur dernier période, il n'eſt plus poſſible de les augmenter. Cette eſpéce de Vaiſſeau ne peut jamais être auſſi bon à la mer, que ceux à qui l'on donnera moins de capacités & plus de marche.

VAISSEAU *d'Approviſionnement*. C'eſt un Vaiſſeau ou Flûte chargée de Vivres, à la ſuite d'une Eſcadre, pour rafraîchir & renouveller les proviſions à meſure qu'elles ſe conſomment. *Comme nous allions aux Indes, on nous donna quatre Vaiſſeaux d'Approviſionnement*.

VAISSEAU *pris & amariné*. C'eſt un Vaiſſeau ennemi dont on s'eſt emparé, & à qui l'on a donné un Equipage, après l'avoir réduit.

VAISSEAU *pris vent devant*. C'eſt un Vaiſſeau dont les Voiles ſont coëffées, ſoit que le vent ait ſauté de l'Avant, ou que le Vaiſſeau ait fait un Lens au vent par accident ou de deſſein prémédité. Lorſqu'un Vaiſſeau vire vent devant, & qu'il eſt long-tems à s'abattre, après être venu au vent, on dit, *Il virera, parce qu'il eſt pris devant*, c'eſt-à-dire, que ſes Voiles d'Avant ſont coëffées.

VALET. C'eſt un outil de Charpentier; il eſt de fer, rond dans une de ſes parties, & plat dans l'autre, qui eſt pliée & fermée un peu plus que l'angle droit : il ſert à tenir ferme ſur l'Etabli du Charpentier & Menuiſier les pièces de bois qu'on veut travailler au Ciſeau & à la Verlope.

VALETS *de Canon*. Ce ſont des eſpèces de pelotons de vieux fils Caret, dont on ſe ſert pour charger les Canons, au lieu de bouchons. Les Valets ſervent à retenir la Charge dans le Canon.

VALTURE. C'eſt une lieure de Cordage que l'on fait ſur les Tenons des bas Mâts, pour ſaiſir les pieds des Mâts de Hune entre les Chouquets & le Capelage. On fait auſſi des Valtures ſur les Mâts de Hunes & Mâts de Perroquets pour le même objet.

VARANGUE. C'eſt la partie du Membre qui porte ſur la Contre-quille à plat pour former le deſſous du Vaiſſeau; la Varangue porte par ſon milieu, eſt chevillée à pointes perdues ſur la Contre-quille & la Quille. L'extrémité des Varangues fait ordinairement le rond pour former le contour du Membre en montant, ſe mariant avec le Genou, qui doit aller s'abuter de chaque Bord au milieu des Varangues fur lefquelles il eſt chevillé. Dans les Vaiſſeaux à fond plat les Varangues peuvent être de bois droit dans toute l'étendue du plat de la Varangue, & ſe marier avec des Genoux courbes dont les angles feront émouſſés.

VARANGUES *acculées*, ou *Fourcats*. Ce ſont celles qui terminent & qui avoiſinent les extrémités du Vaiſſeau. *Voyez* FOURCATS.

VARANGUES *demi-acculées*. Ce ſont celles qui ſont entre les Maîtreſſes Varangues & les Varangues acculées ; elles ſont plus courtes que les unes, & moins que les autres ; ce ſont les intermédiaires dans les façons du Vaiſſeau, de l'Avant ou de l'Arriere.

VARANGUES *de Porques*. Ce ſont les pièces qui forment la partie inférieure des Porques, & qui ſont ſemblables aux Varangues des Membres. *Voyez* PORQUES.

VARANGUE *plate*. C'eſt une Varangue ſans aucun acculement ni relevement des extrémités. Tous les Vaiſſeaux doivent avoir leurs Varangues plates : quoique les Conſtructeurs ne ſuivent point ce principe général, il n'en eſt pas moins vrai ; & la fineſſe de leurs Carènes ne doit différer dans les uns & dans les autres que par la longueur du plat de leurs Varangues. Les Vaiſſeaux de charge doivent avoir leurs Varangues plates plus longues que ceux de Ligne, proportion gardée ; ceux-ci auront plus de longueur que les Frégates, & celles-ci plus que les Corvettes, ou elle diſparoîtra preſque tout-à-fait. Cette propoſition n'eſt qu'un paradoxe pour le vulgaire, très-aiſé à comprendre à ceux qui ont voulu ſe donner la peine d'approfondir ce myſtère, que le haſard a quelquefois montré aux Marins & Conſtructeurs ; il en réſulte des avantages qu'aucune autre forme ne peut donner ; c'eſt ce que nous diſcuterons ailleurs.

VARECH. *Voyez* GOUESMON.

VARIATION *de la Bouſſole*. C'eſt le nombre des dégrés dont le Nord de l'Aiguille aimantée s'écarte du vrai Nord vers l'Eſt ou l'Oueſt. Cette Variation augmente & diminue continuellement dans toutes les parties du Monde, ou elle n'eſt jamais conſtamment la même, & eſt différente dans les différents endroits. On l'obſerve ſoir & matin, au coucher & au lever du Soleil, en comparant l'Amplitude obſervée à la calculée, pour en déduire la Variation du reſte ou de la ſomme des deux Amplitudes. On peut conſulter le Traité de Navigation de Mr. l'Abbé DE LA CAILLE. On obſerve encore très-facilement la Variation à l'heure de midi, en comptant le nombre des dégrés dont le Nord ou le Sud de la Bouſſole s'écarte de l'ombre que fait le fil du Chaſſis au moment que le Soleil eſt au Méridien ; il ne faut qu'un peu d'habitude.

VARIATION N.E. La Variation eſt dite *N.E.*, lorſque

le Nord de la Bouſſole ſe porte de quelques dégrés vers l'Eſt du Nord du Monde.

VARIATION N. O. Lorſque le Nord du Compas s'écarte de quelques dégrés du Nord du Monde vers l'Oueſt, la Variation eſt dite *N. O.*

VARIE. *Le Compas varie*, c'eſt-à-dire, qu'il ne marque pas exactement le Nord, comme il le devroit; parce qu'il y a quelque accident qui l'éloigne de la direction qu'il devroit avoir: *Il ne fait que varier, on ne le trouve jamais arrêté.*

VARLOPE ou *Verlope*. C'eſt un outil de Charpentier & de Menuiſier, propre à dreſſer le bois, comme le Rabot. Il y a pluſieurs ſortes de Varlopes; la grande & la petite Varlope, la demi-Verlope; & la Varlope à onglet qui eſt ſans poignée, & dont le fer eſt plus étroit que celui des autres Varlopes.

VASART ou *Vaſeux*. Le fond de la mer eſt Vaſart, lorſqu'il eſt mêlé de vaſe en moindre quantité que de ſable ou autre choſe. *Nous mouillâmes ſur un fond de ſable vaſeux.*

VASSOLE. Ce ſont les pièces de bois qui ſoutiennent les Lattes des Caillebotis, & qui en forment le quarré.

VEILLE. C'eſt un commandement qui ſe fait pour qu'on ſe tienne tout prêt à ce qu'il pourra arriver par la ſuite; ainſi l'on dit à l'approche d'un Grain, *Veille les Huniers, Veille les Driſſes*, pour que les gens de manœuvre ſe tiennent rangés ſur les Cargue-Points, les Bras du vent des Huniers, ſur les Driſſes des Huniers, des Focs & Voiles d'Etais, & ſur leurs Calle-bas, pour les amener au premier coup de Sifflet, en cas que le vent devienne trop fort: on veille auſſi les Ecoutes des Huniers d'un tems forcé & à Grains, lorſqu'on eſt contraint de les porter, tous les Ris dedans, pour s'élever d'une Côte ou doubler un Cap; parce que ſi le vent devient trop fort, on cargue le Point de deſſous le vent de chaque Hunier ſans bouger le reſte, & on le reborde tout de ſuite pour ne pas perdre de tems, auſſi-tôt que le Grain eſt paſſé.

Un bon Vaiſſeau qui porte bien la Voile, dont le côté eſt fort, met toujours l'Officier de Quart dans le cas de veiller à la conſervation des Mâts du Navire, parce qu'ils caſſeront plutôt que de compromettre la ſûreté du Vaiſſeau; au lieu que dans un Vaiſſeau qui a le côté foible, il faut toujours le veiller ſur ſa Bande, parce que ſes Mâts pourroient l'accôter & l'engager, plutôt que de rompre; ainſi on veille le côté, & non la Mâture.

VEILLE, *avoir une Ancre en Veille.* C'eſt avoir une Ancre toute prête à mouiller, lorſqu'on eſt affourché. *Heureuſement que nous avions deux Ancres en Veille, lorſque deux Cables caſſerent.*

VEILLE devant! C'eſt commander aux gens du Boſſoir de bien regarder ſur l'Avant, pour tâcher de découvrir la Terre, lorſqu'on s'en eſtime proche, & que l'on courre deſſus.

VEILLER. C'eſt être en garde de jour & de nuit, & être

prêt à tout : *Nous faisions bien veiller, en tenant toujours deux hommes à la tête des Mâts, pour voir si on ne découvroit pas quelque chose au Large de nous… Comme nous courions sur la Terre de nuit, on tenoit un homme sur le Beaupré, deux sur la Vergue de Misaine, & un à chaque Bossoir, qui crioient Bon Quart à tous les quarts d'heure, pour faire connoître qu'ils veilloient bien.*

VÉLIQUE. C'est le point de perfection de la Voilure d'un Vaisseau, par rapport à sa hauteur. *Voyez* POINT VÉLIQUE.

VENIR *au vent* ou *du Lof*. C'est approcher la Route de la direction contraire à celle du vent, plus que celle que l'on suivoit auparavant. *Nous chassions sur le N. O. avec des vents d'Est; nous prîmes deux pointes plus au vent, & nous venions de tems à autre du Lof, d'un demi-quart; peu de tems après nous fîmes venir au vent de trois quarts, pour profiter de plus en plus de l'avantage du Vaisseau.*

VENT. C'est l'action de l'air en mouvement suivant une certaine direction constante pendant quelque tems, & variable de tems en tems, selon le nombre des dégrés de la Boussole; car il est certain que le vent se fait sentir, en venant de tous les points de l'horison, tantôt de l'un, tantôt de l'autre : il semble quelquefois fixé, & souffle du même côté, c'est-à-dire, en ne variant que de 40 à 45 dégrés de droite & de gauche pendant plusieurs jours, quelquefois pendant plusieurs mois; & d'autres fois il varie sans cesse de plusieurs dégrés, de plusieurs quarts de Rumbs, ou de plusieurs Rumbs entiers; quelqu'autres fois il passe subitement d'un dégré de l'horison au dégré opposé où il se fixe, ou bien il continue de varier, en passant tantôt d'un côté, tantôt de l'autre : en un mot le vent est aussi inconstant dans sa direction, qu'il l'est dans sa force; elle n'est presque jamais la même, soit que sa vîtesse augmente ou diminue sans cesse, ou par la densité de l'air qui varie continuellement sous la puissance du froid & du chaud, qui le charge en outre, & le décharge d'humidité plus ou moins. *Voyez* AIR.

VENT *frais*. Le vent frais a plusieurs dégrés de force. *Voyez* FRAIS.

VENT *contraire* ou *Vent debout*. C'est un' vent qui souffle de la Route que l'on doit tenir, ou qui en approche. Tout vent qui ne permet pas de porter à Route, est contraire.

VENT *Arriere* ou *Vent en Pouppe*. C'est celui qui vous mene droit en Route, en vous poussant par la Pouppe; il souffle par des paralleles à la Route, ou par des lignes qui s'en écartent peu.

VENT *du Large*. C'est celui qui souffle de la mer, & qui porte à terre.

VENT *de Terre*. C'est celui qui souffle du côté de la terre, & porte au Large.

VENT *Traversier*. C'est celui qui sert également pour aller & venir d'un lieu à un autre, en se servant de Voiles. Si le vent eſt à l'Eſt, & que la Route ſoit Nord & Sud, le vent eſt Traverſier, parce qu'on peut aller & venir à la Voile de vent Largue.

VENT *Aliſée.* C'eſt un vent du N. E. à l'Eſt, qui regne continuellement au Nord de la Ligne & aux environs des Iſles du Cap Verd; c'eſt un vent réglé, différent de celui de Mouſſon.

VENT *Mou, Vent foible, petit Vent.* C'eſt un vent qui ne ſe fait ſentir que foiblement.

VENT *Peſant.* C'eſt celui qui ſouffle avec force; c'eſt un très-grand frais.

VENT *Variable* ou *Inconſtant.* C'eſt un vent qui change ſouvent, & qui n'eſt pas fixe du même côté. Au-delà des 28 dégrés de Latitude, Nord ou Sud, on trouve ordinairement les vents variables; c'eſt-à-dire, ceux qui ſoufflent également des quatre Points Cardinaux de la Bouſſole.

VENT *fait, Vent ſtable & conſtant.* C'eſt un vent réglé qui ſouffle du même côté depuis quelques jours, & qui fait eſpérer de reſter encore quelques tems au même point.

VENT *d'Aval.* C'eſt celui qui ſouffle entre le Nord & le Sud par l'Oueſt.

VENT *d'Amont.* C'eſt celui qui ſouffle entre le Nord & le Sud par l'Eſt.

VENT *au Conſeil, Vent à Pic.* C'eſt une maniere fort ſinguliere de dire qu'il fait Calme, parce qu'il ne ſe fait pas ſentir : *les Pointes de Girouettes tombent perpendiculairement; le Vent eſt à Pic.*

VENT *Largue.* C'eſt un vent favorable, entre le plus près & le vent Arriere; c'eſt celui qui fait faire le plus de chemin au Vaiſſeau, en lui donnant la plus grande vîteſſe.

VENT *de Quartier.* C'eſt un vent qui ſouffle de la Hanche à huit ou ſix Pointes du vent de plus près : on porte la grande Voile dehors, le Point du vent cargué : *Nous prîmes le vent de Quartier, pour nous éloigner plus vîte que ſi nous avions ſuivi la Route du vent Arriere.*

VENT *Haut.* On dit que *le Vent eſt haut,* lorſqu'il pouſſe les nuages avec une grande vîteſſe, quoiqu'on n'en ſente pas toute la force au ras de la ſurface de la terre & de la mer: cela arrive ſouvent le long des côtes élevées, quand on les range de près, parce qu'elles vous couvrent du trait du vent, en ſorte que les Voiles hautes ſont plus ſujettes à ſon impulſion que les baſſes, à cauſe de leur élévation qui les met plus à portée de recevoir le choc des particules d'air qui s'échappent du haut des montagnes. D'autres fois il arrive, en pleine mer, que l'air eſt chargé de Brumes épaiſſes tout-au-tour de l'horiſon, & que l'on ſe trouve enveloppé d'une athmoſphere de Brouillards qui empêchent le vent de vous frapper avec toute la vîteſſe que les nuages paroiſſent avoir au-deſſus de ces exhalaiſons qui le gênent dans ſon paſſage, & ſur leſquelles il ſemble courir ; c'eſt une obſervation que j'ai faite une infinité de fois, lorſque le tems eſt brumeux.

VENTE. On dit qu'*il vente*, lorſque le vent ſouffle, & ſe fait ſentir avec une certaine force : il vente *Petit frais*, *Bon frais*, *Grand frais*, & en Tourmente.

VENTÉ, *il a venté*. C'eſt-à-dire, que le vent a ſoufflé avec force de telle ou telle partie : *La Lame eſt bien groſſe du S. O, apparemment qu'il a ſoufflé de cette partie-là.*

VENTER. C'eſt ſoufller peu ou beaucoup : *Le Calme va ceſſer, il commence à venter, il vente un peu ; il faut eſpérer qu'il continuera de venter, qu'il ventera.*

VENTILATEUR. C'eſt un inſtrument ou des tuyaux diſpoſés pour renouveller l'air, & le faire circuler dans les endroits fermés. *Voyez* MANCHE A VENT.

VENTRIERES. Ce ſont les pièces de bois qui ſont placées, Tribord & Babord, ſous le ventre d'un Vaiſſeau prêt à être lancé à l'eau, & qui font partie du Bert. Les Ventrieres doivent être plus fortes des deux bouts que du milieu qui eſt cave, de maniere qu'elles embraſſent tout le Corps de la Carène du Navire, en s'élevant un peu vers les extrémités. *Voyez* BERT.

VER *de Mer*. C'eſt un inſecte glaireux, d'une foible conſiſtance, fort tendre & luiſant, plus ou moins long & gros ; dont la tête eſt garnie de deux fortes écailles en forme de Méche de Tariere, dont le tranchant eſt oppoſé & à contre-ſens. Cet animal, qui eſt très-petit dans le principe, ſe loge dans le bois des Vaiſſeaux, y groſſit, & malgré ſa foibleſſe le perce & le détruit, à force de s'y pratiquer des chemins différens, & de s'y multiplier. C'eſt pour préſerver les Vaiſſeaux des Vers, qu'on les double & les maillete avec des clous, ou qu'on les revêt de planches de cuivre. *Voyez* DOUBLAGE.

VERD ou *Verdure*. *Voyez* FILANDRES. On dit que *le Vaiſſeau eſt verd*, lorſque ſa Flottaiſon eſt couverte de Verdure & de Filandres, qui mettent toujours quelque obſtacle à la rapidité du Sillage.

VERGE *de Girouette*. *Voyez* FER *de Girouette*.

VERGE *d'Hameçon*. C'eſt la partie droite de l'Hameçon ſur laquelle on frappe l'Avançon de la Ligne à pêcher.

VERGE *de Pompe*. *Voyez* GAULE & BATON *de Pompe*. Il s'en fait de fer.

VERGE *d'Ancre*. C'eſt la partie de l'Ancre compriſe entre l'Arganeau & la Croiſée ; elle eſt toujours droite, & il vaut mieux qu'elle ſoit longue que courte.

VERGUE *à Corne*. C'eſt une Vergue qui eſt appuyée par le gros bout, fait en fourche, contre le Mât, & eſt ſoutenue obliquement par des Martinets qui la tiennent élevée ſur l'Arriere de ſon Mât ; telles ſont les Vergues des Senaults, des Heux, Smaques, Dogres & Bateaux ou Bots ; ainſi que celles des Gouélettes.

VERGUES *apiquées*. Ce font celles dont un des bouts eft élevé par la Balancine le plus qu'il eft poffible, & l'autre abaiffé jufqu'à toucher le bord du Vaiffeau. Pour apiquer les Vergues, on largue les Balancines du côté qu'elles doivent baiffer, on pefe fur celle qui doit élever l'autre bout, on largue le Racage, en filant le Palan de Drouffe, & on amene un peu des Driffes, fi le Vaiffeau a des Hunes, afin que les Vergues puiffent être élevées ou apiquées le plus qu'il eft poffible. On ne fait cette manœuvre d'apiquer les Vergues d'un Vaiffeau, que lorfqu'il s'agit d'entrer dans un Port où il y a beaucoup d'autres Vaiffeaux qu'il faut ranger de près en fe touant; ou bien quand il faut s'amarrer Bord à Bord d'un autre Vaiffeau, pour s'y charger ou décharger.

VERGUE *de Civadiere apiquée*. C'eft-à-dire, qu'elle eft prolongée prefque comme le Mât de Beaupré, afin que fes bouts ne dépaffent pas la largeur du Vaiffeau, & n'embarraffent point, s'il faut approcher ou aborder un autre Vaiffeau; car on n'apique la Civadiere que lorfqu'il s'agit d'aborder un Vaiffeau. *Le Commandant ennemi arriva au commencement du combat, avec fa Civadiere apiquée pour aborder notre Général qui borda fon Artimon pour venir au vent & recevoir l'Abordage... Nous tinmes toujours notre Civadiere apiquée, pour faire voir aux Ennemis que nous ne craignions point l'Abordage; & quoiqu'ils euffent leur Civadiere prolongée comme nous, ils n'oferent jamais tenter de nous aborder.*

VERGUES. Ce font de fortes pièces de bois de Sap, pour l'ordinaire rondes, & coniques du milieu aux extrémités; leur diamètre des bouts étant le tiers ou la moitié au plus de celui du milieu. On donne aux baffes Vergues des Vaiffeaux plus ou moins de longueur, felon la grandeur & la force des Navires : leurs dimenfions font toujours déterminées par la routine plutôt que par aucun principe; cependant il eft aifé, quand on a conftruit un Vaiffeau, de déterminer la longueur des Vergues en général, de maniere que les Voiles qu'elles doivent porter, ne s'entre-dérobent pas le vent fur la Route du plus près & d'un quart Largue, lorfqu'elles font orientées le plus obliquement poffible.

Les Vergues étant établies pour porter les Voiles des Vaiffeaux, on leur donne toujours les noms des Voiles qu'elles portent, & des Mâts fur lefquels elles font placées; ainfi il y a dans chaque Navire une grande Vergue, une Vergue de Mifaine, une Vergue de grand Hunier & une de petit, une Vergue de chaque Perroquet, grand & petit, une Vergue de Perroquet de Fougue, & une Vergue Séche ou Barrée, une Vergue de Peruche, une d'Artimon, une Vergue de Civadiere, & une autre de fauffe Civadiere : il y a, en outre de toutes ces Vergues, des Vergues de Bonnettes baffes, de Bonnettes de Hunes, de Bonnettes de Perroquet, & de Perroquets volants ou Cacatois. Toutes les Vergues en général font plus ou moins longues

& fortes, felon qu'elles font plus ou moins élevées : les Vergues de Hunes font toujours moindres que les Baffes-Vergues,
& plus fortes de beaucoup que celles des Perroquets ; celles-ci
plus que celles des Perroquets volants qui doivent toujours être
légeres, parce que ce font les plus élevées de toutes les Voiles,
& que leur toile est la plus mince de toutes.

VERIN. C'est une machine à un, deux ou trois arbres de
Vis paffés dans une forte pièce de bois qui a un, deux ou trois
écroux. Les brins de bois dont on fait les Verins, font très-
forts, parce qu'ils n'ont que trois pieds environ de longueur, &
qu'ils ont au moins six pouces de diametre. Pour se servir du
Verin, on applique la pièce d'écrou contre quelque chose de
fort, solide, d'immuable, si l'effort doit être considérable ; ensuite on met une autre pièce de bois contre le fardeau qui doit
être pouffé, sur laquelle les Verins doivent faire effort, lorsqu'on
les fera tourner à force de leviers. Plus les filets des Vis seront
près à près, plus les pas auront de douceur, & plus on fera de
force avec le Verin, sur-tout si les Pièces font fortes par elles-
mêmes ; on pourroit faire des Verins de fer qui auroient une
force considérable. Les Verins servent à pouffer des Vaiffeaux
à flot, lorsqu'ils restent sur leurs Chantiers, & qu'ils ne partent
pas, ou à d'autres Appareils.

VERLOPE. *Voyez* VARLOPE.

VERTEVELLES ou *Vertenelles*. *Voyez* PENTURES.

VERTICAL. C'est un point que l'on conçoit dans le Ciel,
répondant perpendiculairement sur un point quelconque de la
terre ; ensorte que toute ligne élevée perpendiculairement d'un
point quelconque du globe, est une Verticale, ou perpendiculaire au plan de l'horison.

VIBORD. C'est la partie du Vaiffeau où se passe le plus
d'action & de mouvement dans le service ; elle est comprise entre
les Gaillards & sous les Gaillards au-deffus du fecond Pont des
Vaiffeaux à deux Ponts, & au-deffus du troifieme des Vaiffeaux à trois Ponts ; c'est ce qu'on pourroit appeller *le Parapet*.
Les Gaillards ont leurs Vibords, qu'on appelle *Vibord des
Gaillards*, lorsqu'ils font bordés & vaigrés à Plein ; s'ils font
à jour, ce n'est qu'une Liffe d'Accaftillage.

VICE-AMIRAL. C'est le premier Officier-Général de
la Marine qui commande par-tout après l'Amiral ; il porte le
Pavillon quarré blanc au Mât de Mifaine. Il n'y a que deux
Vice-Amiraux en France, le Vice-Amiral du Ponant, & celui
du Levant. Chez les Nations étrangeres il y a plufieurs Vice-
Amiraux dans chaque Escadre, sur-tout en Angleterre, où les
Grades font multipliés dans leur Marine. On doit voir l'Or-
donnance de la Marine de 1765.

VICTUAILLES. On entend par ce terme, toutes choses
propres à la vie des hommes sur mer.

VIF. Un Vaiffeau est vif, lorsqu'il fent vivement son Gouvernail, & qu'il y obéit tout d'un coup ; c'est le propre des

Vaisseaux courts, lorsqu'ils font extrêmement taillés & pincés dans leurs façons de l'Arriere ; car s'ils font renforcés & pleins, ils font lents au contraire, & ne sentent leur Gouvernail que quelque tems après qu'il est mis de côté ; après quoi il est très-difficile de les arrêter, car alors ils font aussi vifs qu'ils ont été lents dans le principe.

V I F *de l'eau.* C'est le tems des grandes Marées. *Voyez* MARÉE.

V I F, *Attelier vif.* C'est-à-dire, qu'il y a beaucoup d'Ouvriers, & qu'on y travaille avec action & empressement. Les Ports font vifs dans le tems des Armemens.

V I G I E, *être en Vigie.* C'est être en sentinelle au haut des Mâts d'un Vaisseau pour découvrir de loin : lorsqu'on approche de terre, on tient toujours des hommes en Vigie : les Vaisseaux Croiseurs & les Garde-Côtes doivent toujours avoir plusieurs hommes en Vigie.

V I G I E R. C'est observer & chercher à découvrir : *Nous étions en Station sur tel Parage pour attendre une Flotte ennemie, & nous nous étendions à deux lieues les uns des autres, pour vigier avec plus de sûreté, & découvrir plus d'espace.*

V I G I E S. C'est le nom que l'on donne aux Ecueils & Rochers d'une petite Étendue que l'on trouve hors de l'eau ou sous l'eau, dans différents endroits de la mer, & à certaines distances des Terres.

V I G O T E. C'est une planche percée du calibre d'un Canon auquel on veut chercher des Boulets. Lorsqu'on fait l'Armement d'un Vaisseau en Boulets, on les passe tous dans le Parc d'Artillerie du Port par la Vigote, pour les calibrer selon l'Artillerie du Vaisseau.

V I L E B R E Q U I N. C'est un outil de Charpentier qui sert à percer : il est composé d'une poignée courbe & tournante au-tour d'un manche qui lui sert de pivot ; à l'autre bout de la poignée on place une méche d'acier bien tranchante, en forme de Tariere, qui sert à percer le bois, & le tout forme le Vilebrequin.

V I N D A S ou *Cabestan volant.* C'est une machine qui sert à tirer les bois & autres fardeaux pesans : elle se transporte facilement d'un lieu à un autre, & est composée de deux tables de bois soutenues par des montans solides, dans le milien desquelles est placé perpendiculairement une Fusée que l'on fait tourner à force de leviers, sur laquelle s'enveloppe le Cordage ou le Garant du Palan que l'on fait travailler. On fixe le Vindas par des chaînes ou des Cordages placés à l'opposé de la résistance.

V I O L O N S *de Beaupré.* Ce font deux Taquets plats que l'on met des deux côtés du Mât de Beaupré, sur l'Arriere du Collier de fer qui sert d'appui au Bout dehors.

V I R A G E. C'est l'espace nécessaire pour virer au Cabestan. Le Virage est aisé, lorsqu'il y a beaucoup d'espace aux envi-

rons du Cabeſtan ; il eſt gêné, ſi le Vaiſſeau eſt étroit ou em-
barraſſé. *Notre Virage étoit ſur le ſecond Pont* ; c'eſt-à-dire, que
les Ecubiers & les Cables ſont ſur ce Pont. Dans les Vaiſſeaux
de guerre le Virage eſt Entre-Pont, & dans les Marchands ſur
le ſecond Pont. Le Virage eſt auſſi l'eſpace qui ſe trouve entre
le fardeau que l'on hiſſe, & la Poulie du haut d'un Appareil.
Voyez Guindage.

VIRE ! C'eſt-à-dire, *Tourne.* On crie aux gens qui ſont
rangés ſur les Barres du Cabeſtan, pour les animer au travail,
Vire, Enfans, vire ! On vire au Cabeſtan pour lever ſes Ancres, guinder ſes Mâts de Hunes, & faire d'autres forts travaux qui ne peuvent ſe faire qu'à force de Cabeſtan.

VIRE de Bord. Un Vaiſſeau vire de Bord, lorſqu'il fait
une évolution pour changer de Route, & prendre les Amures
du Bord oppoſé à celui ſur lequel il les a ; c'eſt-à-dire que, s'il
eſt amuré Tribord, il vire vent Devant, ou vent Arriere pour
prendre ſes Amures à Babord. C'eſt l'action du Virement de
Bord : *Il vire de Bord.*

VIRÉ, Vaiſſeaux viré. C'eſt celui qui a viré de Bord, qui
a changé ſes Amures de côté ; on dit qu'il a viré, *Il eſt déjà
viré.*

VIRER au Cabeſtan. C'eſt ſe ſervir du Cabeſtan pour lever de peſants fardeaux, & particuliérement les Ancres.

VIRER ſur l'Ancre. C'eſt virer le Cable dedans le Vaiſſeau avec le Cabeſtan, & lever l'Ancre. *Auſſi-tôt que tout le
monde fut rangé à Bord, on vira ſur les Ancres pour déſaffour-
cher ; enſuite on fit virer à Pic, & au changement de Mareé on
vira l'Ancre haute, & on mit à la Voile.*

VIRER vent devant. C'eſt virer de Bord, en venant au
vent juſqu'à prendre vent devant, & dépaſſer le Lit du vent,
le vent ſur ſes Voiles, en abattant pour changer ſes Amures
de Bord.

VIRER vent Arriere ou *Lof pour Lof.* C'eſt virer de Bord
en obéiſſant au vent, & arrivant juſqu'à avoir le vent en Pouppe,
pour venir enſuite au vent, en changeant ſes Amures de Bord.

VIRE-VAUT ou *Virevau.* C'eſt une eſpéce de Cabeſtan
placé horiſontalement ſur l'Avant des petits Vaiſſeaux, Barques
& Embarquations. Le Virevau eſt fait d'une très-forte piéce de
bois à ſeize pans, dans laquelle on perce des Amelotes pour
placer les Barres qui doivent faire tourner la machine ſur deux
forts Madriers portés par le Pont, & ſolidement établis contre
le Vibord du Bâtiment, afin que le tout puiſſe réſiſter aux ſecouſſes du Tangage, quand on veut lever des Ancres : on met
un Linguet ſur le milieu du Virevau, & en Avant, pour l'empêcher de devirer, lorſqu'il eſt chargé.

VIROLES ou *Clavettes.* Ce ſont de petites piéces de fer
forgées en rond & d'épaiſſeurs différentes, plates & percées
dans le milieu pour entourrer le bout d'une cheville de fer qu'il
faut goupiller ou river deſſus ; car la propriété de la Virole

eſt de fortifier le bois, & d'empêcher que la Goupille ou la rivure le mange. *Voyez* CLAVETTES.

VIRURES. C'eſt la largeur d'un Bordage de la Carène d'un Vaiſſeau dans toute la longueur du Navire. Les Bordages qui forment une Virure ſont tous de la même largeur, quelquefois ils ſe terminent en pointes vers les extrémités. Lorſqu'on parle de la Bande qu'on fait donner à un Vaiſſeau en Radoub, on dit qu'elle eſt de 10 ou 12 Virures, ſelon le nombre des Bordages qui ſortent de l'eau.

VISITE *d'un Vaiſſeau.* C'eſt un examen que l'on fait dans toutes ſes parties, pour voir s'il eſt en état de prendre la mer avec une ſimple Carène, ou s'il lui faut un Radoub : lorſqu'on voit qu'un Radoub ne ſuffit pas, qu'il faut condamner ou refondre le Vaiſſeau, on délivre en dedans un Bordage des Vaigres de bout en bout, & un en dehors, ou pluſieurs dans différens endroits, pour viſiter les Membres, & connoître leur état à découvert. Pour faire la Viſite d'un Vaiſſeau, on fait une Aſſemblée des Conſtructeurs du Port, de pluſieurs Maîtres Charpentiers, des Officiers de Port, & du Capitaine & Lieutenans qui ont navigué deſſus ſon dernier Voyage, & on dreſſe un Procès-Verbal de l'état où le Vaiſſeau ſe trouve, & du Radoub qu'il lui faut.

VIVE-ARÊTE. *Voyez* ARÊTE.

VIVIER, *Bateau Vivier.* C'eſt un Bateau dont le milieu eſt un Réſervoir fait en fortes planches bien calfatées, dans lequel on fait entrer l'eau par des trous percés dans le côté du Bateau Tribord & Babord : on met dans ce Réſervoir le Poiſſon vivant, pour le tranſporter.

VIVRES. C'eſt tout ce qui ſert à l'avitaillement d'un Vaiſſeau. *Nous relachâmes au Breſil pour faire des Vivres & rafraîchir notre Equipage.*

VOGUE. La Vogue d'une Embarquation à Rames, eſt tout l'eſpace où ſont placés les Avirons. On dit : *Cette Chaloupe a* 26 *pieds de Vogue*, c'eſt-à-dire, que ſes Avirons prennent 26 pieds de ſa longueur.

VOGUER. C'eſt aller à force de Rames.

VOGUE-AVANT. C'eſt le titre du premier Rameur qui ſe trouve le premier en rang ſur la même Rame, & qui regle le mouvement de l'Aviron & des hommes qui le font agir avec lui.

VOIE *d'eau.* C'eſt une ouverture dans le Franc-Bord de la Carène, par où l'eau entre dans le Vaiſſeau. Les voies d'eau ſe font par coups de Canon à l'eau qui perçant le côté du Vaiſſeau, laiſſent un paſſage libre au fluide ; elles ſe forment auſſi, parce que l'étoupe du Calfatage reſort quelquefois des coutures par les mouvemens du Vaiſſeau ; c'eſt ce qu'on appelle *Vomir ſon étoupe.* Il ſe fait des Voies d'eau par des échouages, qui faiſant travailler le Vaiſſeau de par-tout, font larguer des écquarts, vomir les étoupes ; & quelquefois les pierres percent le côté du Vaisseau, & procurent de Voies d'eau considérables; d'autres fois les barbes des Bordages sortent des Rablures de l'Etrave & de l'Etambot, &c.

VOILE. C'est un assemblage de plusieurs largeurs de Toiles cousues en coutures plates les unes avec les autres, ou en coutures rondes, selon l'espèce de Voiles. Les Voiles ont différentes figures relatives aux espèces de Navires & aux endroits où elles doivent être placées. Les Voiles d'un Vaisseau sont différentes de celles d'un Bot, d'un Heu, d'une Tartane, d'une Gouélette, &c. & toutes les Embarquations ont leurs Voiles de différentes figures. Les basses Voiles d'un Navire & d'un Senaut sont quarrées, plus larges que hautes; les Huniers & Perroquets sont trapezoïdes, avec des pointes sur les côtés, plus larges de Bordure que d'envergure; & se bordent les unes sur les Vergues des autres, pour se hisser chacune sur son Mât particulier. Ce sont les Voiles qui, en recevant le choc du vent, donnent la vîtesse aux Navires, & les rendent faciles à évoluer : l'équilibre que l'on met entr'elles fait que le Vaisseau sille presque directement ; il ne changeroit jamais son cours, s'il n'étoit détourné de sa direction par quelque accident de la mer ou des changemens dans le vent, qui venant à troubler l'équilibre de la Voilure, obligent de se servir sans cesse du Gouvernail pour le redresser, le remettre à Route & en équilibre. Les Voiles de toutes espèces de Navires doivent être taillées de maniere qu'elles soient les plus plates qu'il est possible, lorsqu'elles sont orientées & exposées au vent, dans tous les cas, parce qu'alors l'impulsion du vent se décompose moins, & elles ont plus d'effet sur le Vaisseau : leur élévation & leur largeur doivent être déterminées par des principes que nous indiquons à leurs articles, mais que nous ne pouvons démontrer dans un Ouvrage aussi concis qu'une Explication simple des Termes. Les Voiles sont toutes distinguées par des noms particuliers qui les désignent selon leurs positions & leurs usages particuliers. La grande Voile est la plus large de toutes, elle s'envergue sur la grande Vergue, & est portée par le grand Mât. La Voile de Misaine se hisse sur le Mât de Misaine, & est enverguée sur la Vergue de ce nom. Les Voiles de grand & petit Huniers sont enverguées sur leurs Vergues particulieres, & hissées sur leurs Mâts; celles de Perroquet de meme, ainsi que celles du Perroquet de Fougue, de Peruche & d'Artimon. Les Voiles Latines, comme Focs, Voiles d'Etai, Diablotin & Foc de derriere, sont hissés sur des Drailles aux têtes des différens Mâts, bordées sur le côté du Navire, & amurées au milieu.

VOILES d'*Avant*. Ce sont toutes celles qui se trouvent en Avant du grand Mât. Leur propriété est de faire arriver le Vaisseau, en même tems qu'elles le font aller de l'Avant.

VOILES d'*Arriere*. Ce sont toutes celles que le grand Mât & le Mât d'Artimon portent. Leur propriété est de faire venir le Vaisseau au vent, de faire équilibre à l'action de celles de l'Avant, & réciproquement, & de contribuer à faire cingler le Vaiſſeau avec viteſſe.

VOILE. *de Fortune.* C'eſt une Voile que les Bots hiſſent à quatre Driſſes ſur leur Vergue féche, lorſqu'ils ſont vent Arriere ; elle eſt quarrée. On met auſſi une Voile de Fortune à la Vergue féche des Vaiſſeaux, quand il fait Petit-Tems.

VOILE, *faire bonne Voile* ; c'eſt-à-dire, qu'on porte autant de Voiles que le vent en permet, ſans en avoir trop ni trop peu.

VOILES *portantes* ; c'eſt-à-dire, qui ont le vent dedans, & qui ne faſient pas.

VOILES *qui ne portent pas* ; c'eſt-à-dire, qui faſient un peu, qui ne reçoivent pas le vent dedans.

VOILES *déralinguées* ; c'eſt-à-dire, qui ſont ſéparées de leurs Ralingues.

VOILES *déchirées* ; qui ſont emportées en lambeaux par la force du vent.

VOILES *en Pantenne* ; qui ſont dégréés de leurs Manœuvres, & qui ne peuvent plus s'orienter.

VOILES *ſur les Cargues.* Ce ſont celles qui étant déferlées, ne ſont ſoutenues que par leurs Cargues ; toute Voile carguée eſt ſur ſes Cargues.

VOILES *au ſec.* Ce ſont celles que l'on déferle & que l'on étend ſur les Etais & les Hunes, pour leur faire prendre l'air & les ſécher.

VOILES *en Bannieres.* Ce ſont celles qui étant hiſſées & déferlées, leurs Cargues affalées, ne ſont pas bordées, de ſorte qu'elles vont au gré du vent.

VOILES *enverguées & en Vergues.* Ce ſont celles qui ſont liées aux Vergues par leurs Rabans de Fée & de Pointures.

VOILES *Majeures.* Ce ſont les quatre corps de Voiles, la grande Voile, la Miſaine, le grand & le petit Huniers.

VOILES *pleines* ; c'eſt-à-dire, qui ont aſſez de vent pour être tendues par ſon impulſion : *Nous faiſions Route à pleines Voiles d'un vent frais.*

VOILES *dedans,* c'eſt-à-dire, *ferrées* ou *carguées : Voilà un Vaiſſeau qui diminue de Voiles, il met ſes Voiles dedans :* c'eſt une façon de parler.

VOILES *emportées.* Ce ſont celles que le vent a déchirées & emportées par lambeaux : *Nous reçûmes un Grain qui emporta toutes nos Voiles.*

VOILES *à mi-Mât* ; c'eſt-à-dire, qui ne ſont hiſſées qu'à la moitié de leur hauteur.

VOILES *ſur le Mât.* Ce ſont celles qui reçoivent le vent deſſus, & qui ſont coëffées.

VOILES, *cent Voiles,* c'eſt-à-dire, *cent Vaiſſeaux : Nous avons rencontré au Nord des Açores une Flotte de 200 Voiles qui revenoit de l'Amérique.*

VOILES

V O I L E S *déferlées*. Ce font celles qui ayant été ferrées, font libres de leurs Rabans de Ferlages, & portées par leurs Cargues.

V O I L E S *criblées*. Ce font des Voiles qui ayant effuyé un combat, font percées de Boulets de Canon & de Mitrailles.

V O I L E S *d'Etai*. Ce font celles qui fe hiffent entre les Mâts, & dont la forme eft triangulaire. *Voyez* TIERS-POINTS. Les Voiles d'Etai doivent être taillées avec beaucoup de foin, pour qu'elles puiffent bien s'orienter au plus près, & pour que les unes ne couvrent pas les autres : on doit les faire toutes en trapèfes, & les difpofer de maniere qu'elles ne faffent que remplir le vuide d'entre les Voiles Majeures feulement.

V O I L E S *hautes*. Ce font celles qui font au-deffus des baffes Voiles ; ainfi les Huniers & Perroquets font des Voiles hautes.

V O I L E S *baffes. Voyez* BASSES VOILES.

V O I L É. Un Vaiffeau eft bien ou mal voilé, felon que fes Mâts font bien ou mal placés ; fes Voiles trop ou trop peu élevées, ou à une jufte hauteur & d'une largeur convenable.

V O I L E R I E. C'eft le lieu où l'on ferre les Toiles à Voiles, le Fil & les Ralingues, & où les Voiliers travaillent à faire les Voiles. Il n'y a de Voilerie montée que dans les Ports du Roi & de la Compagnie des Indes en France. Dans les Ports du Commerce, il y a des Maîtres Voiliers qui entreprennent de fournir aux Vaiffeaux Marchands leurs Voiles, en les travaillant chez eux.

V O I L I E R S. Ce font des Ouvriers qui travaillent dans les Ports à faire les Voiles des Vaiffeaux : celui qui fe trouve à la tête d'une Voilerie, a le titre de Maître Voilier ; & tous ceux qui travaillent fous lui, font des Voiliers qui font plus ou moins payés, felon leurs capacités. On embarque toujours à Bord de chaque Vaiffeau au moins un ou deux Voiliers, quelquefois trois ou quatre, felon la longueur du Voyage & la grandeur du Vaiffeau : le premier de tous prend le nom de *Maître Voilier* ; il eft chargé des Voiles, des Toiles, du Fil, des Ralingues & des Fourures, des Aiguilles à Voiles & à Ralingues, des Paumets & de tous les inftrumens de fon métier.

V O I L I E R, *Vaiffeau Voilier*. C'eft un Vaiffeau d'une grande vîteffe, relative aux autres Vaiffeaux. Le meilleur Voilier des Vaiffeaux de Guerre qui ont été aux Indes pendant la guerre de 1756 à 1762, étoit *le Comte de Provence*, qui égaloit la Frégate *la Silphide*, quoiqu'elle fût une fine Voiliere, & que beaucoup d'autres étoient bons Voiliers.

V O I L U R E. Ce font toutes les Voiles d'un Vaiffeau prifes enfemble : *Toute la Voilure de ce Navire eft neuve & bien faite.* On diftingue auffi les Voiles des différens Mâts par le terme *Voilure* ; & l'on dit *La Voilure du Mât de Mifaine, la Voilure du grand Mât, celle du Mât d'Artimon.* La Voilure d'Avant eft celle qui s'appareille en Avant du grand Mât ; celle d'Arriere s'oriente fur le grand Mât & Mât d'Artimon.

VOILURE, *être fous une petite Voilure.* C'eſt être fous peu de Voiles : *Nous trouvâmes ſur le Cap Finiſtere quatre Vaiſſeaux qui tenoient fous une petite Voilure.*

VOILURE, *grande Voilure.* Un Vaiſſeau a une grande Voilure, loiſque ſes Voiles ſont toutes dehors, & qu'il cingle à toutes Voiles. Une grande Voilure eſt auſſi connue fous de grandes dimenſions de largeur & de hauteur ; c'eſt ſouvent un inconvénient.

VOILURE, *bonne Voilure.* L'on eſt ſous une bonne Voilure, lorſqu'on n'a pas trop ni trop peu de Voiles appareillées, relativement à la force du vent qui ſouffle : *Nous chaſſions à bonne Voilure, ſans forcer.*

VOIR *de l'Avant.* C'eſt appercevoir un objet ſur l'Avant du Vaiſſeau.

VOIR *de l'Arriere.* C'eſt appercevoir quelque choſe ſur l'Arriere du Travers.

VOIR *par le Travers au vent* ou *fous le vent.* C'eſt découvrir dans la ligne du Travers.

VOIR *l'un par l'autre.* C'eſt obſerver deux ou pluſieurs autres objets, l'un par l'autre ſur la même ligne.

VOIR *d'en-haut.* C'eſt n'appercevoir l'objet que du haut des Mâts.

VOIR *d'en-bas* ou *de deſſus le Pont.* C'eſt découvrir un objet de deſſus le Bord du Vaiſſeau, ſans être obligé de s'élever. *A ſept heures du matin on vit les Ennemis d'en-haut, & à neuf heures on les diſtingua d'en-bas, à pouvoir juger les Vaiſſeaux de Guerre & les Frégates.*

VOIX, *être à la Voix, à portée de la Voix.* C'eſt être aſſez près pour ſe faire entendre en parlant avec le Porte-Voix ou ſans Porte-Voix. *Nous commençâmes le combat à portée de la Voix, & peu après nous abordâmes.*

VOIX, *donner la Voix. Voyez* DONNER *la Voix.*

VOIX, *à la Voix.* C'eſt commander aux gens de l'Equipage de travailler au ſon de la Voix, afin de faire effort tous enſemble.

VOLAGE. Un Bateau ou Embarquation eſt volage, lorſqu'il ne porte pas la Voile, qu'il incline facilement, & que peu de charge ſur le côté lui fait donner la Bande ; c'eſt un défaut de ſtabilité.

VOLÉE *du Canon.* C'eſt la partie du Canon, compriſe entre les Tourillons & l'Embouchure.

VOLÉE *du Canon.* C'eſt une décharge d'une Bordée : l'on prend ſouvent *Volée* pour *Bordée* dans ce ſens. *Nous le rangeâmes à portée de piſtolet, & lui tirâmes une Volée de tout notre Canon. Voyez* BORDÉE. Bien des Auteurs, en détaillant un Combat de mer, prennent le Terme de *Volée* pour un *Coup de Canon : Il nous tira une Volée de Canon,* c'eſt-à-dire, un *Coup de Canon* ; ainsi, quand on se sert de ce terme pour *Bordée*, il convient de dire une *Volée de tout le Canon* ; mais en général *Bordée* est plus usité parmi les Marins, & me paroît meilleur.

VOLET. C'est une petite Boussole qui n'a pas de Balancier, dont on se sert dans les Chaloupes & Canots. Je ne vois pas de raison qui empêche de lui mettre un double Balancier, comme aux autres Boussoles ; au contraire elle en a plus besoin qu'une autre, parce qu'elle doit servir dans des Embarquations dont les mouvemens sont plus vifs que ceux des Vaisseaux.

VOLONTAIRES. Ce sont des hommes qui s'embarquent sur les Vaisseaux de Guerre, pour faire le coup de fusil dans le tems du Combat ; il y en a qui ont le titre de Volontaires d'honneur, ils vivent avec les Officiers, en font le Service, & n'ont aucun Appointement ; les autres sont à la Gamelle, ont des Appointemens, & font le Service du Soldat.

VOMIR *l'étoupe* ; c'est-à-dire, qu'elle sort des coutures du Franc-Bord au mouvement du Vaisseau : *Nous eûmes une voie d'eau considérable, parce que les coutures des Gabords avoient vomi toutes leurs étoupes ; ce qui pensa nous faire périr.* Cela arrive souvent aux Vaisseaux qui carènent dans des Bassins ou sur les Chantiers ; ils sont plus sujets à vomir leurs étoupes, que ceux qui abattent en Quille sur un Ponton de Carène.

VOUTE *d'Arcasse*. C'est la partie concave de la Pouppe qui termine le Vaisseau depuis le haut de la Barre d'Hourdi, jusqu'au second Pont à-peu-près. La Contre-Voûte est au-dessus, & va quelquefois jusqu'au ras de l'appui des fenêtres de la grande Chambre, & souvent il n'y a pas de Contre-Voûte. Les Quenouillettes montent droit jusqu'à la Galerie, en suivant la pente de toute la Pouppe.

VOYAGE. C'est le tems que l'on est à faire une Campagne, & à parcourir les pays étrangers. Les Voyages de Long-Cours se font aux Indes Orientales & Occidentales, en Afrique & au Bresil. Ceux qui sont de peu de durée, & qui ne s'éloignent pas des Côtes de l'Europe, sont des Voyages simples ou de grand Capotage.

VRILLES *de Charpentier*. Ce sont des outils de fer acéré & tranchans par les côtés, propres à percer le bois. On les emmanche sur des poignées de bois qui servent à les tourner & à les enfoncer dans le bois, à mesure que le trou se forme. Il y a des Vrilles de plusieurs grosseurs, selon les différentes espèces de clous.

VRILLES *à Canon*. Ce sont des Vrilles d'une ligne de diamètre environ, longues d'un pied, faites de bon acier, & propres à débarrasser les lumieres des Canons, lorsqu'elles sont engagées par de la poudre qui s'y mastique quelquefois par l'humidité, quand on laisse les Canons long-tems amorcés.

VUE *de Vaisseau* ; c'est-à-dire, qu'on voit un Vaisseau, qu'on est à portée de le voir. La vue du haut des Mâts s'étend

beaucoup plus loin que lorfqu'on eſt fur le Pont ; auſſi diſtin-
gue-t-on toujours fur les Journaux de quel endroit on découvre
un objet : *Nous perdîmes de vue les Ennemis après deux heures
de chaſſe , d'en-bas ; & une heure après on ne les voyoit plus ,
d'en-haut.* Ainſi la Vue eſt l'étendue de la viſion fur mer. Un
Vaiſſeau porte Vue à 5 lieues ordinairement pour un autre
Vaiſſeau , de beau tems ; car d'un tems brumeux ou couvert la
Vue ne s'étend pas ſi loin : ainſi ſon étendue dépend du tems
plus ou moins clair.

U

US ET COUTUMES *de Mer* ; c'eſt-à-dire, les Uſages
& Loix qui ſervent à régler les termes des Actes entre
Négocians Maritimes.

USANCE ; c'eſt-à-dire, Terme, Fixation du tems. Une
Uſance eſt l'eſpace d'un mois.

USTENSILES. C'eſt tout ce qui eſt néceſſaire pour
l'Armement d'un Vaiſſeau en général. On dit : *Les Uſtenſiles
des Charpentiers , Calfats , Canonniers , Pilotes , Voiliers , Tonneliers , Commis aux Vivres , Coqs , Boulangers , Armuriers , &c.*
de ſorte que ce terme renferme tous les Outils de chaque état
& métier ; ce ſont des Uſtenſiles.

YAC, YACHT *ou* YAGT. C'eſt une Embarquation de plaiſir, gréée en Voiles Latines, qui doit tirer peu d'eau, être vîte de marche, ſûre à la mer, propre & commode. On ne s'en ſert que dans les Ports pour aller à de petites diſtances, & ſe promener. Les Hollandois ſur-tout ſont les plus beaux Yacs en général.

YAC. C'eſt un Pavillon Anglois. *Voyez* PAVILLON.

YEUX *de Bœuf. Voyez* ŒIL *de Bœuf.*

YOLE. C'eſt un petit Canot fort léger, & le plus petit d'un Vaiſſeau ; il tire peu d'eau, & va à Voiles & à Rames.

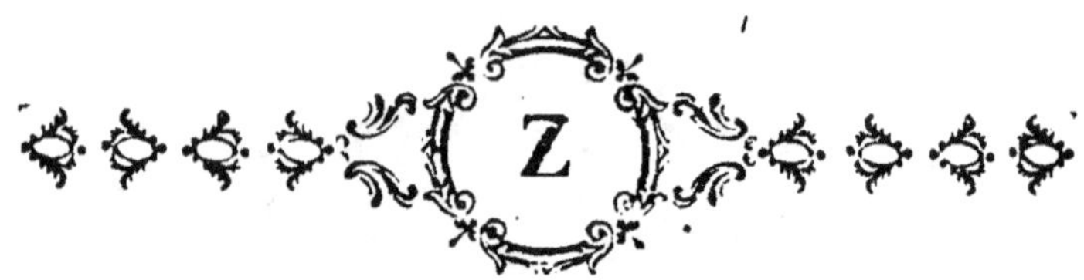

ZÉNITH. C'eſt un point ſuppoſé dans le Ciel, répondant exactement à la verticale d'un autre point de la terre. Le Zénith eſt oppoſé au Nadir, & ſont l'un & l'autre aux extrémités de la même ligne perpendiculaire au plan de l'horiſon; de ſorte qu'à chaque pas que l'on fait ſur notre Globe, on change de Zénith & de Nadir.

ZODIAQUE. C'eſt une Bande ou Zone de 16 dégrés de large environ, bornée par deux grands Cercles paralleles à l'Ecliptique, dont ils ſont écartés de 8 dégrés de chaque côté. Le Zodiaque eſt coupé par l'Équateur ſous une obliquité de 23 dégrés, 28 à 29 Minutes, au commencement des Signes du Belier & de la Balance; & il renferme les douze Signes qui marquent les Stations du Soleil dans ſon cours annuel ſur l'Ecliptique. Les douze Signes ſont connus ſous les noms du Belier, le Taureau, les Gémeaux, l'Ecreviſſe, le Lion, la Vierge, la Balance, le Scorpion, le Sagittaire, le Capricorne, le Verſeau & les Poiſſons, qui contiennent chacun 30 dégrés.

ZONE. C'eſt une portion de Sphere, priſe tout-au-tour du Globe. Si on prend les différentes parties de la Sphere terreſtre ou de la céleſte, terminées par les différens Cercles que les Aſtronomes ont imaginés pour faciliter l'explicatiou du Syſtême de l'Univers, on trouvera que la Sphere eſt diviſée en cinq Zones : la premiere eſt la Zone Torride, compriſe entre les deux Tropiques ſous le cours du Soleil; les ſecondes ſont les deux Zones Tempérées, renfermées entre les Tropiques & les Cercles Polaires ; & les deux troiſiemes, Zones Glaciales, ſompriſes entre les Poles & les Cercles Polaires.

FIN.

A VANNES,

De l'Imprimerie de la Veuve de Jean-Nic, Galles. 1773.

P**Age** 16, *ligne* 24. Parants, *lisez*, Garants.
   Page 17, *ligne* 11. flots, *lisez*, flot.
Page 17, *lig.* 48. Cabrien, *lisez*, Cabrion.
    22,   40. Caltis, *lisez*, Coltis.
    ib.   47. d'Hardy, *lisez*, d'Hourdi.
    ib.   38. de Cubiers, *lisez*, d'Ecubiers.
    25,   17. & Bord, *lisez*, & à Bord.
    45,   8. fur ces, *lisez*, fur des.
    ib.   31. s'approche de, *lisez*, s'approche du.
    41,   44. le Lun fe, *lisez*, le Can fe.
    48,   11. Barbeye, *lisez*, Barbeyer.
    49,   23. d'Hardy, *lisez*, d'Hourdi.
    ib.   24. clavetée, *lisez*, goupillée.
    51,   47. Cordages fur, *lisez*, Cordages, fur.
    56,   8. en décorant, *lisez*, en décarvant.
    ib.   14. queues d'arande, *lisez*, queues d'ironde.
    59,   48. quarriées, *lisez*, quarrées.
    64,   ANC, *lisez*, BOR.
    65,   3. *nous eumes*, lisez, *nous fumes*.
    67,   25. ces Poulies, *lisez*, des Poulies.
    71,   45. mauvaife manœuvre, *lisez*, manœuvre.
    73,   18. par le bas, *lisez*, par leurs bafes.
    84,   30. & à la Barre, *lisez*, & la Barre.
    90,   24. mieux expliquée, *lisez*, mieux appliqués.
    91,   15. avant de broyer, *lisez*, avant de brayer.
    94,   24. en fe débondant, *lisez*, en fe débandant.
  102,   28. eft étemblie, *lisez*, eft établie.
  104,   29. évaluer, *lisez*, évoluer.
  105,   19. CERCLES *à Bout-dehors*, lisez, *de Bout-dehors*.
  106,   27. Préceintes ou travers, *lisez*, Préceintes à travers.
  109,   28. cordes aux Pommes, *lisez*, Cordes-Pommes.
  118,   12. Sadords, *lisez*, Sabords.
  123,   29. Boîte ou Pierrier, *lisez*, Boîte du Pierrier.
  138,   41. qui la preffe, *lisez*, qui la preffent.
  145,   6. par le calcul, *lisez*, pour le calcul.
  146,   3. un Vaiffeau terre, *lisez*, un Vaiffeau à terre.
  159,   29. lorfqu'elle l'enflamme, *lif.* lorfqu'elle s'enflamme.
  166,   1. y répendent, *lisez*, répondent.
  ibid   17. à 25 dégrés, *lisez*, à 23 dégrés.
  169,   49. la dépofer, *lisez*, la dépaffer.
  180,   10. des folides, *lisez*, des fluides.
  183,   24. *Voyez* EBRE, *lisez*, *Voyez* EBE.
  194,   36. fur lequel, *lisez*, fur lefquels.
  207,   19. en deffus de la, *lisez*, en deffous de la.
  218,   14. d'Hardy, *lisez*, d'Hourdi.
  242,   37. on fait faire au Cable, *lisez*, on fait faire tête au
  247,   35. FAUX *Faux*, *lisez*, FAUX *Feux*.
  250,   21. l'on vouloit, *lisez*, l'on voit.